阿 克 曼 文 集

我们人民：奠基

阿克曼文集 ｜ 田 雷 主编

我们人民：奠基

[美] 布鲁斯·阿克曼　著
Bruce Ackerman

汪庆华　译

We the People

Volume 1
Foundations

中国政法大学出版社
2017·北京

我们人民：奠基

WE THE PEOPLE: Foundations by Bruce Ackerman
Copyright 1991 by the President and Fellows of Harvard College
Published by arrangement with Harvard University Press
Simplified Chinese translation copyright 2010
by China University of Political Science and Law Press
ALL RIGHTS RESERVED
版权登记号：图字：01-2010-5753 号

图书在版编目（ＣＩＰ）数据

我们人民. 奠基/（美）布鲁斯·阿克曼著；汪庆华译. —北京：中国政法大学出版社，
2017.1
ISBN 978-7-5620-7266-9

Ⅰ.①我… Ⅱ.①布… ②汪… Ⅲ.①宪法－法制史－研究－美国 Ⅳ.①D971.21

中国版本图书馆CIP数据核字(2017) 第008527号

出 版 者	中国政法大学出版社
地　　　址	北京市海淀区西土城路 25 号
邮寄地址	北京 100088 信箱 8034 分箱　邮编 100088
网　　　址	http://www.cuplpress.com （网络实名：中国政法大学出版社）
电　　　话	010-58908524(编辑部)　58908334(邮购部)
承　　　印	北京华联印刷有限公司
开　　　本	650mm×960mm　　1/16
印　　　张	26
字　　　数	325 千字
版　　　次	2017 年 1 月第 1 版
印　　　次	2017 年 1 月第 1 次印刷
定　　　价	59.00 元

声　　　明　　1. 版权所有，侵权必究。

　　　　　　　2. 如有缺页、倒装问题，由出版社负责退换。

献给西比尔和约翰，

还有他们的世界

序　言

　　启蒙革命的历史起始于美国，接着又到达法国，在而后的两个世纪内席卷了整个世界——中国、印度和南非，都代表着在现代时期在此共同主题下晚近的重要变奏。所有这些事件都分享着两个特征。第一，它们都是**革命**（revolutions）——动员起来的群众致力于打破旧秩序，并且以人民的名义去建设一个新的、更好的政体。第二，它们都是**启蒙**（enlightenment）**革命**——它们并没有将自己的权威建基于人格崇拜，如希特勒的德国，或者神圣权威，如阿亚图拉的伊朗，其基础在于人类创造一个更为自由和公正的体制的理性力量。而这正是启蒙主义的不朽希望。

　　1848 年以降，这一世界革命的运动分成为两个大阵营——一边是马克思主义者的；另一边是自由民主主义者的。两者都是启蒙主义的孩子——他们都反对建立在传统、宗教或殖民主义之上的政府；他们都致力于动员起群众运动，以实现根本性的变革；而有些时候，他们也都成功地推翻了旧体制，启动起一种革命性的政府。

　　诚然，马克思主义和自由主义在关键问题上存在分歧（而分歧的程度取决于作为特定革命之理论基础的马克思主义或自由主义的版本）。但是，分歧不应当遮蔽住他们共同的启蒙理想——普罗大众经由动员起来的理性行动，即可建设一个更加美好的世界。

当我们迈入 21 世纪之时，共同的启蒙理想可以让不同的启蒙传统进行相互间的学习。最重要的是，当华盛顿、毛泽东、甘地或曼德拉史诗般地完成新政体的创设时，革命的故事并未因此终结。维持革命之理念的斗争要延续数十载，乃至数个世纪——在这一时间进程内展示出许多成功与失败。这种业已丰富且仍在积累的历史经验应当激发出一种具有世界历史意义的对话，在这场对话中，来自不同国家的研究者努力比较每一民族之革命经验的共同和差异之处。

美国宪法史在这一场对话内是一种重要资源。本文集所收录著作即将展示，现代美国政府并不是在 1787 年的那个"神奇时刻"一蹴而就的，其时，一小组胜利的革命者齐聚费城，以我们人民的名义提议了一部新宪法。恰恰相反，它是两个世纪以来革命斗争的产物——在此过程中，每一代人都见证了新群众运动的努力，它们改造了 18 世纪的建国遗产。有时候，这些努力从根本上改变了美国政府的目标和方法；有时候，努力只能产生更为有限的调整。但是没有这些不间断的革命性改革的努力，美国的 18 世纪宪法早就将为一系列新宪法所替代——而这正是在法国与世界许多地区发生的故事。

美国成功的关键在于"人性尺度上的革命"（revolution on a human scale）的实践。我们可以通过两组对比来阐释这一概念。首先比较它和"完全革命"（total revolution），完全革命的运动及其领导人追求对此前体制的所有要素的一种完全否定。而这从来都不是美国的目标。美国在 18 世纪的原初革命者，虽然否定了英国的君主制和阶级体制，但保留了大部分的普通法传统。同样，美国的后世革命者，虽然他们成功地在 19 世纪的重建时期推翻了奴隶制，在 20 世纪前半叶的新政时期否定了自由放任的资本主义，并且随后在民权运动中摧毁了州所维持的种族宰制体制，但他们都保留了此前宪法传统中的许多元素。在每一次此类彻底变革中，革命领袖都将许多传统元素编织进入他们的新美国政府系统。

其次是比较它与"常规政治"（normal politics），在常规政治的过程中，政客和官僚们只不过是在做间隙性的改革，而不去追问根本性的原则。这完全不同于美国在过去两个世纪内的伟大革命：动员起来的群众运动以我们人民的名义要求根本性的变革。区别于常规政治的小修小补，这些运动成功地赢得了大规模的"革命性改革"（revolutionary reforms）——但是却没有否决此前时代的所有宪法成就。正是这一点使得"人性尺度上的革命"在一方面区别于"常规政治"，另一方面则区别于"完全革命"。

人性尺度上的革命，达成如此成就非常困难。如要弹压群众动员，继续走在"常规政治"的道路上，这非常"容易"。与此同时，激化为一场"完全革命"，即便它可能导致蒙受严酷的暴力行为，这也总是有诱惑力的。但是美国历史证明，在这两个极端之间还存在着一种第三条道路。我的研究大部分都旨在详细解释，美国人是如何反复实践这一在人性尺度上进行革命的卓越技艺的。

一个关键概念是"宪法时刻"（constitutional moment）——它要持续十多年，而非数日或数月。宪法时刻的标志是不断升级的群众动员，要求根本性的变革。宪法时刻起始于民众运动的领导人控制了美国政府的某一个主要机构之时——通常是总统，但有时候也可能是国会或联邦最高法院。一场激烈的政治对话就因此而起，对话的一方是由革命改革者所控制的政府分支，另一方则是仍由宪法保守派继续掌控的分支。这一对抗引导改革者和保守者各自动员起本方的支持者，以期在下一次的选举中赢得压倒对手的胜利。有时候，保守派在选举斗争中取得了胜利，由此就终结了那一时代的革命政治。但还有些时候，革命性的政党得到选民的连续支持，在重返华盛顿时，他们就在美国政府的更多分支内掌控着更大的权力。当革命政党赢得了一系列的选战，最终主导了政府的全部主要分支——众议院、参议院、总统和最高法院，一次宪法时刻即告终结。在此情形后会出现一个长的时段，美国宪法的更多的传统元素就将被改造，使其得以容纳新的革命性改革。

中国读者还应因另外的原因而关注美国的宪政经验。首先，美国革命代表着现代的第一场成功的反帝革命。虽然美国在 18 世纪与英帝国的决裂在很多方面不同于中国在 20 世纪反抗西方宰制和羞辱的卓绝斗争，但我鼓励本文集的读者们可以去寻找那些更为隐蔽的同构。其次，美国的经验包含着一种持续不断的努力，如何实现在华盛顿所制定的全国性政策和由州政府所确立的地方紧要议程之间的协调。在"中枢"和"边缘"之间的不同关系，曾在实际中启发着美国宪政在过去两个世纪内的实践，但诸如"联邦制"之类的标签无法替代有关于此的深层历史理解。

对本文集的中文读者来说，他们当然会想到更多的引人入胜的同构和分歧。我希望他们勤于思考并且精于著述。

* * *

我要感谢田雷教授为组织这一翻译工程所付出的努力。本文集可以证明，他深刻理解了那些驱使我进行宪法学研究的智识雄心。多年来的交往使得我们两人有可能共同工作，为中国读者提供了这套丛书。

布鲁斯·阿克曼

2012 年 10 月

（田雷 译）

总译序

一

布鲁斯·阿克曼，现为耶鲁大学斯特林法学与政治学讲座教授。在学界出道之初，阿克曼主攻法经济学和政治理论，这一阶段为期约十年，直至阿克曼在 1980 年出版里程碑式的重要作品《自由国家内的社会正义》。进入 20 世纪 80 年代，阿克曼开始了一个关键的研究转向。一方面，他从未停止关于政治理论和公共政策的著述，从 1999 年至 2004 年先后出版了他写作计划中的"美国公民三部曲"，继续着他在规范性政治理论和民主理论领域内的探索；另一方面，自他在 1983 年于耶鲁法学院以《发现宪法》为题发表斯托尔斯讲座，1985 年在《哈佛法律评论》上发表经典论文《超越卡罗琳产品案》，阿克曼即已开始将主要的学术精力转向美国宪政史的研究。30 年过后，阿克曼的作品早已在美国宪政研究中建立了一个无法绕开的学术传统，树立起一座难以逾越的学术丰碑。而本文集就主要收录了他在美国宪政史研究中的代表作品。

　　阿克曼的研究转向，让他投身到 20 世纪 80 年代美国宪法理论"共和主义复兴"的浪潮。在这一学术运动中，他和更年长一些的哈佛的弗兰克·迈克尔曼、更年轻一些的芝加哥大学的凯斯·桑斯坦，共同成为共和主义复兴中的三驾理论马车。而在耶鲁法学院内，阿克曼接下了由亚历山大·比克尔所开创的耶鲁宪法学的旗帜，成为耶鲁学派在四分之一个世纪内的标杆人物。在比克尔和罗伯特·卡沃先后在 1974 年和 1986 年英年早逝后，阿克曼在耶鲁学派中的承前作用已无需多言，而他对后学的启发更是功德无量，现在可以说，他在《我们人民》多卷本中所开创的新学术传统，已经塑造了耶鲁学派宪法分析的基本框架。

　　正因此，阿克曼在 1987 年由哥伦比亚大学重返耶鲁大学任教，在 44 岁时即得以晋升耶鲁的最高教职斯特林讲席教授，且在法学院和政治学系内双聘。就我阅读范围所及，这一记录虽然不是前无古人，新政期间由罗斯福任命至最高法院的道格拉斯，在任教耶鲁法学院时，校方曾因防止他会被奔赴芝大的哈钦斯校长挖角，年仅 34 岁就受聘斯特林教席的职位。但在法学院早已吸纳研究型大学的学术评价体制的今天，阿克曼所创下的记录至少在相当一段时间内应当是后无来者的。

　　在阿克曼的美国宪政研究中，最具代表性的著作当属《我们人民》多卷本。关于这一写作计划，桑斯坦曾在《新共和》中称其是"美国宪法思想在过去半个世纪内的最重要贡献之一"，"二战后论述美国宪法的最杰出作品之一"；列文森教授也称《我们人民》是"过去半个世纪在整个宪法理论领域内所进行的最重要的工程"。当然，阿克曼的理论历来也不乏其"不满者"，但即便是保守派的学者批判阿克曼，在法律评论内的文章题目还是"我甚至比布鲁斯·阿克曼更聪明"。

阿克曼的学术生涯目前远未到盖棺论定的时刻，实际上，我们在未来数年还可期待阿克曼学术产出的第三波。首先是《我们人民》的写作计划已由三卷扩展至四卷，新的第三卷《民权革命》基于他2007年在哈佛法学院霍姆斯讲座《活宪法》，书稿很快即可送交出版社；而第四卷《解释》目前也正在写作过程中。此外，阿克曼还在电邮中告知他的新计划，一本是在政治理论领域内的《活在时间中》，另一本则是更美国宪法一点的《代际间斗争》。作为阿克曼作品中译的组织者，我期待着早日读到阿克曼的新作，也期待着可以尽早将它们作为阿克曼理论体系的一部分译介给中文读者。

二

为什么要（重）译阿克曼；或者换位思考，读者——至少是那些希望理解美国宪法的读者——为什么要读阿克曼？在下文中，我不是以研究者的身份回到美国宪法理论的脉络内去重述阿克曼的理论要点，也不是要为阿克曼理论体系内那些被误用的概念做正本清源式的解释。换言之，下文并不是阿克曼理论"in a nutshell"，而是我在阅读阿克曼的基础上，重新理解美国宪政的历史后形成的一些基本看法，就此而言它更像英文中所说的"buyer's guide"。

阿克曼的理论追求是要重新讲述美国宪政史。在《我们人民》多卷本写作的开篇，作者上来就开宗明义："美国是一个世界强国，但它是否有能力去理解它自己？时至今日，它是否还满足于作为智识上的殖民地，借用欧洲的概念来破译自己民族身份的意义？"从一开始，这就是阿克曼用来拷问自己并追问美国法律人的问题。在阿克曼看来，美国宪政叙事的问题在于"宪法理论的欧洲化"：美国在两百多年的宪政历程中早已走出了一条自己的道路，但理论家却只会用源自欧洲的理论去表述美国的经验。正因此，阿克曼的宪法理论工作，就是要实现美国宪法理论的"向内转向"，要通过"从洛克到林肯"和"从卢梭到罗斯福"的转向去"重新发现美国宪法"。在美国这个从不乏体制自信的"公法输出国"，阿克曼倡导的是"理论自觉"，他要重新讲述"美国宪政及其本土资源"。

在重新发现美国宪法的理论之旅中，阿克曼的出发点是"二元民主"，在此基础上建构出他的一整套论述。根据阿克曼的讲述，二元民主其实并不复杂：美国宪政内设了两种政治决策的过程，第一种是人民得以出场的宪法政治，"处身于激情被压制的危机之中"，美国人民可以动员起来，启动宪法改革的公共审议，在深思熟虑后给出高级法意义上的决断。第二种是日常的常规政治，它们发生在两次宪政时刻之间，在常规政治中，人民回归他们的私人生活，而授权他们选出来的代理人去进行政治议题的民主审议。

二元民主作为一种宪政模式，是相对于英国模式的一元民主和德国基本法模式的权利本位主义而言的。二元民主之所以成为美国宪政的基本组织原则，并非只是因为二元民主是一种更好的政体设计，主要原因在于它是美国建国者所规定并且在其宪政发展中不断实践和调适的"高级法"。而且二元民主区分了人民的意志和政治家的意志，人民的意志作为高级法，必定表现为人民在历史某一时刻在政治舞台上的"现身说法"。这就决定了阿克曼需要回到历史的深处去发现美国宪法，宪法历史"包含着解码我们政治现实含义的有价值线索"。也正是因此，阿克曼以及共和主义学派的"历史转向"，从一开始就不是要去重现那种"在那儿等待被发现"的"事实真相"，而是要从美国宪政史的政治斗争中去发现美国实在的高级法。

这就是历史的政治学了。事实上，就在阿克曼在1983年的斯托尔斯讲座中第一次阐释其二元民主理论时，保守派的原旨主义运动已经是暗流涌动。两年后，里根的司法部长更是自觉地提出作为一种政治纲领的原旨解释论。阿克曼也是一位"原旨主义者"，只是他并非桑斯坦所称的"身披法袍的极端分子"，也没有布伦南所说的"伪装成谦逊的傲慢做派"，但这并不能否认关键问题在于争夺对历史的解释权，问题的关键在于在美国如何去讲述两百年的宪政史。诚如桑斯坦所言："美国宪法是建立在有关权威的理念之上，而不是有关善好或正当的理念上。"

阿克曼的二元民主论不是没有背后的政治追求。进步和保守两派的左右互搏主要围绕着罗斯福新政的宪法正当性。在保守派的原旨主义论述中，罗斯福新政放逐了建国者留下的放任自由的宪法秩序（理查德·爱普斯坦曾著书《进步主义者是如何"篡改"宪法的》），因此要对原初宪法忠诚，就要倒拨宪法的时钟，清算罗斯福新政、沃伦法院和民权革命的遗产；但阿克曼所要证成的则是，罗斯福新政是一次成功的宪法政治，人民的出场留下了作为高级法的"不成文宪法"，反而里根革命是一次失败的宪法时刻。这位出生于裁缝家庭，没有新政后普及的公立教育怎能上哈佛和耶鲁的宪法学家，实际上是在新右翼保守主义那里争夺对美国史的阐释权，在保守派回潮时守护新政不成文宪制的正当性。曾有学者在《哈佛法律评论》批判阿克曼的转向，认为"阿克曼的原旨主义显示出美国自由主义的悲哀现状"，因为自由派已经无法在实体上去说服美国人民去接受新政自由主义，而只能祭出一种甚至"不成文"的"祖宗成法"。但这种批评显然未能理解理论家的良苦用心，因此也未能理解为什么要通过反思"过去两个世纪历史发展的进程"去发现美国宪法。

这样说意味着我们应当回归有关宪法与历史的关系论述。宪政就其本意而言可能是一种"活在当下"的政治：尤利西斯的"自缚"不可能是用左手绑缚右手或右手绑缚左手，而是政治共同体内前代人对当代人与后代人的承诺和约束。至于这种代际承诺是否正当，会不会造成"死人之手"的统治，这是另当别论的问题。正是在阿克曼夫子自道的一篇文章中，他清楚地指出，美国宪法并非根源于政治哲学的 seminar，没有可以作为逻辑起点的自然状态或者"原初情境"，而是形塑于每一代人的政治斗争。

合众国本身是一个经由革命、制宪所建构的共同体，宪法是这个共同体的最高纲领，在这种宪制体内，革命先贤、建国之父与制宪诸君是三位一体的。同样，根据阿克曼的宪法类型学，美国宪法代表着革命胜利后的"新开始"，区别于德国基本法作为政治崩溃后的"新开始"与欧盟的"从条约到宪法"的模式。而在"新开始"类型的宪法中，原旨解释有着天生的正当性。正因此，即便原旨解释方法在学理上早已是千疮百孔，背后隐藏的政治动机也已是路人皆知，但原旨解释在美国就是一种政治正确的"主义"："如今，我们都是原旨主义者了"。

但原旨主义也是一个口号，各自表述。对于美国的原初建国者，阿克曼既没有像保守主义者那样去"唱红"，也没有像上一代进步学者比尔德或第一位黑人大法官瑟古德·马歇尔那般去"打黑"。阿克曼没有将原旨解释奉为新教条：1787 年的制宪者是伟人，"但不是超人"。在阿克曼看来，原教旨的原旨主义认为宪法的全部含义都起源于并且固定在建国那一刻，这实际上否定了宪法的时间性和历史性。美国宪政的时间性并不是指它在开始时也就结束了，而是指美国宪法是一种"代际间的对话"，这或许是巴尔金教授在新著中所说的"活原旨主义"。活原旨主义意味着：一方面，在任何一个经由革命而制宪并建国的国家内，历史中隐藏着宪法的规范，忘记历史就意味着对宪法的背叛，割裂历史就意味着对宪政连续性的人为隔断；另一方面，历史虽然不可能还原为"事实真相"，但法学家在转向历史时也不能去做"森林里的狐狸",宪政不是谈出来的,宪政史也不可能只是坐而论道,只有对历史忠诚,才能培育时下常说的"宪法爱国主义"。

从阿克曼出发,我们在面对美国宪政史时可以得出下述五个命题。

第一,美国宪政史可以写成一部美国史。

美国是一个通过制宪建国的国家。宪法在先,而美国在后,United States 是通过宪法才 united 起来的。这意味着美国是一个宪法共同体,就此而言,美国宪法史也就可以写成一部美国史,理解美国宪法也就是在理解美国本身。对比中国,这一命题可以得到更好的理解:无论是作为传统意义上的文明秩序,还是现代意义上的民族国家,中国的政治根基都不是也不应是成文宪法。中国宪法史不可能讲成"上下五千年",不可能覆盖中国这个政治文化共同体的全部时空。但美国的可能性就系于它的宪法。阿克曼曾经说过:"我们的宪法叙事将我们构成一个民族"。在《我们人民·奠基》中,阿克曼曾设想过如下的场景:如果合众国如二战后的德国那样分疆裂土,每一个地区都有自己的宪法,那么或许不需太长时间,新英格兰的人民会认为他们更像北方的加拿大人,而不是生活在西南地区的前同胞们。

因为宪法是美国的立国之本,我们就可以知道美国宪法不只是法院视角内的司法化宪法,不只是法院用以化解政治冲突的司法学说和技艺,美国宪法并不能只讲述最高法院自己的故事,并不限于最高法院设定的剧场。在《我们人民·奠基》中,阿克曼将基本分析单元由法院转向他所说的宪法政体,这是他迈出的一小步,但对我们来说却是重新理解美国宪政的一大步。

第二,美国只有一部宪政史。

美国只有一部宪法:1787 年的费城宪法,两百年来经历 27 次文本修正,至今仍是美国的高级法和根本法,美国宪法的超稳定说也由此而来。当然，美国宪法一路走来不是没有生与死的考验，最紧迫的是让宪政传统断而未裂的南北战争，此外还有大大小小的危机。但美国只有一个政治纪元，只有一种政治时间，无论其政治身份在危机时刻经历何种结构性的再造，还都是发生在 1787 年宪法设定的框架内。阿克曼有一句话说得好："法国自 1789 年经历了五个共和，而我们只生活在一个共和国内。"我们现在说奥巴马是美国第 44 任总统，这是从华盛顿而不是林肯或罗斯福起算的。

美国宪政的连续性给学者提出了一个挑战，即如何形成我们关于美国宪政的总体史观，如何把握美国宪政实践的总体韵律，在此意义上，我们可以说美国只有一部宪法史，这一命题不仅是理论设计的要求，更是美国宪政自身实践所提出的命令。任何关于美国宪政的法学理论，即便是那些仅处理宪政史某一片段或局部的研究，都必须具有总体性的视角，至少应隐含有在理论上自洽的总体史观，否则由此形成的研究结果很可能是"盲人摸象"。从宪法学的视角去切入美国宪政研究，既要看到树木，更要看到森林，"不谋全局者，不足以谋一域"。

第三，美国 1937 年后的现代宪法根源于建国、重建和新政这三次大转型。

美国宪政的连续性并不意味着它是按部就班的、循例守法的、或自生自发的，美国宪政实践的复杂就在于它的连续性孕育于不断自我革新的能力中，"唯一不变的就是变化本身"。问题的关键是要到哪里去发现这种变化。根据阿克曼的宪法理论，这种延续性再造主要不是法院的创造性宪法解释，也不是 27 条宪法修正案，美国人今天生活在罗斯福新政所形成的宪法秩序内，而这个自 1937 年后统治美国的现代宪法根源于建国、重建和新政三次宪政转型。阿克曼在《我们人民·转型》内就专书处理了这三次宪政转型。翻译总是会造成或多或少的意义耗损，回到英文原文 Founding, Reconstruction 和 New Deal，我们应能更好地把握其中的结构性再造和国家体制转型的含义。而宪法时刻在二元民主结构内的提出，也意味着美国宪政发展并不是均质的。阿克曼曾指出："现代美国人并不认为我们历史中的每一年都对今天的宪法有同样的贡献。"而且，美国宪政史的时间并不是自然意义上的时间，不是距离我们越近的时间就越有宪法相关性，是否相关取决于人民有没有出场"现身说法"。反求诸己有助于我们设身处地去把握这一命题，每个中国人想必都能理解 1949 或 1978 在中国宪政史中的意义，美国人同样如此。

这一命题如果成立，也向国内的美国宪法研究者提出了"历史转向"的要求。长久以来，我们抱着接轨的心态而追求走在宪政理论的"前沿"，拱手将我们自己的研究议程交给"哈佛法律评论"；而网络和数据通讯技术的跃进也让今天的研究者可以足不出户，就能捕捉到位于美国宪政发展轨迹的"末梢"。但是，如果阿克曼的研究对我们的方法论有何启示的话，那就是要去重新发现美国宪政的"deep past"，这些"遥远过去"包含着美国宪政的真正教义。宪政作为治国安邦的道理，并不是隐含在最高法院的宪法解释中，而且总体上看，越近世的大法官其实越"近视"，越陷入了一种"去政治化"的政治化困境。我们有必要从"九人"转向 1780 年代建国联邦党人，1860 年代的重建共和党人，1930 年代的新政民主党人。事实上，我们学美国宪法这么多年，猛回头却发现法学院内的研究者其实并不熟悉"林肯"，大都是些心灵鸡汤的叙述或人云亦云的流俗意见而已。

第四，美国宪政转型的模式表现为人民主权的革命。

美国是个守法的民族，美国宪法是美国的"公民宗教"和"根基圣典"，但美国宪政发展最隐蔽的原动力却不在"自由法治"，而是介于"纯粹守法"和"无法暴力"之间的"人性尺度上的革命"。在

《我们人民·转型》中，阿克曼曾提出一个吊诡的判断："违反法律并不必然意味着非法"，这实际上表达出二元民主论的基础命题，即美国宪法的根基是人民主权。宪法政治可以区分为两个轨道，第一个轨道是法治主义的模式，就是根据由美国宪法第五条所内设的修宪程序去提出并且批准宪法修正案，第二个轨道则是人民主权的模式，用阿玛的话说就是"重返费城"去制宪：宪法政治本身就表示它要结束一个旧时代，开启一个新秩序，至少在逻辑上不必严守旧体制遗留下的规则去规训新政治主体在动员后的意志表达。事实上，法治模式无法解释美国三次宪制转型：费城宪法的制定过程违反了 1781 年的《邦联条款》；内战修正案之所以能得到四分之三多数州的批准，是因为重建国会剥夺了南方脱离州的代表权，是在枪杆子下的"同意"；罗斯福新政则根本没有去启动修宪程序，美国现代宪法的根基在很大程度上是"不成文"的。但在二元民主的框架内，违法不意味着非法，更不是对正当性的否定。实际上，人民在动员起来后经过深思熟虑所给出的理性判断，这本身才是美国宪法的根基。阿克曼在近期的霍姆斯讲座中指出，美国 1787 年宪法所设定的是一种联邦主义的修宪程序，要求以"我们州"为单位的批准，罗斯福曾在炉边谈话时指出："即便 35 个州内的全美 95% 的人口都支持修宪，但 13 个州内的 5% 的选民即可以阻止修正案的批准"，就此而论，既然美国至少在内战后已经成为一个"不可分裂的民族/国家"，这一新政治身份就与原初的修宪程序形成一种根本性的断裂，正因为此，美国在内战后尤其是 20 世纪内的主要宪政表达都是绕开宪法第五条的。

宪法研究者经常将宪政想象为政治的理性化或多元（利益）化，但至少美国宪政的经验可以表明，宪政的存续不仅需要文功，有时候更需要武卫。如果回到汉密尔顿在美国宪政经典《联邦党人文集》开篇提出的问题，美国宪法作为一种实践，两百年来的成功不仅取决于

"慎思"和"选择",还取决于"强力"与"偶然"。或者更准确地说,汉密尔顿的问题一开始就是错的:这两组在理论上看起来势同水火的范畴,在实践中经常却是水乳交融。如果理论家继续坚持法治主义的解释模式,所要付出的代价就是丢失建国、重建和新政的正当性,这无异于否定了美国的治国之本,是对历史的篡改。"再有一次这样的成功,我们必将一败涂地。"

第五,现代宪法解释的本质是代际综合。

二元民主的宪制要求内置一种守护机制,因为人民仅仅是在"激情被压制的危机"时刻才会出场,而在政治热情消退,人民退回私人生活后,宪法设计必须保证日常政治的决策者不会违反甚至改变由革命一代人规定的高级法,否则,借用马歇尔在马伯里诉麦迪逊中的判词,"成文宪法就是人民的荒谬企图,用以限制就其本质而言不可限制的一种权力"。司法审查就是这样的守护机制:二元民主宪制内的宪法解释是要向后看的,要代表已经回归私人生活的人民去监督常规政治内的代表,司法审查在这时虽然反对"此时此地的多数",但在历时性的维度内却成为民主自治不可或缺的环节。更重要的是,由于美国的宪政转型并不是全盘否定或从头再来式的彻底革命,不是在一张白纸上画最美的图画,1937年后的现代宪法就其本质而言是一种代际间的对话,因此宪法解释的本质是要综合不同宪政秩序的多元传统。也因此,如何在宪法解释中"通三统",如何在司法审查中完成"代际综合",统合起建国、重建和新政的三种传统,是美国最高法院在现代宪政秩序内所要面对的解释难题。

迄今为止,阿克曼只是在《我们人民》第一卷"解释的可能性"一章内初步阐释了代际综合的解释方法,但即便简短的啼声初试就已经一鸣惊人,有学者曾将这有限篇幅内的概要称为阿克曼"最重要的贡献"。例如阿克曼曾在此处为1905年的洛克纳诉纽约州"翻案",

这个判断之所以在现代宪法学内声名狼藉，不是因为它在判决之初就是个错误，而是因为它被罗斯福新政所"修改"了，而且这次"修宪"的主旨就是"永远不再洛克纳"，就是要从放任自由的宪政秩序转变为现代积极国家。而在目前正在写作中的第四卷《解释》内，代际综合的问题将得到全景式的阐释，我相信这会成为对美国司法审查历史的一次重述。

三

现代社会的学术从来不可能是一个人的事业，而必定是一种集体的工程。本套文集之所以可能，现在想来也是各种因素在偶然间的一次交汇，但最不可或缺的还是中国政法大学出版社在本文集酝酿全过程中一以贯之的大力支持，尤其要感谢刘海光、彭江、顾金龙、张翀、张阳诸位编辑老师热情、负责、专业的工作。感谢布鲁斯·阿克曼教授，对于阿克曼教授的学术研究，我作为一位宪法理论的后学历来抱有最高程度的敬意，也很幸运，在 2009 至 2010 学年度，我有机会跟随他研习美国宪法和政治理论，对于我的这个翻译计划，阿克曼教授给予了一个学者所能给出的全部支持，大到原著的版权联系，小到原著封面用图的版权联络，都承蒙他在其中的牵线搭桥。还要感谢加盟本套文集的三位译者汪庆华、江照信和黄陀。他们不计学术翻译所能量化出的回报，而在繁忙的教学、科研和求学过程中承担起繁重的翻译工作，能邀请到他们实在是我作为组织者的最大幸运。最后还要感谢重庆大学人文社会科学高等研究院、北京大学法治研究中心以及这里的诸位师长和学友，在这个友爱的学术共同体中，我收获了首先安居、然后乐业的幸福。

正如审慎以及经过深思熟虑后的决断从来都是美国宪政决策者的

美德，简约以及在有理有据基础上的旗帜鲜明也是学者的美德。有了阿克曼教授写在前面的中译本序言，我原本是不需要写这么多的，只是希望我在前面抒发的"之我见"可以帮助读者更好地进入本套文集的阅读。在全球秩序进入"中美国"的时刻，希望本套文集的出版有助于我们去理解美国宪政以及美国本身，也让我们有理由去认真对待自己的宪政过去、现在与未来。

田　雷

2012 年 1 月 23 日

于重庆大学文字斋

目　录

第一编

发现宪法

第一章
二元民主制

内 省?

美国是世界强国，但它有能力理解自己吗？难道说，到了今天， 3
它仍然满足于作为智识的殖民地，借用欧洲范畴来解密其国家身份的
意涵吗？

这并不总是因美国宪法而提出的问题。当美国在军事和经济上和
欧洲相比相形见绌的时候，其宪政思想反而遥遥领先；当它转变成西
方强国的时候，其主流的宪法学家却日益依附他人。两个世纪以来，
源出欧洲经验而非美国经验之范畴主导了美国的宪法研究。

结果就是一种突出的非历史理解。主流理论在构造时没有美国
宪政历史这根弦，它们也就不能揭示出美国宪政的主要特征。美国
宪法故事中许多奇妙的部分完全被忽视了——因为它们会让那些来
自欧洲的概念很尴尬，而这些概念的构造从来都没有考虑美国的
经验。

为了发现宪法，我们必须在没有源出异时异地的范畴指引的情况

下去接近它。无论是亚里士多德、西塞罗、孟德斯鸠、洛克、哈林顿、休谟、康德，还是韦伯都不能提供钥匙。美国人已经从这些思想家的身上借用了过多的智慧，但他们同样建立了一种真正与众不同的宪政思想和实践的模式。一旦重塑这种模式，我们就会发现其堪与希腊人、罗马人、德国人和英国人所提供对政治特征的最深刻思考相媲美。

我对这一重塑事业的兴趣并不纯粹是智识的。美国宪法的前提是，他们的公民对激发政治实践的卓越理想具有深刻把握。当我们忽略了这些理想的时候，我们政治生活的组织模式就摇摇欲坠了。如果"前沿的"宪法学家都看不见美国宪法的美国特质，那么对这一现象就需要给予更普遍的关注。当然，在美国宪法生活的基本节奏——2年、4年、6年的选举周期，国会和总统、总统和最高法院、最高法院和国会、国家和州、政治和法律之间引人注目的往还——成为第二天性的一部分之前，大部分人不需要许多这方面的指导。伴随着这些节奏的是对引人入胜的美国民主宪政理想的粗略把握。

无论如何，舆论领袖为智识上的疏离付出了代价。老于世故的言论四处流散，具有真正深刻宪政意义的政治实践是那些歪曲了美国政治学特征的"真正"神秘的仪式。这种言论的代代相沿冲击了大众对激发我们的宪政生活的民主理想的把握，而且凸显了这些理想在未来危机时刻的脆弱性。

当我们转向美国律师和法官阶层的时候，智识疏离的代价更为明显，而正是这一职业阶层维持了宪法日常的运作。正如我们所看到的那样，在保证对美国民主与众不同的特征之忠诚方面，与学人们相比，这些人的工作更加出色。尽管如此，他们还是不能摆脱宪法理论欧陆化这一预料之中的后果。尽管实践家和学者一样聪明，但他们缺少一种可贵的资源：时间——用以思考超越手头案件，历经多少世代而形成的宪政模式。对这一问题没有深入思考之前，他们建立了一种我称之为"职业叙事"（Professional narrative）的学说，描述美国人民如何走过自1787年建国到今天的200周年纪念的这段历史。该叙事赋予宪法的意义染上了律师和法官解决具体问题时的思考方式的色彩。而且，它也包含老于世故的言论传播者能够想到的宪法洞察。主要地，由于这种思考没有能够深入下去，现存的职业叙事表达这些洞察的方式没有能够抓住历史事实和宪政的复杂性。宪政理论家如果把他们的关注点从洛克转向林肯，从卢梭转向罗斯福，就可能为建构更出色的职业叙事作出积极贡献——这种叙事更忠实于历史事实，更忠实于激发我们对民治不断进行实验的宪政理想。

5

于是我们看到了一幅美丽的图画：在美国，宪法是学者、职业人士和一般人民持续对话的主题；在美国，理论和实践之间的对话促成公民、公民的政治代表更加深刻地理解美国宪法在面临未来转型挑战时所具有的历史身份。除非我荒谬到成为庞洛斯（Pangloss）*那样的乐观主义者，否则我不得不说，即使这幅图画之成功超乎我夸张的想象，它也不会把我们引向乌托邦。当我们发现美国宪法与众不同的特征的时候，我们同样会在它的基本前提和历史发展中发现许多瑕疵、错误乃至邪恶。永远都不要忘记，詹姆斯·麦迪逊既是伟大的政治思想家，也是奴隶主。谁能够想到，我们的宪法和不义的和平共处终结于《解放黑人奴隶宣言》（Emancipation）。我们不能安于现状，建立比我们所继承的更为公正和自由的宪政秩序是我们面临的挑战。

但是，我们不可能通过割裂同以往的联系来建立更好的秩序，尤其是在美国人已经习惯于认为宪法历史包含能够解释我们当下政治的有价值线索的时候。我在这里的目的是说服大家，我们当下的宪法言论和实

---

* 庞洛斯是伏尔泰讽刺作品《老实人》（Candide）中的哲学家，此人认为世上一切都将臻于至善。——译者注

践中有比人们通常所认为的更深层次的秩序，这种深层次的宪法秩序可以通过反思它在过去两个世纪以来的历史发展予以重新发现。

在投身于复杂的历史之前，最好先把一些路障清除掉。如果我所说不虚，那么宪政理论和宪政实践的分离是当下时刻的特征。当我们的市民实践依然扎根于美国过去的与众不同的特征的时候，老于世故的宪政思想却日益以别的地方构造出来的理论来解释美国制度的民族特征——以至于到了这样的程度，人们对这些思想较之于我将要型构的框架更为熟悉。看来，我们将这些大家熟稔的学术对手的观点和我称之为二元民主制的解释模式进行比较，从而开始我们的讨论是明智的做法。这种二元民主制能够更好地把握美国宪法与众不同的特征。

基本理念

最重要的是，二元宪法寻求区分民主制下作出的两种截然不同的决定。第一种决定是由美国人民作出的；第二种决定则是由他们的政府作出的。

只是在具体宪政条件下人民才做出决定，而此种情形非常少见。为了获得以人民的名义制定最高级的法律，一项运动的政治支持者首先必须说服相当数量的公民，以他们通常不会赋予政治的严肃对待运动支持者提出的倡议；其次，他们必须允许反对者有组织自己力量的公平机会；最后，当人们在"高级法"的审慎论坛上不停地讨论该倡议的优点的时候，他们必须说服绝大部分美国人支持他们的倡议。只有这样，一项政治运动才能获得其提升的合法性，而这种提升了的合法性是二元宪法赋予人民作出决定的权利。

政府每天都在作出决定，但也受具体条件的限制。至关重要的是，主要官员通常要对投票的结果负责。此外，必须要有激励机制来保证他们的视野足够开阔，能够关注公共利益，不受狭隘的利益集团的不良影响。即使这种"常规立法"运作良好，二元宪法仍能防止民选政治家夸大他们的权威。他们不能宣称，常规选举的胜利授予他们这样的指令，制定一般性法规以推翻此前由人民作出的经过深思熟虑的判断。如果他们主张这种民主合法性的高级形式，那么就必须走那条由二元宪法为高级立法所提供的障碍重重的道路。他们只有成功动员民众，获得他们的持续支持以反击敌人的进攻，才能在最后获得权威去宣称人民改变了主意，而且已经授予政府新的行军命令。

　　这一概述回答的问题比引出的问题更多，其中的一个问题就是制度设计。首先，我们必须要考虑设计一套完善的高级立法制度：如何组织一套程序，它能够可靠地标示出那些少有的情形，其时作为以人民的名义所动员的审慎讨论之结果，一项政治运动已经赢得了特别的认可？其次，还有一个常规立法的问题：如何为定期选举出来的官员创造激励机制，促成他们在特殊利益的压力下仍然能够参与公共性质的审慎讨论？最后，还有维护机制的设计：如何维护被动员了的人民做出的深思熟虑的判断免于常规政府所制定之法规的不法侵蚀？

　　还有一个超越了制度机制的问题：对美国来说，二元民主制是一种完善的政府形式吗？是最完善的吗？如果不是，那么更完善的是什么呢？

　　这一章并不是为了寻找最后的答案。它只是描述了二元民主制提出的问题意味着存在不同于目前学界主流学说的探求。尽管目前学界中的各种观点都不同于二元论，不过以它们的相同点开头是有所助益的。尽管它们千差万别，但它们都忽略了二元论赋予宪法政治的特殊重要性：从美国建国以来，一系列号召美国人参与到公民行动中的系列政治运动一旦取得成功，其结果最终都是在以人民名义宣称高级法的时候达至高潮。

　　让我们更具体些。

一元民主制（Monistic Democracy）

在现代学派中，一元民主制具有最为显耀的谱系：伍德罗·威尔逊、[1]詹姆斯·赛耶、[2]查尔斯·比尔德、[3]奥立弗·温代尔·霍姆斯、[4]罗伯特·杰克逊、[5]亚历山大·比克尔和[6]约翰·伊莱。[7]他们以及另外一些卓越的学者使得一元论从 20 世纪以来就成为严肃宪法学者中的主流学说。就所有这些被接受的观点而言，它们都充满了复杂性。[8]但是，就其根本而言，一元论非常简单：民主要求授予最近一次大选的胜出者以全面的立法权威——只要这次选举是建立在自由公平的原则基础上的，而且胜出者没有试图妨碍下一轮选举挑战。

这种观点反过来促成了一种批判性的制度结论：在两次选举之间，所有对选举胜出者的制度制约都被推定成是反民主的。对老练的一元论来说，这只是一个假设。可能特定的宪法制衡能够防止胜出者破坏下一轮选举。一旦人们想到常规选举不能满足我们的选举公平理念所需之深刻方式，另外一些制衡就获得了其正当性。尽管这些例外具有十分重大的实践意义，一元论也不会让它们模糊主要的问题：当

8

---

〔1〕 Woodrow Wilson, *Congressional Government* (1885)；Woodrow Wilson, *Constitutional Government in the United States* (1907).

〔2〕 James Thayer, "The Origin and Scope of the American Doctrine of Constitutional Law", 7 *Harv. L. Rev.* 129 (1893).

〔3〕 Charles Beard, *An Economic Interpretation of the Constitution of the United States* (1913).

〔4〕 Lochner v. New York, 198 U. S. 45, 74 (1905) (Holmes, J., dissenting).

〔5〕 Robert Jackson, *The Struggle for Judicial Supremacy* (1941)；Railway Express Co. v. New York, 336 U. S. 106, 111 (Jackson, J., concurring).

〔6〕 Alexander Bickel, *The Least Dangerous Branch* (1962).

〔7〕 John Ely, *Democracy and Distrust: A Theory of Judicial Review* (1980).

〔8〕 折中的叙述，参见 Jesse Choper, *Judicial Review and the National Political Process*, 第 1 章 (1980).

最高法院或者任何别的什么人宣布法规无效的时候，它就面临着"反多数的难题"[9]，这种难题只有在完善的民主制宣称能够容忍这种特殊行为的时候才能够克服。

英国议会实践（的理想化版本）弥漫于这一学派的著作中。一个世纪以来，首相总是在一场相对公正平等的选举后就位，除非极个别的情况出现，否则下院会毫无保留地支持女王陛下的政府。如果大不列颠的臣民不喜欢当下的状况，他们会在下一轮选举中把选票投给反对派。直到那时，不论是上院、女王还是法院都不能实质损害下院多数作出的立法决定。

就一元论而言，英国的设计抓住了民主制的本质。美国提出的问题是它没有能够遵循泛－大西洋模式。美国并没有把权力授予一个单一的由民众选举的众议院，不仅如此它还容忍了一些并非由选举产生或者其民选性颇为可疑的部门的桀骜不驯。参议院受到指责，而主要的攻击对象则是最高法院。谁给了9位上了年纪的法律人以推翻民选政治家的决定的权威？

对这个问题有一元论的答案，它试图调和司法审查和一元民主制的根本前提。因此，像亚历山大·比克尔这样的宪法保守主义者，[10]像约翰·伊莱这样的中间派，[11]以及像理查德·帕克这样的进步主义者，[12]都为最高法院提供得以在一元论前提下运作的图景。就当下目的而言，需要加以批判审视的是一元论的问题，而不是繁荣的一元论的答案。

---

〔9〕　经典的论述，参见 Alexander Bickel，前注6，第16～23页。

〔10〕　参见 Alexander Bickel，前注6；Alexander Bickel, *The Supreme Court and the Idea of Progress* (1970)。

〔11〕　John Ely，前注7。

〔12〕　Richard Parker, "The Past of Constitutional Theory-And Its Future", 42 *Ohio St. L. J.* 223 (1981).

　　一元论者在强调一次公正而开放的选举的胜出者被授予了以人民的全部权威进行统治的权力的时候，他们是在倒果为因。当然，选举的胜出者上任履新要比选举失败者的暴动好许多。但是，这并不等于说，所有在华盛顿赢得了立法大多数支持的法规都代表了动员后的大多数美国公民的深思熟虑的判断。与此相反，二元论关注到迷惑了一元论的许多与众不同的实践所具有的深刻的民主内涵。对二元论来说，这些实践表现了我们的宪法力求民选的政治家在双轨制下运作。如果政治家希望为一项动议赢得常规的民主合法性，他们就要被引向常规立法的道路，而且要以通常的方式赢得众议院、参议院和总统的支持；如果希望获得高级立法的权威，他们就要被引向一条极其繁重的立法道路——这一道路的特征和历史发展将是下一章的主题。如果一次政治运动成功地调和了高级立法体系的挑战，那么它就可以正当地主张，它的倡议代表了我们人民的宪政判断。

　　一旦这种制度的双轨制特征得到明确认可，最高法院就呈现出不同的面貌。除非宪法防止未来的普通政治家制定无视（人民）运动所取得的高级法成就的法规，否则，所有用来把一项倡议推上高级立法轨道的努力都不过是在浪费时间和精力。如果未来的政治家能够轻而易举地无视已经确立的高级法，那么，群众运动又何必花费那么多精力去克服高级立法道路上的种种障碍？

　　为了维持高级立法的整体性，所有的二元宪法都必须提供一种或者多种承当维护者职责的制度。这些制度必须能够有效地防止借助于便宜地通过常规立法来推翻已经确立下来的原则，这些制度还迫使民选政治家统治集团必须求助于高级立法轨道，如果他们质疑先前由我们人民作出的判断。只有在经历了这一障碍重重的道路之后，政治精英才获得宣告我们人民改变了主意的权力。

　　紧随其后的是，二元论者从完全不同于一元论者的角度来看待最高法院。一元论者推定任何司法审查行为都是反民主的，并竭尽全力通过各种巧妙的论点试图把最高法院从"反多数难题"中解救出来。相应的，二元论者把法院承担维护者功能这一职责看成秩序良好的民主政体的关键内容。法院不仅没有因其挫伤华盛顿政治精英的法规主张而威胁到民主制，反而他们是为民主制服务的，他们保护通过动员民众而艰难赢得的原则免于政治精英的腐蚀，这些政治精英并没有为他们的创新赢得广泛坚实的民众支持。

这并不是说，现在的最高法院作出的任何具体决定都能够用维护者这一说法予以正当化。关键在于，二元主义不会因为最高法院宣布违宪的常规立法无效而轻松地把最高法院解释宪法的善意努力贴上"反民主"的标签；这种持续的回溯并解释以往伟大成就之意义的努力是区分我们人民之意志和我们政治家之行动这一更为庞大的工程的一个部分。

权利市位主义者

在面对一元主义的时候，二元论者的主要目标是打破一元论者在"民主"和"议会主权"这两个概念之间建立起来的紧密联系。和一元论者一样，二元论者也是民主派——他们认为美国人民是权威的最后来源。他们只是不同意常规的民选政治家宣称他们以人民的全部权威来立法这一简单做法。

相应地，人民主权优先的说法受到了另一现代学派的挑战。这一学派的理论没有完全否认民主原则的位置，但他们的民粹主义激情因其对基本权利的深切忠诚而有所抑制。毫不奇怪的是，当论及什么样的权利才是基本权利的时候，这个学派中的成员观点歧异纷纷。理查德·爱泼斯坦这样的保守主义者强调财产权的基本作用；[13] 罗纳德·

———————

〔13〕　Richard Epstein, *Takings: Private Property and the Power of Eminent Domain* (1985).

德沃金这样的自由主义者强调受到平等关注和尊重的权利；[14]欧文·费斯这样的集体主义者强调的则是弱势群体的权利。[15]我们不要让这些明显的差异遮住我们的双眼，从而看不到把它们联系在一起的共同理念。无论什么样的权利是基本权利，他们都一致同意，美国宪法首先以及最主要涉及的是对权利的保护。的确，拥有权利的所有关键在于，它能够压倒那些民主机构本来可能为了集体福利而采取的立法决定。为了强调这种共同点，我把所有这类思想家归在一起，称之为权利本位主义者。

至于一元论者，这也不是一时三刻创造出来的潮流。但是，他们为自己勾勒出的智识谱系的确和权利本位主义者存在有趣的差别。当一元论者提及威尔逊、赛耶、弗兰克弗特和比克尔等美国人的时候，本位主义者偏好距离我们更遥远的哲学家——康德（通过罗尔斯）[16]和洛克（通过诺齐克）[17]，目前是他们灵感最重要的来源。我对他们内部的争论并没什么兴趣，我的目标是描述权利本位主义者作为整体和民主派之间的差别。

我们从一元论者说起。至少在权利本位主义者看来，说一元论者敌视权利是公平的。的确，正是最高法院开始以基本权利的名义宣布制定法规无效的时候，一元论者开始关注推定司法审查为非法之举的"反多数难题"。[18]

这一"难题"在本位主义者看来并不那么可怕。相反，他们更震

---

[14]　Ronald Dworkin, *Taking Rights Seriously*, 第 5 章（1978）; Ronald Dworkin, *Law's Empire*, 第 10、11 章（1986）。

[15]　Owen Fiss, "Groups and the Equal Protection Clause", 5 *J. Phil. & Pub. Aff.* 107 (1976).

[16]　John Rawls, "Kantian Constructivism in Moral Theory", 77 *J. Phil.* 515 (1980).

[17]　Robert Nozick, *Anarchy, State and Utopian* (1974).

[18]　并不是说一元论者必然反对所有的司法审查实践。正如我已经表明的那样，这个学派非常巧妙地对那些保护这种或那种权利的司法行为予以正当化，认为这是促成政体之持续民主功能的工具。参见前注 6、7、12 中作者的论述。

惊于这样的事实，民主的立法竟然赞同各种压迫行为——确立国教，允许酷刑……一旦出现这些行为的时候，本位主义者就要求司法干预，尽管这有违民主原则。但是权利压过民主——当然，只有当这些权利是基本权利的时候。 12

不过，困难就在于此。本位主义者对武断定义权利忧心忡忡，这驱使有创见的本位主义者求助于康德和洛克这样的哲学家来理解美国宪法。那么，如果法官要避免在定义基本权利时失之于武断，难道他们不应该去利用那些在西方传统中沉淀下来的对这一问题的深邃思考吗？

对一元论者来说，这种转向伟大著作（Great Books）是本位主义者反民主病症的又一征兆。不论本位主义者的话语具有怎样的哲学优点，不变的一点是它都是秘传的——其面对的那些作者及其学说是大部分受过高等教育的人在他们最具学术意义的时刻都力求避免的。这种对康德和洛克的高谈阔论凸显了抛开民主程序之基本问题的精英主义。

这些反对意见基本不能说服本位主义者。它们只会产生进一步的焦虑，一元民主制的安逸会被暴民的无理性一扫而光。所以讨论继续往前，双方交锋不断：民主相对于权利相对于民主相对于——论点和反论点，而这些讨论并不能改变多少人的思想。

二元论的引入如何改变这种熟悉的对话领域的构造呢？通过提供一种允许双方调和它们部分——如果说不是全部——关注的框架。基本的调节机制是民主立法二元论这种双轨制，它承认本位主义者的观点——"权利王牌"（"rights as trumps"），而又没有违反一元论者对民主优先的忠诚。为了把握调和的逻辑，我们假定一次权利导向的运动走上了高级立法的轨道，而且成功地动员人民赞成某部权利法案。由于这一成果，二元论者毫不迟疑地赞成司法机关宣布此后损害这些权

利的法规无效，即使当他们考虑的是和处于一元民主制核心的选举过
程之整体性没有什么关系的问题——比如保护个人自由或者隐私——
13 时也是如此。正如我们已经看到的那样，二元论认为法院推进了民主
事业，他们维护宪法权利免于青云直上的政治精英的腐蚀，这些政治
精英还需要通过动员人民才能推翻先前的高级立法原则。因此，与一
元论不同，二元论支持权利能够恰如其分地压倒常规民主政治之结论
的观点，而且它无需借助于权利本位主义者提供的那些非民主原则就
能做到。因此，对于那些认为一元论者和权利本位主义者各有部分真
理的人来说，二元论更深刻地调和了民主与权利。

　　当然，这种调和对于所有先前参与争论的学派来说并不都是那么
令人满意的。毫不奇怪，忠诚的本位主义者认为，二元论为权利保护
奠定的基石不够牢固。[19] 本位主义者承认，如果在先前的高级立法行
动中存在对权利的保障，二元论者就会赞成对权利的司法保护，但这
是一个让人尴尬的"如果"。如果人民没有接受恰当的权利法案呢？
难道就可以把宪法解释成允许借助法规来促进不正义吗？

　　正是他们对这个问题的不同回答进一步把二元论者同忠诚的本位
主义者区分开。对二元论来说，权利的司法保护的确依赖于事先对高
级立法的民主认可。在这个意义上，二元论的宪法是民主第一，权利
保护第二；忠诚的本位主义者对优先性的排列则与此相反：宪法首先
关注的是权利保护，然后它才允许人民将其意志加于其他问题上。我
们在区分出它们的不一致之后，下一步就看能否化解这种不一致。是
否有一般性的观点能够指出美国宪法是建立在二元论之上，还是建立
在权利本位主义之上？

　　我的回答是肯定的。再一次，决定性因素来自双轨制立法与众不

----

〔19〕　在这里，我只关注顽固的本位主义者的反对意见，并把对二元论民主特征的更详细
辩护推迟到了第十一章。

同的特征。我对本位主义者的反对主要集中于一个事实，即我们的宪法从来没有明确表述要保护现存的高级法原则（至于其中的两个例外我将会很快谈及）不为后来的人民所修正。当最初的宪法给予奴隶制以高级法保护的时候，至少它并没有试图以违宪作为威胁，禁止美国人民的后代重新考虑这个问题；同样地，当 20 世纪早期的美国人将禁酒变成高级法的条文时，他们也没有使得这一修正案变成不可修正的。在这两种情况下，人民行使了改变自己主意的权利，而我们中间很少有人会认为这一切由于推翻了先前的做法而变得更糟糕了。但是，本位主义者要承认推翻先前做法具有普遍可行性时不无尴尬。因为这种敞开式的实践允许的那种宪法修正在大多数现代本位主义者看来将会带来道德上的毁灭性后果。

14

一种假设情形：倘若目前伊斯兰世界的宗教复兴是席卷整个基督教西方的伟大复兴的第一波。对无神论的唯物主义的反抗引发了群众性政治动员，其结果是以一次部分废除第一修正案的运动而告终。在新千禧到来的时候，我们颁布了第二十七修正案：

> 基督教是美国人民的国教，禁止对其他神的公共崇拜。

这一修正案意味着我们高级法遗产的一次深刻转型——和早些时候共和党人治下的重建时期以及民主党人治下的新政时期处于同一序列上，但在类型上却有所差别。而且，这条修正案侵犯了我的良心自由。尽管如此，如果不幸我此时恰好是最高法院的大法官（此前世俗政府的留任官员），我对自己的司法责任没有任何怀疑。即使我坚持我的确信，这条基督教修正案错得荒谬绝伦，我仍然会把它看成美国宪法的根本部分：如果哪位死硬分子在 2001 年提起诉讼，请求最高法院宣布这条基督教修正案违宪，那么我会和我的同事们即决驳回这项诉讼请求——或者我辞掉大法官的职位，加入一场劝说美国人民改变其主意的运动中去。

但是我不会采取本位主义者提出的立场：坐在法官席上，写一份异议判决书，否认对第一修正案的修改是有效的。而且我怀疑，谁能够发现许多美国法律人的确很认真地对此立场表示赞同——即使在那些用本位主义的修辞把自己包装起来的人眼中同样如此。*

司法异议在别的国家，尤其是纳粹之后的德国并不会显得乖谬，15 新的西德宪法明确宣布一系列不得修正的基本人权条款，无论有多少德国人支持废除。考虑到这种有意识的保护行为，德国宪法法院公布自己的司法意见，认为公然违反良心自由的修正案无效是绝对正确的，尽管这种做法在美国语境中会变得很荒谬。在这种本位主义的宪法之下，法官们有权不停地对那些试图改变它们的企图予以抵制：如果政治上压倒多数坚持废除基本人权，那么就有必要用一部全新的宪法来加以代替，新宪法可以无情地毁灭那些基本权利。[20]

不过这倒清楚地表明，就目前来说，二元论的美国同本位主义的德国之间有多大的距离。尽管美国也经历过德国式权利保护的宪政实践，但它不过是提供了反面的教训。建国者在 1787 年就充分意识到了保护的重要性，但他没有用这一机制来服务于人类的自由事业。他们用它来保护非洲黑奴贸易——明确禁止美国人民在 1808 年之前制

---

* 最近关于布什总统提出的焚烧国旗修正案的喋喋不休的讨论就表明了这点。没有任何严肃的反对者主张第一修正案是不可以修改的，即使布什的倡议已经触及该修正案对政治表达自由的关注之核心。与此相应的是，反对者把希望寄托在美国人民的善意之上，并且成功地说服他们拒绝对他们继承下来的自由以这种摇旗呐喊式的狂热攻击。

[20] 技术上来说，也可能在当下的基本法框架中做到这点（Grundgesetz），它允许根据第 146 条的规定用一部全新的法律来代替它。既然基本法的起草者采取此措施的目的只是为了强调西德的过渡性特征，而不是基本权利的暂时性特征，用新的宪法来修改人权保护条款是对第 146 条的彻底滥用。尽管如此，这种技术可能性提供了一个出口，借此德国二元论者可以想象到修改他们基本法的本位主义诉求。

定修正案以阻止这种实践。[21]这种历史表明，本位主义的解释和美国高级立法体制的现存前提条件并不一致。和德国不同的是，在美国，人民是权利的源泉；宪法不能详细阐明一些权利，并要求人民必须接受（或确定）。*

　　作为公民，这种发现并不能给我带来什么乐趣。我本人认为保护　　16权利法案免受人民以后的修正是件好事，因为说不准将来哪天美国人民就陷入可怕的新纳粹的突发症。[22]但这只是在一个方面表明了我的观点——我的观点是要去澄清作为其所是的美国宪法精神，而不是去阐明可能所是的美国宪法精神。除非保障现代权利法案的政治运动取得了成功，而且直到这个时候为止，二元论为美国事业的雄心提供的描述都要比本位主义的解释更为完善。宪法把民主放在了第一位，尽管其方式不像一元论者所想象的那么简单。

――――――――――

〔21〕　第2条保护性条款规定，各州在参议院中具有平等的代表权，除非其明示同意，否则不得加以剥夺，参见《美国宪法》第5条。这一试图确保联邦主义的努力在内战后带来了无穷无尽的麻烦。参见本书的第二卷（*We the People：Transformations*，1998）。

　　*　我所假设的基督教修正案设计了这样的权利，大多数本位主义者都认为是基本的，而绝大多数律师——所有的二元论者——都认为是可以立即废除的。这个例子足以区分二元论和本位主义，这一假设并没有留下任何让我们去思考二元理论是否容纳了不可修改的权利保护的概念空间。

　　为了检验这个问题，想象一下，在假设的修正案之外，一场宗教运动成功地促成了另一条修正案的颁布："任何主张废除第二十七修正案的美国人将被判处叛国罪，一旦定罪将被处以死刑。"对应于前条修正案的这一修正案，其目的是使得美国人民不可能重新考虑他们对基督教的忠诚，因而也就意味着废除了二元民主制本身。倘如此，法官就能够得体地依宪法宣布它是无效的吗？还是说，对那些体面的人而言，最好是放弃这个政体并努力奋斗去推翻它？

　　有些问题最好是留给它们真正出现的那些黑暗日子。就目前而言，只要警惕过分简单的回答就可以了。具体来说，我不认为，法官宣称他们具有一般的权威以保护二元民主制的原则免于人民的毁坏之主张具有正当性。倘若我们下一轮宪法政治的主流是动员了的自由主义者的联合，他们寻求对权利法案的现代版本的不可修改的保护，确保最低工资收入的权利以及其他一些我们的18世纪建国者根本不可能想象出来的权利。这种保护行为和第2条基督教修正案一样，与二元民主制的原则都是不一致的，既然它使得美国人改变他们对某些宪政价值的决定变得不可能。但是，法官有宪法上的权威要求美国人去保持这些可能的开放性吗？

　　〔22〕　我将在第十一章重新回到这个问题。

历史主义

    一元论和本位主义之间的冲突主导了当下宪法讨论的场域，而且跨过课堂进入法庭。这两个学派之间的尖锐对立犹如典型案件中原被告双方之间的对立——原告坚持认为某项法规违反了他的根本权利，而被告则反驳说，法院应当尊重国会的民主权威。毫不奇怪的是，有
17 思想的法官和公民都被对民主和权利的反思所吸引了——这两个学派的竞相表演吸引了大批观众。

    二元论阐述了一种更有希望的可能。原被告之间的冲突可能并不是我们传统中的民主导向的面向和权利导向的面向之间持续冲突的反应。与此相反，常规性法规的制定和对宪法权利的司法保护都是二元民主制的更大范围实践的一部分。这种抽象的综合可能不足以决定具体的案件。但它指出了一个具体的方向——朝向对以往的反思性研究，以决定何时人民已经出场以及在那些成功宪政政治的历史性时刻他们说了些什么。

美国"伯克主义"的悖论

    这一历史学的转向使得二元论得以和宪政思想的第三股潮流相接触。我把这股潮流称之为"伯克主义"（Burkeanism），尽管我们在现代还找不到可以和伯克相比肩的代言人。[23] 当我们把伯克在最近理论著作中的影响剔除之后会发现[24]，这股潮流更多地在执业律师和法官那里涌动。

---

〔23〕 亚历山大·比克尔是一位雄辩的发言者，他英年早逝，所以没有公正的机会来充分阐述他演进中的观点。参见 Alexander Bickel, *The Morality of Consent* 1 ~ 30 (1975)。

〔24〕 例如，可以参见 Anthony Kronman, "Alexander Bickel's Philosophy of Prudence", 94 *Yale L. J.* 1567 (1985)；Charles Fried, "The Artificial Reason of the Law or: What Lawyers Know", 60 *Tex. L. Rev.* 31 (1981)。

这些从业者不需要天才理论家来说服他们去培养伯克式敏感。他们已经深深浸淫于普通法传统中，这种传统所要求的技巧和敏感恰恰是自觉的伯克主义者所推崇的。对普通法法律人来说，重要的不是那些高妙的理论，而是法院和其他实践者经过几十年、几代人以及几个世纪的积累在判决中确立起来的具体判决的模式。逐渐地，这些判决以一种半自觉的迂回曲折的方式积沙成塔，最终形成了现代美国人认为理所当然的宪法权利，正如它们也形成了总统和国会可以主张对其授予了新宪法权威的先例。伯克式法律人或法官的任务是去掌握这些先例，从而能够感知它们潜在的成长和衰亡的倾向。

基本的概念可以从保守和改革两个方面来阐释。渐进的改革派试图保持先例随着"本国道德意识的演进"而具有某种鲜活性。更保守的人物更易接受总统权力的渐进式扩张，而不是新的宪法权利。最重要的是一如既往地关注所有普通法律师的共同点——强调对具体历史传统的持续培育，而无论是一元论的还是本位主义的"高高在上的理论家"的言论中，这一点都严重地缺失了。

在这些伯克主义者看来，具体判决的日积月累比我们最有才华的学者的抽象思考更有智慧。任何具有真正价值的"理论"只能在法官回应具体案件事实的判决书中发现。甚至于连这样的理论都不能认真对待。在不同的时代，不同的法官在不同的案件中运用它们，促使它们呈现出不同的意涵。那些沉思型的理论家根本不可能理解我们的宪法，因为他们未能够浸淫于具体案件的历史实践，所以不可能培养出明智的宪政发展所必需的审慎的治国术。

以上观点中含有某些重要的洞察——但不要把它们和整个真理搞混了。在把伯克式的情感放到其应当具备的位置之后，我将从它完全忽略了的二元主义宪政开始我的论述。只有这样，才有可能把二者的重要汇合分离开。

普通法律师的盲点可以用两个词概括：宪法政治。的确，在那些伯克主义达到了自我意识的地方——比如在比克尔后期的著作中[25]——宪法政治被过度地贬低了。所有的伯克主义者在民众政治运动中只能看到卡理斯玛式的厚颜无耻的领导者，他们是叫叫嚷嚷的观点模糊的鼓动者、热情高涨的无知群氓。最好的结果是，在各派系的相互指责攻讦中，集体无理性的爆发能很快结束。否则，乌托邦修辞裹胁下的政府将会以令人难以置信的速度堕落成无法形容的暴政。考虑到这种梦魇，难道还有任何头脑健全的人会支持任何这样的政体，其中清醒明智的伯克主义者没有最终的发言权？

19   二元主义者的回应是拒绝伯克主义者这种得意洋洋的替代性陈述。只有傻瓜才认识不到群众暴政的危险，二元论者根本没有忘记其他可能性的存在。在这里，政治领导人用一种具有理性内涵的原则挑战传统智慧，尽管这种原则是开放式的。当转型的倡议激发群众参与、鼓动献身的激情以及号召重大牺牲的时候，结果并不是无法形容的暴政，而是领导者和群众在民主框架内深层次的对话，并基于民众的广泛同意从而成功地与现状决裂。最后，伯克主义向法律人暗示，法律人应当尽可能快地忘记群众运动带来的梦魇。但二元主义挑战这一说法，大多数美国人把我们的民众奋斗看成国家宪法最伟大的成就。因此，最初的宪法把独立战争一代人反抗君主统治、寻求共和自治予以法典化；内战后的修正案则把整整一代人废除奴隶制、寻求新的宪法平等理想予以法典化；如此等等。我们的宪法不但没有忘记这些民众运动的成就，它还力求保护这些成就在人民较少参与国家事务的常规时期免受侵蚀。

---

[25] 参见 Alexander Bickel，前注 23。至于受过综合学科训练的雄辩的代言人，参见 Friedrich Hayek，*Law, Legislation and Liberty* (1978)；Samuel Huntington，*American Politics：The Promise of Disharmony* (1981)；Michael Oakeshott，*On Human Conduct* (1975)。

这种二元主义的结论从四个方面对标准的伯克式判断提出了挑战。首先，二元论摧毁了伯克主义者对渐进主义的忠诚。尽管日积月累的适应性是这个故事的重要组成部分，[26] 但是，如果不承认美国人民不时地成功清除以往历史中的大量材料并改变他们的高级法以表达他们政治身份的重大改变，那么我们就不能很好地理解美国宪法。可能这些变化对那些（无望的）渴求摧毁一切旧制度的残留之全面革命的人来说并不剧烈。但是，从另一个标准来说，就很难说它们是渐进式的改变。如果标签有助于澄清问题，那么，可以说美国的历史就不时地受到革命性改革实践的刺激——其中的主角为那些基本的原则问题而不断奋斗，这些原则在许多美国人的生活行为中孳生出各种意涵。

这导向了对二元论的第二个方面的挑战。伯克主义者不但怀疑巨大的断裂，而且怀疑与这种断裂紧密相连的对抽象原则的有意识诉求。令伯克主义者引以为豪的是，他们不谈论自由、平等、民主这些大词。那些不那么抽象的对"言论自由"和"平等保护"的讨论在伯克主义者看来甚至都显得有些模糊。与此相反，二元论者则认为和抽象理念的遭遇是美国历史无法回避的一部分。不论如何评论建国者，他们都不可能满足于伯克主义者在关键时刻和稀泥的技巧。他们是受过启蒙的一代，渴望能够运用时代最优秀的政治理论向不无疑虑的世人们证明共和式的自治政府不是乌托邦式的梦想。[27] 否则，他们就不会费尽心力起草一部篇幅不大却包含了大量有待实践的理想和制度的宪法。如果宪法政治中抽象理想对于建国者及其继承者来说是重要的，那么，既要理解我们的遗产又试图回避这个问题的做法无异于缘木求鱼。

还有一个具体的抽象（particular abstraction）给伯克主义者带来额外

---

〔26〕 正如我在第 4～6 章中对司法解释的讨论所表明的那样。

〔27〕 参见 Paul Kahn, "Reason and Will in the Origins of American Constitutionalism", 98 *Yale L. J.* 449, 453～473（1989）。

的麻烦，这就是人民的统治。伯克主义者不无狡黠地说，人民把政府的事务留给那些浸淫于我们国家的具体宪政传统、受过良好训练的精英处理的时候，才是人民统治得最好的时候。这些精英们逐步感受民众情绪的起伏，而且不停采取幅度不大的措施对当下轮廓尚未完全明了的具体需求作出传统的回应。但是，对于伯克主义者来说，伴随这一持续适应的公共对话最好控制在相对范围较小的精英圈子中——法官们相互讨论过去的判决与当下问题的关系，政客们也知道，他们的选民并没有授予他们命令，要求他们实现具体的目标；选出他们只是因为他们能够审慎地确保政策的明智。

再一次，对二元论者来说，没有必要贬低常规政治的灵活性这一持续事业的重要性。但是，二元论者提防这种精英主义的论调模糊了另一种不同的对话的重要性——通过这种对话，动员起来了的群众最后以充分的明晰性组织起他们的意志，并向那些在华盛顿的日常运作中以人民名义说话的人立法。当相互竞争的精英们在这一高级法的辩证运动中起到关键作用时，这一过程就典型地涉及伯克主义者所蔑视的关于冲突的意识形态政治学。由于成功的高级立法需要审慎和治国术，伯克主义者本可能对此作出贡献，这种鄙视就益发不幸。

要总结二元论者的第四点批判必须以前三点批判作为前提：伯克主义者不承认他们会很容易成为问题的一部分，而不是答案的一部分。问题是：如何防止常规政府脱离高级法的伟大原则，高级法是人民在宪法政治所取得的为数不多的几次成功努力中赋予其效力的。伯克主义者有可能使得这个问题变糟，因为他们利用公民在日常政治中消极参与来推销"政治家式的"解决方案，这种方案会破坏人民先前认可的基本原则。在这种情况下，在二元主义者的眼里，伯克式的"审慎"堕落成了蒙昧的精英主义，他们忽略了美国人民最伟大的宪法成就，却为此而沾沾自喜。

伯克本人看到了这一点。伯克今天仍被推崇的原因主要是他比较了法国大革命的抽象激进的政治和具体渐进式的英国宪政，伯克本人认为这种二分法不适用于美国大革命——而且他尽可能从革命性变革的角度来理解美国经验的特征。[28]那些自称是伯克主义者的人力图忽视不停出现在美国历史中的人民动员，而伯克本人很可能会是第一个挺身而出对此予以驳斥之人。

可能现代英国史的确符合现代伯克主义者所推崇的渐进模式——尽管我还没有被说服。但是伯克主义者在面对美国历史的时候必须要约束一下崇英主义。如果他们能善用其历史天赋，那么他们就必须承认美国历史揭示了一种民众推进的政治原则的持续发展，如果成功的话，其结果应以革命性改革而结束——如果要实现传统的现代转化，则需要深刻理解这些政治原则的意义。

一旦承认了这一关键点，二元论和伯克主义者就找到了共同的基础。伯克主义者强调血脉贲张的群众政治具有暴民政治病理学特征，这提醒我们以最大的小心去理解我们的高级立法体系——包括它的最初设计对以及此后它对美国历史的具体挑战的回应。并不是说这一研究能够确保未来免于集体无理性的爆发，从来都不可能会有这种保证。一旦把做出真正决策的权威放在民众手中，并要求这些民众在有限的时间和精力中决定重大政治问题的时候，暴民政治就会和这种民主制如影随形。但是，这种危险是能够控制的——首先，通过大范围地在日常生活中培养民众的公民技艺，从市政厅到校董会直到童子军；其次，通过研究各种办法，使得宪政结构得以鼓励转型运动，并把民众的能量导向与大多数美国人的有效对话。

---

〔28〕　Edmund Burke, "Speech on Moving His Resolutions for Conciliation with the Colonies", in Edmund Burke: *Selected Writings and Speeches* 147 (P. Stalis 编，1968)（阐明了美国人民与众不同的特征）。

　　第二项任务则描述了我的主要关注。在重新检视两个世纪以来的高级立法经验的时候，我会留意那样一些具体的历史进程，它允许美国人把充满激情的牺牲和血脉贲张的群众动员时刻转化成最终的法律成就——这种成就直到今天还在激励着我们无所畏惧地回应未来的挑战。我希望，大量的这类研究能够提醒我们的普通法律师尽力研究过去的历史先例，但有一个重要的告诫。我们的关注点不是法官的判决，而是立法者的决定。高级立法的关键先例在麦迪逊、林肯和罗斯福经历危机的时刻就已经确立了。他们通过和其他机构以及人民的互动，最终赢得了根本改变我们高级法的民主权威。而法院在高级法的制定过程中扮演了次要角色，如果我们要描述并反思美国历史上人民主权的宪政实践，就不能狭隘地把眼光放在法官身上。

　　和伯克判断的第一个联系是对具体历史进程的关注，实践政治家正是通过这些具体历史进程面对并解决了宪法政治学的与众不同的两难困境。这把我们引向对第二个共同点的关注。二元论和伯克主义者都强调只有把宪法看成是扎根于历史传统中的理论和实践才能最好地理解它——政治学语言的演进，美国人正是借此学会在他们长达两个世纪的寻求国家身份的努力中相互交谈。

23　　我们已经描述过的那两个学派却忽视了这种话语持续性的传统。民主一元论拜在了当下的祭坛面前——他以为只要查阅一番国会通过的最近的一部法规，就能够知道他需要知道的所有民主制规则。而本位主义者却试图彻底避免时间的限制——他希望能够定义某种非历史的自然状态或者原初状态，以此作为评价过去的一幕幕历史的宪政标准。在阐述人民的宪政意志的时候，二元论者既不从当下立法机关的意志出发，也不从乌托邦民众大会的推论出发。他的目标是通过善意的对话达到一种设身处地的理解。只有这样，对话才不限于处于同一历史时刻的朋友之间——或者敌人之间——展开，这些人处于同一时刻，他们能够注意到彼此的腔调和手势，今天没说的可以留待明天。

与此相应的挑战是我们如何在不同世代的人之间的对话中确定自己的位置。正如我们走向了政治成熟，美国人也不再把彼此看成要在早先荒无人烟的新大陆上建立新殖民地的冒险者。他们所进入的政治舞台，其布景具有复杂的象征性意义，它是此前世世代代人们的实践所赋予的。当然，对我们来说没有必要试图去理解这些象征的意义。如果能够选择，我们会不无轻蔑地把它们一扫而光，或者对那些关于它们的诉说闭耳不听，任其消亡。

但是，如果能够屈尊一听，这些声音里还是有智慧的存在。他们能够告诉我们：此前世代的人如何在美国大陆这样范围内参与到伟大的民主成就中去；他们在公民参与没有什么宪法创造性的时候如何成功地维持民主政治。在寻求让这些不同时刻发出的声音进行对话的时候，我的目标根本不是要匍匐在他们高超智慧的脚下，相反，和过去进行对话只是整个进程的一部分，正是借助于和以往的对话，当下才赢得了自己的声音，并且为宪政传统作出了自己的持久贡献。当然，美国人民还没有对他们的宪法身份作出最后的断言，他们应该如何以最佳的方式把这种二元主义延续到美国的第三个世纪；如何以最佳的方式修正我们的高级法遗产，以适应未来的需求？

我有我的回答——而且我可以肯定，你也会有你的回答。但是，24没有人会认为无需热血奋斗和歧见迭出就能够赢得民众的同意。要理解历史上美国人民如何评测各种回答，难道不是还得靠我们自己吗？尽管我们的宪法具有历史局限和道德瑕疵，但我们宪法语言仍然用了一些语词，此后世代的人们为此争论不休，而且他们有时竟然超越了见解分歧达成对他们的政治忠诚的理解转向。在我们为国家身份进行的斗争中，它仍然是重要的资源，这种说法难道不正确吗？

共和主义的复兴

我以伯克开头并不是因为他是世界上最伟大的历史哲学家，而是因为在日常解释宪法的律师和法官当中，他所表达的观点仍然是一股有力的潮流。很重要的一个提醒是，革命性变革的宪政传统不同于普通法的适应性变迁；如果他们希望保留对美国历史独特纹路的伯克式把握，那么他们就应当超越常常和伯克的名字联系在一起的狭隘的渐进主义。[29]但是以占主流地位的职业叙事的智慧来结束我们对历史主义的讨论将是一个错误。正如美国法在过去已经显示出消化众多民众批评和学术批判的巨大能力一样，我们有理由希望在未来也能出现同样的修正。

的确，如果最近一波的法律学术著述提供了可靠的风向标，那么这一重新定位历史的过程已经开始。在过去的短短几年中，法律期刊中充满了参与许多政治学者和历史学者已经着手了的一项巨大批判工程的不懈努力。毫不奇怪的是，这蓬勃兴起的一代的批评目标是其前辈学者——像理查德·霍夫斯塔德这样的历史学家，[30]像罗伯特·达尔这样的政治学家，[31]像丹尼尔·贝尔这样的社会学家[32]，他们的著作在 1960 年代的学术世界中占据重要的地位。在许多人眼里，这一批判工作赋予了美国自由主义者以他们事实上并不享有的社会基础和普遍性——这在社会科学和历史科学中都激起了试图对此加以矫正的复杂回应。

与我们的讨论最具相关性的是这样一种批判性的努力，它试图重新激发美国政治传统中的共和主义向度。伯纳德·贝林[33]和戈登·

---

〔29〕 历史上的伯克有比当代画像中保守的渐进主义者更为复杂的任务。参见 Robert Kelly, *The Transatlantic Persuasion：The Liberal Democratic Mind in the Age of Gladstone*，第 3 章，(1968)。

〔30〕 参见 Richard Hofstadter, *The Paranoid Style in American Politics* (1965)；Richard Hofstadter, *The Progressive Historians* (1969)。

〔31〕 Robert Dahl, *A Preface to Democratic Thoery* (1956)；Robert Dahl, *Who Governs?* (1961).

〔32〕 Daniel Bell, *The End of Ideology* (修订版，1962)。

〔33〕 Bernard Bailyn, *Ideological Origins of the American Revolution* (1967).

伍德[34]的开拓性著作不但为许多历史学家树起了标杆，而且赫然现身于法律学者的著述中——像弗兰克·迈克尔曼[35]、苏珊娜·谢瑞[36]、卡斯·孙斯坦[37]和马克·图什纳特[38]都作出了卓越的贡献。这些前驱性的研究表明，共和主义的复兴并没有为哪一种政治观点所垄断。[39]我们不能被他们的观点呈现出的多元性模糊了双眼，从而看不出他们观点中暗含的共同性：法律人如果忽略了美国历史学家著述中的"共和主义的复兴"，那岂非愚蠢非常？

我将通过对两部现代经典的讨论来表明我从这一复兴中受惠匪浅：它们分别是路易斯·哈茨的《美国的自由主义传统》[40]和约翰·波科克的《马基雅维里时刻》[41]。这些著作可以被正确地看成对古老的"自由主义"正题及其晚近的"共和主义"反题的最哲学化的自觉的表述。我不是加入论战的任何一方，而是试图在更大的合题中同时运用这两种观点——这一合题使得我们能够一瞥深深扎根于美国政治史中的二元宪政主义模式。

哈茨的自由主义

我和路易斯·哈茨都对欧洲模式不经过根本的概念重组就用来阐

---

〔34〕　Gordon Wood, *The Creation of the American Republic* (1969).

〔35〕　Frank Michelman, "Law's Republic", 97 *Yale L. J.* 1493 (1988); Frank Michelman, "The Supreme Court, 1985 Term-Foreword: Traces of Self-Government", 100 *Harv. L. Rev.* 4 (1986).

〔36〕　Suzanna Sherry, "Civic Virtue and the Feminine Voice in Constitutional Adjudication", 72 *U. Va. L. Rev.* 543 (1986).

〔37〕　Cass Sunstein, "Beyond the Republican Revival", 97 *Yale L. J.* 1539 (1988); Cass Sunstein, "Interest Groups in American Public Law", 38 *Stan. L. Rev.* 29 (1986).

〔38〕　Mark Tushnet, *Red, White and Blue: A Critical Analysis of Constitutional Law* (1988).

〔39〕　奇怪的是，保守宪政主义者没有从共和主义中寻求资源，尽管他们对"建国者意图"带有清教徒式的关注。毫无疑问，这种缺陷将被及时补正。

〔40〕　Louis Hartz, *The Liberal Tradition in America: An Interpretation of American Political Thought Since the Revolution* (1955).

〔41〕　J. G. A. Pocock, *The Machiavellian Moment: Florentine Political Thought and the Atlantic Republican Tradition* (1975).

发美国的政治深表怀疑。具体来说，哈茨所关注的具体模式是那种耳熟能详的马克思主义观点，它把所有现代社会都归结成走向乌托邦的身不由己的三部曲：首先是封建主义，其次是资本主义，最后而且只有此时才是社会主义。在哈茨看来，这种模式不适用于美国，下述理由足已：美国从来没有经历过欧洲那样的封建主义。既然这三部曲中的第一部就不存在，那么美国就没有从第二阶段（资本主义）迈向第三阶段（社会主义）所必需的社会养料。美国是迟滞发展（arrested development）的典型，永远停留在第二阶段了。它是"洛克式合意"

26 支配的国度，淡化政治，赞美个人具有生命、自由和追求财产（或者是幸福?）的权利。因为美国人从来都不需要运用国家权力把自己从封建主义的桎梏下解放出来，所以他们是"生来平等"的，而且把国家看成对自然权利的绝对威胁。最好的政府是管得最少的政府。欧洲人爱说什么就让他们去说好了。

哈茨的叙述有一定的真理，但对那些和我一样在美国政治经验中寻求独特性的人来说，它不过是个警世故事。当哈茨沉浸于揭示以欧洲为中心的马克思主义的不足时，他的批评比他本人更多地接受了这种理论。至少，这是我对哈茨核心理论的诊断，它是一种不根据前提的推理（non sequitur）。我同意哈茨的观点，即美国革命不是和封建主义的生死斗争（不管这个词用于 18 世纪，而不是 13 世纪时是什么意思）。[42]但是，我们很难接着说，美国人就不能在政治中发现值得为之奋斗的东西了。我们很容易看出，从老套 * 的马克思主义可能得出这一错误的结论。因为根据马克思主义的假设，国家权力的"真正重

---

〔42〕 对众所皆知的当代马克思主义有关法国大革命的有力批判，参见 J. F. Bosher, *The French Revolution* (1988).

* "老套"是因为，自从列宁以来，大量的马克思主义者都试图从封建主义跳跃式进入社会主义，而且许多人已经把自己从经济决定论中解放出来，而这是老套马克思主义，尤其是被恩格斯解释过的代表思想。

要性"在于作为革命的机器，服务于从封建主义到资本主义再到社会主义的长征，美国不"需要"革命来推动它走向资本主义阶段意味着美国革命不可能是"真正重要"的事件。但是，如果说除了为身不由己的三部曲之到来而奋斗之外政治还有别的意义，那么美国避免了旧世界封建主义这一事实 *并不意味着他们就能够大喘一口气，张开双手去拥抱否认国家在社会生活中具有任何创造性作用的洛克主义了。但是，哈茨就接受了这种不根据前提的推理，他仍然陷入他试图拒绝的马克思主义理论之中。

为了使我的批评变得更为明确，可以这样说，哈茨的错误在于他对托克维尔的名言，美国人"生来平等"的解释。[43]我也乐于接受这句口号，因为他强调了丰富的文化、物质和地缘政治资源使得美国人能够建立这样的政体，尽管人口在持续增长，但它能够一直保护人民的自由。如果哈茨以为无需为这种"平等"而奋斗，这种"平等"仍然能够维持，那他无疑就错了。建国的联邦党人不但没有认为美国人民"生来平等"，反倒认为新世界有可能分崩离析，成为巴尔干式的由无数小小的僭主国家构成的大陆。他们呼吁同胞们参与到史无前例的宪法建构中去，并呼吁同胞们无视反对者的警告，即联邦党人的做法会引发新兴的君主制。重建时期的共和党人不但没有认为美国人民"生来平等"，反倒痛苦地意识到奴隶制带来的耻辱。他们呼吁同胞们运用国家权力确保所有美国人的自由，并呼吁同胞们无视反对者的警告，即共和党人的做法会导向军事专制主义。新政时期的民主党人也没有认为美国人民"生来平等"，他们倒是坚信，现代的经济条件已经改变了有关财产、合同的"自然权利"形象，促使它们成为压

27

---

　　* 假如它是一个事实。实际上，南方种植园经济既有封建主义因素，又有资本主义因素，但没有必要为了指出真正重要的观点而就哈茨提出的事实进行反驳。

　　[43] Louis Hartz，前注40，第5、66页。

迫大众的象征。他们呼吁同胞们授权中央政府为了一般福利而去管制自由市场，并呼吁其同胞们无视其反对者的警告，即民主党人的做法会导致独裁的集权主义。只是在通过这些努力以及其他的政治斗争之后，美国人民才得享今天的平等；有理由认为，美国平等的范围及意义在将来会经历同样的辩论和再定义。

美国人并不是借助于纯洁无瑕概念的神迹而"生来平等"。就我们所获得的平等而言，我们是通过严肃的辩论、民众的决定以及宪法创造性努力而赢得的。一旦美国人民失去了这种卓越的才能，那么他们失去他们所享有的平等就是迟早的事情——当然除此之外，他们还会失去别的东西。

波科克的共和主义

这把我引向了约翰·波科克。在过去的一代人中，他的著作激发了对哈茨所淡化了的美国经验之共和面向的更深层次的赞赏。波科克拒绝让自由的个人主义反抗封建主义的奋斗主导他对现代困境的理解。他没有弱化洛克，把建国者置于与此截然不同的智识背景下——这种智识灵感的最终来源是古希腊的城邦。在这种古典共和传统中，对人类生活的挑战不是在洛克式的对生命、自由、财产的追求中迷失了自身，而是和其他公民同胞一起加入自治政治的持续事业中。波科克的皇皇巨著《马基雅维里时刻》追溯了古典理念在意大利文艺复兴时期的新生和转型，此后又被 17 世纪英国革命中激进的共和分子（Commonwealthmen）所接受。英国共和分子在 1660 年的光荣革命中铩羽而归，却在美国革命中获得了反对英国王室的胜利，从而报了自己的一箭之仇——他们为革命一代人诊断王室的腐败和共和的疗效提供了基本范畴。当建国的联邦党人被放在这样智识背景下的时候，他们看来已经不只是洛克意义上的、发掘为美国人民所神奇享有的"自然"平等之意涵的社会工程师了。波科克启发我们这样来看待建国的联邦党人，他们有意识地面对共和自治的古典理念，并且试图为它们在现代世界中进行重新定位。[44]

我认真对待波科克的启发。它能够引领我们发现，美国宪法中二元主义的理论和实践为人类对自治的永恒追求做出了贡献。在更进一步之前，最好先要解释一下为什么波科克的著作并没有被普遍解读成激发人们去思考美国努力重塑共和传统的持续探索。

问题在于我们不可能完全否认哈茨关于自由主义重要性的基本观点，尤其是当我们谈及美国在 19、20 世纪的演进的时候。在史学层面上，对哈茨的这一让步呈现出考订年代的让人沮丧的情形——其中的争论涉及在哪一具体时刻，（新）古典共和主义思想被日益强大的颇具进攻性的自由主义所征服：可能正是建国的联邦党人用新宪法谋杀了共和主义精神？可能这一精神以 19、20 世纪的变种形式仍然在踽踽前行。[45]无论关于犯罪事实（*corpus delicti*）的确切位置有多模糊，至少有一点是非常清楚的：共和主义的幽灵已经飘离美国人生活的中心，现在是自由主义霸权的时代。

这种历史诊断在有意识地成为规范性的以后，它就在两种学术方

〔44〕　J. G. A. Pocock，前注 41，第 5 章。

〔45〕　Suzanna Sherry 有一个漂亮的脚注，确切总结了围绕共和主义在美国死亡的具体时间在当前呈现出的历史复杂性，参见 Gordon Wood，［*The Creation of American Republic*］第 606 页（1787 年以及美国宪法的批准标志"古典政治学的终结"）；L Banning，*The Jeffersonian Persuasion: Evolution of a Party Ideology*（1978）（自由主义的胜利不会早于 1812 年战争之前）；R. Ketcham，*Presidents Above Party: The First American Presidency*, 1789 ~ 1829（1984）（杰弗逊式民主兴起的时候就是古典政治学灭亡的时候）；D. Howe，*The Political Cultue of American Whigs* 301 ~ 05（共和价值观或者说辉格党人的价值观一直延续到内战时期）；Ross，"The Liberal Tradition Revisited and the Republican Tradition Adressed"，in *New Directions in American Intellectual History* 116, 122 ~ 29（J. Higham & P. Cokin 编，1979）（共和主义直到 1880 年代还在美国徘徊）；J. Pocock，［*The Machiavellian Moment*］第 526 ~ 545 页（"马基雅维里时刻"之古典影响和意识直到今天仍然存在）；参见 M. Horwitz，*The Transformation of American Law*, 1780 ~ 1860，第 253 页（1977）［"法律一度被看成是对共同体道德观的表达，到（1850 年代）的时候已经被看成是个人欲求的附属物……"］。参见 Sherry，前注 36，第 551 页，注 23。

向中独拔头筹。有些作者对复兴共和主义的想法感到绝望，他们只是
以此作为远离主流"自由主义"的平台；*另外的一些人则怀有更大
的希望，试图把共和主义作为超越"自由主义"的工具。[46]

自由的共和主义

我不会选择这两种态度中的任何一种，也就是说，我质疑自由主
义和共和主义、哈茨和波科克之间的二分法，这种二分法使得选择似
乎是不可避免的。[47]这首先就要求对相关术语加以清楚定义。只要我
们让不同的思想潮流在自由主义标签的掩护下大行其道，合题就不可
能实现。第一种思潮可以称之为自由主义——它最近因为罗伯特·诺
齐克和大卫·高特尔[48]的著述而有所复兴。这些作家所表达的观点
接近于某些共和主义者为自由主义者所作的漫画像。诺齐克和高特尔
胜过了洛克，他们从"自然状态"开始推论，那些孤独的个人居于其
中，他们主张自己对财产、契约的自然权利，而且否认国家有权干预
他们辛苦挣得的个人占有。的确，如果这种自由派的观点就穷尽了自
由主义的传统，那么我将会承认我试图超越哈茨/波科克这一两分法
的做法是愚蠢的；而且我还会承认19、20世纪美国自由主义的兴起

---

* 看来波科克所持观点就属此类。比如说，他对马克思主义者把他看成"新自由派"，
乃至于对别人把他误作美国人都感到怒不可遏。参见 J. Pocock, "Between Gog and Magog: The
Republican Thesis and the Ideologica Americana", 48 *J. Hist. Ideas* 325 (1987)。在法律领域中，马
克·图什纳特在很大程度上也持有类似观点，载 Mark Tushnet, *Red, White and Blue: A Critical
Analysis of Constitutional Law* (1988)。还可参见 Richard Fallon 所写的颇具洞察力的评论文章
"What Is Republicanism, and Is It Worth Reviving?", 102 *Harv. L. Rev.* 1695, 1703~1715 (1989)。

[46] 例见 Sherry，前注 36。

[47] Sherry 就把自由主义与共和主义看成二分的，前注 36，第 544 – 547 页；Tushnet，
前注 38；以及 Horwitz, "Republicanism and Liberalism in American Constitutional Thought", 29
Wm. & Mary L. Rev. 57, 66~67 (1987)。对这种二分法的批评请参见 Richard Fallon, "What Is
Republicanism, and Is It Worth Reviving?", 102 *Harv. L. Rev.* 1695, 1703~1715 (1980)；以及
Larry Simon, "The New Republicanism: Generosity of Spirit in Search of Something to Say", 29
Wm. & Mary L. Rev. 83, 86~90 (1987)。

[48] David Gauthier, *Morality by Agreement* (1986); Robert Nozick，前注 17。

的确意味着共和主义的死亡。

我们不要因为对自由主义语词的有争议的运用就把我们的注意力 30
从第二股自由主义思想潮流上移开了。这种自由主义并不把人民看成
脱离其社会环境的抽象个体，它不接受对财产以及契约的"自然权利
观念"，也不把政治贬低成除傻子和骗子之外的人都不屑一顾。*它坚
持认为个人自由的基础是某种形式的政治生活——这种政治生活要求
某种特殊的公民身份（citizenry）的展开。这种类型的自由主义并没有
把个人自由建立在某种假定的前政治的"自然状态"之上，这种自由
主义把自由派公民精神的培养作为其事业的核心，既然这是约翰·斯
图加特·密尔、约翰·杜威以及约翰·罗尔斯等的观点，[49]因此，如
果对自由主义的定义竟然使得自由主义共和派这个词自相矛盾，那将
是奇怪的事情。

人们对自由主义与共和主义这一二分法越来越不满，这几乎成了
宪法学者中的陈词滥调，我深受这种情况的巨大鼓舞。[50]正如我希望
在本书第二编要证明的那样，自由共和派的起源要追溯到建国者本
身。在《联邦党人文集》中寻求对"自然状态"的详细描述，或者
对我们的洛克式的或者别种"自然权利"的犀利解析将是徒劳之举。
当麦迪逊、汉密尔顿与杰伊试图说服美国同胞支持拟议的宪法时，他
们根本就没有持久地关注这些问题。《联邦党人文集》中大量存在的
是对现代世界公民身份的前景与病理的入木三分的诊断。

---

　　* 或者是"寻租者"，现在流行于学院自由派的技术官僚行话中这样称呼他们。

　〔49〕　例见，John Stuart Mill, *Considerations on Representative Government*, 第 3 章,（1861）;
John Dewey, *Liberalism and Social Action*（1935）; John Rawls, "Justice as Fairness: Political not
Metaphysical", 14 *J. Phil. & Pub. Aff.* 223（1985）。我在这一传统下的论述，可参见 *Social Jus-
tice in the Liberal State*（1980）以及 "Why Dialogue?", 86 *J. Phil.* 5（1989）。

　〔50〕　Sunstein 最近的论文 "Beyond the Republican Revival", 前注 37, 第 1566～1571 页中
明确地表达了这一主题，而米歇尔曼（Michelman）最近的研究则含蓄地表达了这一主题，
参见前注 35。

这不是因为建国者认为公民精神等于一切，私人权利啥都不是，而是因为他们认为，私人自由在美国以及其他地方的命运依赖于对美国公民能够期望什么，又不能期望什么的现实主义评价。自由派公民身份的思想不仅是我解释建国时期历史的核心，[51]而且是我关于美国此后历史的看法的核心。这里呈现出的宪法发展的基本模式对哈茨与波科克的范式都提出了挑战。与哈茨不同的是，我否认美国生活在洛克时代的结构中，缺乏严肃的政治学或者说缺乏重要的意识形态转型。不面对那些不断重塑我们国家宪政身份的革命性变革，就不能理解美国的历史；与波科克不同的是，*我否认这一长达多少世纪的发展能够完美地描述成从 18 世纪的共和主义堕落成 20 世纪的自由主义。美国历史具有周期性的模式，我们可以把它看成自由派公民精神的典型产物。日常政治是这种周期的部分特征，在此期间，大部分公民在关注其个人事务时，对华盛顿发生的事情睁只眼闭只眼。这种消极状态受到那些寻求改变现状的政治活跃分子的反对是意料之中的事，他们发现诉诸人民要求政治转型的努力常常会在投票站受到抵制，人民更偏爱日常的政治。因此，出于各种各样的理由，各种转型诉求开始吸引广泛人民的注意。通常这需要一代乃至几代人的努力，一项宪政批判才可能赢得足量公民的支持，从而把它推向政治舞台的中心，即使这一步也不是成功的保证。多年动员的最后结果可能不过

---

〔51〕 参见第二编。

　　* 这么说可能对波科克有些不公正。与绝大多数学者相比，波科克对 20 世纪存留下来的共和形式与共和理想更为敏锐。毫无疑问，波科克认为自己是"这样一类知识分子中的一员……他们具有托克维尔的气质；他们接受自由主义的前提，但是他们接着转过身来反对这个命题，提出一个强有力的质问，一个自由的（et praetera nihil）社会能够满足人类（或者说西方）精神的深层次需求吗"？参见 J. Pocock, "Between Gog and Magog: The Republican Thesis and the Ideologica Americana", 48 *J. Hist. Ideas* 325（1987）。波科克并不是激发我们综合自由主义与共和主义以达成对美国政治特征的神圣理解（若蒙波科克准允，托克维尔就是这样做的），波科克接着坚持认为"共和派的命题不是自由主义本位的一部分，它一直被看成是对自由主义的攻击"。同前注。

揭示了，绝大多数美国公民都拒绝对现状进行根本性重塑。

但是，也存在这样的时代，其时政治运动已经促成动员了的民众同意宪法解决方案——下一章的目标就是去探究这些宪法律师们讲述的在过去两个世纪以来不断出现的胜利。这里的关键是思考日常政治—宪法政治—日常政治这种不断重现的周期如何激发我们重新思考美国历史的各种相互竞争的范式。也许我们在宣布公民共和传统在美国已经灭亡的时候有些操之过急？也许美国宪法发展的独特周期一直延续到现在？也许自由派公民仍然没有放弃他们对美国政治的周期性参与？而这种参与在历史上曾经取得过如此伟大的成就。

这并不是要否认，如果这一代美国国民不能在他们的宪法中发现活的自治语言，二元民主制的精神将会就此灭亡。

小　结

在小结中，我要强调，这一章只是一个导论。我还没有试图去回答，甚至还没有试图去问那些我所认为的美国是二元民主制这一观点引发出来的所有重要的历史或哲学问题。我现在所做的只是证明这个假设值得进一步深入的探讨。

我的策略是通过把它与其他相互竞争的观点作比较来揭示二元论的特征。这些相互竞争的观点都是十分强劲的对手。这么说有三个方面的理由。首先，理性的人会认为其中某位对手的观点提供了一种比二元论更具吸引力的政治理想。其次，如果我们考虑其他国家的宪法，那么对手们提出的观点可能比二元论理想所揭示的观点更具解释上的洞察力。一旦我们越过大西洋，一元民主制和伯克的历史主义就对定义英国宪法的特性做出了更多的贡献；如果我们转向德意志联邦共和国，它的宪法强化了基本权利，而基本权利在民主政治的范围之外，本位主义可能对这种宪法提供了更具洞察力的指导，如此等等，不一而足。最后，每个对手都的确澄清了美国宪法的一些重要面向。一元论者坚持我们的宪法首先而且最重要的是建立在民主制原则基础之上，这是正确的；本位主义者强调保护基本权利免受常规政治的冲击，这是正确的；伯克主义者指出我们宪法传统深厚的历史根基，这也是正确的；哈茨和波科克的赞成者都正确地看到了美国支持某种类型的自由主义和共和主义所具有的独特性。

但只有二元论把所有这些洞察概括成一个整体——它激发对美国宪法的与众不同的力量和弱点的深层思考，这部经受了两百年辩论和决定洗礼的宪法最后传给了我们。这就是我为什么在全书的开头哀痛美国宪政思想的欧洲化。尽管我们演进式的宪政实践因为本章所概述的那些影响（以及其他更多的影响）而丰富起来，关键仍然在于探究美国人如何成功地把它们结合成一个大于各个部分之和的整体。为了明智地做到这一点，我们就必须要内省，而不是外观，我们要追溯各个世代的美国公民和政治家们的努力，重视他们形塑了二元论的宪政语言，其足以解决在一个自由共和国的生活中民主自治所伴随的持续不断的危机。

第二章

两百年的神话

从哲学到历史

第一章提出了促成我们宪政安排的二元民主制的话题，但是，宪 34
法不只是一种理想。它是演进式的历史实践，无数世代的美国人为他
们国家的身份命运而不断地争论，动员和寻求解决之道的过程构成了
这一实践。当我们今天面临同样任务的时候，我们并不是把历史看成
未来的包袱。我们的公共话语常常认为过去取得的伟大宪法成就中包
含了能够解密当下政治意涵的有价值的线索。

这种美国的惯习绝不是政治社会的普遍特征。俄国人谈论其 19 世
纪历史的公共话语绝不像我们回忆内战修正案那样充满崇敬之情；今天
的德国人回忆 1930 年代的时候，也不会像美国人回忆新政对大萧条的
回应时那样充满肯定。对许多欧洲人来说，过去的两个世纪充满了急剧
的断裂和错误的开始。当我们在经受着深刻转型以及剧烈冲突的痛苦
时，现代美国人不断地提醒自己这样的故事，即长达两个世纪的宪政实
践具有深刻的连续性；他们不断重复这样的叙事，即要把今天的实践完

全楔入回溯到两百年前直到建国时期的宪政背景构成的网络中。法国自
1789 年以来经历了五个共和国，而我们还生活在一个共和国里。

我们大概每天都以种种不同的方式向自己讲述这样的故事。但
是，我们真的相信两百年的神话吗？我们和那些写下内战宪法修正案
35 的人真的有许多共同之处吗？费城"奇迹"又是什么呢？当麦迪逊和
其他人以美国人的名义起草宪法的时候，他们是在为一百万男性白人
种植园主、商人、农民和机器工人说话，他们只是在宣布东海岸的独
立。这些人怎么能够告诉今天的我们，作为世界上最强大的军事和经
济制度如何去回应政治生活所面临的挑战？倘若我们翻检历史以求洞
察，那么研究晚期罗马共和国的历史岂不是要比研究早期美国共和制
的历史更有意义吗？还有更残忍的悖论，为什么不去研究早期美国人
的死对头——大不列颠帝国的宪政发展呢？

至少，自从一个世纪前伍德罗·威尔逊出版他的巨著《议会制政
府》以来，诸如此类的现代人的问题就一直困扰着美国的宪政思想。
现代人并没有否认从过去继承来的那些制度形式的存在：国会、总
统、最高法院以及永久陈列在华盛顿特区的成文宪法。对他们来说，
这全副的武装不过是代表了仪式宪法。如果我们公正评价美国的现
实，就会发现有效的力量组织呈现出不同的路向，它和我们宪法在纸
面上的规定具有完全不同的谱系。[1]严肃的知识分子不是去关注两百
年的神话，而是去描述美国人为自己建构的政府所具有的根本性差
别，并试图把仪式性的宪法用于提升较之于两百年神话所考虑的更完
美的政治共同体形式。

这种现代派的诉求推动美国宪法理论在寻求启蒙之路上越走越

---

〔1〕 仪式宪法和有效宪法的区分来自于 Walter Bagehot, *The English Constitution* 1~2 (2d
ed. 1872), Woodrow Wilson, *Congressional Governmert* 7 (1885) 中继受了这种观点，此后又
为无数现代人所接受。

远。威尔逊首开这一现代思想的持久战线，他以这样的方式来接近美国宪法：似乎美国宪法是英国议会民主制的拙劣版本。他还试图把我们的过时机制硬套在他心目中的现代英国民主制所体现出的一元主义理念中。威尔逊用英国一元论代替美国二元主义的努力的成功仅仅在于他激发了一系列与其一较高下的理论。许多学者也把眼光投向英国，但他们是在洛克或哈林顿，休谟或伯克的思想中，而不是在威斯敏斯特的渐进实践中发现了美国宪法的精神。

和崇英主义相媲美的是崇德主义，而不同德国人的影响与时起落。在二次世界大战之前，马克思无疑是影响力无所不在的人物；此后，在解释美国宪政安排为何神奇的问题上康德的影响与日俱增。正如第一章所表明的那样，这些灵感的不同来源为美国宪法困境提供了不同的诊断。但是他们的出发点都一样，那就是他们都把两百年的神话的确看成神奇之举，他们都否认理解美国宪法的关键是尽我们所能去思索建国者的成就以及美国人在过去两个世纪以来的成就。*

但是，难道所有的神话都必须是神秘之举吗？希腊的迷所思（*mythos*）就指向了完全不同的方向。我们向自己讲述的有关我们宪法根基的叙事是具有深刻意义的集体自我定义行为，这种连续不断的讲述在国家身份的延续中起了重要作用。如果这种说法对所有成熟的国家都适用，那么它尤其适用于美国。历史表明，尽管其政治安排在不断地变化，法国人、波兰人、德国人还有犹太人都能过经历无数世纪乃至几千年而生存下来。但这些民族共同体向他们自己讲述的叙事更多的是在他们的文化、宗教方面的连续性而不是宪法的连续性。对我们来说，问题则完全不同了。假如美国和二战后的德国一样，也开始

36

---

* 并不是说现代的评论者鄙视有选择地引用《联邦党人文集》以及其他经典资源。他们只是不用这些资源去阐释它们所包含的与众不同的政治理念。与此相对，他们把建国者看成派生性的社会工程师，他们是根据他方计划的更完美的捕鼠器的制造者。

分裂，那么新英格兰人认为他们更像北边的加拿大人而不是更像其西南部的同胞需要多少时间呢？三代人？四代还是五代？

部分地由于美国人在其他方面是如此的不同，我们的宪法叙事把我们美国人构建成一个民族。如果你和我都不试图在我们的宪政史中探究其意义，那么我们就被斩断了彼此之间的联系，而这种联系无论是电视脱口秀、梅尔维乐（Melville）、马克·吐温还是福克纳都无法代替的。发现宪法是发现我们自身的某个部分——只要我们还把自己看成一个美国人，你我所讲述的我们宪法的性质和历史将会反过来形塑我们准备赋予国家的过去和现在的意义。

之后我要论述的就是当前的实践。我们不是通过两百年的神话来寻找在英国和欧陆建立起来的某种深刻的实在，我的意思是，我们应当直视它。确切来说，就是美国人如何编造一个故事，把他们当下的宪政同过去两个世纪的历史联系起来？有许多不同的故事，我们应当相互讲述的是什么样的故事呢？是否有种故事具有特别的位置？我们应当讲述这样的故事吗，它认真对待美国人民的宪法成就？我们所讲述的关于我们历史的故事如何以及为什么要同组织我们当下宪政安排的二元民主制原则联系起来呢？

遥远的过去

这些问题看来都具有不可一世的雄心。每天都有千百万美国人在向彼此讲述无数的故事，这些故事以各种各样的方式用宪法的过去来调校他们当下的困境，进而使这种困境凸显出其意义。在集体回忆中，这种实践在实质和形式、深度和清晰度上存在着极其混乱的多样性。认为它们在许多方面有共同之处的观点似乎是值得怀疑的，但如果我们问一些关于它们叙事结构的简单问题，可能某种秩序就呈现在眼前了。

我们这样来开头，现代美国人并不认为过去的每年都为今天的宪法作出了同样的贡献。每当人们提到建国时期创立的那些制度——国会、总统以及最高法院——的时候，1787 年就不断浮现于人们的脑海。但是很少有美国人认为有必要回忆 1887 年发生了什么，尽管在时间上，它离我们所处的时代更近。人们常常提到重建时期的宪法修正案，但没有人谈论美西战争的宪法重要性，如此等等，不一而足。

更一般的表述是，美国人相互讲述的宪法故事具有两个层面的结构。首先，有许多对当前事件的指涉，它们大多是在过去的一个世代中由法院或者大部分是由法院判决的案件：布朗诉教育委员会案、米兰达诉亚利桑那案、罗伊诉韦德案、尼克松窃听事件以及对博克的提名。其次，还有对更遥远过去的选择性指涉，那时现在还活着的美国人还没有走上政治舞台。出于生命周期的原因，活生生的经验和遥远过去的经验之间的界限与时漂移。当我在 1988 年写下这些话的时候，黑暗正笼罩在两次大战之间的时期。尽管反对希特勒的战争时期还有许多年轻人是政治上的积极分子，但那些在大萧条时期具有政治意识的人都已经退出了舞台。新政的宪政意义很快就只能由那些熟悉间接获得第一手资料的人来决定——通过和老人们的记忆不全的交谈，通过十年级的公民教育，以及翻阅法律、历史和政治科学方面的书籍。

1787 年到 1937 年这 150 年的遥远过去正是我们这里的关注所在。尽管还有许多解释者——从职业历史学家到电视演员——我还是认为律师和法官构建的持续的宪法叙事理当占据核心位置。这种职业叙事对我们今天每个人所过的日常生活具有直接的影响。日复一日地，法官们通过探究我们的遥远过去以制衡最有实权的政府官员：他们似乎在说，毫无疑问，一两个世纪以前以人民名义作出的决定要超乎今天被选举上的最有实权的官员对其权力的行使。不论我们最后如何评价这种主张，法官建构美国人同遥远过去联系的方式并不是可以掉以轻

38

心的事情：他们能够允许自己来控制，有时甚至强烈地控制我们今天在此时此地能做什么。

这种职业叙事没有固定不变的结构。不时地，它要面临民众的和学者的批评。我希望这本书能在下一轮这样的变化中起到作用。而且，考虑到对所有公民的深刻和普遍的重要性，在我们的市民生活中赋予这一研究以核心的位置应当不会有什么争议。当然，如果我们试图寻求像职业叙事这种虚幻的实体，那么我们就会发现许多事物都是值得理解的，争议就会产生。许多有思考力的人怀疑，现代宪法律师

39 所说的那一套具有无限可塑性，所以最好被看成一种压倒性政治确信的显白表层。对怀疑主义者来说，不存在诸如职业叙事之类的事物——只存在自由派或保守派、反动派或激进派讲述的故事，他们身穿黑袍讲述故事。如果存在能够区分所有法律故事的事物，那么也只能以模糊的一般性语言来描述，和实践没有任何关系。

我不同意这种看法。我认为，一般意义上的美国法以及具体意义上的宪法是我们文化中相对独立自治的部分。它的相对自治在于可以被看成有理有据的法律观点与时变迁，而且是深刻的变迁。但它的相对自治则在于在任何时候，甚至最雄辩的律师和法官都要受法律共同体在过去两百年的争论中建立的论辩模式的严格限制——这种限制比法官自己所承认的要有力得多，因为他们没有有意识地去质询作为他们法律文化之内核的那些因素。在判决案件的时候，他们都把这些因素看成理所当然的。但是文化的建构并非是无伤大雅的，挑战在于如何使他们把这种预设变成有意识反思的目标。只有这样，我们才能够评价他们怎样深刻地形塑现代宪法的发展，只有这样，我们才能考虑是否应当要让这些因素变成对我们宪法视野的限制。

这至少是我在这里的计划。我们将要审视的叙事之基本内容为所有法律辩论的参与者所共同享有——不论是大法官斯卡利亚还是大法

官布伦南，不论是罗纳德·德沃金还是劳尔·伯格，不论是罗伯特·博克还是威廉·昆斯特勒。以为这种叙事是哪位法官或律师在严肃面对各种选择之后的决定无疑是一个错误。这个故事的展开表明它是传统法律智慧的不容怀疑的部分，它是无数法律辩论的前提，为无休无止的关于其他似乎更有争议问题的宪法辩论之各方参与者所接受。但是这种叙事不能经受直接面对美国历史事实这样的考验。

宪政历史的形塑

40

当现代律师和法官回溯遥远过去的时候，他们向自己讲述了一个具有与众不同特征的故事。尽管具体的问题会使他们重视美国宪法历史中某个方面的相关性，仍有三个历史时期从整个历史中脱颖而出。这三个时期具有普遍的重要性：法官从每个时期得出的教训足以构成他处理具体案件的进路。第一个司法生成（jurisgenerative）〔2〕时期是建国时期——最初的宪法和权利法案形成时期，最高法院在马伯里诉麦迪逊案中第一次提出司法审查。第二个时期出现在两个世代以后，通过流血斗争最后产生了重建时期修正案。再隔两个世代以后，出现了第三次重要转折。这一次是1930年代在新政和保守的最高法院之间的激烈对抗，结果以积极干预的福利国家的宪法胜利而告终。

这一三部曲的故事定义了法律的现代意义：我们都生活在现代，它开始于1937年最高法院的"及时转向"，当时干预主义的管理型国家最终被接受成不可改变的宪法事实。对于现代法官的最大侮辱莫过于指责他犯下了与新政前法院在洛克纳诉纽约州案中犯下的同样的原罪。当然，不同的现代人对原罪会有不同定义。重要的不是这些相互

〔2〕 这个词我借用于 Robert Cover, "The Supreme Court 1982 Term-Foreword: Nomos and Narrative", 97 *Harv. L. Rev.* 4, 11 (1983)。

竞争的诊断，而是这样的普遍承认，罗斯福之前的宪法世界同我们现在所处的宪法世界截然不同。

与此相对，在处理晚近历史的时候，美国人并没有经历同样的漠然：从1930年代晚期自由放任的法理学废墟中重生的新政最高法院被看成是我们的法院。正如力图在一个现代日益官僚化的国家中赋予个人权利以新概念一样，现代宪政主义也同样如此。尽管新政时期最高法院面对的这些问题和我们面对的有所不同，但是我们认为，我们能够从这些早期的例子中获取正面的信息。[3]和洛克纳之类的负面先例不同的是，新政最高法院的早期判决标志着现代世界的黎明。

41 　　到此为止，所有这些都是为一较高下的宪法律师所共同分享的观点，而不论他们具体的政治信仰和哲学信仰是什么。而且，我还认为，职业界选择这三个历史转折时期作为关注点从根本上说是正确的。尽管其他时期也对我们美国政府的现代实践作出过许多重大贡献，律师和法官们把建国时期、重建时期以及新政时期作为决定性的时刻，此时民众意见的深刻转变得到了权威的宪法承认。只有当我们考虑到从业者已经把这种选择性的纪年转变成这样一种有意义的叙事，才使得当代得以扎根于遥远的过去。

现存的叙事

问题在于：律师们向彼此讲述的关于这三个转折点上的故事并没有促成他们去反思这些伟大转型实践的共同特征。与此相反，这三个司法生成事件中的每一个都被一系列法律人的范畴束缚住了，他们强调各个插曲之间的差异性。

在这三个时期，建国时期被看成是和过去的最根本决裂。现代法律人都毫不犹豫地承认，制宪会议以人民的名义提出新宪法是非法之

---

〔3〕　参见第三章，第119~129页。

举。毕竟，建国的联邦党人并没有准备去接受邦联条款中的修宪程序，尽管这些条款是几年前为十三州所慎重接受的。这一条款要求，只有经过 13 个州的一致同意，新宪法修正案才能生效。与此相应的是，联邦党人满不在乎地排除了州立法机关在宪法批准程序中的任何作用，而且进一步宣称，13 个州中只要有 9 个州的制宪会议批准就足以证明制宪会议为人民说话的努力是有效合法的。

这种有关非法的念头不是盘踞在法律人心智上的头等实践，但是现代法律人看来都毫无抵制地接受了它们。[4]的确，当我们把建国看成一次建国行动的时候，就意味着费城制宪会议是在没有宪法条款保障的情况下召开的，至少在概念上会有这样的感觉。如果不是这样，

---

〔4〕 例见，Sanford Levinson, *Constitutional Faith* 130 ~ 131 (1988)；David Kay, "The Illegality of the Constitution", 4 *Const. Commentary* 57 (1987)；David Kay, "The Creation of Constitutions in Canada and the United States", 7 *Canada-United States L. J.* 111, 124 ~ 36 (1984)。但是，还可以参见 Akhil Amar, "Philadelphia Revisited: Amending the Constitution Outside Article V", 55 *U. Chi. L. Rev* 1043, 1047 ~ 54 (1988)。阿玛（Amar）教授承认美国宪法的批准程序"明显违反了此前的邦联条款"，但他认为邦联条款应当被看成条约，各州不加以遵守的结果就是其效力的日益弱化。考虑到这种所谓的效力弱化，阿玛认为，制宪会议规定 9 个以上的州就能批准联邦宪法这一脱离邦联条款的举措并不是非法的。

毫无疑问，许多联邦党人在私下里也持有阿玛教授的观点，尽管他们并不愿意在公共场合流露出这种观点。试比较《联邦党人文集》第 40 篇第 252 页、第 254 页（J. Madison）（C. Rossiter 编）和第 43 篇第 279 ~ 280 页（指出"可能"对批准程序合法性的［原初强调］能在违反条约的理论中找到）。而且，正如阿玛教授所承认的那样，许多联邦党人都否认，邦联对于一个永久"联合"的誓言能够被如此简洁的尝试轻而易举地打发掉。参见 Herbert Storing, *What the Anti-Federalists Were For*, 第 2 章 (1981)。

总的来说，我认为凯伊（Kay）教授所主张的宪法非法性较之于阿玛的观点更有说服力。至少阿玛对宪法合法性的确信是围绕着州立法机关开展的，却不是联邦党人所持有的观点——他们认为，关于脱离邦联条款的"法律主张"在民众辩论中得不到什么支持，他们必须要诉诸其他的更加根本性的人民主权原则以便为他们的创造性宪政行为辩护。

的确，阿玛教授论文的其他部分有益地强调了人民主权原则对革命时期一代人的重要性——尽管我仍然认为他的下述做法走得有些太远了：他宣称制宪会议号召由州制宪会议而不是州立法机关来批准宪法根据十三州的法律来说是合法的。尽管许多州，比如说马萨诸塞州在他们的州法中已经授权给制宪会议——参见 Amar，前注，第 1049 ~ 1051 页——而其他州，比如说罗得·艾兰州在承认以人民的名义聚会的制宪会议能否合法地修正州宪章的问题上仍然迟滞得多。参见 Luther v. Borden 48 U. S. (7 How.) 1 (1849)。

那我们共和国的真正建立者就是制定并批准邦联条款的家伙：制宪会议批准了全面修正邦联条款的"修正案"。既然现代法律人都不把共和国的起源追溯到邦联条款，而是追溯到 1787 年宪法，对建国者之非法的发现肯定了，而不是否认了他们关于全面型塑我们宪法历史的感觉。

　　但是，当话题转向南北战争之后的宪法修正案时，事情就截然不同了。这时，现代的法律言论中出现了实体程序的二分法。实体上来说，每个人都承认这三条修正案深刻地改变了先前的宪法原则，但是如果我们转向它们得以成为高级法部分的程序时，法律共同体中就出现了惊人的沉默。虽然承认建国时期的可疑合法性没有什么困难，但这决不意味着重建时期也要沾上类似的污点。如果要现代的美国律师或法官去解释为什么内战修正案是美国宪法的一部分，他们大部分人肯定会指出 1787 年宪法第 5 条所规定的宪法修正程序。根据普遍接受的观点：内战修正案就是如此：它们是同其他修正案一样的普通修正案，其合法性来源于它们符合联邦党人在 1787 年《宪法》中确立的宪法修正之正式规则。如果要用一句话来表述这种观点，那就是：当职业叙事坚持重建时期具有实质上的创新（*substantively creative*）的时候，就预设了它在程序上是非原创的（*procedurally unoriginal*）。

　　而人们否认新政时期具有这样的原创性。虽然所有的法律人都承认 1930 年代标志着干预主义的联邦政府的全面胜利，但是，他们却告诉自己这样一个故事，它否认新政时期存在任何深刻创造性的东西。这种对 1930 年代的看法是通过对黄金时代的想象而获得的，其时首席大法官马歇尔已经把所有的事情一劳永逸地确定下来——他提出了对联邦政府之立法权威的广泛建构。重建时期和新政时期之间的这个阶段可以被看成从辉煌之堕落的（复杂）故事——那时，绝大部分的大法官都偏离了正道，借口宪法解释把他们的自由放任哲学强加给整个国家。可以预料，这些司法篡权行为导致法官们和民主制度产生更多的冲突，后者正确地看到了在相互依赖日益增强的世界中自由放任主义的失败。

这种新政和旧法院之间的对抗的高潮源于传统道德的衰落与重生。只是大法官罗伯特的"及时转向"以及那些最突出的桀骜不驯的法官的离任才使得最高法院在遭受永久制度伤害之前涤清了自己的反多数原罪。只要大法官们没有偏离马歇尔的原初道路，那么所有这些不愉快都将可以避免。

故事的基本线索促成了人们对马歇尔式观点的基本特征产生了种种不同的看法，并且对自由放任的洛克纳时期的偏离的确切范围也产生了不同的看法。就当下目的而言，关键点非常简单：和前两个转折点相对的是，现代律师不会向自己讲述宪法创造的童话，从而来描述新政的实质或程序面向。干预主义的联邦政府的胜利由于再发现的神话而有所调和——似乎建国时期的联邦党人已经预见了富兰克林·罗斯福的工作，而且他们会觉得这样的事情很奇怪，即 1930 年代美国人的伟大斗争对于赢得福利国家在宪法上的合法性至关重要。

建国时期的联邦党人→非法的宪法；重建时期的共和党人→正式的修正案；新政时期的民主党人→古老真理的再发现：这一纲要揭示了美国人民在宪法创造方面细微但确然无误的衰落。显然，我们人民从没有再次加入建国时期的联邦党人那种全面的批判和创造。我们在宪法的原初结构上作了一些实质性的修正，但是我们还没有走得那么远，进而修正宪法修改的整个程序。同样的失落在 19 世纪和 20 世纪的比较中同样可以得出：重建时期的共和党人赢得美国人民的同意在统治人民的原则方面进行根本改变，而新政时期民主党人赢得的全面 44 转型却不过是对早期建国者智慧的回归。

修正的叙事

我的意思是质疑主流的解释方案。尽管它为人们所耳熟能详，但它建立在流沙之上。如果我们回到最初的源头，它讲述的是一个完全不同的故事。它们揭示了重建时期的共和党人和新政时期的民主党人都参与到有意识的创造性宪法行动中，其深度与广度都足以和联邦党人的建国时期相媲美。在每种情形下，人民的新代言人都拒绝遵循由其先行者确立下来的宪法修正路径；和之前的联邦党人一样，他们在改变政治发展基本方向的过程中改变了现存的高级立法体系。共和党人和民主党人不是温顺地接受联邦党人的行进秩序，他们在程序上的宪法创造并不少于其在实质上的宪法创造——而且他们知道这一点。

这样一来，就只有一种确立这种主张的方式——那就是回到源头，而且亦步亦趋地追随转型实践中的 19 世纪的共和党人和 20 世纪的民主党人。只有这样，我们才能充分感受到他们定义总统、国会、最高法院还有投票者在高级立法程序中之新作用时的惊人创造性。只有这样，我们才能够理解他们如何最终赢得以人民名义说话的宪法权威。

显然，这是一项巨大的事业。这个故事充满了迷人的创造性的治国者的例子，如果我们过于迅速地去描述那些具体的树木，那么我们很容易犯下见树不见林的错误。这部分的目标是概述我的整个计划，因此，我只是去总结一下共和党人和民主党人所赢得的那些最重要的宪法创新。作为这个系列的第二卷的《我们人民：转型》将完全是为了偿还这里欠下的债务。[5]

重建时期

重建就是——从头建设这个联合。如果说共和党人遵循《联邦宪

---

〔5〕 既然本章的讨论在第二卷中将予以详细展开，所以我就不在这里添加过多的注脚了。对于那些希望在第二卷出版之前翻阅一下支持本书观点的读者，可以参见 "Constitutional Politics/Constitutional Law", 99 *Yale L. J.* 453, 486~515 (1989).

法》第 5 条的规定，那么重建时期的修正案——尤其是第 14 修正案——根本就不可能得到批准。共和党人完全意识到了这个事实，他们的对手——保守派同样意识到了这一点。只有重建时期的国会能够以惊人的自我意识成功挑战建国时期的联邦党人所传下的宪法修正体制的两个根本前提的时候，宪法修正案才能够得到承认。

首要而且最基本的是联邦主义原则本身，也就是这样的理念，宪法修正案在成为我们高级法的合理部分之前，必须获得联邦政府和州政府的支持，而且他们的支持是相互独立的。虽然对联邦主义原则这一前提的第一次违反在第 13 修正案批准的时候就出现了，但是主要的危机还是第 14 修正案所激发的。为了避免南方各州运用宪法第 5 条来挫败修正案的提出和批准，重建时期的共和党人阐述了一种新的更具中央色彩的宪法决策体系——其中州只起到次要的作用。正是这种修正了的程序，而不是建国时期的联邦党人所设计的程序决定了我们今天称之为第 14 修正案的宪法解决方案的合法性。

宪法修正程序的中央化导致共和党人反过来又去挑战第二个建国前提。在英国辉格党人的经验背景下，建国者认为，只有类似于英国众议院那样的民选大会似的机构才有权力以人民的名义改变宪法。尽管总统和法院可能在其他事务中起重要的作用，但是，宪法修正的命运还是操之于国家和州层面上的民选大会。随着共和党人赋予联邦政府更多的责任，新的联邦机构也开始获得更为庞大的权力。更重要的是，林肯总统和约翰逊总统在第 13、14 宪法修正案的提出、讨论以及合法化的过程中承担了系列至关重要的责任。在某些方面，最高法院也扮演了重要的角色。

把 19 世纪的这两种创新放在一起就会发现：重建时期的共和党人把联邦机构之间的分权转变成了联邦体制下的宪法修正程序的替代，后者完全以州和中央之间的分权为基础。我们对第 13、14 修正案的研究允许我们在这一新的联邦权力的主题上定义两个重要的变量。第 13 修正案引入了总统领导的模式，它在我们此后对新政转型的分析中占据了大量篇幅。在这种模式下，总统与国会相互合作，从而保证宪法修正案的有效性，尽管根据联邦党人时期宪法的规定，这一修正案的合法性颇值怀疑。在重建的情境下，为第 14 修正案而奋斗所产生的第二种模式需要更细致的分析。由于安德鲁·约翰逊总统倒戈，倒向宪法保守派，如果共和党人希望能够为作为高级法的第 14 修正案赢得有效性，他们就必须承担发展国会领导模式的重任。

我将追溯改革派的国会与保守总统在重建时期那些重要的日子里的互动以阐释这种新模式——在南北战争之后，允许一般公民理解宪法身份问题中的关键决定，并允许他们决定性地参与其中。如果我能够取得成功，那现代法律人用以解释共和党宪法成就的基本范畴就必须予以修正。倘浸入历史语境，把内战看作普通修正案这一普遍接受的观点必然会瓦解。共和党对合众国的重建行为在宪法创造性方面丝毫都不弱于建国本身的深刻性：共和党不仅为我们的高级法引进了新的实质性原则，而且重塑了高级立法程序本身。

对联邦党人来说，这种共和党的实践并非全然陌生。就其时代而言，联邦党人是相对意义上的中央集权主义者。在邦联条款中，他们面临这样一种现存的体系：它赋予各州过大的权力，宣称任何修正案都必须要经过九个州的一致同意。联邦党人的回应是限制州否决合众国所具有的中央主义倾向。当我们更多地关注事实的时候，就会发现联邦党人的高级立法原则和共和党人的创新具有很多的平行之处。作为下一阶段的铺垫，我想我所说的已经足够了。

47

新 政

在下一阶段，我们将用共和党的成就赋予我们的新视角来赢得对宪法历史上的下一个重大转折点的新看法：新政时期的民主党人成功地把干预主义的全国政府建立在牢固的宪法基石之上。流行的叙事对新政成就的贬低更基于对共和党成就的贬低，根据所谓的重新发现的神话，新政根本就没有为我们的高级法做出任何实质性的贡献，遑论重塑高级立法的程序。与此相反，他们对宪法的再定义涉及的只是回忆那些已经被忘却了的建国者的智慧。

我的反题：如同重建时期的共和党人，新政时期的民主党人依赖的是国会、总统和法院之间的分权，从而创造出一种新的宪政框架，借此美国人民能够定义、讨论以及最终决定他们的宪政前途。这两个时期关键的制度性差别在于总统。在民主党的整个宪政转型中，富兰克林·罗斯福一直处于改革者联盟的核心，而林肯被暗杀则使共和党的改革者在为第 14 修正案而奋斗的关键阶段失去了总统的支持。罗斯福的漫长任期对总统在高级立法程序中的作用具有根本的而且是无可怀疑的意蕴。在合法化第 13 修正案的过程中，共和党人成功地试验了总统领导权模式。不过，一旦安德鲁·约翰逊对第 14 修正案开战，他们就不能以原先的经验为基础了。与此相反，民主党人以一种更为敏锐的方式发展了总统的权力。

如果我们能够恰当关注约翰逊总统对共和党联盟的背叛，那么，我们就可能发现 19 世纪的共和党人与 20 世纪的民主党人予以检验并最终加以合法化的分权之方式、提出的宪法修正程序之方式具有惊人的相似性。每种高级立法实践都开始于控制了政府某个部门的改革者——在共和党人时期，由于约翰逊总统的倒戈，国会承担了改革领导者的重任；在民主党人时期，总统则是改革部门的中流砥柱。在这两个例子中，宪法改革者的建议都要经过受到政府保守部门严厉批评的时期，他们公开诉诸人民，要求他们做出决断，拒绝改革者提出的创议。在共和党人时期，保守部门的中流砥柱是总统，而在民主党人

48

时期，则是最高法院。

这些制度性差别在解释宪法争论和决定中具有不同的动力，但更重要的是要看到它们之间的深刻类似。在两个例子中，政府制度陷入僵局的时候，论辩双方都在全国范围内动员他们的支持者。这些民众动员的显著努力赋予下一轮常规选举特别的宪政意义。如果有一方赢得了选举的决定性胜利，它就会利用它的民众支持来打破制度僵局。

这种部门之间的相互斗争以及民众动员的过程使得 1866 年以及 1936 年的选举成为宪政史上的决定性历史事件。在这两种情形下，改革派都裹挟着选举中取得的胜利回到华盛顿。他们继续宣称，选举中的胜利给了他们"来自人民的命令"，该是保守的政府部门结束它们的宪政抵制的时候了。

选举中胜利者的要求触发了批准程序——这时，保守派的政府部门就要考虑继续抵制还是承认人民已经真的向改革派运动提供了确定的支持。在这两种情形下，决定都不是通过静默的沉思做出的，而是通过回应改革派政府部门对保守派维持其合法性的挑战做出的。在重
49 建时期，改革派国会最后以弹劾来威胁约翰逊，如果他继续运用他的位置阻挠第 14 修正案的通过。在新政时期，则是改革派的总统威胁要填充法院，这让那些保守的法官对于抵抗的明智性不得不三思而后行。两种情形中的问题都非常类似：作为持异议的政府部门中的保守派，他们最后是否必须承认人民已经出场？

在两种情形中，保守派的答案都是同样的。他们没有进一步恶化宪政危机，与此相反，尽管十分不情愿，他们还是承认进一步抵制会过多损害在他们看来是十分基本的价值，于是他们"及时转向"：约翰逊不再阻挠第 14 修正案的正式批准；最高法院则放弃了对自由放任资本主义的原则性辩护，并开始为积极干预主义的全国政府奠定新的宪政基础。

反过来，胜利的改革派也以同样的方式作出回应。共和党人放弃

给总统定罪，容忍约翰逊在位，让他来宣布第 14 修正案的合法性。民主党人则不再威胁填充法院，而容忍旧法院宣布积极干预主义的政府宪法上的合法性。

作为这些"及时转向"的结果，三个部门都经受住了民主的考验，再度联合出山，而分权对于未来宪政体制来说依然保持完整。但正是对新宪政方案的认可在此前激起了剧烈的争论。

部门间的僵局→决定性选举→改革派对保守部门的挑战→及时转型：分权的方案在它能够赢得法律可信性之前还需要详细阐述。为了理解约翰逊总统否决国会《民权法案》和最高法院否决《国家工业振兴法》（*NIRA*）之间存在着功能上的相似；为了理解 1866 年的关键性选举和 1936 年的关键性选举之间的相似；为了理解共和党人弹劾总统的努力和民主党人包装最高法院的努力之间的相似；为了理解约翰逊的国务卿最后批准第 14 修正案和新政时期最高法院最后接受福利国家之间的相似，如此等等；除了艰巨的历史工作之外，别无他法。幸运的是，诸如此类的事件受到了一代代历史学家的持久注意，我将尽可能地去运用他们的洞察。更大的挑战在于如何把这些具体的插曲置于更大范围的高级立法背景中，从而把握演变中的宪政进程，借此分权原则首先迫使相互竞争的各方重新定义他们的宪法观点和反观点，接着向动员了的选民以最激烈的方式提出他们的关键问题，然后提供一个长的时间段，让思虑周详的保守者考虑是否已经到了承认人民的确已经出场的时候。

在阐述重建时期和新政时期的种种惊人的相似之时，我把它们建立在 1930 年代赞成者的洞察之上。新政派在高级立法程序中建立了现代的总统领导制模式，他们援引了重建时期的先例。挑战在于要聆听他们的声音，而不是坚持把新政时期的改革者看成黔驴技穷的模仿者，他们只会回到建国者的那些被遗忘了的智慧。

只有在我们定义了新政之新在何处的时候，我们才能面对它留给我们的深层问题。难道为了更好地面对高级立法在下个世纪的挑战，新政的模式需要再一次的修正吗？

从过去到现在

最近十年 *发生的事件使得这个问题具有紧迫的实践重要性。1980 年代，我们目睹了里根政府试图领导美国人民废除新政所建立的积极干预主义的联邦政府。这一突发事件的出现迄今为止仍然是一个悖论。里根政府并没有赢得修正福利国家之基础的斗争，反而成功地确认了罗斯福民主党人创立的高级立法先例的有效性。

正如 1930 年代，共和党人没有试图通过争取联邦党人在原初宪法中设计的那种正式的宪法修正案来废除新政的成就。相应地，和新政时期的民主党人一样，里根时代的共和党人也是把总统制看成他们努力的制度核心，通过这一制度来领导美国人民修正他们的宪政身份；正如 1930 年代一样，关键问题是在多大程度上，总统能够成功说服联邦政府的其他部门认真对待他进行根本变革的吁求——这一吁求在参议院围绕着总统提名最高法院大法官的斗争中达到了高潮，他希望新任大法官能够为椭圆办公室中不断宣布的宪政新理想奠定坚固的原则性基础。

在这点上，这两个阶段之间的重大差别出现了。在系列具有转型特征的最高法院大法官的任命中罗斯福最终成功地获得了国会的同意；在罗斯福开始其第三个任期的时候，就积极能动政府具有的宪政合法性问题，意见一致的法院和其他部门已经站在一起。与此相反，

51

---

* 该书出版于 1991 年，故谓 1980 年代为最近十年。——译者注

里根显然没有说服大部分美国人民去支持他对新政遗产的福利国家前提的根本批评；里根总统没有赢得国会对具有转型特征的最高法院大法官的任命之支持，他目睹了自己宪政野心在罗伯特·博克提名所引发的战斗中被无情地拒绝。

就当下的目的而言，与罗斯福成功的转型相比，对里根失败了的宪政时刻之制度动力的研究具有同样的启示。它为 1930 年代那些激动人心的宪政创新提供了新的视野。它涉及法律程序，借此新政主义者成功地记住了他们全新的宪政道路。重建时期的共和党人以分权为宪政修改的主要动力，这样一来，他们就创立了新的基础。而且，他们成功地把他们的改革以法律条文的形式加以法典化，促使它们表面上都被称之为"宪法修正案。"这些重建时期的文本不过是修正案的幻象（amendment-simulacra），因为它们并不是根据契合于联邦党人宪法所奠定的原则而产生的。尽管如此，共和党人还是成功地在法律的旧瓶中装入了宪政的新酒。

与此相对，新政主义者则拒绝修正案这一传统形式，他们借助新政法院的系列转型性的判决意见来阐述新的能动主义视野。值得强调的是，他们的这一决定是自觉的、公开的。我们将会听到罗斯福总统以及他的发言人解释为什么依据美国宪法第 5 条提出的方式来为宪政转型立法是错误的以及为什么我们应当依靠对新大法官的任命从而赋予宪法新的意义。而且，1937 年以后，罗斯福和国会对这种转型性法官任命的运用取得了前所未有的成功。到 1940 年代早期，重组后的法院已经不满足于宣布此前时代所作的许多冒犯性判决为无效。它全面革新了占主导地位的宪政原则——法院现在一致拒绝了十年前形塑了整个宪法的那些根本原则。[6]

〔6〕　参见第五章，第 113～119 页。在后面的两卷中我会更详尽地对待这个主题。

　　罗纳德·里根在提名博克作为最高法院大法官时，这一罗斯福的先例萦绕着里根，尽管他未能效法罗斯福在国会中取得压倒性的成功。博克作为法律人和思想家的成就代表了里根总统推动宪政转型的野心。这是一位卓越的法律教授，和罗斯福时期的法兰克福特以及道格拉斯一样，他明显具有写作转型性司法意见的技巧，能够把宪法引到新方向。尽管单单他的任命并不会导致最高法院出现 1940 年代早期新政时代法院中 9：0 的情形，他还是能够提供足够的智识火力来撰写从根本上形塑法律的判决如同新政时期的伟大司法意见一样。

　　只有把博克提名放在新政先例的背景下，我们才能够理解围绕提名斗争双方在此问题上表现出来的焦虑和能量。关键不在于回顾这次斗争的那些细节，而在于从博克事件中看到我们在理解罗斯福先例时面临的更大问题：通过任命大法官而不是通过正式的宪法修正案来改变宪法的新政趋势是更好的做法吗？如果不是，我们能做些什么呢？

　　我认为对转型性大法官任命的强调威胁到了核心的二元主义价值，这有三个理由。

　　首先，参议院批准最高法院大法官候选人的时候，显而易见，宪
53　法原则不会是讨论的焦点。宪法原则一类关键问题可能由于对候选人的个人风格、卡里斯玛以及脆弱性的关注而被忽视，也可能为辩论双方对修辞的策略性选择而变得模糊不清，以致不再知道候选人会把法院带向何方。我们可以对比一下和宪法第 5 条相混淆的潜在可能。在这里，宪政变迁的党派分子在进入严肃讨论之前必须阐述正式的宪法修正案。当原则的文本表达不能解决所有的含混的时候，它为民主讨论提供了核心问题，而这在参议院批准总统提名大法官的听证会上的喋喋不休和难以切题的嘈杂中很容易完全丧失。

　　其次，虽然古典制度在为总统参与宪政变迁过程提供起作用的机会方面还存在重大缺陷，但是，转型式任命的演进体制赋予他以过分

重要的作用。绝大多数的总统就职时都不能像富兰克林·罗斯福那样在 1936 年的大选后冠冕堂皇地宣布他已经从人民那里获得了根本改变宪政现状的授权。[7]毕竟，罗斯福在第一任期间所做的事情远不只是为再次当选铺路。他提出和传统宪政原则相决裂的能动主义计划而且赢得了国会的支持；尽管旧法院对干预主义前提雄辩地从宪政角度予以批评，罗斯福还是赢得了民众的支持。如果说美国人民曾经赞成和他们的宪政历史决裂，那就是在 1930 年代。[8]

显然，罗斯福在第二任期间所建立的宪政先例可能为将来的总统所滥用，他们运用那些颇具争议的人民授权来要求进行根本改变。只要他们能够说服相对多数的参议员赞同系列转型性的对最高法院法官的任命，宪法就可能跌跌撞撞地开启了一条新的道路；尽管这时并没有制度证据表明已经动员起来的大多数美国人民支持这种改变。我们再一次比较一下相对多数的参议员对转型性最高法院法官任命的要求和宪法修正的旧有制度所要求的制度赞同。根据宪法第 5 修正案，除非两院的 2/3 多数赞成，而不仅仅是参议院的相对多数赞成，否则国会不能以美国人民的名义提出宪法修正案。即使这样一种充分的制度支持也只是把宪法修正提上日程而已，在古典制度允许新的宪政视野被纳入法律之前，第二轮具有制度重要性的讨论和决定仍然是必需的。简言之，现代实践在为深刻而广泛的民众支持可信证据方面仍显轻率；与过去的宪政实践彻底决裂的时候，这种证据为古典制度所要求。

但是，最近的转型式最高法院法官任命不仅缺少差堪与古典制度相比拟的制度分量和法律焦点，它还导致了第三种威胁：不可接受的

[7] 参见 Robert Dahl, "Myth of the Presidential Mandate", 105 *Pol. Sci. Q.* 355 (1990)。
[8] 的确，新政民主党人对这个国家人民的领导为重建时期的共和党人以及建国时期的联邦党人所嫉妒。

精英主义。我们再次考虑一下第 5 修正案的规定，我们在华盛顿特区的代表只能提出宪法修正案，在修正案被批准之前还需要在各州展开更为广泛的辩论。尽管我们不再认为州有权否决全国性的政治变迁，不过还是有可能设计出全国性的机制，它要求华盛顿的政治精英要深入全国各地，并且要为赢得一般公众去接受他们的宪法建议而付出特别的努力。

我所想象的设计——全民公决——在我们的一些州以及许多外国的实践中已经耳熟能详。对提议的宪法创议之民主合法性而言，范围广泛的公众辩论意义重大。倘予以适当建构，全民公决可以成为公众辩论的催化剂。尽管总统和国会联合行动能够提出宪法修正案，但是如果他们不首先走向人民，并且赢得运用全民公决这一机制的具体而深思熟虑的认可，宪法修正案就仍然得不到批准。

法律焦点、制度分量以及民众回应——提出宪法修正案比当下转型式的任命最高法院法官的实践更容易把握这些理念，也更容易使之具体化：

> 第二任期间，总统可以向美利坚国会提出宪法修正案；如果两院的 2/3 多数同意这一提议，在此后连续两次总统选举中，在各州都应当被列在投票单上；如果参与每次选举的 3/5 的投票者都同意拟议的修正案，那么，它就以美国人民的名义被批准了。

55

我对这一具体建议的细节没有特殊的兴趣。我提出它的目的只是为了引起读者的关注，使其开始对高级立法进行批判性审视：如果认为我的建议是错误的，错在何处？是因为不同意我提出的用以检验一次运动能够宣称为"人民"出场的标准吗？还是认为我的建议会被缺少相应公民支持的政客轻而易举地操纵？或者因为它不能成功引导总统的野心，而白宫一旦有机会，仍然会试图推进转型式的最高法院法官的任命?[9]

用以检验一次运动是否能够宣称为"人民"出场的根本标准是什么呢? 我们如何来设计一套高级立法体系，它能够可靠地用来区分那些动员了的绝大多数美国人民对一些基本的原则问题已经有了坚实的深思熟虑的判断这种为数不多的情形和那些日常政治中的无数决定?

我们在结束本书之前会重新考虑这些问题。[10]但是，现在开始这一问题也不嫌早。首先，不要犯这样的错误，认为我们当下的二元主义的宪政版本已经运作完美了。与此相反，除非我们能够持续不断地努力反思我们自己的二元论经验，并且运用未来赋予我们的机会去实施必需的改革，否则我们的宪政机器会失灵。*

不过，这种改革派的希望不要遮蔽了我们的双眼，我们不应对现实茫昧无知。总统通过转型式的最高法院大法官任命改变宪法的企图是受到保护的现代宪政实践的一部分。美国人民需要把现代的能动主义政府归因于罗斯福成功地发展了这种技巧。罗斯福的成功也为公众解释总统领导方式的实践方面定下了基调。绝没有理由认为博克的提名将是最后一次在总统的政敌所主导的国会中引发宪政的反动。每个人都知道，现代宪政归因于一系列成功的转型式的最高法院法官任命，发生了一次的事情还会再次发生。

尽管关于博克提名的争论有许多制度缺陷，它还是提供了重要的论坛，通过它，里根的总统角色之宪政意涵得到了检验。美国人民表

56

---

[9] 就这一因我的提议而引发的问题，我在 "Transformative Appointments", 101 *Harv. L. Rev.* 1164, 1182～1184（1988）一文中有更为详细的阐发。

[10] 我在第十章中论及基本标准这一问题，试图对下一卷中关于宪法公民公决的具体提议加以更详尽的评价。

* 在提出修正宪法第 5 条的时候，我拾起了本世纪（20 世纪——译者注）早期作为进步主义学派核心观点的一个主题。例见 Herbert Croly, *Progressive Democracy* 299～236（1914）。

明，他们还没有准备好动员自己来支持总统这样的努力，即试图借助一系列转型式的最高法院法官的任命来实现对宪法原则的革命。里根的"革命"是失败了的宪政时刻。

但是，这并不意味着另一位总统在未来就不能获得成功。我的问题是，除非宪政主义者把他们自己从用来掩盖新政事实的再发现的神话中解放出来，他们甚至都不能清楚地阐释里根和罗斯福之间的那种萦绕在近来总统实践中的关系。他们贬低了美国宪政的历史，一叶障目，他们不承认新政中存在任何新的东西。但是，这种承认却必须先于我们重塑新政先例的努力，这样才能更好地符合我们对二元论民主的演进式理解。

结 论

第一章涉及宪政理论，这一章涉及的是宪政史。它们都仅仅是一个梗概，充分的论证还有待于细节的补充。但是，我们能够很快看出这两章在重新发现我们宪法的与众不同特征的连续努力中是如何相互支持的。

我们从这两种批评都是对现代处境的同一诊断这一观察入手："复杂"的智识努力和宪法的二元主义根基失去了联系。在理论层面，这种丧失表现在现代主义者试图用这种或那种外国制造的理想去代替二元论：无论它是一元论民主制、权利本位主义者，还是伯克式的渐进主义者，或者什么别的。在历史层面，这种丧失表现为职业叙事的建构，它对二元论事业的最独特之特征的承认也是不情不愿的：政治运动借助高级立法过程最终赢得以美国人民的名义制定新法律的宪政权威。当现代的律师和法官仍然认为建国者们在确立他们代表人民说话的权威方面具有宪政创造性的时候，他们赋予晚近的即使最具创造性的宪政运动的重要性也开始减弱了——甚至于到了这样的程度，20世纪宪政政治学的转型性特征完全为再发现的神话所掩盖了。

我们不能让自己成为过去时代宪法创造性的毫无定见的追随者。在面对由建国时期的联邦党人、重建时期的共和党人以及新政时期的民主党人留给我们的原初文件时，我们将获得告诉不同故事的资源——在这个故事里，建国时期开创了高级立法的二元计划当后来的美国人为争取以我们人民的名义说话的斗争中努力奋斗并且偶尔能赢得这种胜利时，它一再为美国人民所创造性地采纳。

就这种宪政历史观而言，二元论不只是一种学院的实践。只有在谈论二元民主制的深厚价值的时候，我们才能够反思延续美国人民参与高级立法的最佳方式。当美国共和制与众不同的激情消逝在古老历史的浓雾中的时候有的人袖手旁观，默默不语，拒绝参与这种对话。这当然也是一种选择。

第三章

一部宪法　三种政体

政体视角

58　　上一章对现代律师和法官理解宪政史上的三个伟大转折时期——建国时期、重建时期和新政时期——的基本措辞提出了挑战。职业智慧以递减序列来排列这些时期在宪政创造性方面的位置：建国时期在程序和实质方面都具有创造性；重建时期只是在实质方面具有创造性；新政时期则根本没有创造性。为观点明确起见，我们把这称之为二元解决方案之叙事，因为它承认只有建国时期和重建时期的经验才是新的宪政解决办法的源泉。相应地，我将提出一种三元解决方案之叙事——其中，在以人民的名义制定新的高级立法程序和实质性解决办法之创造性方面，重建时期的共和党人、新政时期的民主党人与建国时期的联邦党人处于同等地位。

　　沿着这一道路进行的修正将会产生大量的实践后果，因为它会改变法官判决大量具体案件的方式。我并不是说未来的法官只是由于不断变迁的学术潮流就改变传统的思维方式。我只是说，现代法律人应当改变他们现存的职业叙事方式，当他们沉浸于历史源泉的时候，就能够看到，他们在向自己讲述二元方案的叙事时，有多少宪政历史被淹没了；我们必须说服他们，三元方案的分析能够更公正地对待建国时期、重建时期以及新政时期的与众不同的事实和民主激情。单是这个任务就需要对原始资料做大量的整理工作。

尽管如此，它只是整个修正了的叙事过程的第一步。在重新解释三个决定性的转折点时，我们能够开启关于我们宪政历史的全新观点。通过描述这三次重大转型中每一次所展现的宪政体制，我将在第一编的余下部分中引进这一更大的事业。在一些方向性的评论之后，本章将开始于对早期共和国的宪法素描——勾勒出 1787～1860 年间政府机构和组织政治生活的根本价值的独特模式。下一章则继续勾勒中期共和国——诞生于重建时期并且一直延续到大萧条时期。本书第一编结束于我们生活于其中的现代共和国政体。

在提出这一概括性观点的时候，我有三个目标。第一个目标是超越现代职业叙事深受其害的法院中心观。律师和法官必须抵制这样的诱惑，即把法院看成既是 alpha 又是 omega。分析的基本单元应当是宪政政体，即经常作为日常政治生活之宪政底线的制度关系和基本价值的模式。[1]挑战在于把握重要的机构——众议院、参议院、总统、各州、选民以及政党——在每种宪政政体中互动的方式。只有这样，我们才能估计最高法院在每个具体时期的作用。

这一全面的路径为政治科学家、历史学家以及哲学家搭建了桥

59

〔1〕 在把美国历史概括成系列政体的时候，我和其他作者晚近的著述分享了一些共同的观点。比如说，Theodore Lowi, *The Personal President: Power Invested, Promise Unfulfilled* xi，第 2～5 章 (1985)；Stephen Skowronek, *Building a New American State*, 19～46, 285～292 (1982)。在从事这种努力的时候，我试图把美国历史上"重要选举"的研究者的深刻洞察整合起来。参见 Walter Burnham, *Critical Elections and the Mainsprings of American Politics* (1970)；James Sundquist, *Dynamics of the Party System: Alignment and Realignment of Political Parties in the United States* (修订版, 1983)。

梁，法律人为了赢得对美国历史更深刻的理解，必须与他们合作。只要宪政史被看成对司法判决的研究，法律的领域就会显得神秘莫测，对那些对美国政治生活只有一般兴趣的人来说，它们似乎是块禁地。*一旦职业叙事更自觉地意识到最高法院判决与宪政政体的变迁特征的关系，总统、国会、政党或者政治哲学的研究者就更容易看清楚他们的关注应如何与法官、律师的关注相交融。这样不但不会产生系列视野狭隘的专著，来自不同学科的人们反而会把他们自己看成是更具一般性的宪政研究领域的贡献者，探索美国宪法政治的经验是如何成功地改变——或未能改变——二元民主制的制度内容和基本价值的。

在指出这一交叉学科的方向之后，我的第二个目标是说服律师和法官采用政体的视角——通过具体表明如何为法律学说的经典问题之解决提供新资源。这项工作建立在第一章提出的关于最高法院的概念之基础上。与一元论者相对的是，我不认为仅仅由于司法审查剥夺了国会制定任何它想制定的法规的全面权威，它就可以被推定成是反民主的。与权利本位主义者不同的是，我不认为最高法院运用哲学方法阐述对所有时代和所有地点都有效的基本人权这种做法是恰当的。与此相反，最高法院的工作在于维持人民所实现的高级立法方案在日常政治期间免受侵蚀。

显然，把最高法院的维持者功能分离出来的做法引发的问题比它解决的问题还要多：最高法院如何承担解释过去的宪政方案的任务？将"宪法解释"想象成一种有其自身的善恶标准，有其自身对整合性

---

* 更宽泛而言，这是我们时代宪政历史上最重要的规划的主要缺陷：代表霍姆斯计划（The Holmes Devise）的保罗·弗洛伊德所编辑的最高法院的纪念性历史。正如我的脚注所表明的那样，我从他的工作中获益颇多。不论如何，他们只把眼光投向最高法院，这一狭隘性使得他们只能为有限的观众服务。

的主张需经科班训练之行为，这样做有意义吗？还是说它根本就是神秘的骗局，掩盖了每位参与者的日常政治努力？

这些问题对于评价二元主义事业极其关键：如果"宪法解释"只是政治骗局的遮羞布，那么也用不着读这本书了。二元论预设了解释的可能，必然包含着可能：如果解释是不可能的，那么二元论就不应要求现代政治家去尊重对美国人民以往宪政成就的（并不存在的）"解释"。与此相反，我们会被建议放弃二元论，回到宪法论辩的传统范畴：要么一元论的主张是正确的，他们谴责最高法院是反民主机构；要么权利本位主义者的主张是正确的，他们认为最高法院的大法官最好是优秀的哲学家，如果他们想阐述清楚基本人权的本位，或者伯克主义者是正确的，他们认为……[2]

二元论者将会很高兴地发现，目前越来越多的人开始认真对待解释的观念。[3]与许多近来的努力相比，我的贡献并不那么抽象。它们主要涉及解释的观念所引发的那些基本问题——解释是有意义的吗？它看来是怎样的？为什么它是有价值的？而我的关注将更为具体。我的意思是去考察两个世纪以来我们在宪法解释问题上的实践。即使"解释"作为一项抽象的事业是有意义的，美国法律人所做的工作仍然是特别糟糕的——他们的工作非常糟糕，人们甚至怀疑最高法院是否有能力承担二元论理论分派给他们的维持者的功能。

---

〔2〕 参见第一章，第7~24页。
〔3〕 比如说，参见 Philip Bobbitt, *Constitutional Interpretation* (1991)；Robert Bork, *The Tempting of America: The Political Seduction of the Law* (1990)；Ronald Dworkin, *Law's Empire* (1986)；Stanley Fish, *Doing What Comes Naturally: Change, Rhetoric, and the Practice of Theory in Literary and Legal Studies* (1989)；Owen Fiss, "Objectivity and Interpretation", 34 *Stan. L. Rev.* 739 (1982)，以及对其观点的批评，见 Fish, "Fish v. Fiss", 36 *Stan. L. Rev.* 1325 (1984)。"Interpretation Symposium", 58 *S. Cal. L. Rev.* (1985) 收入了系列有趣的文章。怀疑的视角，参见 Mark Tushnet, *Red, White and Blue: A Critical Analysis of Constitutional Law* (1988)。

倘若与此相反，最高法院在宪法解释中所做的工作非常漂亮，那么这就会使得二元主义理论处于完全不同的境地。这种理论所提出的双轨制的设计看来就不再是无用的卢比·戈德堡（Rube Goldberg）*的小发明。尽管存在这些困难，最高法院事实上还是设计出了一条简陋的道路，维持宪法政治之价值免受日常政治的侵蚀。这一结论对那些维护宪政机器运作良好的法律业者来说尤其重要。如果最高法院在宪法解释的 200 年历史中作出了诚信的努力，那么最高法院的大法官把他们的维护者功能延续到下一世纪的时候，岂不是能够从这种经验中学到很多东西？

这一问题为提出政体视角提供了第三个理由，它更具批判性，而不是建设性。我的意思是去阐释为什么主流的职业叙事阻碍了我们对过去世代所进行的解释性努力的历史理解。二元解决方案之叙事将会明确同意我提出的早期、中期与现代政体的三分法。除非它颠倒年代，才会屈从于对早期实践的理解，并通过再发现的神话去满足正当化新政的现代需求。与所有的年代错乱一样，这也会遮蔽我们对早期
62 宪法解释实践的真正独有的特征的洞察，而早期宪法实践与今天的我们紧密相关，尽管我们时代的宪政政体存在着不同的特征。

比如说，想象一下现代的职业叙事在陈述早期共和国的法律的时候，他们如何只是把关注点放在马歇尔和斯托里的相对国家主义的观点上。[4]这就使得法律职业者错误地认为新政只是对建国时期的关于能动主义国家的智慧的再发现。但是，它的错误在于扭曲了早期共和

---

* 戈德堡（1883–1970），美国漫画家，创造了专搞复杂发明做简单事情的漫画人物——发明家布茨教授，其连环漫画曾获普利策奖。——译者注

〔4〕 比如说可以参见 Gerald Gunther, *Constitutional Law*, 第 1～104 页（第 11 版，1985）（通过系列马歇尔法院的判决引入宪法的概念）。这种主流的职业叙事的解释可能在那些和冈特（Gunther）一样的著作中最为常见，它们通常用于法学院第一年的课程中，其目的是向学生介绍宪法的"职业"进路。既然冈特的书在教科书市场独领风骚已有整整一代人的时间，就我们讨论的目的而言，它无疑是最佳的对象。

国的特征。建国者创造了我国历史最不集权，而不是最集权的全国政府；早期共和国存在的时间越长，中央集权的特点就越弱。[5]马歇尔法院是在作一次殊死搏斗，以维持建国时期联邦党人的小心翼翼的国家主义，以避免第一个宪政政体去集权化的倾向。这种再解释不仅使得我们掩盖新政之宪政创造性的再发现神话名誉扫地——它使得下面这点变得十分清楚，建国时期的联邦党人会推翻许多新政时期的宪政创新。它还使得我们可以向马歇尔法院提出新问题：在面对早期政体去集权化挑战的时候，马歇尔时期的最高法院为什么能够以及如何能够成功地保持一定程度的国家主义。可能我们能从马歇尔时期最高法院为维持国家主义而付出的努力中学到许多有益的经验，而且这种维持的努力与今天仍然息息相关。我们能够清楚而又敏锐地指出那些领域，即早期共和国阶段的约翰·马歇尔提出的那些解释性的概念不同于，但又相关于后新政时代的现代法院所面对的解释问题。

我将借助于类似进路去理解中期共和国的宪法。当下的职业叙事模糊了内战之前的时代，与此相比，它更彻底地把中期共和国神化了。现代法律人把最高法院从 1869 年到 1932 年这一共和党人上升时期所作的解释努力看作无足轻重而轻易地把它打发掉。年代错乱的冲击是明显的。只有把中期共和国污蔑成黑暗时代，法律人才能够以再发现的神话所要求的方式去看待 1930 年代。只有 1930 年代的旧时代的最高法院（Old Court）是完全错误的，罗斯福革命才能够被看成仅仅要求大法官去重新发现马歇尔法院的古老智慧。

这种轻易打发中期共和国的观点使得现代法律人把我们民族的法

---

〔5〕 对早期政体不同发展阶段的上佳概述，参见 James Young, *The Washington Community, 1800 ~ 1828* (1966)；Richard MaCormick, *The Second American Party System* (1966)；William Freehling, *The Road to Disunion: Sessionists at Bay* (1990)。

律史切掉了三分之一。这一时期对最高法院的发展来说甚至更为重要。在早期共和国，最高法院只宣布了两部全国性法规的无效，在马伯里诉麦迪逊案中，宣布一条很不起眼的管辖条款无效；在德里特·斯科特诉桑弗德案中，则是宣布国会调和美国黑人地位的历史性努力的无效。只是到了中期共和国，最高法院才开始在日常意义上开始审查全国性法律的合宪性，它对州立法审查的范围和强度也急剧上升。尽管中期共和国阶段的宪法原则和现代共和国的宪法原则截然不同，正是在中期共和国阶段，司法审查才开始呈现出当前的形态。的确，把我们同这种能够洞察自己的解释困境的具有潜在回报的源泉割裂开来的做法是不幸的。

我并不是说我们应当回到糟糕的自由放任的宪政主义时期。[6]我是在寻求建议性的类比，而不是寻求直接的权威。从许多方面来看，共和党时代身着黑袍的九位老人和他们今天的同侪没有什么差别。除了表明法官们是如何愚蠢，如何谬误之外，难道他们就没有什么东西可以传授给他们的同侪（以及我们）吗？

然而，除非我们拒绝新政的再发现神话，并赞同宪政创新的三个时刻理论，否则现代法官就不可能认真对待这个问题。为了检验这个假设，我们可以比较一下现代法律人被教导应当以何种方式看待早期共和国以及中期共和国那些著名宪法案件。就当下的目的而言，最臭名昭著的案件将是最具启发性的：可以比较一下对德雷德·斯科特诉桑弗德案[7]以及洛克纳诉纽约州案[8]的现代理解。前一案件是内战之前的最高法院于1857年所作的判决，它否认黑人的公民身份，而

---

〔6〕 即使是那些渴望洛奇纳时代"美好时光"的反动派也承认那个时代已经一去不复返了，尽管他们的承认不无勉强。参见 Richard Epstein, "The Proper Scope of the Commerce Power", 73 *Va. L. Rev.* 1358, 1454～1455 (1987)。

〔7〕 Dred Scott v. Sanford, 60 U. S. (19 How.) 393 (1857).

〔8〕 Lochner v. New York, 198 U. S. 45 (1905).

后一案件则是共和党人的最高法院所作的判决，它废除了规定最高工
时的立法。

　　从道德角度出发，德雷德·斯科特案是最高法院盛衰无常历史上
唯一的黑暗和污点。最高法院竟然宣布自由的黑人永远被排除在美国　　64
公民之外，这种观念直到130年后的今天仍然引发对我们宪法的严厉
谴责。与此相比，即使是洛克纳诉纽约案也是一个道德上温和得多的
错误。但是，当我们从大多数别的标准评判的时候，洛克纳在道德上
同样迟钝。对今天绝大多数的美国人来说，洛克纳案宣布最高工作时
间，即面包工人的周工作时间不得超过60（！）小时的规定违宪听来
像是天方夜谭，尽管我们仍然认为美国人民的择业自由是一项重要
的基本价值。但是，在新政过了五十年以后，我们认为有些方面是
不能强迫工人缔约的——比如，雇主要求雇员承受基于种族或性别
的差别对待，更不要说血汗工厂里的极端不体面。我们中的大多数
人都认为不应当允许雇主把这类羞辱人的要求带到谈判桌上。我们
支持法律保证工人享有一些基本权利，以保证他们在参加关于雇佣
的其他条款的谈判时能够拥有自尊。尽管关于这些保障性权利的范
围仍然是无止尽的民主争论的话题，洛克纳案试图把这个问题从日
常政治的日程中取消，但这种努力看起来是对一个复杂多样的问题
的极端意识形态化的解决办法。尽管某些自由主义者认为，自由放
任依然是解决劳工问题的最好办法，但很少有人不承认，仍然存在
其他合理的负责的解决之道。这也就是我说根据目前的标准，如果
说德雷德·斯科特案在道德上是错误的，那么洛克纳案在道德上就
是愚钝的意思所在。

　　但是，当一位现代法官从一种法律，而非道德的立场来审视这些
案件时，她很显然会在其职业评价的标准中展示出一种微妙，但却有
启示的转变。如果承认德雷德·斯科特案如其所是的那样在道德上是

错误的，那么现代法官就完全能够想到坦尼大法官那份在道德上臭名昭著的判决可能在法律上完全能够站得住脚；也有可能一位严肃认真的律师在调查完所有的法律材料之后会得出结论，坦尼的判决不仅道德上臭名昭著，法律上也完全站不住脚。他也有可能得出和这完全相反的结论，或许在黑人成为美国公民之前，美国人的确不得不进行一场内战。

有件事情是清楚的。当我向法律学生和一些成熟的法官提出这些问题的时候，没有人会反对谈论它们。与此相应的是，现代法官们的确反对这样的观点，洛克纳案在 1905 年仍然是在法律上站得住脚的判决。即使他们认为洛克纳案的判决体现的是道德愚钝而不是实用主义的邪恶。原因不难揭示。作为实践者，作为我的对话者的律师们都完全意识到了洛克纳案对于今天宪法的意义在很大程度上不同于德雷德·斯科特案。在涉及后一案件时，绝不存在今天的法律意义取决于坦尼大法官在 1857 年关于黑人地位的司法判决是否正确。即使在内战前坦尼的司法判决在法律上是站得住的，那么在 1868 年的时候，它也已经不是善法。这一年，美国宪法第 14 修正案作了如下规定："凡出生或归化于合众国并受合众国司法管辖之人，即为合众国及其所居住州之公民。"

现代法律人承认共和党成就中具有创造性的方面，经由此得以超然于内战前的司法判决并予以批判。一旦她认为，由于重建时期共和党人的贡献，德雷德·斯科特案的判决并不是有效的法律，她就没有义务通过谴责 1857 年的坦尼法院以支撑自己的观点：黑人在现代共和国中是真正的公民。毕竟，坦尼和他的同侪和接替他们位置的那些大法官们并没有很大的差别。我们不是把他们看成有道德缺陷的人，也许我们应当把他们看作和现代法官没有根本差别的尽其所能做好本职工作的法官？

像罗伯特·卡文所写的《受控的正义》[9]这样的著作能够表明这种研究是多么值得。但是，当我们回到佩卡姆大法官在洛奇纳诉纽约州一案中的多数意见时，我们以往的正统理论就阻碍了获得超然于该案的批判立场。如果现在的律师真心赞同这种可能性，即洛克纳案在作出判决的 1905 年在法律上是站得住脚的，那么新政这一流行的神话却妨碍她以超然的立场去对待洛克纳案的司法意见，而这种立场正是她对待德雷德·斯科特案所秉持的即通过指出后来的宪政创造性来推翻该案确立的原则所具有的正当性。与此相反，当论及洛克纳案的时候，关于我们历史的正统理论使得我们只能在两个极端中作出非此即彼的选择*：要么洛克纳案在 1905 年就是错误的，而现代的能动主义国家具有宪法合法性；或者洛克纳案在 1905 年就是正确的，而现代的能动主义国家则是违宪的。

66

只要现代的自我受限于这种非此即彼的选择，他们毫不同情地以抛弃中期共和国时期的大法官为代价，认为他们是错误的、糟糕的，并且毫不犹豫地选择支持现代能动国家的做法就没有什么大惊小怪的了。作为实践者，现代法律人认为美国人的确认同能动主义国家的宪法合法性，而且认为，如果最高法院重启洛克纳时代的反对现代福利国家的斗争，那将是制度性自杀行为。如果说为了表述这一真理，他们不得不贬低共和党人时期的绝大多数最高法院大法官的能力，看来这是颇为可惜的——然而仍然是付得起的智识代价，惟其如此才能为现代能动主义国家奠定牢固的宪政基础。

只有当我们质疑再发现的神话的时候，我们才会真心赞同第三种关于宪法解释的选择。一旦我们承认 1930 年代的民主党人已经成功领导美国人民把新的干预主义原则和实践纳入高级法，那么我们就能

---

[9] Robert Cover, *Justice Accused: Antislavery and the Judicial Process* (1975).

* 只要我们还尊重遵循先例原则——我是还尊重的。

够以超然的立场去对待洛克纳案的司法意见，正如我们以这样的立场对待德雷德·斯科特案那样。我们不需要为了肯定现代能动主义国家而去否认中期共和国的法理学。尽管洛克纳案在 1905 年可能在法律上是站得住脚的，但正是在 1930 年代，美国人民已经决定性地废弃自由放任原则。清楚了这点，我们就可以以一种新精神来重新解释 1868～1937 年的法律道路。即使说共和党人时期所详细阐述的实质性原则在现时代不再约束我们，难道现代法律人就不能够从共和党人时期的最高法院履行其解释宪法职责的努力中在方法论方面有所斩获吗？

我们开始把共和党时期的大法官当作大法官来看待，而不是把他们看成可以蔑视的小人，他们的判决和我们现代的法律不同，主要是因为他们所解释的宪法和经过新政转型之后留给我们的宪法根本不同。这一结论为直接面对现代共和国的法律铺平了道路。如果我所言不虚，那么早期共和国和中期共和国的全新观点为我们看待现代最高法院提供了有价值的洞见。为了证明我的说法，我邀请你在这一编的最后一章用修正了的三元解决方案之叙事去重读布朗诉教育委员会案以及格里斯沃德诉康涅狄格州案。

早期共和国的联邦党人政体

建国方案

对早期共和国制度的粗略一瞥留下的是熟悉的印象：众议院、参议院、总统和最高法院——直到今天这些标签还伴随着我们。但是我们不要被名义所蒙蔽，建国时期的那代人对这些机构的理解完全不同于我们。我们只有在每个方面都刻意避免年代错置，才能把握早期共和国政体的独特特征；只有这样，我们才能把握宪法工程得以延续两百多年的复杂感受。

先从总统制谈起。对我们来说，在关于国家未来的争论中，总统的选举无疑是焦点事件。和其他职位的候选人不同，每位总统候选人都有义务详细阐明其未来四年的愿景式规划，即使他并没有这样的规划也要这样做。选举运动经过一系列的辩论——首先在那些将会成为每个主要党派的候选人之间进行辩论，然后在民主党和共和党的候选人之间进行逐渐达到高潮的系列辩论。毫不奇怪，胜利者总是会宣称他在竞选中所发展出的主要理念已经得到人民的"授权"。总统已经变成了平民的职位，变成了这样的平台，胜利者借此可以寻求说服国会通过制定恰当的立法去支持他从投票者那里得来的"授权"。[10]

无论这一制度在别的方面有什么模糊之处，至少有一点是清楚的：尽管费城制宪会议具有相反的意图，但它还是存在了（it exists）。建国者充分意识到美国人民在经历了乔治三世的统治之后，已经对强大行政部门怀有疑虑。他们对历史的研究强调一种危险，蛊惑民心的总统可能导致共和国的飘摇不安，而且他将抱有为王为君的野心。建国者并不渴望选举总统的斗争成为动员民众支持纲领理念的机会，他们设计出的选举体系所为的是与此完全不同的目的。今天，选举团最好不被看成烦恼的年代误植，最糟的时候则被看成危险的定时炸弹——当它把白宫交给那些并未赢得大选多数选民支持的候选人的时候，它就可能发生爆炸。但对于建国者来说，选举团代表着避免蛊惑

68

---

〔10〕 关于这种转型的不同面向，参见 James Ceasar, *Presidential Selection: Theory and Development* 170～353 (1979); Samuel Kernell, *Going Public: New Strategies of Presidential Leadership* (1986); Theodore Lowi，前注 1; Benjamin Page, *Choices and Echoes in Presidential Elections: Rational Man and Electoral Democracy* (1978)。总统每次国会开议之初都要提出一套全面的纲领则是现代共和国的创新。参见 Richard Neustadt, "Presidency and Legislation: Planning the President's Program", 49 *Am. Pol. Sci. Rev.* 980 (1955)。

人民的总统的精巧机制。它的目标是鼓励那些在过去为共和国提供了
最卓越服务的人能够当选。共和德性，而不是蛊惑人心的煽动能力才
是根本的任职资格。[11]

毫无疑问，制宪会议时，乔治·华盛顿的在场有助于代表以及
人民更普遍地以这种方式去考虑总统这一职位。华盛顿无疑是总统
的最佳人选，这不是因为他在媒体形象顾问的合作下设计出一套公
众无法拒绝的竞选承诺。华盛顿会赢得选举人团中的选举人之支
持，是因为他在过去服务于共和国的工作中脱颖而出，表现出他是
他们时代最具共和品格的领袖人物。他过去对共和国的服务已经向
美国同胞证明，他会用令人生畏的总统权力去巩固共和国，而不是
去挖它的墙脚。[12]

总统制赋予了总统影响未来立法进程的宪法工具，即否决权。这
能够更具体地表明对总统制的逐渐变化的观点。现在总统运用否决权
去推进他们的纲领，实现他们的野心。一旦他们认为众议院和参议院
作出了不利的政策，他们会毫不犹豫地行使否决权，迫使国会重新审
议。这种对否决权的没有约束的行使使得总统在功能上相当于立法机
关中的第三院了。

但这并不是否决权在早期共和国中的功能。最早的6位总统一共
否决过9部法案——而约翰·亚当斯、托马斯·杰弗逊、詹姆斯·门

---

〔11〕 参见 James Ceasar, 前注 10, 第 41 ~ 83 页（1979）; *Federalist* No. 68, 第 414 页
(A. Hamilton)（C. Rossiter 编, 1961）, "认为在我们国家存在才能德行卓异之士占据高位的
持久可能性并不是过分的认识"。Richard McCormick, *The Presidential Game* 7, 16 ~ 27
(1982), 强调建国者欲求确保行政部门的独立性免受民众的影响。

〔12〕 参见 James Ceasar, 前注 10, 第 1 章。拉尔夫·凯查曼（Ralph Ketcham）作出了早
期总统制的非党派理念的具有洞见性的研究, 他的研究是以博林布鲁克的爱国者——国王
的模式为基础的。参见 Ralph Ketcham, *Presidents above Party: The First American Presidency*,
1789 ~ 1829, 89 ~ 140 (1989)。Jeffrey Tulis 在 *The Rhetorical Presidency*, 25 ~ 93 (1987) 一书
中指出这一理念在 19 世纪的惊人复兴, 尽管存在一些值得一提的例外。

罗，还有约翰·昆西·亚当姆斯从来都没有行使过否决权。宽泛来说，[13]这些为数寥寥的实践可以归为两类，但它们都是防御性的。有时，总统运用否决权是为了捍卫自己的职责，尤其是以军事理由否决相关法律以捍卫自己作为总司令的职责。更多的时候，他是在捍卫宪法，他行使否决权传达的信息和司法判决非常相类。否决权的有限使用完全符合建国时期对总统职责的看法：既然总统入主白宫被看成是以其过去的服务为基础的，那么，总统宣称他获得的（并不存在的） 69 "授权"允许他把总统职位转变成功能相当于立法机关中的第三院的做法就是难以想象的了。[14]

如果总统不是作为未来指向的诉诸人民的主要论坛，那么什么样的机构在过去肩负了这一功能的呢？当然是众议院和参议院。但是，它们也不是我们今天这样的参议院和众议院。对我们来说，众议院是我们国家机构中最具地方色彩的机构：我们期望每位众议员都只强调

〔13〕 参见 Charles Black，"Some Thoughts on the Veto"，40 *Law & Contemp. Probs.* 87，89～91（1976）。还有一些颇具争议的例外，其中一个是麦迪逊总统以便宜而不是政策为基础的对一部移民法案的部分否决。他认为该法案将纵容过多的欺诈行为，在国会的下一次召集期间，他批准了修正之后的该法案。还有一个例子是关于麦迪逊对设立美利坚第二银行的法案的否决。总统否决的咨文并没有宣称其具有优先性，能够宽泛地拒绝以政策为基础的立法。行使否决权的根据是麦迪逊担心，拟议中的银行不能够为一次战争提供足够的财政支持。考虑到麦迪逊和英国战争这一背景，布莱克教授正确指出："无需扩张，这一否决权的行使可以（被看成）……和提升总统作为三军总司令的地位相联系的，而且是和这一权力的有效行使相联系的。"

〔14〕《联邦党人文集》中对行政部门的否决权只讨论了一次。在《联邦党人文集》第73篇中（上注11），汉密尔顿提出了两种理由：首先，原则上说来，要保护行政部门免受立法机构的侵蚀；其次，要对立法机构由于"激情"或党争而出现的不良立法加以制衡。尽管汉密尔顿对"不良立法"的定义很模糊，他的定义也没有把否决权作为提升从总统获得的人民"授权"中生发出来的纲领之工具。与此相反，这种否决权被看成允许独立的、无私利的行政部门限制那些缺乏审慎的立法的通过，这种立法乃国会中的党派之见引发的民众运动的结果。汉密尔顿还建议总统要少用否决权，这种认识为美国初期那些总统的行为所认可。参见前注13以及《联邦党人文集》第73篇，前注11，第442～447页（A. Hamilton）。

他或者她的狭隘的选区利益,[15]而总统则试图说服众议院要有更大的眼界，要看到国家利益。与此相反，建国者对众议员有着完全不同的期待。众议院类似于传统的被看成和国王对着干的普通民众的代言人。在早期共和国阶段，它是唯一由美国人民直接选出的政府机构。因此，人们期望这一机构能够表达早期共和国生活中的更具全国性的那个面向。相应的，参议院则是由各州立法机关选举产生。参议员任期6年，这使得他们比起那些众议院中的同侪享有更多的审慎和独立性，而且他们更像是各州派来的大使，目的在于制衡众议院的全国倾向。[16]

所有这些在20世纪都发生了逆转。我们现在的预期是参议员比那些典型的众议员更易于采取更全国性的视角——尽管每位参议员因为身系其所出的州，因而和平民选出的总统相对来说仍然具有地方性，总统则常常宣称他是唯一经由全体美国人民选出的官员（尽管这在技术上说来并不真实，因为选举人团还没有废除）。

我们可以将这些结论与我们在前一章中对建国时期的修宪体系的讨论作个比较，这样一来这些结论将变得更加可靠。[17]在那里我们发现建国者的方案具有三个特征。第一个而且最重要的是，它是联邦主

---

〔15〕 至于地方主义在国会中寻求最大表达的动力，David Mayhew 在 *Congress: The Electoral Connection* (1974) 一书中提供了最好的分析。

〔16〕 和"全国性的"众议院不同的是，"参议院的权利来源于作为政治和社会地位平等的各州，它们在国会中的代表一律平等"。《联邦党人文集》第39篇，前注11，第244页 (J. Madison)。《联邦党人文集》第62篇表明，参议院将是代表州利益反对全国性众议院的坚强后盾："不难看出，各州享有平等的表决权，既是宪法对仍然由各州保留的部分主权的认可，也是维护这一部分主权的手段……不首先征得大多数人民的同意，并且随后取得大多数州的同意，什么法律和决议都不可能获得通过。"参见《联邦党人文集》第62篇，前注11，第378页 (J. Madison)。同样，普布利乌斯争辩说，当选举人团陷入困境时，应当由众议院而不是参议院选出总统，因为众议院是"最具民意的"政府部门。参见《联邦党人文集》第66篇，前注11，第403～404页 (A. Hamilton)，还可以参见 William Riker, "The Senate and American Federalism", 49 *Am. Pol. Sci. Rev.* 452 (1955)。

〔17〕 参见第二章，第42～47页。

义的：全国性政府不能自己修改宪法，无论要求宪法修改的情势多么 70
急迫；除非 3/4 的州同意，修正案才能主张我们美国人民的权威。第
二项特征是赋予立法会议（legislative assemblies）在宪法审议过程中的
垄断地位。无论行政机构还是最高法院都不能主张它们在人民改变高
级法的过程中占有一席之地。以及由此派生出来的第三项特征，即
不论是总统的宣言还是法院的判决都不会在新的高级法法典化过程
中占据核心位置。与此相反，法典化看起来像是依附于原初文本的
"修正案"。

　　一旦我们剥离年代错置，这三项特征就可以被看成建国时期引导
常规立法体制的三个前提。当然，和宪法修正案不同，常规法律并不
需要州立法机关的直接同意。但它们也必须获得来自各州的大使——
参议员的通过。同样地，总统的否决权无可否认地剥夺了立法机关对
于高级立法所具有的垄断地位。无疑，如果限制性地理解否决权，那
么立法机关在常规立法中就和在高级立法中一样保留了主导的地位。
高级立法和普通立法都是联邦主义的和议会推动的程序。高级立法道
路上取得的成功将被法典化成"修正案"的法律形式，而在普通道路
上取得的成功将被法典化成"制定法"的法律形式。

杰弗逊、杰克逊和司法审查的兴起

　　这一单纯的体系并没能度过建国者一代。托马斯·杰弗逊和他的
同侪，1790 年代的民主共和党人是它的挑战者。他们显然认定华盛顿
和亚当斯在推行背弃美国革命理想的政策。汉密尔顿的国内纲领看来
明显是企图收买工商业精英的支持，而 18 世纪英国王室败坏政体
（body politic）所激发的阴谋与此并无不同。在法国大革命所加剧了的
反法战争中，联邦党人向英国君主制的靠拢更加肯定了这种走向专制
主义中央集权的倾向。联邦党人并不是去调和法国对我们的革命的关
键性支持，无论是在国内还是在国外联邦党人似乎都倾向于模仿英国

的君主制，用一个杰弗逊主义者最喜欢的词来表述，那就是，中央政
府操纵于那些君主论者的手中，他们正在危险地毁坏共和国自由的宪
政基础。[18]

　　在提出这一诊断的时候，杰弗逊派是在复兴美国宪政主义的二元
主义精神，而且这还不是最后一次：把统治者看成一群败坏美国体制
的普通政客，把他们自己看成代表觉醒了的民众运动的领导者，他们
决心以我们人民的名义去复兴和重新定义宪政价值。就当下目的而
言，关键点不在于杰弗逊主义者说了什么，而在于他们是如何提议推
进他们的宪政运动的。建国者的方案至少提出了两种选择。一方面，
杰弗逊主义者寻求宪法修正案的批准以废除汉密尔顿纲领之关键元素
（比如美利坚银行）；另一方面，他们不断在州和全国的竞选中制造声
势，目标是赢得参议院和众议院中的多数。这将有利于阻止危险的君
主式纲领的进一步阐发。

　　杰弗逊派不乐意做的一件事情是把 1800 年的总统选举转变成对
其宪政运动的全民公投，但是这恰恰是杰弗逊所走的路线。毫不奇
怪，把总统改变成平民式的职位要面临各种各样的机构上的困难与宪
政上的危机。最重要的一点在于：（至少在某种程度上）杰弗逊成功
地说服公众接受这样的观点，他在总统选举中的胜利获得了美国人民
对他采取共和派宪政观的"授权"。总统职位的这种转型反过来影响
了宪政体制的两个主要结构。

　　第一个影响涉及总统选举。[19]杰斐逊成功地将总统选举过程改造
为两种相互冲突的政治理念和民众运动之间的战斗，不过他的做法与

---

　　[18]　具有思想性的叙述，参见 Lance Banning, *The Jeffersonian Persuasion* 94~302 (1978)；
Richard Hofstadter, *The Idea of a Party System*, 第 3 章 (1969)。

　　[19]　对这些问题最好的集中讨论，参见 James Ceasar, *Presidential Selection*, 前注 10, 第 2
章。

最初设计选举人团的目的是不相符的。因此，杰弗逊的"1800 年革命"加速了联邦宪法第 12 修正案的制定，以便调和建国时期的宪政政体和总统制的实践，尽管这一做法还不完善。

第二个影响和最高法院于 1803 年在马伯里诉麦迪逊案中坚持司法审查的权力有关。[20] 当前以法院为中心的叙事以非此即彼的方式来看待这个伟大的司法判决。法院的监督者要么翻检早期英国或者美国的判例，寻找与马伯里案类似的司法行为，要么促成我们这样来看待马伯里案，即该案证明了马歇尔的政治智慧和创见（要么他就是把这种路径以某种方式混合在一起）。[21] 当然，这些传统的路径也能提供许多教益，但是政体视角则能提供更多。

我们以认真对待马歇尔在马伯里案的司法判决作为开始。它显然是一种精心的有意识的努力，要把司法审查的运作建立在二元民主制的基础上，这凸显了我已经强调的最高法院维护者的功能。因此，马歇尔并不接受一元论者的主张，一旦最高法院行使司法审查的权力，它就会面临"反多数"的难题。而且，他也和权利本位主义者不同，他并没有试图主张最高法院有能力理解永恒的自然法、理性法、或者永恒的正义，他坚持的是宪法是人民制定的，因此，它具有最高的地位。除非宪法运动能够成功地修正我们的高级法，否则最高法院的任务就是去维护人民的判断免受常规立法的侵蚀。

但是，马伯里案还有比马歇尔有意识地认可司法审查二元理论更丰富的内涵。在该案判决书的第二部分，也是更冗长的部分，马歇尔直面总统制，而且努力把杰弗逊放在恰当的宪政位置上。结果是和杰

---

〔20〕 Marbury v. Madison, 5 U. S. (1 Cranch) 137 (1803).

〔21〕 比如说，可以比较 Julius Goebel 和 Alexander Bickel 的观点，前者在他的 *History of the Supreme Court of the United States*: *Antecedents and Beginnings* 50 ~ 142, 778 ~ 784 (1971) 中对合法性进行了探究，而后者则在 *The Least Dangerous Branch*: *The Supreme Court at the Bar of Politics* 1 ~ 14 (1962) 一书中加以政治处理。

弗逊把总统制改造成"1800 年革命"之尖锐武器的宪政转型的惊人的直接遭遇。马伯里案判决中的这个部分相对受到了更多的忽视，但它却提出了我们在本书中将要讨论的主要问题：美国宪法将如何回应平民总统制的诞生，因为它在建国者的最初设计中并不占据任何位置？

但是，马歇尔并不是唯一把握了这个问题的人。杰弗逊同样是这个故事的有意思的组成部分。毫不奇怪，他的答案根本不同。就总统制而言，人民在 1800 年选择杰斐逊而非亚当斯表明人民已经决定性地抛弃了联邦党人的宪政观，马歇尔法院一直试图颠覆人民的这一决定。杰弗逊反对这样的观点，即政府应当受制于马歇尔对 1787 年联邦党人宪法的解释。他提出最高法院应当受制于对"1800 年革命"的民主共和党人的理解。为了实现这个目标，杰弗逊开始了对联邦党人控制的司法机构的多面进攻——包括弹劾联邦派的法官，替之以民主共和党人，他们将会以一套恰当的司法意见来编码 1800 年革命的意义。[22]

原本将立法会议驱动的机制设计成共和国的核心，但早期共和国的尖锐斗争标志着一种与此完全不同的宪政动力。在这种总统领导的方案下，平民总统宣称自己从人民那里得到了以修正的方式来理解美国宪法的授权；他并不是去寻求通过系列正式修正案来把这些观点法典化，而是要为那些改变最高法院人事结构的措施寻求国会的支持，从而达到以里程碑式的司法判决来法典化上升中的总统视野的目的，这些判决重新设置了宪政原则的参照系。

我不想为这种杰弗逊式的实践植入过多的东西。尤其是当我们把他和将来那些总统作比较的时候，我们就会发现杰弗逊关于自己是民

<hr>

[22] 参见 George Haskins & Herbert Johnson, *History of the Supreme Court of the United States*: *Foundations of Power*, *John Marshall* 1801～15, 第 5、7 章 (1981)。

众的裁判人的调子吹得并不高。他在幕后指挥，把国会中的民主共和党人作为自己的传声筒。当这种战术经常使得他的反对者并不反对复制这一杰弗逊模式的时候，建国者关于总统在立法程序中只扮演次要角色的观念就获得了持续的可信度。[23] 而且，杰弗逊也没有赢得通过弹劾来清除联邦党人控制的最高法院的运动，他痛苦不堪地目睹自己的司法候选人没有能够对马歇尔主导的最高法院发起持续的挑战。

而在麦迪逊和门罗那里，这一体系更接近于建国者的预期。这些人赢得了总统的位置不是由于他们在一场反对意识形态对手的斗争中得到了民众支持，而是因为他们对共和国忠心耿耿的服务，而且这种服务源于独立战争时期，由此具有建国时期的特征。总而言之，在共和国的第一代，平民总统仍然不是核心的主题。政体的核心仍然在于建国时期所勾勒的联邦主义、议会推动的常规立法以及高级立法过程。马歇尔法院安然度过杰弗逊时期的危机，而且当时的最高法院运用麦迪逊和门罗时期总统制的特征来阐述其理解的最高法院作为维护者的使命。只要涉及马歇尔，杰弗逊派的严格解释主义，宪法的州权观念都不会限制司法部门的视野。与此相反，最高法院的工作是以联邦主义为基础来阐述我们人民在 1787 年所奠定的价值。

粗略说来，最高法院沿着两条战线来实现其维护者的功能。第一条我称之为权力策略，另一条则称之为权利策略。麦卡洛克诉马里兰州案[24] 代表了第一种策略，它捍卫一种由原初宪法授予国会的未列举权力的国家主义路径，把最高法院看成保护国会免受各州侵犯的无

---

〔23〕 比如说参见 Ralph Ketcham，前注 12，第 108 ~ 113 页，拉尔夫（Ralph）有说服力地指出，尽管杰弗逊是其所在党的领袖，他依然在其行政能力以及个人理念上保留着建国者一代所持有的非党派的重要特征。

〔24〕 McCulloch v. Maryland，17 U. S.（4 Wheat.）316（1819）.

畏战士。而达特茅斯学院诉伍德沃德案[25]则代表了第二种策略，它坚持认为，原初宪法授予人民一些根本权利，不仅联邦政府不能违反它们，而且各州政府同样不能违反它们。这些受保护的权利的典范案例完全不同于那些在现代共和国的法律中被尊奉的权利。当时，奴隶制和官方建立宗教仍然是各个州政府的特征，早期的最高法院并没有把平等或者良心自由等价值看成应当受到保护的权利，并免受州的侵犯。达特茅斯学院案关注的是作为基本权利之核心类型的契约的价值。

麦克洛克案和达特茅斯学院案都是在 1819 年于门罗总统任期内判决的。门罗是最后一位赢得总统选举的美国独立战争时期的英雄。随着建国一代人的日渐凋零，总统制的问题再一次困扰着民主共和党人：下一代人中可有这样的人物，克己奉公、功勋卓著，作为对他们的酬劳，选举人团可以毫无困难地把它们送入白宫？这一空缺会由新一代的平民总统去填补吗？

和 1800 年一样，1824 年的选举导致了选举人团的另一次危机，它能够反映出更大程度上的窘境：没有候选人获得必要的多数，选举最后由众议院来决定。在约翰·昆西·亚当斯和安德鲁·杰克逊的对决中，亚当斯取得了胜利，这一结果为总统选举问题提出了一条可能的解决之道。亚当斯不仅是卓越的政府官员，而且在血缘和教养上直承独立战争的革命传统。如果总统制依然保持对建国者理念的忠诚，那就实在难以找出一位更加合适的候选人了。

但亚当斯的最初胜利被证明是一个错误的开始，而杰克逊此后的胜利从长远来说则更具教益。虽然杰克逊的声名首先是建立在他于新奥尔良一役中打败英国人的基础上的，但是，杰克逊在总统政治中的胜利仍然伴随着系列平民式的主题。总统提名大会的诞生以及男性白

---

[25] Dartmouth College v. Woodward, 17 U. S. (4 Wheat.) 518 (1819).

人的普遍选举权使得选举人团成为空洞的姿态：每个州的选举人团中的选举人都会赞成获得最多票的党派。[26]在马丁·范·布伦（Martin Van Buren）的帮助下[27]，杰克逊建构了一套新的政党体系——一套使他能够深化杰弗逊时期总统制所留下之平民式先例的政党体系。[28]再一次，总统制成为推动美国政府朝向更为民主以及更多州权方向的制度核心——这一过程走得比杰弗逊曾经成功做到的还要远。[29]

但是，这一过程并不是没有遭到来自像最高法院这样的维护者的制度的抵制。在反对杰克逊式推进"去联邦化"的过程中，晚期的马歇尔法院持续坚持联邦党人关于合众国的国家性的观念。只有放在早期最高法院支持对列举权力的扩张解释的背景下，杰克逊谴责美利坚银行的行使否决权的咨文合法性才是有意义的。[30]也只有在最高法院不断重申在联邦保护印第安部落条约权利问题上所具有的权力背景下，杰克逊拒绝阻止佐治亚州大规模驱逐印第安人的决定才具有其可怕的后果。[31]无论善恶，马歇尔法院与杰弗逊式的总统制都陷入了更

---

〔26〕 关于早期总统提名的并最终在 1830 年民主党对杰克逊的提名达到高潮的党的提名大会的历史，参见 James Chase, *Emergence of the Presidential Nominating Convention*, 1787 ~ 1832（1973）。

〔27〕 参见 James Ceasar，前注 10，第 3 章。

〔28〕 "杰克逊总统是第一位和以往就职习俗决裂的总统，这种习俗把总统的当选归因于谦卑地抽象地被提及的启示的召唤，而杰克逊却宣称自己的当选是由于'美国人民的意志'，并在关于 1832 反对银行政策的激烈党派斗争中得到了支持"，参见 Daniel Rogers, *Contested Truths* 89（1987）。

〔29〕 尽管不像南方的极端主义者所欲求的那样。

〔30〕 行使否决权的咨文引用了麦卡洛诉马里兰州的司法判决，而且从来都没有直接挑战马歇尔对"必要与适当"条款的宽泛解释。总统认为，马歇尔的观点留下了这样一个未决的问题，即银行对总统和国会是否"必要与适当"，他认为银行并非必要的这一决断就授权他否决银行法案，认为它违反宪法规定的权利。参见 3 *Messages and Papers of the President* 1139（J. Richardson 编，1897）。

〔31〕 参见 Worcester v. Georgia, 31 U. S.（6 Pet.）515（1832），G. Edward White 关于该案判决和杰克逊总统制的讨论发人深思，参见 G. Edward White, *History of the Supreme Court of the United Stats: The Marshall Court and Cultural Change* 715 ~ 39（1988）。

广泛的辩证过程，[32]借此美国人民在修正他们的政治身份的时候能够听到双方的宪法争论。

随着杰克逊派持续为他们的以州为中心的白人男性的民主获得选举上的支持时，他们与法院的关系就进入了新的阶段。他们不再满足

76 于运用他们控制的总统和国会提出与马歇尔法院相冲突的宪政观。与他们之前的杰弗逊派一样，杰克逊与范布伦都力求改变最高法院的人选，使其成为阐释杰克逊式宪法观的平台。在这点上，他们比其前任更为成功。杰弗逊弹劾大法官的计划流产了，而且他的三次任命都导致了支持马歇尔试图保持联邦党人的宪法价值的努力，这无疑让人失望。从 1835 年到 1837 年，杰克逊和范布伦成功地任命了 5 位最高法院大法官，这是由于大法官的死亡以及杰克逊成功地把法官的席位从 7 位增加到 9 位的结果。

当约翰·马歇尔的去世使得杰克逊主义者在 1836 年得以任命罗杰·坦尼为下一任首席大法官的时候，杰克逊主义者转型的雄心就清晰可见了。[33]坦尼的任命是对他忠心耿耿地反对美利坚第二银行——这是麦迪逊执政时期得以复兴的过去的联邦主义的伟大遗产——之回报。从反对银行的斗争中甫一脱身，坦尼和他的杰克逊党人伙伴们就迫不及待地要去修正共和国的宪政结构。在 1837 年的开庭期中，坦尼法院就决定性地改变了马歇尔法院从国家权威和个人权利这两个方面限制州权的努力。尽管马歇尔的战友约瑟夫·斯托里一直表示反对，作为多数的杰克逊主义者仍然偏离了马歇尔法院于 1819 年形成的伟大先例。和麦卡洛克案相对，纽约州诉米恩案[34]允许每个州有

---

〔32〕 我略去了这个故事中的另一重要部分，即总统制和南卡罗林纳州在确定去集权化的限度的斗争中扮演了领导者的角色。

〔33〕 本节所总结的事件在 Carl Swisher 的书中有进一步的讨论，参见 Carl Swisher, *History of the Supreme Court of the United States: The Taney Period* 15 ~ 127 (1974)。

〔34〕 New York v. Miln, 36 U. S. （11 Pet. ）102 (1837).

新的执行其州内政策的余地，从而牺牲了国家对州际贸易所拥有的权威；和达特茅斯案相对，查尔斯桥诉沃伦桥案[35]则授予杰克逊派民主党人以同样的空间，以牺牲受保护的契约权利为代价来促进经济发展。对于那些经历这些事件的人来说，1837 年是决定性的转折点，标志着杰克逊式总统制的成功，把一种新的、更为"去联邦化"的、民众主义的共和观烙在了高级法的土地上。[36]

至于其确切的结果出现在舞台上还要再等一个世纪。1937 年正如 1837 年一样，最高法院同样要实现"及时转变"，他们对出自白宫的 77 新宪政观的反对变为赞成。但是，避免年代错置是重要的：尽管杰克逊主义者对马歇尔法院的胜利是罗斯福 1930 年代转型的最伟大先例，还是存在一些关键性的差异。最根本的在于，杰克逊式总统制并没有触发我将其与美国历史上的伟大体制转变联系在一起的全面转型。的确，1837 年标志着最高法院修正行动的高峰。然而，随着时间流逝，坦尼时期的最高法院逐渐表明它在某种程度上也开始倾向于维持马歇尔法院的联邦党人遗产——在阐述对于州事务的司法介入之新的国家主义模式时，它甚至于支持约瑟夫·斯托里。[37]

与此相对，1937 年只不过是根除"洛克纳时期"那些主要先例的开始。考虑到这一持续进行的司法事业的激进特征，新政大法官从来就没有和共和党体制遗留下来的司法保守派有过类似于杰克逊主义者和约瑟夫·斯托里的那种合作。到 1940 年代早期，哈兰·菲斯克·斯通这样来对待此前时代的法理学，似乎它们已经彻底被美国人民抛弃。但是，罗杰·坦尼的最高法院从来都没有认为，杰克逊主义

---

[35] Charles River Bridge v. Warren Bridge, 36 U. S. (11 Pet.) 420 (1837).

[36] 至于积极参与者的震惊，参见 R. Kent Newmeyr, *Supreme Court Justice Joseph Story*, 196~235 (1985).

[37] Swift v. Tyson, 41 U. S. (16 Pet.) 1 (1842).

者所主张的宪政的修正会走得那么远。

　　要理解为什么杰克逊式的总统制证明了更小的转型，我们必须要超越最高法院，采取更宽泛的政体视角来观测这一问题。这里的关键在于杰克逊式总统制和罗斯福式总统制所赞成的宪政观的不同。一言以蔽之：杰克逊主义者是去联邦集权主义者，而罗斯福派则是联邦集权主义者。这种宪政哲学的差异型塑了这两次运动，把总统制作为决定性政体转型的程度有所不同。

　　考虑到总统制用于平民主义目的的时候是我们最具全国性的职位：如果原初的选举人团制度分崩离析，那么总统就是唯一由全美国人民选举出来的，而且是唯一能够声称从作为整体的国家获得"授权"的人。总统获得授权的国家主义形式与杰克逊主义者（以及此前的杰弗逊主义者）提出的授权内容之去联邦化的内容不协调地并存在一起。这些去联邦派在把我们的高级法朝着州权方向的改变越成功，对于联邦政府的最具全国性色彩的官员来说，在未来的高级立法实践中扮演领导者的角色就越不合适。简言之，杰弗逊和杰克逊作为平民总统的经历倾向于持久地损害他们的合法性，反而强化了建国时期的宪政观，即一种议会主导的、联邦主义的立法程序。

　　与此相对，罗斯福运用总统制领导国会、选民，最后还有最高法院走向一种新的干预主义政府的观点，这产生了完全不同的宪政动力。当最高法院在 1837 年对总统领导的回应使得未来总统领导的实践变得益发不适宜时，最高法院在 1937 年的回应则使得总统领导看来更为集中：考虑到能动主义的联邦政府在 1937 年后的普遍存在，让我们的唯一的全国选举出来的官员承担更为集中的领导功能难道不是正确的吗？而且，考虑到 1937 年被合法化的联邦权力范围广泛，总统之命令在达致成功的政治效果方面将拥有更多的资源。与此相对，杰弗逊和杰克逊的"去集权"纲领则摧毁了联邦政府最为关键的

机构（如美利坚银行），这些机构本来能赋予总统有效实现其纲领的
保护性资源和权力。

因此，毫不奇怪的是，杰克逊虽然成功地运用总统制，却没有开
始总统领导的时代。总统制并没有在下一次宪政危机中扮演关键角
色——在墨西哥战争后关于奴隶制的斗争，在寻求维系联邦的妥协
中，它反而退到国会，尤其是联邦主义的参议院的背后，相反，是克
雷参议员、韦伯斯特参议员和卡尔霍恩参议员赢得了 1850 年的伟大
妥协，是道格拉斯参议员取消了堪萨斯—内布拉斯加法案的妥协。

正如每位高中生都知道的那样，此后流血堪萨斯的斗争催化了共
和党的诞生，它在我国历史上的第 4 次伟大的宪政运动中是领导性的
组织。和建国时期的联邦党人一样，但不同于杰弗逊派、杰克逊派的
民主党人，共和党人寻求把这一制度引到国家主义和权利导向的路径
上。而且，正是在这点上，我们遇到了宪政历史上的诸多悖论之一：
随着共和党的运动在整个 1850 年代积聚能量，它将可以利用杰斐逊
主义者和杰克逊主义者所赢得的总统制的转型，他们愕然于共和党人
的国家主义主张。即便如此，早先的这几代人已经种下了平民式总统
的种子，于是民主党人运用这一职位来服务于在本质上完全不同的目
标不过是顺水推舟的事情。

1860 年林肯的当选标志着共和党人的成功，它意味着早期共和国
的结束，标志着早期共和国与其后继政体之间的血战——但直到罗
杰·坦尼的绝望努力登场的时候才揭开序幕，他试图保持杰克逊式的
共和国观，即坚持白人对黑人以及印第安的优越性。[38] 如果像我所主
张的，强调最高法院的维护者功能，那么坦尼在德里德·斯科特案中
所表现出来的种族主义观点就不可能是一次冷静的经验，它迫使我们

---

〔38〕 比如说，可以参见 Michael Rogin 的卓越叙述，见 *Fathers and Children: Andrew Jackson and the Subjugation of the American Indian* (1957)。

去承认二元民主制理论所提出的司法审查之最终道德限度。显然，该问题对于这一概要性的初论而言实在是太复杂了，所以我不在这里予以详细阐述。[39]

无论人们最后怎么评价坦尼，德里德·斯科特案所承担的宪法功能完全不同于坦尼意图它们承担的功能。这一司法判决的本意在于动员全国人民来捍卫杰克逊式的白人享有的"去集中化"的民主观。与此相反，对兴起的一代人来说，德里德·斯科特案不过是强调了杰克逊式观点的黑暗面：杰克逊式的"去集中化"的蓄奴民主制难道真的足够完美吗？

德里德·斯科特案迫使各方主角都极度严肃地面对这一问题。坦尼法院的辩证式挑战在林肯—道格拉斯1858年的辩论中能够最清楚地看到，它在德里德一案之后不久出现。无论林肯还是道格拉斯都没有把德里德案看成最终的判决。[40]该案激发他俩详细阐述自己的针锋相对的宪政观。坦尼之努力的悖论导致的结果是，共和党的林肯以强劲风头脱颖而出。而道格拉斯处理德里德·斯科特案的方式使得他在即将到来的总统选举中更难以赢得联合起来的民主党的支持。坦尼不但没有促成杰克逊理念的复活，反而加速了为杰斐逊及杰克逊党派的分裂作出了贡献。随着民主党在南北方候选人问题上的分裂，共和党人林肯以不到40%的选票入主白宫。和早些时候杰弗逊以及杰克逊的胜利不同的是，总统制的平民式运用的确标志着早期共和国已经开启终结的序幕。

---

〔39〕 尽管我不同意它的一些解释性前提，但关于这一主题的最优秀的著作仍然是 Don Fehrenbacher, *The Dred Scott Case: Its Significance in American Law and Politics* (1978)。

〔40〕 关于这一辩论最优秀的著作是：Harry Jaffa, *Crisis of the House Divided* (1959)。

第四章

中期共和国

宪政理想，制度现实

　　新的共和国政体比先前联邦主义的政体更具国家性。共和党人的第　　81
14 修正案一上来就宣称，而且这在我们的历史上也是第一次宣称，在美
国人的政治身份问题上，国家公民身份优先，州公民身份则是第二位的。

　　这种宣告成为宪法内容一部分的过程强调了共和党人新的国家主
义的基础。正如第二章所表明的那样，共和党人的对手试图通过寻求
原初宪法规定的 1/4 州所具有的否决权来击败联邦宪法第 14 修正案，
但是共和党人拒绝为这种否决权的行使提供机会。他们没有遵循联邦
党人为宪法修正规定的联邦主义规则，他们以新的方式批准了第 14
修正案——这种方式表明美国人赋予全国性机构以新的重要性。在内
战之后，合众国的我们人民重构了高级立法的这一过程，从而清楚地
表明，国家意志独立于州意志并高于州意志。[1]

　　这种新的国家主义和对个人自由的再次强调相联系。这种关涉在

　　———————————

　　〔1〕　参见第二章，第 44~47 页。

建国时期是不言自明的——最明显地体现在用来限制联邦政府的权利法案上。只要涉及州政府，联邦党人就会异常小心——在否认联邦政府有权确立国教的时候，他们并没有挑战各州建立宗教、剥夺良心自由的根本权利之权威；和建国时期把奴隶看作动产并与之和平共处相比，这种对权威主义的认可也暗淡无光了。除了一些反对滥用刑法的最低限度的保证之外，建国时期的文本仅仅标示出个人自由免于州的独断干涉的领域。《权利法案》第 1 条第 10 款禁止各州"损害契约义务"。在达特茅斯学院案中，马歇尔把这个文本作为权利导向的法理学基础，但是，在马歇尔法院到坦尼法院的杰克逊式转变中，这一相对谨慎的限制各州的努力被弱化了。[2]

只有在这种背景下，我们才能充分意识到共和党之转型的程度。新的修正案废除奴隶制，保证"美国公民的特权和豁免权"，确保"平等保护"和"正当法律程序"，保障选举权不受种族歧视——我们对这些条款之确切意思在现代的不同理解不应遮蔽我们看到共和党人在保护个人权利免受州的剥夺国家化方面的大跃进。

把这种转型带入视野之中，它就限定了中期共和国把三个基本概念组合起来的方式，这三个概念在宪政话语中不断出现：国家、州和个人。在内战之前，宪法加在对应于其他两个基本术语的州主权上的相对价值是可以公开、公平讨论的问题：州公民身份比国家公民身份更为重要吗？州主权比保护个人权利更为重要吗？尽管参与者对这些问题会有各种不同的答案，但所有的人都同意，它们应当是可以公开、公平讨论的问题。内战之后，共和党人领导人民彻底地解决了这些问题，但是用新的问题代替了它们。这些问题的关键不再是州主权是否比个人权利更为重要，而是个人权利是否足够根本，以致需要国家的保障。一如既

---

〔2〕 参见第三章，第 76～77 页。

往，这个问题导致了不同的答案，但是共和党人决定性地改变宪政问题的方式打破了宪政话语的平衡——甚至要求那些忠心于州权利的人承认在重建时期的确有许多极其重要的事情发生了。由于问题的转变，联邦法院史无前例地介入那些此前各州能够自由依据自己的权威加以决定的领域获得了合法性。从很早时候开始，这就不仅涉及保护个人自由，还涉及对关于经济发展的州判决的司法审查。[3]

83

共和党人的国家主义对众议院、参议院以及总统制的影响并不那么直接。在杰弗逊和杰克逊早些时候取得的平民主义成就的基础上，共和党人占据政治舞台的核心，1860 年亚伯拉罕·林肯当选总统。总统制的宪政核心地位不仅由于战争的紧急状态而得到了提升，更由于林肯将合众国及其演进着的道德重要性加以个性化的卓越能力而得到提升。林肯的圣人般的地位进一步巩固了他职位象征意义上的核心性，为安德鲁·约翰逊将平民式总统制提高到前所未有高度的划时代努力奠定了基础。在决定性的插手并支持第 13 修正案之后，约翰逊改变了立场，他把总统制作为反对第 14 修正案的群众运动的最锐利的武器。约翰逊在总统领导制方面的实践在把高级立法过程国家化问题上起到了关键作用——迫使共和党人设计出一套国会领导的模式，对此我曾粗略谈及。[4]

就目前来说，关于约翰逊的努力要说的最重要的事情就是，它失败了。约翰逊不但没有成功地领导人民拒绝第 14 修正案，他的行为还导致了 1868 年国会对他的弹劾，而且使得总统领导制在很长时间里都失去吸引力。1876 年海耶斯—蒂尔登之间的选举引发的宪法危机进一步毁坏了总统领导制潜在的平民性——当时，民主党人蒂尔登获

---

〔3〕　在洛克纳之前整整一代人的时间里，联邦法院介入州政府铁路发展的财政支持计划。参见 Gelpke v. Dubuque, 68 U. S.（1 Wall.）175（1864）；C. Fairman, *History of the United States Supreme Court: Reconstruction and Reunion, 1864 ~ 88*, 918 ~ 1116（1971）。

〔4〕　参见第二章，第 46 ~ 47 页。对这一宪政斗争的分析将是下一卷的核心问题。

得了多数选票，共和党人海耶斯却通过放弃共和党人对南方黑人共和党人的忠诚而控制着白宫。因此，中期共和国日常政治的主要讲坛是国会，而不是总统制。直到重建时期的共和党人离开政治舞台，平民式总统制才重新主张自己是重要的宪政实践。[5]

1896 年的选举是分水岭：和杰弗逊、杰克逊还有林肯一样，威廉·詹宁斯·布莱恩作为民众运动的领导者，也把新的政治意涵加给美国最伟大的政党之一。唯一的区别在于布莱恩失败了，彻底败给了麦金利，这导致绝对有利于共和党人的政党制度的重组。[6]要不是又一位暗杀者的子弹，这一失败了的宪政时刻很可能会进一步摧毁平民式总统制——这使得西奥多·罗斯福得以入主白宫，他是来自另一地区的具有不同意识形态的共和党人。[7]面对来自共和党国会的强烈反对，他试图把总统制看成"有力的讲坛"——但在国会立法方面他取得的成功微不足道。尽管如此，他的总统任期仍然是转折点的标志：在整整一代人的时间里，总统制都是平民式政治失败之所在，现在白宫再次由这样的人主导。他领导美国人民走向公平之约（Square Deal）*的努力没有被完全废除（虽然它也没有导向重要的转型）。[8]

----

〔5〕 1877 年废除《官员任期法》是将行政部门从国会控制下解放出来的第一个转折点。该法案在 1867 年通过，其时正处于国会和安德鲁·杰克逊之间的重建时期斗争的最高潮，该法案严格限制了总统在没有参议院同意的情况下解除那些桀骜不驯的行政官员职务的权力。这些限制在克利夫兰于其第一任期内废除该法之前就受到格兰特和海耶斯的谴责。对该法案的描述和马后炮式的谴责，可以参见 Myers v. United States, 272 U. S. 52, 176 (1924)。

〔6〕 一个有用的概述，可以参见 James Sundquist, *Dynamics of the Party System* 134 ~ 169 (1983)。

〔7〕 这种意识形态的不稳定是第 12 修正案带来的副总统选举制度的必然制度后果。我将在下一卷中更详细地讨论这一机制。

* 公平之约是西奥多·罗斯福总统提出的国内施政纲要，包括三个方面的内容：保护自然资源、限制大型公司和消费者保护。——译者注

〔8〕 可能罗斯福最重要的胜利就是在保守派的反对声中通过了《赫普本法》（Hepburn Act）。它的胜利预示着 20 世纪将会重现的一幕——国会不情不愿地跟随着总统关于积极国家的创议。关于此类早期经历的叙述，可以在 John Blum, *The Republican Roosevelt* (1967) 中找到。

西奥多·罗斯福的任期结束于 1908 年，但他的宪政贡献并没有随着任期的结束而结束。他在 1912 年再次参选总统的努力间接导致了平民总统制的进一步复兴——只是通过分裂了处于多数派的共和党人并促成伍德罗·威尔逊入主白宫。威尔逊几乎尽其毕生的精力研究中期共和国以国会为中心的政体的病理。威尔逊的博士论文《议会制政府》[9]谴责了重建时期之后出现的体制。在威尔逊看来，"国会"的统治沦于名义。国家政策是由目光短浅的各委员会主席制定的。结果是这种制度惊人地比英国的议会制政府要低级。当英国的体制鼓励首相和反对党领袖就国家面临的抉择进行持续讨论的时候，美国的政策却是由那些更多的是对其褊狭利益而非对整个国家善好负责的参议员和众议员在各委员会的密室里作出的。将威尔逊的观点略加推广，那就是说重建时期的共和党人所创造的体制中，宪政理想和制度现实之间存在着一种根本的张力。虽然与早期共和国相比，中期共和国在宪政理念上更偏重于国家主义，但是阐述压倒性的国家利益概念的努力在国会政府的日常运作中并没有取得回报。威尔逊认为，如果中期共和国的国家主义的激情在实践中要得以实现，那么进一步的制度修正就在所难免。[10]

　　威尔逊一入主白宫，就迫不及待地把这些理念变成实践。尽管他只赢得了大选的微弱多数，但还是马上把白宫作为阐发其关于国家未来规划的平台。[11]比起任何一位此前的中期共和国的总统来说，他在赢得国会支持创议方面更为成功：《联邦储备法案》以及《克莱顿法案》的诞生在部分意义上都要归功于威尔逊的纲领性领导。[12]

85

---

〔9〕　Woodrow Wilson, *Congressional Government* (1885).

〔10〕　威尔逊的改革理念与时俱变，但他最后的关注点是总统权力的复兴。参见他的 *Constitutional Government in the United States*，第 3 章（1907）；比较好的讨论，参见 James Ceasar, *Presidential Selection: Theory and Development*，第 4 章（1979）。

〔11〕　对威尔逊的平民式总统领导技巧的评价，参见 Arthur Link, *Wilson: The New Freedom* 145~175（1956）。

〔12〕　参见 Arthur Link，前注 11，第 199~240、423~444 页。

毫无疑问，到威尔逊任期结束的时候，他已经超出了自身：在向国会提出《凡尔赛条约》的时候，威尔逊把自己的总统观推向了高潮。这一次，他不再只是试图以我们美国人民的名义向国会说话，而是作为我们西方文明国家人民的领导者的面目出现的，决定要走出战争悲剧并建立新的世界秩序。威尔逊的英雄观不仅没有得到认同，参议院的反对反而导致了安德鲁·杰克逊以来平民式领导的最大失败。正如约翰逊的情境，总统试图离开华盛顿特区，把他的问题带到人民中间，做周游全国式的演讲。其结果和约翰逊的情境也相似，就是以彻底的失败而告终——这导致了总统精神和身体的崩溃。[13]

这个国家随着1920年沃伦·哈定的当选而"回归正常"，威尔逊对中期共和国中国会领导政治的挑战依然只是一个——在关键时刻没有赢得公众支持的挑战。总统领导制的失败与这一时期国会领导宪政转型的模式相互辉映。1909~1920年根据《联邦宪法》第5条提出了4条修正案并且都获得了通过——授权征收所得税（第16修正案）、要求参议员由人民直选（第17修正案）、禁酒（第18修正案）以及保证妇女的选举权（第19修正案）。所有修正案都证明了广泛的公民运动[14]有能力运用《联邦宪法》第5条所规定的联邦主义的、议会为中心的宪政模

86

---

〔13〕 至于将威尔逊的灵感置于世界范围内的考察，参见 N. Gordon Levin, Jr., *Woodrow Wilson and World Politics* (1968)。至于威尔逊在国内奋斗的卓越论述，参见 Alexander George & Juliette George, *Woodrow Wilson and Colonel House: A Personality Study*, 第11~15章 (1964)。

〔14〕 范围广泛的市民运动的作用问题为杰罗德·沃尔特曼 (Jerrold Waltman) 所质疑，参见 Jerrold Waltman, "Origins of the Federal Income Tax", 62 *Mid-America* 147, 154 (1980)，他强调微弱的策略优势推动了国会提出所得税法修正案："正是各种政治事件的具体融合目睹了所得税从幕后走向台前。"

但是，常常正确的是，对短期战略的考虑解释了为什么宪法动议能够在这一刻而不是另一刻取得成功。关键问题在于最初的创议是否得到了范围广泛的运动之支持。沃尔特曼尽管强调了短期策略，但也承认"赞同所得税法和民粹党人的情形一样，它也是大部分进步纲领的核心特征"。同上。

就我所知，没有任何严肃的学者能够质疑，在制定20世纪早期的另外三条宪法修正案的过程中，民众运动所起的关键作用。

式去表达宪政变迁，这种变迁对于他们的美国同胞来说极其重要。

这与现代共和国高级立法之平稳形成鲜明对比。一方面，富兰克林·德拉诺·罗斯福把威尔逊的梦想变成了现实——获得了对转变中期共和国之基础的总统领导制持久的民众支持。另一方面，左派的（平等权利修正案）和右派的（如"生命权"以及"财政平衡"）现代宪政运动在运用第5修正案的联邦主义的、议会领导的宪政模式的尝试通常以失败告终。这种不断的失败加剧了转型运动的一种趋势，即精力开始偏离《联邦宪法》第5条的程序，而是指向总统制——希望总统能够重复罗斯福通过司法任命实现宪政转型的先例，从而兑现他对运动的承诺。

但是，所有这些在1920年都无法预见。当时，哈定主持白宫，禁酒修正案书面上依然存在，中期共和国议会主导的程序看来仍然状况良好、活力充沛。

最高法院：综合的难题

和总统制一样，最高法院也是从历史的最低谷重建时期开始兴起的。共和党人的第14修正案不仅废除了坦尼最高法院在德里德·斯科特案所阐发的联邦理念，重建时期也迫使最高法院在共和党人的创议面前开始了一系列高度可视的，以及困扰不堪的司法撤退。[15]无论如何，比起总统制，最高法院都能更轻易地在中期共和国的日常生活中为自己确立一个独立的角色。

从维护者角度来说，这种使命能够得到最好的理解。正如早期共和国一样，随着时间的流逝，新的政治利益和派别走向国家舞台的中心，而把那些在1860年代曾经作为宪法政治学的核心的政治身

---

〔15〕　参见 *We the People*, Vol. 2: *Transformations*（1998）。

份的根本问题推向边缘。正如伟大的民众成就退到了幕后，共和党
87 人的最高法院——和其先驱者马歇尔法院一样——面临这样的任务：
维护宪法的解决之道免受日常政治生活兴衰的不当侵蚀。从历史角度
来说，这一关键的转折点在 1873 年经济衰退的时候到来，而且在
1876 年海耶斯－蒂尔顿选举之后就形成了政治妥协。这两个事件——
首先是经济的，其次是政治的——把重建时期的政治纲领推到了国家
政治的边缘。[16]尽管政客们接受重建时期修正案在法律上的约束力，
推动这些修正案通过的具体关注对于那些在华盛顿过着日常生活的政
客们来说不再重要。只要 19 世纪晚期的政治认真对待原则问题，文官
制度的改革者和深刻的民粹主义者就会提出这些问题。这两个运动都和
激发了前一代共和党人以及民主党人的运动具有不同的纲领。如果重建
时期的价值要在国家层面上有力地得到体现，那么最高法院就必须承担
这一使命。那么，最高法院是如何承担这一维护者的使命的呢？

　　这是一个现代律师和法官都没有认真对待的问题——因为再发现
的神话要求他们把重建和新政之间的这一漫长的共和党人法理学时期
看成黑暗时代，它模糊了马歇尔法院所揭示的国家主义真理：要在最
高法院作为维护者取得的成就之特征和最高法院与演进着的政治实体
之妥协所具有的性质之间获得一种平衡，还要着手进行许多工作。就
现在来说，我除了极具选择性的做法之外别无他法——只能强调那些
作为所有论证的核心特征。

　　最重要的是，最高法院从一开始就有意识地承认，1860 年代共和
党人的成就已经深刻地改变了约翰·马歇尔所确立的解释问题的调子。

---

〔16〕　对于这两个时间的重要性存在普遍一致的看法，即使那些对于所有其他问题都持不
同看法的历史学家也是如此。比较 William Dunning, *Reconstruction: Political and Economic,
1867~1877*, 230~331 (1907) 和 Eric Foner, *Reconstruction: American's Unfinished Revolution,
1863~1877*, 512~601 (1988)。

当约翰·马歇尔检索当时宪法的时候，他可以假定"我们人民"指的
是相对具体的一批历史行动者——参加独立战争的那一代美国人，他们
把自己的政治意涵在 1787 年《宪法》和第一波宪法修正案中予以法典
化。甚至于早在这一时期，解释作为"我们人民"这一庞大集体之深　88
思熟虑产物的宪法就已经是个难题。联邦党人实践的支持者在许多重大
的问题上都存在惊人的差异，任何试图阐释建国时期一代人政治实践的
宪法原则——如果你愿意，可以把它称之为建国者的意图*——都必然
涉及大量的洞见和判断。无论怎样，只有一代美国人对宪法及其早期
修正案的提出和批准作出贡献这一事实使得问题的解释变得简单起
来。无论解释宪法文本的工作如何困难，至少早期联邦主义的大法官
能够把它置于相对具体的政治文化中，而且他们自己就在这种文化中
出生和达到政治成熟。

　　这种对一代人所取得的高级立法成就的关注永久地被重建时期的
共和党人粉碎了。从最高法院第一次运用内战时期修正案的努力开
始，[17]最高法院的大法官就已经有意识地面对约翰·马歇尔所未曾遇
到的问题。我把这个问题称之为代际综合（multi-generational synthesis）：
既然共和党人已经推翻了建国者制定的宪法的某些而不是全部的内

---

　　* 只要我们清楚，说了算的是人民的意图，而不是那一小撮提出宪法或最早修正案的
"建国者"的意图，我就还用这个被用滥了的标语。对人民的强调将会深刻影响到我们在后
来对联邦主义思想的探究。比如说，我将不再集中考虑历史上保留下来的关于制宪会议之
秘密讨论的零碎报道［参见 Max Farrand, *The Records of the Federal Convention* (1911)］。我关
注的是联邦党人对公共讨论最持久的贡献——《联邦党人文集》以及严肃的历史学家这样
的努力，即试图把握联邦党人的领导者与更广泛的民众之间的联系。参见第七、八章。只
有这样，我们才开始理解真正值得一提的理解意图的过程：为什么对于已经被动员起来
的大多数美国公民来说，深思熟虑后仍然支持联邦党人为人民说话的努力是明智的。

　　[17] The Slaughterhouse Cases, 83 U. S. (16 Wall.) 36, 67 (1873)（原初宪法以及前 12
条修正案是"历史的以及另一个时代的产物"，必须把它们和"另外 3 条特别重要的修正
案"综合起来，后面这 3 条修正案是"根据人民的呼声而添加到这一值得尊重的文本上
的"）。

容，共和党的大法官不可能满足于马歇尔阐释经历并赢得独立战争的
美国人的宪法观的做法。他们首先要做的是辨别早期宪法中的哪些方
面安然度过了共和党人的重建时期，在把这些存活下来的部分分离出
来以后，再将它们综合到新的原则性整全里面，这个新的原则性整全
表达了共和党人以人民的名义所肯定的新理念。

这显然不是一件容易的事情。19 世纪共和党人的世界和 18 世纪
联邦党人的世界截然不同，不论是在法律前提上还是在政治生活上都
是如此。如何把如此不相协调的过去置于当下的宪政整全中？

这个问题一直困扰着我们。和中期共和国的美国人一样，我们也
必须理解由各代宪法政治从根本上重新型塑的宪法。的确，现代的问
题比中期共和国的问题更复杂。此前只要面对重建时期的革命性变革
即可，现在我们还要面对这样一个事实：宪法又在大萧条的熔炉里过
了一次锅，又被革命了。对我们来说，综合两代人的宪政贡献仍然不
够；我们要考虑三代人的工作（此外还有别的世代的贡献）。我认为，
现代法院处理这一任务的方式将会型塑宪法的未来。

因此，我的介绍性评述将集中于中期共和国和他们的解释问题之
综合方面的努力。这一探讨回报颇厚，因为从一开始，共和党的大法
官就拒绝两种简单的答案，它们弱化了"多世代综合"提出的重大挑
战。既然这些简单回答对今天的颇具实力的党派仍然具有吸引力，那
么我可以通过呈现它努力反抗对这一问题的持续弱化，来确定中期共
和国的卓越贡献。

我的目标在于表明，一旦现代律师摒弃把中期共和国的司法精神
看成长达 68 年的噩梦的再发现神话，他们就能够从中期共和国学到
很多东西。当把我们和先辈们共同分享的问题——代际综合的问
题——分离出来的时候，可能我们就能从他们那里学到关于宪法解释
的积极的东西。但这不是说我们把他们的解决之道机械地运用于我们

的问题——新政时期的革命性改革已经改变了这些问题，对此，中期共
和党的大法官并没有预料到。但是，通过使得大法官参与到关于综合问
题的严肃的对话中，我们不是可以把解释困境置于有用的视角之下吗？　90

两种简单的回答

我们以最低限度的形式来提出综合的问题。在阶段一，建国者一
代宣布 X 是高级法；在阶段二，重建者一代宣布 Y 是高级法——Y 只
是部分地，而不是整体地与 X 不一致。那么我们如何把 X 和 Y 整合
成有意义的整全呢？

对于上述问题，有两种简单的回答。尽管它们在表面上看上去不
同，但它们都具有还原主义者的野心，都试图通过关注阶段一或者阶
段二或者忽略它们的方式来解决世代间综合的问题。

第一种回答通过夸大第二阶段的决定来解决这个问题。它让我们
去相信，重建者本身严肃地考虑过（世代）综合的问题，并且领导美
国人民有意识地支持对这个问题的具体回答。这方面最突出的就是雨
果·布莱克对共和党人的第 14 修正案（Y）和联邦党人的权利法案
（X）之间关系的立场。在布莱克看来，共和党人不仅以一种与对权
利法案（X）的原初理解不一致的方式去修改宪法（Y），他们还领导
美国人民有意识地赞成我称之为综合规则 S 的事物——它能够确切解
释新的共和党人的 Y 如何与旧的联邦党人的 X 相协调。在布莱克看
来，共和党人的 S 认为，第 14 修正案"涵摄"了所有联邦党人权利
法案中的条款，并使得这些条款也适用于各州。[18]一旦承认了这点，
对综合难题的第一个轻易回答的道路就被扫清。既然人民已经在重建
时期考虑了这个问题，并对它作出了权威的回答，那么，法院岂不是

---

〔18〕　参见 Adamson v. California, 332 *U. S.* 46, 68 ~ 123 (1947)（布莱克大法官不同意见
书）。

应该遵循 1868 年定下的那些综合规则？

　　还有另一条与此完全不同的通向简单回答的道路：它涉及与布莱克相反的运动。当布莱克把第 14 修正案看成建国时期以及重建时期

91 的宪政事业的全面综合的时候，第二种还原主义这样来看待修正案，似乎它只是宪政进程中相对来说微不足道的变迁——我把它成之为超级制定法。超级制定法不寻求修正任何组成我们高级法的深层原则，它们满足于改变一两条规则，而不去挑战任何更为基本的东西。比如说，思考一下我们在《联邦宪法》第 5 条这一道路上的最后的成功努力：1971 年的第 26 修正案规定："年满 18 岁和 18 岁以上的"合众国公民的选举权"不得因为年龄而被合众国或者任何一州拒绝或者剥夺"。这条修正案并没有成为 1960 年代晚期动荡不安的宪法政治的焦点。它被看成是最高法院在 1970 年俄勒冈诉米切尔案判决的附带问题。[19]最高法院多数派对宪法的解释结果是，国会要求各州允许 18 岁的公民投票的努力是无效的。还没到一年，这种解释就被第 26 修正案所推翻。回应之快有助于该修正案的赞成者下述解释的成功：他们的目标不大，只是去保证 18 岁的人具有选举权，而这是国会在原先的法规中予以确保的。这种类型的修正案被解释成超级法规，它所改变的是把投票权的年龄从 21 岁降低到 18 岁，没有人认为它蕴涵着更多的东西。

　　但是，要以同样的精神对待第 14 修正案却是另一回事。无论如何，许多现代解释者都同样以这种方式把这一修正案给弱化了——最典型的人物是劳尔·伯格。[20]在他看来，第 14 修正案和第 26 修正案一样都目标不大：第 14 修正案试图把 1866 年《民权法案》这一单一法规中的规则予以宪法化，这一法案是重建时期的国会几个月前制定

---

　　〔19〕　Oregon v. Mitchell, 400 U. S. 112 (1970).

　　〔20〕　Raoul Berger, *Government by Judiciary: The Transformation of the Fourteenth Amendment*, 第 2 章 (1977)。

的。对伯格来说，不幸的是，修正案文本本身根本未曾提及这一法案；它也不像第 26 修正案那样，以相对清晰的、可行的表述提及它希望加以宪法化的规则。它的第一段的用语就是基本原则的表述。但是，就现在来说，我的关注不是伯格蹩脚的历史经历，[21]而是他抽象

〔21〕　用"蹩脚"这个词的时候，我的意思是伯格的历史的确很蹩脚。一个例子就足以鼓励你们应当极其小心翼翼地对待伯格对有关资料的运用。华盛顿大法官在 Corfield v. Coryell, 6 F. Cas. 546（C. C. E. D. Pa. 1823）（No. 3230）中的著名判决是个非常重要的问题。正如伯格所承认的那样，华盛顿对"特权与豁免"的定义不断被各个定义第 14 修正案的内涵的派别所引用。因此，可以理解的是，伯格希望确立这一点，华盛顿的判决意见和自己把宪法修正案看作超级制定法的观点相一致，它只是把先前《民权法案》中确定下来的系列权利加以宪法化。但是，不幸的是，伯格通过选择性的引用和不着边际的强调来实现自己的目的，这样一来，就动摇了对其基本可靠性的依赖。下面是伯格对华盛顿判决意见的处理（我把伯格简单地通过省略号而从读者那里抹去的华盛顿的判决意见用括号标示出来）根本的（着重号并非原初就有）：
　　我们感到将这些宪法条文中的表述限定（着重号并非原初就有）于权利和豁免的时候并没什么困难，它们在本位上是……但它们一般都可以在下面这些一般的条目下加以理解：受到政府保护；对生命和自由的享有；取得和占有各种类型的财产；追求幸福和拥有安全的权利……一州公民为了贸易、农业、职业以及其他原因而经过或居住于其他州的权利；主张人身保护状利益之权利；在州法院中设定和保持某些行为的权利；占有、保持和处理动产及不动产的权利；不被征收高于本州其他公民税额或费用的权利。它们都可以作为公民的特权与豁免的具体例子，显然是那些被称之为关于基本特权的一般描述所包含的内容。此外，我们还要加上选举权，它们是由该选举权得以实现的州法和州宪法所规制和确立的。（这些特权以及许多其他可能被提及的特权）（着重号为我所加）是严格意义上的特权与豁免，每个州的公民在其他州对它们的享有显然能够促成（用《邦联条例》的旧规定中的相应条文来说就是）"联盟各州人民的相互友谊与交往"。但是我们还不能承认这样的说法……即……各州公民被允许享有另一州公民所享有的所有（原来并没有着重号）权利。
　　请将 Raoul Berger，前注 20，第 31～32 页与 Corfield，前注 6 F. Cas. 546, 551～552 作比较。
　　华盛顿大法官陈述的抽象和全面本身与伯格的"特权与豁免"是超级制定法的观点相冲突。但是，我在这里关心的并不是争论的诚信问题，而是伯格作为历史学家的基本伦理：为什么当华盛顿大法官明确提出，他并没有穷尽受"特权与豁免"这一概念所保护的权利的时候，伯格的引用就戛然而止了？如果把这句话也囊括到引文中去，那么它就毁了伯格的事业。因为它意味着，当参与者每次引用 Corfield 案判决的时候，他们都在重复华盛顿大法官的明确警告，"特权与豁免"，不能被还原成系列在制定法中予以法典化的可穷尽的权利，这和伯格所主张的恰恰相反。但这绝不是历史学家通过选择性引用误导其读者的理由。
　　而且我也迷惑于伯格用着重号来强调华盛顿对"特权与豁免"的限缩解释——但是，华盛顿在其被阉割了的文本中显然赞同更为宽泛的解释。对于像 Corfield 这样的资料的冒牌工作是不可原谅的。

的宪法逻辑。

在这个层面上，伯格和布莱克一样，对综合问题都给出了简单的答案。他把阶段二的宪法修正案的特征描述成超级制定法，因此而弱92 化了阶段二。他开辟了这样的道路，即坚持认为建国者所阐释的宪法观本质上纹丝未动地保存到了重建时期。这一狭隘的观点必然导致他采取和布莱克在本质上完全不同的看法。他们都主张，重建时期的共和党人采取了一套具体的 S 规则，这套规则一劳永逸地解决了阶段一和阶段二之间的冲突。他们只是在 S 规则的内容问题上有所不同：布莱克认为，人民权威性地制定了一条规则，它包含了《权利法案》的所有保障；伯格却认为，人民制定了一条高级法，它只是改变了 1866 年《民权法案》具体阐释出来的宪法。

转型式宪法修正案——以及如何综合它们

现在我没有什么可以用来反对简单的答案。生活和法律都已经足够复杂，根本无需把它们加以复杂化。对于布莱克与伯格，我的问题是他们互竞的答案尽管足够简单，却不符合共和党人在重建时期的历史特征。共和党人的修正案常常被理解成远不止一系列超级制定法，但它们所代表的又没有达到对建国时期和重建时期经验的全面综合。显然，所需要的是内涵更丰富的解释范畴，它允许我们去表达支持重建主张的 19 世纪美国人眼中的宪政转型。

我的目标是把它们的特征描述成转型式的宪法修正案。与超级制

我在这里之所以要指出这点，是因为我担心，我对伯格的方法论的兴趣会提升这样一本书的影响，即使从法律人历史修养的角度来说，它在处理资料的时候，偏见太明显了。对它的修正，参见 Chester Antieau, *The Original Understanding of the Fourteenth Amendment* (1981)；Jacobus Ten Broeck, *Equal Under Law* (修订版，1965)；Michael Curtis, *No State Shall Abridge*：*The Fourteenth Amendment and the Bill of Rights* (1986)；William Nelson, *The Fourteenth Amendment*：*From Political Principle to Judicial Doctrine* (1988)。

定法相对，它们不是简单地考虑许多高级法规则的改变，而是一代人对现状的批评所达致的最高峰时候的表达——这一批评最后得到了动员起来的大多数美国人民的支持。但是，在明朗化这一批评的时候，宪法运动并不抱有这样的勃勃雄心，试图进行全面的无所不包的综合。尽管这次运动的目的显然是要废除旧宪政秩序中的一些基本原则，但是新理念对一系列传统原则的影响还没有以彻底的、深思熟虑的方式显现出来。因此，尽管民众对修正案的采纳当然意味着对修正案所表达的转型式原则的动员了的支持，但还不能说存在对任何具体的综合规则的决定性支持。

93

一次思路历程会阐明转型式修正案的特征。假设重建时期的共和党人并不满足于他们提出并批准通过的三条伟大的宪法修正案。假定他们从《联邦党人文集》中抽取了一页，并且在重建时期的第一届国会上利用他们的多数优势提出了全新的宪法文本："我们美国人民，在内战的可怕经历之后为了建立一个更完美的联邦，制定本宪法……"

为了重塑宪法，共和党人不必和所有联邦党人的理念和术语相决裂。正如联邦党人可以郑重地从邦联条款中借用许多内容，共和党人在提出建议的时候也可以从早期共和国的宪法（原初文本加上 12 条宪法修正案）中借用许多内容。如果共和党人成功地赢得了 1866 年《宪法》的批准，我就会更同情布莱克的主张，把共和党人的贡献看作一次全面的综合。在锻造新宪法的时候，共和党人的国会在他们的宪法创新中必须认真对待新旧宪法之间的关系；更重要的是，当他们把新宪法提交人民予以民主批准的时候，他们的全面的观点必须在无穷无尽的公共讨论中加以细化；如果拟议中的宪法最终赢得了人民的批准，则被赋予了决定性的高级法的意义。

当然，问题在于实际上这一切并没有发生。共和党人并没有重起炉灶，反倒是把他们的提议称之为修正案，认为修正案是开始于 1787

年而不是 1866 年的整体事业的一部分。但这逻辑上并不妨碍他们以雨果·布莱克所假定的那种以清晰的类似规则的方式去综合新旧宪法。但是，和这一时期的大部分研究者一样，[22] 我也不认为布莱克的事业是建立在事实基础上的。尽管毫无疑问，有一些人表述了布莱克的观点，在这些人中包括许多重要的政治家，但是也有许多人对此保留不同意见；据通常理解，文本本身并不能决定性地解决综合问题。[23]

你可能会说，哦，我听你说得天花乱坠，那么综合的问题应当如何解释呢？如果说布莱克或者伯格之类的简单回答导致法院错误解释重建时期的特征，那么法院如何把阶段一和阶段二综合成连贯的整全的原理呢？

法律的道路

通过有意识地直接面对建国时期和重建时期之间的张力，并且阐释那些学理性的原则，可以公平地对待每个时期最深刻的激情并调和二者之间的冲突。这是胡言乱语，还是梦呓？

两者都有可能，但是还要考虑一下宪法诉讼程序是如何激励法官

〔22〕 这次辩论的最近参与者很好地总结了这个问题："关于第 14 修正案的辩论在本位上是关于高级政治和基本原则的辩论——关于美国未来走向和意义的辩论。辩论本身并没有能够把辩论参与者所运用的模糊的、散开式的，有时相互冲突的规则简约成清楚的、具有完全约束力的法律原则。这应该是法院的任务……" 参见 William Nelson, 前注 21, 第 63 页。对布莱克的经典的，不过着眼点过于狭隘的批评，参见 Charles Fairman, "Does the Fourteenth Amendment Incorporate the Bill of Rights? The Original Understanding", 2 *Stan. L. Rev.* 5 (1949)。

〔23〕 麦克·科蒂斯 (Michael Curtis) 为布莱克有关 "涵摄" 的观点进行了极其出色的辩护。参见 Michael Curtis, 前注 21。但是，甚至他也承认，当时的共和党人对这个问题 "所给予的关注相对来说实在不够"。同前书，第 16 页。因此，我并不认为，他的书提供了二元主义在发现某一具体的综合性合成有意识地为人民所支持之前所必需的证据。不过，他对问题的澄清——尤其是对第 14 修正案之表达中所包含的反奴隶制思想的强调对任何综合性合成的司法努力来说都具有极端重要性。

去认真对待综合原则的理念的。当规则清楚的时候，很少有人会有动力去承担诉讼的成本；那些优秀的律师在发现没有最高法院的指引根本不知如何解决手头的纠纷的时候，才会把案件打到最高法院。这意味着阶段一和阶段二之综合这样的问题常常会提交给最高法院。引发这些问题的案件看来似乎是不可解决的。可以理解，双方的律师都会发现丰富的能够支持他们主张的原则：能够预料到的是，原告一方会坚持应当宽泛地解读重建时期的原则——这样他们就能够赢得官司；出于同样的理由，被告方则坚持应当宽泛解读建国时期的原则。既然重建时期和建国时期的理论关系具有如此之多的面相，那么，试图以一种观点来解决这个问题的法官无疑是愚蠢的。我们能够期望的是与时俱进的对话，在通过持续的法律对话寻求对阶段一和阶段二张力关系的原则性和解的过程中，司法综合的早期努力可以作为先例来运用。

　　无论如何，这会成为我同情地理解中期共和国宪法的关键。在强调综合问题的时候，我并没有把新的范畴强加在共和党人大法官身上。最高法院对重建时期修正案的第一次解释，即屠宰场案，[24] 就是以对这个问题的令人信服的陈述开始的。该案涉及路易斯安那州的白人屠户的这样一次尝试：他们试图说服最高法院，垄断屠宰场业务的新州法违反了《联邦宪法》第 14 修正案。在内战修正案之前，白人屠户从来没有试图把他们这样的诉请提交给最高法院——在早期共和国联邦主义的强大前提之下，[25] 规制垄断的明智与否由各州决定。在内战修正案之后，这些屠户现在可以认为路易斯安那州的州法导致了一个"疑难"案件。他们雄辩地指出，新的宪法修正案决定性地改变了州主权和保护每位美国公民基本自由的国家利益问题上平衡。路易

95

---

〔24〕　参见前注 17。
〔25〕　尤其是在其杰克逊式的变量中，参见第三章，第 74～77 页。

斯安那州迫使屠户们接受垄断，如果他们还希望开展业务的话。路易斯安那州这样的做法无异于设计出新的更微妙的奴隶制形式——奴隶才被法律要求去接受单一垄断者的同意以从事其职业；自由人之所以是自由的，是因为当他们发现以另外的方式开展其业务会更有益的时候，不能强迫他们去和单一的主人般的垄断者订立合同。在内战之前，每位美国人的合同自由都受到州的合法化奴隶制这种权威的约束。屠户们争论说，但是，现在要求不受此类对经济自由的无正当理由的干涉是每个美国人的基本权利。

最高法院以 5∶4 的结果否认了这种观点，借此开辟了走向综合、定义中期共和国的法理学的两条道路中的一条。这涉及对阶段二宣告的宪法原则加以具体化，阶段二的宪法原则对阶段一的旧有原则的影响应当有所限制，阶段一的旧有原则是由更为一般的抽象的方式构成的。在最高法院看来，共和党人的修正案只有一个"普遍的目的……这个目的就是奴隶种族的自由"。[26] 尽管最高法院承认，内战时期修正案在涉及黑人方面，对联邦主义的传统原则予以革命性的改变，它还是不愿意根本承认内战修正案需要对更为一般的联邦主义的传统原则予以同样的司法再评估，它于是拒绝非黑人利用阶段二的新原则，因为这样做"会根本性地改变州和联邦政府之间关系，州政府、联邦政府和人民之间关系的整套理论"。[27] 多数法官意见中表达出来的阶段一和阶段二之间的关系很容易图示出来（见图 1）。大长方形代表的是所有有待判决的可能案件。但是，具体论者在对重建时期的原则予以概念化的时候，他不会采用与建国时期的原则予以概念化同样抽象和一般的方式。相反，他把这个长方形分成两个部分。在和黑人（以及类似于黑人的团体）有关的具体领域中，他允许阶段二的原则

96

〔26〕 *Slaughterhouse*，前注 17，第 71 页。

〔27〕 *Slaughterhouse*，前注 17，第 78 页。

胜过他对阶段一的联邦主义原则的理解；除此之外，他要把联邦主义的原则隔开，使它们免受共和党人宣布的新理念的影响。

在整个中期共和国阶段，这种形式的综合被证明是不稳定的。而且我们也没必要对此发现感到惊奇——在我看来，具体的综合对于宪政体制早期阶段的法官尤其具有吸引力。要知道为什么，只要想想早期共和国的法官是在此前政体的晚期经由社会化以后进入法律领域即可明白。从马歇尔、斯托里以及其他早期共和国的伟大阐释者那里，他们以不同的方式接触到重建时期文本的意义——通过他们所处时代最伟大的政治事件的活生生的经验。在屠宰场案件多数意见看来，重建时期修正案是晚近发生的"系列事件之一，还不能被称之为历史，但我们所有人对它都很熟悉"。[28] 毫不奇怪，他们中的许多人在同样概括性的层面考虑阶段一和阶段二的时候都面临巨大的困难：对他们来说，重建时期是具体事件——反抗奴隶制——的高峰。当然，当这种运动被人类自由这种和激发建国者关注联邦主义同样具有一般性的原则所激发的时候，长期以来主流的宪法法律人都没有预先一揽子接受这些观念。因此，对许多早期法官来说，[29] 似乎很"自然"的是，要把对建国时期的抽象理解和重建时期的具体理解以一种我所描绘的图画中指出的方式结合起来：重建时期的原则主导那些和黑人（或类似团体）有关的问题，而建国时期的原则主导此外的所有问题。

长期以来，有两件事情导致这一图景的动荡。首先，重建时期开始从活生生的经验中消退。年轻人不断以他们接触建国时期的方式来接触重建时期修正案的意义：通过法律著作而不是报刊文章；通过法庭辩论而不是如火如荼的政治斗争。1860 年代宣示的法律文本和更久

[28] *Slaughterhouse*，前注 17，第 71 页。
[29] 许多，但不是所有的。屠宰场案件判决是由 5:4 通过，少数派法官力图对他们面对的综合问题采取一种更为全面的观点。

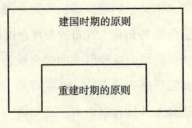

图 1

远的时候所宣示的法律文本没有什么差别："国会不得指定这样的法律……任何州都不得……"前四个词制定于 1791 年，后三个词*制定于 1868 年又有什么差别呢？难道它们不都是同一宪法的一部分吗？难道不应当以同样的精神，而不是对某条加以具体化的方法去解释它们吗？

不只是时间的流逝会损害具体化的综合，持续的宪法诉讼过程同样重要。既然重建时期和建国时期的法律是具有多面向的法律事务，在具体案件中不时地产生综合的需要——它导向一个又一个的判决，导向对解决两个宪法的创造性时刻的张力之最佳解决的一次又一次的司法反思。这些早期的决定又反过来促成了关键性的评释和进一步的反思，因而在各种原则的互动方式中注入了新视角。

活生生经验之消退以及法律辩证之兴起导致了第一代司法之具体综合的衰落以及被我称之为全面综合的进路取代。阶段二的原则不再被限于产生它们的历史之中，重建时期现在被理解成这样一类法律原则的渊源：它们和那些源自建国时期的原则在问题上同样具有一般性。相应的任务就是寻求一整套宪法原则以全面的方式去调和它们深层愿景的方案。回到我们的长方形（参见图 2），重建时期和建国时期的原则都在同样抽象和一般性的层面上加以考虑。法院并没有对某

---

* 原文为 "Congress shall make no law…No State Shall"，因此，应当为前五个词，后三个词。——译者注

一历史时期贴上具体化的标签。相反，它们都通过寻求对所有原则的和谐发展来解决所有案件，而不论它们是从哪一个时期产生的。对这种转变的总结：法律的道路是从具体综合到一般综合的道路。

```
源自建国时期和重建时期的原则
```

图 2

当然，在中期共和国里，法律领域的事件远比这一运动丰富。但是，我认为这种转向表明了一种核心的趋势，也许一个隐喻就可以澄清：把美利坚共和国看成一列火车，法官们坐在列车的尾部，注视着身后。他们看见的是二元主义宪政论的山峰与山谷，建国时期和重建时期所阐释的宪政意义则是其中引人注目的高耸的山峰。当火车在历史轨道上往前疾驰的时候，法官们很难在法律图景中看到那些标志着 99 每座政治山峰之诞生的残留火山灰。与此同时，不同的视角也因此而产生：随着第二座山峰开始成为背景，以全面的方式描述这些山峰形成的景色就更为容易。

这种与时俱进的视角是推动从具体综合到全面综合之转变的发动机。当这种转变发生的时候，许多其他的事情也发生了。老法官死去，新法官则被当时恰好在火车头里的机械师送到火车尾部。这些新法官有关风景的视角由其自身的生命与经验——还有火车在驶向未来的道路上，那些山峰不断展开的新的远景——所形塑。中期共和国法官的独特之处在于，他们依然在火车的尾部，注视着身后——而不是在火车头里争论火车在下一个十字口的路向，或者好奇地从乘客车厢注视着一幕幕景象从身边闪过。毫无疑问，在山峰系列中，山峰与山峰之间的关系在不同时代看来会有所差异。关键问题是，把中期共和国的法官看成积极参与到这种回溯式的综合过程是否公平。

而这恰恰就是占主流地位的职业叙事所试图否认和我试图加以肯定的（当然并没有否认这类情形的存在，其时司法行为异乎寻常地*缺少解释的可能性）。本系列论著的第四卷——《解释》将通过对中期共和国的某些重大案件的再解释而澄清我的立场。在目前概述的限度内，我只能提出我所建议的再解释的一般特征。

中期共和国的再解释

请和我一起回顾主导了美国第一个世纪的两项伟大成就：一方面，联邦党人的去集权化共和国的理念——美国公民在保护他们的自由免遭州政治侵犯的时候，只能期望从全国政府那里得到有限的帮助；另一方面则是对一个全国性政府的强调，它不能容忍任何压倒性的州的多数对任何其他美国人的奴役，它强调法律的平等保护。如何把这两种观念综合成一个全面的整体呢？

通过超越早期共和国法院为基本权利提供的有限保护。至于重建时期，法院坚持国家要以更深刻的方式致力于保障基本权利，其做法非常合宜。的确，我们不能说洛克纳时期的法院在这方面的步子是错误的，确实很难看出严肃的寻求综合的努力会导致不同的结论。

那么，如果洛克纳案存在一些根本性的错误，那么它就与中期共和国法院对基本权利之性质加以概念化的独特方式有关。不过正是在这里，年代错位谴责中期共和国对私人财产和契约自由的强调，从而误导了现代视野。考虑到新政时期的自由放任名声扫地，现代法院以

---

    * 最典型的就是表现在最高法院在这一时期边缘化共和党人对种族平等问题的关切，这是我第四卷《解释》的重要关切。

市场自由去解释宪法自由不再是正确的了。但是，在 1930 年代以前，完全是另一回事。甚至于在早期共和国中，契约自由就被看成自由的独特领域而被分离出来作为国家特殊保护的内容。[30] 重建时期的修正案强化了这种理解。比如说，解放黑奴的修正案在法律上的理解就是从财产和契约方面着手的。至少，它意味着黑人不能被当作奴隶来对待；他们和白人一样可以订立劳动契约，拥有自己的劳动成果，把它看作私人财产。[31] 但是，如果说契约自由和拥有私人财产的权利可以把黑奴与黑人区分开来，那么它们在更一般的意义上岂不是也可以把奴隶和各种族的自由人区分开来吗？倘若黑人被剥夺了订立劳动契约的自由，这难道不是一种奴隶制的形式吗？第 13、14 修正案对契约自由和私人财产权的新的国家主义的关注难道不应该压倒联邦党人对于州权的原有关注吗？

正如我们看到的那样，在屠宰场案（*Slaughterhouse Cases*）中，微弱多数的大法官不同意以如此宽泛的方法来对重建时期的原则加以一般化。这种综合过于宽泛，它威胁到了已经被接受了的联邦党人关于法律安定性的智慧，联邦党人们在早期共和国中探究过这些智慧；就作为其政治成熟之试探性经验的反对奴隶制的具体斗争来说，它显得过分遥远。但是，随着时间的推移，更多的法官开始认真对待这种综合。对这种综合观点的总结如下：如果早期共和国为白人通过财产和契约行使其自由的基本权利提供了有限保护，那么，难道重建时期的修正案不应当被解释成要求对所有美国人通过财产和契约行使自由提供平等保护吗？

101

---

〔30〕 参见第三章，第 74 页。

〔31〕 我并不是说修正案的意义仅限于保护财产和契约权利［参见 L. Vandervelde, "The Labor Vision of the Thirteenth Amendment", 138 *U. Pa. L. Rev* 437（1989）］，而是强调他们的确扮演了核心的角色。

正如我们所看到的那样，到中期共和国的晚期，法院已经走到这一步：黑人与白人、女人与男人在财产和契约方面具有平等的权利。[32]这一朝向广泛综合的运动的确决定性地受到了新政时期民主制的摧毁，它终结了中期共和国。但是把 1905 年——洛克纳案正是在这一年判决的——当作 1937 年来看待是错误的。在 1905 年，最高法院大法官还没有面对新政式的国会，也没有碰到刚刚赢得决定性多数支持与自由放任的宪法理念决裂的总统。与此相反：大法官目睹了反对自由放任资本主义之邪恶的民众运动——这一运动以提名威廉·詹宁斯·布莱恩（William Jennings Bryan）作为民主党派总统候选人而达到高潮——的失败。布莱恩的提名不但没有导向罗斯福式的转型，反而促成了以威廉·麦金利（William Mckinley）和共和党为代表的决定性的民众反动。

现代的再发现的神话把洛克纳时期的最高法院描述成滥用宪法解释的理念，它把自己的癖好和反动观点强加在渴求新政的政体之上，这种看法无疑是年代错位。和早期共和国最高法院一样，洛克纳时期的最高法院也在行使维护功能，试图发展出一套对建国时期和重建时期可得的法律资料之意义的全面综合。[33]

102 　　这一现代神话只会遮住我们的眼睛，使我们看不到中期共和党人的综合问题一直持续地困扰着我们。毕竟，现在的宪法律师不会否认，宪法禁止奴隶制；他们也不会否认，如果一位美国公民被剥夺了控制其身体或者做出基本生活选择的权利，那么前面所述的宪法保障就起作用了。但是，现代人表达这种观点的方式不再把重点放在契约自由和私人

---

〔32〕　参见 Buchanan v. Warley, 245 U. S. 60 (1917); Adkins v. Children's Hospital, 261 U. S. 525 (1923)。

〔33〕　需要重复的一点是，这并不是说，法院所从事的合成的工作就无可指摘了。但是，批判性的评价还有待本丛书第三卷的详述。

财产这类话语上，因为新政时期的人民已经使这类话语名誉扫地。那么，代替它们的宪法概念又是什么呢？如何把现代的代际综合的努力和中期共和国的努力作比较呢？一旦我们考虑到新政时期的毁灭性后果，我们还能从中期共和国的综合努力中学到某些事物吗？

　　我将在下两章中讨论这个问题，在此之前，我们将对中期共和国的第二个因素稍作分析。在洛克纳时期，当最高法院和国家都致力于全面保护基本权利以对抗国家的时候，这第二个原则涵盖的则是在基本权利没有受到威胁时国家对州的干预。联邦党人的宪法拒绝授予全国政府全面的权力，只是列举了一些权力——一种地方主义的偏见，它还为杰克逊时期的宪法政治所强化。〔34〕于是，中期共和国的最高法院再次面临一个基本的综合问题：重建时期的新国家主义如何改变有限国家权力的旧有观念？

　　中期共和党人在这个问题上的斗争很少能够引起现代法律人的认真对待。但这只是因为中期共和国的伟大观念似乎损害了对后新政时期政府来说非常关键的国家权力：税收的权力和规制的权力。考虑到这些权力在现代共和国的特殊重要性，当中期共和国的大法官否认在这些问题上重建时期的原则已经从根本取代了联邦党人 - 杰克逊式的法律的时候，我们就拒绝把它看成是理性的。现代人带着不信任的态度去看待个人所得税案（*Income Tax Cases*），〔35〕在这个案件中，中期共和国的大法官宣布联邦政府试图拥有的一项我们今天认为是政府经济生命保障的权力违宪。但是在 1913 年制定宪法修正案之前，宪法明确否认联邦政府具有不受限制的征税权。〔36〕同样的，现代人也赞同把　103

〔34〕　参见第三章，第 74～77 页。

〔35〕　参见 Pollock v. Farmers' Loan and Trust Company, 157 U. S. 429 (1895)。

〔36〕　参见《美国宪法》第 1 条第 9 项："除与本宪法前文规定之人口普查与统计数成比例之人头税与直接税外，不得赋课人头税与其他直接税。"

中期共和国试图对联邦政府根据"商业贸易条款"而来的国家管制权力之范围施加原则性的限制。原初宪法并没有授予中央政府全面的立法权，它只是列举了中央政府在某些方面的立法权。如果我们把作为这种授权之一的州际贸易管理权解释得如此宽泛，以至包含了所有方面，那么宪法的这种文本安排就变得毫无意义。

尽管列举权力的安排最终被美国人民所抛弃，但这发生在 20 世纪，而不是发生在 18 世纪或 19 世纪。如果我们谴责中期共和国的法官没有使用正确的预言，那我们实在是在求全责备。尽管我们对于大法官有关州际贸易的范围划分颇有微词，但他们在主要方面并没有错：在新政之前，人民从来都没有有意识地把经济方面的全面权力由州政府划拨给联邦政府。

对新政的再思考

难道我们如此之盲目，竟然看不到早期所存在的解释困境吗？中期共和国的大法官已经从具体综合走向宽泛综合的道路，他们把建国时期以及重建时期分散的因素编织成原则式的模型，这种模型在其所处的时代是有意义的。究竟是什么阻止了我们去承认这一点？一方面，联邦政府开始扮演所有公民拥有自己的劳动与财产权利并且利用它们去订立契约而不受州大多数奴役的保护者的作用；另一方面，全国政府依然是有限政府，它没有排除州政府作为经济生活首要管理者的权威。尽管我们的答案有所不同，但为什么要否认这些答案曾经一度都是对美国宪法的合理解释呢？

有一种更好的赋予新政应有地位的方法，这种方法能够在罗斯福总统与最高法院在大萧条时期的斗争中发现更深刻的意义。在再发现神话式的框架中，旧的最高法院在 1932 ~ 1937 年对新政的挑战只是表明了大法官在此前的 60 年以来在宪法解释问题上的武断特征。显然，如果最高法院从 1933 年以来就清楚揭示：富兰克林·罗斯福和民主党控制下的国会在为美国人民走新政的道路而不懈努力的时候，他们所积极投身的不是日常政治，而是在以我们美国人民的高级立法的方式说话，那么将会更有利于美国宪法和这个国家。

我对于中期共和国法律的再解释对这种观点提出挑战。旧的最高法院对综合性合成的保卫有助于，而不是伤害了民主进程，而人民正是通过民主进程才在 1930 年代给他们的政府提出了一些前进中的问题。由于新政时期提出的基本宪政原则的戏剧性命运，旧的最高法院为宪政认同提供了一种与其他可以发生的方式相比更为集中、更为民主的转型。旧的最高法院通过为美国人民竖起一面镜子——这是中期共和国的基本原则——从而使得 1930 年代的公民更加容易，而不是更加难以明了他们所发现的传统结构的缺陷，并最终赋予积极干预的国家政府这一新视野以宪政合法性，这种新视野在我们此前的宪政经验中没有广泛的民众基础。

第五章

现代共和国

宪政理想，制度现实

105   新政时期的民主标志着美国革命所首倡的自我定义的国家主义道路的又一次大飞跃。虽然建国者与以州为中心的邦联条款分道扬镳，但他们还没有清楚地确立联邦公民身份对州公民身份的优先地位；虽然重建时期以一种有利于联邦的方式解决了这个问题，但他们并没有直接挑战建国时期的下述观念，即联邦政府在经济、社会发展问题上只有有限权力；到了新政时期，建国时期的原则才被彻底地废除。这样一来，联邦政府的运作开始像一个真正的中央政府，在所有足以吸引身在华盛顿的立法者兴趣的问题上代表人民说话。

并不是说州被剥夺了一般性的立法权，它们仍然可以在任何与公共利益有关的问题上立法——国会立法具有优先性，但仍受到是否会对它州产生不利影响的司法审查。忠诚于联邦主义不再被认为需要采取这样的宪法策略：以列举权力的方式限制联邦政府在经济与社会生活方面的权力。

与此同时，新政也在改变联邦政府的范围，它重新组织了联邦政府的内部结构，关键是罗斯福对总统制的改变。中期共和国历史呈现出这样一种特征：利用总统制的平民潜能的不断失败——安德鲁·约翰逊、威廉·詹宁斯·布莱恩，还有伍德罗·威尔逊都设计出了民众大会的新式样，但都以失败告终。民众动员的不断失败强化了国会在日常政治生活中的核心地位。中期共和国的总统们不但没有获得来自人民的"授权"以对抗国会，有时他们甚至于还不如众议院议长和参议院领袖那么重要。

富兰克林·罗斯福改变了这一切。他成功地领导国会和最高法院承认了积极国家能动政府的合法性，这种合法性由于国家一直对外的战争经验而得到加强。罗斯福确立了总统领导的新范式。这种转变反过来促成了总统选举制的变化。中期共和国的提名大会赋予国会领袖在选举总统候选人的过程中以关键角色。现代的选举制则逐渐把民主党或共和党的提名赋予那些系列初选的胜利者——逐渐赋予独立于国会的总统为人民发声以实质性的内涵。[1]

一段时间以来，总统在将其纲领法律化的过程中[2]越过国会直接诉诸人民的支持成为了标准的实践。建国者对平民总统制的原则性厌恶已经是陈年往事。美国人民和国会领袖一样期望他们的建议可以由总统的首倡而得以实现；总统以一种与众议院、参议院的权力平行的立法机关的第三个分支机构的身份来履行职责，行使自己的否决权。同样重要的是，新型的积极国家为总统提供了大量的急剧增长的物质资源，以供他在与国会的大老爷们交涉的时候加以利用：作为行

106

---

〔1〕　更为感性的讨论，参见 James Ceasar, *Presidential Selection: Theory and Development*, chs. 5~6 (1979)。当恺撒（Ceasar）看到转型的重要性时，他没能注意到新政时期宪法斗争的方式赋予他所描述的变化以宪法合法性。

〔2〕　参见 Samuel Kernell, *Going Public: New Strategies of Presidential Leadership* (1986)；Theodore Lowi, *The Personal President: Power Invested, Promise Unfulfilled*, ch. 5 (1985)。

政部门获得国会对总统纲领之支持的手段，行政部门控制的大坝、道路、医院、军事设施都以前所未有的数量在增长。

这并不是说，现代的总统制把美国国会变成了英国下议院的代名词——在经过一段适宜的公共辩论之后，通常可以期待它会通过首相的立法倡议。因为罗斯福总统强化控制司法机构以及蜂起的官僚机构的企图在新政时期的国会中都被挫败了——1937 年反对总统"填充最高法院"的法案，第二年则是反对他的一揽子重组行政部门的建议。[3]而且，罗斯福的例子还引发了现代共和国最重要的形式性宪法修正案：即 1951 年批准通过的第 22 修正案，禁止任何未来的总统重复罗斯福开的恶例，背离华盛顿所创立的总统任职不超过两届的自我限制。总统不能说自己是人民不可缺少的代言人，在系列（或者接近）民众支持的基础上，他就能够在白宫呆一辈子。这些对罗斯福所开之恶例的限制是重要的，但它们不能模糊了在国会和行政部门的权力关系问题上所发生的根本转折。总统领导制已经成为立法过程的常规部分。[4]

与此同时，行政的性质已经改变。大量新型行政部门开始产生，以便更好地承担起积极干预型国家的内外职责。由于这些大型的行政机构和军事设施不是早期共和国或者中期共和国的常规部分，国

---

〔3〕 这些斗争以及它们之间的相互关系都没有得到很好的研究。关于包装法院，参见 William Leuchtenberg, "The Origins of Franklin D. Rooservelt's 'Court-packing Plan'", *Sup. Ct. Rev.* 347（1966），以及 "FDR's Court Packing Plan：A Second Life, A Second Death", *Duke L. J.* 673（1985）；基本线索，可以参见 Leonard Baker, *Back to Back：The Duel Between FDR and the Supreme Court*（1967）。Richard Polenberg, *Reorganizing Roosevelt's Government*（1966）充分讨论了罗斯福重组行政部门的努力；近来，西德尼·米尔克斯（Sidney M. Milkis）贡献了一些颇具洞察的论文，例如，Sidney M. Milkis, "Franklin D. Roosevelt and the Transcendence of Partisan Politics", 100 *Pol. Sci. Q.* 479（1985）；Sidney Milkis, "The New Deal, Administrative Reform, and the Transcendence of Partisan Politics", 18 *Ad. & Soc'y* 433（1987）。

〔4〕 这是当代政治科学中不断出现的主题。除了前注 1 中的 Ceasar，前注 2 中 Kernell、Lowi 的书以外，还可以参见 William Leuchtenberg, *In the Shadow of FDR：From Harry Truman to Ronald Reagan*（1983）；Richard Neustadt, *Presidential Power：The Politics of Leadership*（1976）。

会和总统不时地考虑这些新现实的体制意义——制定诸如《行政程序法》以及《国家安全法》的"框架性法规"，以赋予这些新机构宪法机能。*

不过，宽泛说来，现代共和国在政府结构领域中为它在 1930 年代诞生时伴随的不正规付出了最为惨重的代价。正如我们看到的那样，罗斯福和国会把问题留给最高法院，让它在一系列转型式的司法意见中将新政时期民主的宪法意义加以法典化。不幸的是，最高法院在这些结构性问题上不如它在新政之后对基本权利的概念所做的阐释那么出色。无论如何，总统和国会在控制行政机构和军事问题上的斗争一直是一个现代共和国有待解决的重要问题——而且是一个不可能很快加以解决的问题。[5]

高级立法中的总统领导制

正如更早的时期一样，组织良好的利益集团和精英为其优势所进行的持续的斗争不时被在民众动员和国家的自我界定方面更为民粹主义的努力所打断。它们来自于政治光谱的不同部分，约瑟夫·麦卡锡使得参议院成为战后第一次重要的动员公民努力的领导者的声音——

---

　　* 早期共和国的框架性法规包括《行政部门重组法》（the Executive Reorganization Act）、《哈奇法》（the Hatch Act）、《立法部门重组法》（ the Legislative Reorganization Act）以及《充分就业法》（the Full Employment Act）。我们应当把这些法规和第 22 修正案一起看成"新政宪法"的一部分，它们试图从国内外民众对国内能动主义的全国性政府的支持出发，建立关键性的制度安排。

　　这些早期的现代性法规为后来总统和国会努力争夺对能动主义的全国性政府之控制的持续斗争中奠定了制度性框架。比如说，国会出于回应约翰逊总统支持越南战争的行为而制定了 1973 年《战争权力法》（the War Powers Resolution），以及为了回应里根总统的减税方案所导致的财政危机而制定了 1985 年《预算控制法》（the Bugdget Control Act）。

　　〔5〕 一个有启发性的提出了许多重要问题的研究——尽管仍然没有摆脱隐含意义上对再发现神话的严重依赖这一框架，参见 Harold Koh, *The National Security Constitution* (1990)。

这一次是在国内外发起反对共产主义的全国性运动。但是，其他部门（尤其是行政部分）[6]一直反对他为人民说话的资格，而且他也没有赢得必需的公共支持去克服这种反对。到 1954 年，他发现甚至参议院都不支持他的主张了。尽管麦卡锡主义的确具有广泛和持久的影响，它所代表的还是现代共和国第一个失败了的宪政时刻。麦卡锡没有能够以麦迪逊、林肯和罗斯福的方式领导国家修正它的合法性原则，他在共和国的年鉴里留下的形象是失败了的蛊惑民心的政客；他大声嚷嚷，诉诸人民的努力被证明未能获得那种深刻而持久的民众忠诚，而这是基本价值方面的合法转型所必需的。

但是，宪法政治下一次运作的领导人与此截然不同。1950 和 1960 年代的民权运动是晚近历史上最成功的民众转型行动。我在这里粗略指出这种转型不同于富兰克林·罗斯福所引发的模式之间的最根本的差异，尽管它也强化了 1930 年代确立的许多其他的高级立法主题。[7]第一个最大的不同：是最高法院，而不是国会把种族平等这个问题带到宪政日程的突出位置。不过，一旦最高法院在 1954 年作出布朗案的判决，总统领导制的核心地位又清晰可见了。直到民权运动赢得了总统的决定性支持，布朗案的地位才最终变得无可置疑。此后的数十年，布朗案激起的反对者并不比民权运动的积极鼓吹者来得少——于是，斗争的哪一方将赢得大部分美国人的支持就不是那么显

109

---

〔6〕 参见 Fred Greenstein, *The Hidden-Hand Presidency*: *Einsenhower as Leader*, ch. 5, (1982)。

〔7〕 目前，还没有哪本著作成功地把民权革命的民众主义方面、政府方面以及司法方面结合在一起。但是，我们的确能发现许多很优秀的关注这个过程的某一方面的著作。对①民众动员的研究，可以参见 Taylor Branch, *Parting the Waters*: *America in the King Years*, 1954～1963 (1988)；②系列总统行政作出的政府回应的研究，参见 Hugh Graham, *The Civil Rights Era*: *Origins and Development of National Policy*, 1960～1972, (1990)；③法院角色的研究，参见 J. Harvie Wilkinson, *From Brown to Bakke* (1979)。我在随后的概述中参考了这些以及许多其他的有益著述。

然了。当艾森豪威尔总统在小石城动用联邦军队以克服对学校破除隔离的地方抵制时，表现了他对布朗案支持所达的边界，而国会的支持也没有更为有力。[8]

1960 年的总统选举标志着一次转折。至少和艾森豪威尔相比，尼克松与肯尼迪对布朗案的支持都无可争议。因为肯尼迪在表达他对兴起的民权运动的同情的时候，总是咄咄逼人的，所以民主党的胜利意味着对种族平等原则的阐释要与时俱进的观念获得民众的支持。

如果布朗案要成为我们高级法无可置疑的部分，那么一次选举是不够的。从 1954 年到 1960 年，最高法院没有能够使得布朗案在南方或者其他地方成为现实。在美国人民对这个根本问题作出周详的判断之前，还需要更多的民众动员，更多的自我牺牲以及灵活的政治领导人。正如民权运动——抵制、静坐以及自由乘车——在 1960 年代早期如火如荼地展开一样，肯尼迪政府作出了系列选择，定义政府和正在兴起的运动之间的关系：是否允许南方的暴徒暴力和警察刑讯来压制这场运动？政府越多干涉南方，它关于要把平等的法律许诺变成社会现实的承诺就越发庄严。反过来，民权运动也幸运地拥有马丁·路德·金的伟大领导，他充分认识到夯实基础广泛的民众联合在反对种族主义运动中的重要性。正是在这种背景下，肯尼迪政府最后在 1963 年提出了《民权法案》，联邦政府开始成为反对教育、就业以及公共设施等方面歧视的有力后盾。

1964 年 7 月，该法案的通过反过来为总统选举运动提供了舞台。　110

---

〔8〕　尽管 1957 年的《民权法案》是 20 世纪第一个此类立法，但它实质上是无关紧要的。它最持久的贡献是制度上的——授权建立中立的民权委员会和在司法部成立民权司。尽管这些制度在此后扮演了至关重要的角色，但它们在当时都是没牙的纸老虎。实际上，理查德·罗素（Richard Russell）——南方力量的参议院领袖，认为其抽取掉了 1957 年《民权法案》的核心内容为代表佐治亚州 25 年的生涯中“最甜美的胜利”。参见 Carl Brauer, *John F. Kennedy and Reconstruction* 10（1977）。

原则问题在约翰逊与戈德华特（Gold Water）的斗争中尖锐地浮现出来：一方面是一位对国家保护公民权具有长久而坚决热忱的南方自由派；另一方面则是一位保守的共和党分子，他刚刚投票反对《民权法案》，认为它和州权、私人财产以及契约自由的传统理念相抵触。如果戈德华特是从选举中胜出，那么，就对平等价值的国家的忠诚程度而言，在某一时期内就存在着不确定性——在这段时期，总统抵制对民众运动重新定义和深化人民对民主之忠诚的号召。约翰逊取得压倒性胜利与民主党在国会中取得决定性的多数一起建立新的制度模式。在宣称美国人民已经对民权问题作出周详的判断这一问题上，三个部门相互支持。诸如 1965 年的《选举权法案》以及 1968 年的《民权法案》之类里程碑式的立法，使得这种承诺远远超出最高法院自身能够推进的程度。如果没有总统和国会的决定性支持，布朗案将一如 1950年代晚期表现出来的那样，仍然是争论不断和问题丛生的标志。

这一概述表明，这一伟大的宪法转型应当如何感谢罗斯福在建立现代共和国的时候确立下来的总统领导制的模式。尽管 1930 年代和1960 年代的法院所扮演的角色截然不同，新政模式中的其他因素（第二章对此有所勾勒）仍然存在。正如 1932 年一样，民主党在 1960年的胜利标志着一系列新政治纲领的兴起，该纲领提出要把国家权力引入社会生活的新领域；于是，在政治辩论和法律推演进一步深化之后，新国家原则的价值在下一轮的总统选举中得到了决定性的肯定，在这次选举中，总统所在的政党赢得了国会的决定性胜利。经过这一决定性的民众授权之后，作为动员式辩论早期特征的总统、国会和最高法院之间的紧张由于三个部门都承认人民已经出场而告终结。在1960 年代，到了民主党总统制的第二个阶段结束的时候，和 1930 年代一样，所有三个部门都为那些国家性的倡议提供坚强有力的制度支持，而这在八年前看来似乎是不可能的。

当然，在 1960 年代除了民权革命之外，还发生了许多其他的事情。随着时代发展，一系列新的运动开始试图利用民权斗争中发展出来的政治动员模式去赢得同样深刻广泛的民众对各种浮现的目标的支持——结束越战、保护环境以及对国内外各种受压迫者重新分配社会和经济权力，这些新左运动都没有把时间和精力花在提出联邦党人《宪法》第 5 条中规定的宪法修正案。他们表明了自己是现代共和国的孩子，把精力集中在总统政治方面，并试图把民主党转变成表达他们转型纲领的机制。

只是在这个时候，其结果才更像 1896 年布莱恩对麦金利的选举，而不是 1936 年罗斯福压倒性的胜利。民主党在 1972 年对乔治·麦戈文的提名和 1896 年威廉·詹宁斯·布莱恩的提名一样，表明了运动参与者控制占多数地位的党派的力量。但是，选举的结果预示着参与者与美国民众的疏离到了严重的程度。麦戈文运动预示着一场广泛的意识形态反弹，这种反弹促成了理查德·尼克松压倒性的再次当选。

和他们之前的民粹主义一样，新左派也无法从这种彻底的失败中恢复元气。[9]然而并不是说，这次运动没有留下立法的痕迹就消失了。正如民粹主义在布莱恩困境前后赢得了许多立法胜利一样，国会中的民主党赢得了体现出新左纲领的某个方面的引人注目的立法胜利。[10]这些制定法中缺少的是能够凸显民众运动的法律表达之典型的宪法象征，这些民众运动决定了我们的全国政治。一个很好的例子是1973 年通过的《战争权力法》（War Powers Resolution），尽管尼克松总

〔9〕 比较詹姆斯·森德奎斯特（James Sundquist）在 *Dynamics of the Party System*（1983 年修订版）第 7、17 章中对民粹派和新政的讨论。

〔10〕 也许最典型的成功当数在 1960、1970 年代制定了一系列标志性的法规，环境政策因此有了革命性的改变。在二元民主制脉络下的初步研究，可以参见 E. Donald Elliot, Bruce Ackerman, John Millian, "Toward a Theory of Statutory Evolution: The Federalization of Environmental Law", 1 *J. Law Econ. & Org.* 313 (1985)。

统曾对它行使否决权。该法案试图限制总统把国家单方面带入未来越
112 南战争的权力。尼克松以来，各届总统都坚决否认这项决议限制了总
统作为三军总司令出兵域外的宪法权力；在面临总统和国会的这种冲
突时，法院袖手旁观，让这个问题随着日常政治的波涛起伏。[11]

考虑到麦戈文 1972 年的惨败，上述说法是站得住脚的。如果尼
克松与麦戈文的对决是以麦戈文取胜出现，而新政也获得了它所寻
求的民众支持，可以想象我们的宪政体系会以一种完全不同的方式
来对待《战争权力法》。在这种情形下，总统会以这一法案是一次
成功的新运动的典范性产物为由，对该法案表示大力支持。麦戈文
时期的最高法院将会抓住这一机会，宣布这一法规为未来宣战权力
的司法限制提供了基本的框架。正如在 1930 年代和 1960 年代总统
所引领的程序一样，这一结果将创造出一种新的高级法规范，以一
种对在华盛顿的日常行动者构成了决定性限制的方式表达了我们人
民的意志。

但宪法政治在一个完全不同的方向上移动：从新左到了新右。象
征之一就是妇女运动在 1970 年代没有能够获得对于平权修正案——
这是新左运动的最没有争议的目标——的正式批准。[12]与此相反，这
一时期，出现了对新右宪法动议的持续支持，最引人注目的是，新右
发起的赋予"生命权"的正式修正案运动，以及要求联邦政府的运作
必须基于"均衡预算"。尽管新右们寻求的是通过总统领导制这一现

---

〔11〕 Jonh Ely, "Suppose Congress Wanted a War Power Act That Worked", 88 *Colo L. Rev.* 1379 (1988). 1973 年以来，只有一次总统向国会提交的报告中提到了该法案中的一
条重要的条款，要求总统必须在 60 天之内"结束美国军事力量的使用"，除非他获得了明
确的国会授权。甚至在这次，福特总统也只是说他"注意到"这一条款，并没有明确承认它
的约束力。参见 98 届国会第一会期，众议院外事委员会国际安全和科学事务分委员会，*The War Powers Resolution: Relevant Documents* 45 ~ 6 (1988)。

〔12〕 简·曼斯布里奇（Jane Mansbride）在 *Why We Lost the E. R. A.* (1986) 一书中贡献
了一篇颇有思想深度的文章，尤其是参见第 13 章（"运动还是邪教?"）。

代共和国的特色来实现其宪法野心，里根在 1980 年当选为总统并没有将正式修正案推到政治议程的中心。

我们为了追寻罗斯福时期民主党人的脚步而回顾了里根共和党人的努力。[13] 考察的结果是这是又一次失败了的宪法时刻：里根的"革命"不过揭示了动员人民的多数去废除 1930 年代和 1960 年代所确立下来的积极平等的政府观是如何困难。1988 年的总统选举是指标性的，无论是试图重振新左（杰克逊）还是新右（肯普或罗伯逊）的转型性目标的候选人都没有能够获得各自党派的提名。与他们在党内提名中各自所击败的对手相比，候选人乔治·布什和麦克·杜卡基斯的主张更为接近。无论是布什还是杜卡基斯都没有向美国人民提出什么宏大的宪法原则；他们都是聪明而体面的人，许诺忠于职守，并审慎调整社会价值（只是布什以一种比杜卡基斯看起来更显"保守"的方式来进行这种权衡）。布什的胜利意味着一位代表着新右/旧右获胜后的光辉中的总统面对一个新左/旧左的分歧仍在的国会。任何一方都没有理由预期，如果他们拒绝和对方合作，人民会集合起来支持他们。日常政治通常也是非常重要的，正处于上升的态势：政客们在没有来自被动员了的同胞的多数的绝对指引情况下寻求理性的妥协。

这当然是会改变的。但是，就当前而言，探究现代最高法院是如何实现二元制理论标识出的作为最高法院在常规政治下的典型使命的维护者功能就显得益发重要了。

最高法院

在这一介绍性的讨论中，我将集中于现代法院和中期共和国的法

---

〔13〕　参见第二章，第 50~55 页。

院所共享的基本的解释性问题：代际综合的难题。[14]内战以来，最高法院的大法官就再也没有把美国宪法看作建国一代人革命成就的最高表达。他们在努力面对这一宪法所提出的解释问题，认为该宪法已经由不同时代的宪法政治所深刻改变，尽管不是为他们所完全拒绝。

这一后内战时期的规划在 1937 年后发生了大的逆转。正如重建时期一样，新政时期的大法官们见证了民众对于先前宪政体制的一些核心原则的否弃。最高法院眼睁睁地看着原来那些概括了司法对宪法理解的判决——德雷德·斯科特案（Dred Scott）、洛克纳案（Lochner）——经过一番持久和艰苦的斗争被那些选举获胜了的共和党人/民主党人以人民的名义加以推翻了。中期共和国和现代共和国法院在其早先时候的重要任务都是去评估他们所见证了的宪法革命：它意味着对先前的宪法传统的彻底否弃并以 1787 年原初宪法的方式替之以一种新的全面的综合？还是说它只是以宪法性的超级法规的形式对一些规则的修修补补，并没有去触动原先的综合性体制。

现代的职业叙事取消了中期共和国法院和现代共和国法院之间的这种并列关系。由于这一叙事并不承认新政创造了一种新的宪政体制，所以它也没能辨识这两个历史时期的最高法院所面临的解释难题中的共同特征。这使得现代人在面对代际综合困境时无法从其前辈那里汲取什么经验教训。一旦我们剥去再发现的神话，崭新的历史视角就呈现出来：我们可以对中期共和国的大法官们处理重建和大萧条之间的七十年的综合难题所采取的方式和现代共和国的大法官们面对新政后的半个世纪的综合难题所采取的方式予以系统的比较。

法律的道路

由于我们在他们的解释回应中找到了一些让人震惊的相似之处，

---

[14] 参见第二章，第 86～103 页。

这一比较的结果就显得尤其富有成效。与其重建时期的前辈类似，新
政时期的法院拒绝对综合问题采取一种简化的处理。这一时期的法院
认为它既没有获得对整体宪法予以彻底重构的民众支持，也没有制定
一些不改动根本体制的超级法规。与此相应，最高法院将民众对于洛
克纳的财产权导向的法理学的抛弃看作一种具有转型意义的修正，它
表达了美国宪法身份的深刻，但不是完全的改变。和它在重建之后的   115
做法如出一辙，借助于以下做法，最高法院对这一诊断做出了回应。
它捡起了旧有传统中那些还没有为最近的转型所抛弃的碎片，基于最
新的成就对它们予以重组，并将其整合到具有整体性的原则中去。的
确如果我们将为时七十年的中期共和国所走的综合道路和现代法院过
去半个世纪所走的道路加以比较，它们之间的共同的动能就会呈现出
来；在这两个时期，都存在从具体综合走向全面综合的运动。

　　正如我们对中期共和国的概述所揭示的那样，这一运动的推动力
有一部分是时间的流逝本身。在共和国早期，大法官们已经敏锐地感
觉到上一次宪法政治成功运动的粉碎性后果。他们不仅经历了宪法创
造的痛苦，更是参与其中的主角，否则，他们也不会被任命为最高法
院的大法官。和共和国早期大法官们对于上一次宪法解决的活生生的
经验相比，后来的大法官们对于上一代的宪法成就却只能通过书本来
获取。而且，这些法律书籍是上一代人所著，他们本人并没有经历当
时发生的那些重大事件。

　　我认为，正是活生生的经验和书本知识之间的差异导致了中期共
和国大法官们早先所形成的综合的具体化的特征。他们通过对重建时
期的狭义解释，尽量保存他们对于建国时期的书本知识。在他们看
来，内战修正案只是改变了黑人的地位；尽管白人也希望利用这些修
正案，如他们在屠宰场案中表现出来的那样，但是，多数的大法官拒
绝将内战修正案中的国家主义、自由主义和平等主义的精神予以一般

化的推衍，并将其运用到种族关系之外的情境中。这一对于活生生的经历的具体化的定义使得他们用一种完全不同的精神来解释他们关于建国时期的书本知识——作为除了被重建时期的原则所约束的一些具体情形之外一般应当予以遵循的原则的渊源。

116 　　随着时间的推移，这一进路为一种更具全面性的综合进路所代替。随着重建时期的生活经验逐步淡去，把 1868 年的原则看作和 1787 年原则不同的或者说更为狭隘的原则的做法就不再是明智的了。最高法院不再把新的共和国的原则限定在其所由产生的种族关系这一原初情境中，而是逐渐以一种整全的方式把它们和旧有的联邦党人的理想综合在一起，从而在新兴的原则性综合中赋予二者同等的地位。[15]

　　我认为，从具体化到全面概括是中期共和国综合工作的标志。

问题的三边化

　　要理解这一宪法解释方法的流变，我们首先要划分中期共和国法院和现代共和国法院的根本区别。尽管它们都面对代际综合的难题，但是这一问题对现代的司法呈现出更为复杂的局面。和中期共和国的法院一样，现代共和国时期的法官们在判决具体案件的时候也需要面临建国时期和重建时期宪法成就之间的原则性关系问题。诉讼迫使最高法院的大法官们不断地去确定新政时期的原则和他们从建国时期、重建时期继承下来的原则之间的关系。

　　要明白这些新的挑战，首先就需要反思一下新政对于那些已经被接受的源于建国时期的原则的影响。在最初的 150 年中，很少有人怀疑建国时期的联邦党人对私人财产和契约自由赋予了很高的宪法价值。既然新政已经明确无误地放弃了这一建国时期的追求，现代法院

---

〔15〕　参见第四章，第 94～99 页。

就不得不另寻出路，以保存建国理想的碎片，它们经历了民众对财产权导向的有限政府观的抛弃而存留下来。最高法院是如何参与到再解释的复杂行为中的？由于它涉及如何和谐处理我们宪法经验中的第一次和第三次转折的问题，我们把它称之为——三综合问题。

至少从分析的角度言之，这是一个和二—三综合不同的问题。再一次，核心问题是财产权和契约自由。正如我在上一章所指出的那样，[16] 中期共和国的法院正确地强调，内战修正案已经全面地强化了新宪法体制中的那些价值。最显而易见的是，解放黑奴修正案已经彻底改变了黑人奴隶和财产、契约之间的关系。任何人都不能被当作他人的所有物来对待，黑人和白人一样都有权利取得和转让财产。当然，对于那些被残酷压迫了数百年的黑人奴隶来说，这是一种形式的和抽象的自由。当然，第 14、15 修正案赋予非洲裔美国人的比这要多得多。尽管如此，当中期共和国的法院开始综合建国时期和重建时期的宪法意义时，它们仍然强调市场自由的做法并不是武断无据的。

这意味着现代时期的法院在发展一套令人置信的二－三综合的时候，已经规划了其工作。最高法院对重建时期修正案的解释不再以保护每个美国人拥有和转让私有财产为中心。相反，他们对重建时期"平等保护"和"法律正当程序"保障的重述是在后新政时期的世界里进行的，其中，私有财产的所有权和交换不再是核心的问题。那么，这一解释性综合的行为是如何实现的呢？

二—三时期综合的问题要求司法面对共和党人的声音，他们表达了和两个世代以前的建国者不同的政治见解。因此，法院在进行二—三综合的时候，面临的解释问题是不同于一—三综合的。就所有的分

〔16〕　参见第四章，第 99 ~ 102 页。

析性的和实质性的差异而言，现代法院常常发现如果他们没有处理一
一三问题，就不能回答二—三问题。这些反过来就和一—二问题，也
就是协调建国时期和重建时期的持续需求所引发的问题纠缠在一起
了。由一—二—三综合所引发的多重挑战就使得现代法院必须超越中
118 期共和国在解释问题上的狭窄视野。

尽管如此，我们还是从现代法官和中期共和国的先辈们最为接近
且共同分享的对综合问题的处理开始阐述：对建国时期和重建时期的
相互冲突的解释予以协调中体现出来的一—二问题。即使此问题已经
为新政从根本上予以改变。比如说，我们考虑一下一—二问题所引发
的内战修正案与《权利法案》（在早期共和国，权利法案只适用于全
国性政府）之间的关系问题。中期共和国的法院和现代共和国的法院
一样，都选取了"选择性涵摄"（selective incorporation）的道路，只是
对各州课加在他们看来是《权利法案》中最基本的那些内容。在中期
共和国，法院选择第 5 修正案中的征收条款作为其涵摄主义行为 * 的
主要焦点。但是，现代法院必须在新政的背景下重新考虑财产权中心
的适当性问题。他们必须强调《权利法案》中新的面相，如果他们要
在 1930 年代人民抛弃了自由放任原则这一背景下赋予建国时期持久
的意涵，那么就要强调《权利法案》的哪些条款呢？这一原则性的再
解释如何理解？

---

* 参见 Chicago, Burlington & Quincy Railway v. City of Chicago, 166 U. S. 266（1897）。1897 年针对州的征收条款的正式"涵摄"和对"契约自由"的积极保护始于同一年。参见 Allgeyer v. Louisiana 165 U. S. 578（1897）。1897 年对宪法自由中财产以及契约同时出现的积极解释绝不是偶然的。它在民众主义于 1896 年的选举之中试图重新定义宪法议程的时候立马就出现了。在即将出版的《我们人民》系列第四卷《解释》中，这一失败了的宪法时刻和洛克纳法理学之间的关系将会予以详细探讨。

在将财产权和契约自由描述成中期共和国的核心关注的时候，我并非认为，法院对那些现在看来是更为核心的其他方面的自由毫不关心。比如说，请比较 Boyd v. United States, 116 U. S. 616（1886）和 Twining v. New Jersey, 211 U. S. 78（1908）。还可以参见 David Rabbin, "The First Amendment in Its Forgotten Years", 90 *Yale L. J.* 514（1981）。

当然，没有一个具体的案件能够一劳永逸地解决这个问题。最伟大的判决书也只能够梳理出一些方面来加以详细考虑，而其他的方面只能留给其他法院和其他案件了。其实在最开始的时候，这些重大的案件也没有能够决定什么，它们的持久的价值是通过指明新综合问题得以解决的可能方法来实现的。只是到了后来，早些时候尝试性的指示推动了更加自信的司法综合行为——从具体化的解决方法日积月累转变成一种更为全面的理解。

拯救过去：卡罗琳产品案及其之外

就早期的重新定义而言，最重要的努力是在一条脚注之中，它的挑衅性特征使得它在最高法院的历史上声名卓著：卡罗琳产品案脚注四。[17]

为什么是一条脚注？

我们开始于一条脚注的事实本身就具有重要性。[18] 就 1938 年面临的问题而言，对宪法文本来说，相对于沉思新政转型、建国时期和重建时期散落下来的等待最高法院唤醒的那些碎片之间的关系而言，最高法院还有更紧迫的事情要处理。在"及时转向"一年之后，卡罗琳法院仍然在挣扎着适应新政的冲击。

正如我们所知的那样，罗斯福和新政时期的国会并没有通过制定如《宪法》第 5 条所表明的修正案形式去实现宪法原则的成文化。与此相反，总统和国会把它留给了最高法院大法官，让他们通过一系列

---

〔17〕 United States v. Carolene Products, 304 U. S. 144, 152, 脚注 4 (1938)。这一简介性的概述忽略了新政早期综合中的其他有启发性的一些文献：文献很多，比如 Palko v. Connecticut, 302 U. S. 319 (1937)；Erie Railroad v. Tompkins, 304 U. S. 64 (1937)；West Virginia Board of Education v. Barnette, 319 U. S. 624 (1943)。

〔18〕 参见 J. M. Balkin, "The Footnote", 83 *Nw. L. Rev.* 275 (1989)。

转型性的司法判决将新政革命予以判例化，并威胁说除非最高法院接受这一新的宪法责任，否则将包装法院。当最高法院大法官们在 1937 年春天开始著名的"及时转向"的时候，他们开始履行国会和总统赋予的使命。当他们进入 1937 年夏季开庭期的时候，这一新工作几乎还没有开始。[19] 在此后的很多年中，最高法院一次又一次地通过阐释和强化这些新宪法原则表明大法官们已经完全接受了新政的合宪性，而且司法系统已经致力于对这一高级立法的意涵进行肯定性的阐述，从而消除了总统、国会还有选民的疑虑。*

120

正是新政时期法院对这种判例化功能的追求，使得卡罗琳案关于综合的主张被写进了脚注中。卡罗琳案判决的正文延续了此前审期对中期共和国财产导向的宪法自由观的攻击。它再次否认对经济的积极干预损害了根本的宪法价值。因此，该案的多数意见书指出，最高法院认为"存在相关的支持……对日常商业交易产生影响的管制性立法的事实"。只有在这些管制性干预缺少"合理基础"的时候，最高法院才会认为它们是违宪的。[20]

这一阐释对现代共和国的法律有着深刻的影响。卡罗琳案确立的"合理基础"原则被最高法院赋予了和其他具有根本重要性的公式同样的尊重：和建国时期所带来的对"言论自由"的要求或者重建时期"平等保护"的要求一样。后两个公式分别来自于第 1 修正案和第 14 修正案，而"合理基础"公式源于卡罗琳案的事实在现代的法律争论

---

〔19〕 比如参见 West Coast Hotel v. Parrish, 300 U. S. 379（1937）；N. L. R. B. v. Jones & Laughlin Steel Corp., 301 U. S. 1（1937）；Steward Machine Co. v. Davis, 301 U. S. 548（1937）。

* 正如我在下一章中所指出的那样，这一法典化的过程直到罗斯福的第三个任期才结束，这时重组后的最高法院在一系列转型性的判决书中以一致意见抛弃了中期共和国体制的核心前提。比如说，United States v. Darby, 312 U. S. 100（1941）；Wickard v. Filburn, 317 U. S. 111（1942）。

〔20〕 参见 *Carolene*，前注 17，第 152 页。

中并没有功能上的差别。*这三个公式在现代法律意识中都被看成确定和根本的要点。因此卡罗琳案必须被看成现代共和国用来纪念1930年代宪法解决方案的屈指可数的转型案例之一。

121

我将花费更多的时间来讨论司法判决的这种特殊的用途。现在，我对卡罗琳案的著名脚注在代际综合的方向上如何超越其文本更感兴趣。脚注四再次邀请法律人去辨认旧传统中经受最近的宪法革命后的碎片。如何把这些碎片拼接成一个能够公正对待最高法院大法官所见证的最近转型的清晰整体？

具体化的综合

这是中期共和国早期最高法院大法官们问自己的同一问题。恰恰是答案，而不是问题把两个时期的法院联系起来。在每种情况下，早期的大法官们希望通过将最近的转型予以概括并纳入关于生活经验的具体化的范畴，从而挽救尽可能多的书本知识。在两个案件中，一开始的时候，法院都不愿将人民确认其效力的新原则拓展到其被阐述的具体政治环境之外而将其普遍化。就屠宰场案而言，1860 年扫清了种族关系的旧法律；在所有其他问题上，最高法院试图确保它所获得的前一时期的书本知识能够（或多或少地）保持不变，卡罗琳案同样如此。对新政时期的大法官们来说，显然，1930 年代已经扫清了经济关系方面的旧法律。在所有其他问题上，他们的脚注表达了和屠宰场案类似的倾向：不愿意超越罗斯福和新政时期国会所特别关注的"日常商业交易"语境之外加以普遍化。他们的脚注寻找能够表达出下列思

---

* 新政时期最高法院的阐述所具有的广泛影响力提醒我们重新思考下述常见的主张，即遵循先例原则在现代共和国的法律中扮演了不那么重要的角色。当我们揭掉目前掩盖了新政的再发现的面纱之后，我们就发现当涉及新政对积极主义的福利国家的标志性的法典化的努力时，遵循先例原则是格外有力的，甚至于那些号称致力于"制宪者意图"的保守派都拒绝反思这些原则，尽管他们承认这些原则在建国时期的思想中是找不到什么深厚的依据的。参见 Robert Bork, *The Tempting of America: The Political Seduction of the Law* 216 (1990)。

想的方式，即最近的宪政转型还没有完全推翻从建国时期和重建时期保留下来的高级法传统。

说易行难。财产和契约对建国和重建时期的普遍理解具有核心的意义。新的综合行为需要对这些早期的宪法成就进行重新概括，其能够公平对待新政时期对自由放任经济关系的抛弃。就此而言，五十年后，我们仍然赞赏卡罗琳案脚注四的非凡能力，作为灯塔它指出了两条，而不是一条代际综合的道路，其将在未来的岁月中被转化成高速路。

"具体限制"

脚注四的第一段指出，就新政时期对积极干预的合宪性推定"可能"（请注意其中的犹豫）存在一个"较为狭隘的范畴"，当

> 立法从其表面来看就知道是在宪法的具体限制范围内的时候，比如宪法的前 10 条修正案，当我们认为它们为第 14 修正案所包含的时候，它们就都是具体的限制。[21]

核心的意涵在于《权利法案》可以恰如其分地被称之为"具体限制"的列举。一旦承认这点，最高法院就可以对建国时期的财产权和契约自由导向进行手术切除，同时又保留了这两次宪法创造中确立下来的其他价值。

毕竟，如果我们把《权利法案》看成一种列举，而"财产"和"契约"这样的词都没有频繁出现。"财产"在《权利法案》中出现了两次，[22]而"契约"则一次都没出现（由于联邦党人认为它是如此重要，所以他们根本就不会等到1791年《权利法案》来进行规定，

---

〔21〕　参见 *Carolene*，前注 17，第 152 页。

〔22〕　这个词在第 5 修正案中出现了两次，它确保"未经正当法律程序，不得剥夺生命、自由和财产；未经公平补偿，不得为公共使用而对私有财产进行征收"。

而是在宪法的正文里就通过禁止各州"损害契约义务"〔23〕来对其加以
保护）。因此，如果《权利法案》是对"具体限制"的列举，那么，
所有这些限制都不会因为新政抛弃了那种将宪法自由理解成财产导向
的做法而受到任何破坏。为了拯救建国时期这一吉光片羽，"所"要
做的不过是降低"财产"条款的重要性，而这不过是司法重心转向权
利清单中其它条款的司法方向调整的一部分。

犹如法院本身已经指明的那样，显而易见的是，《权利法案》禁
止"建立国教"，禁止"不合理的搜查和扣押"，禁止"残酷的和非
同一般的惩罚"，这些禁止都不比大法官们试图进行边缘化的"财产"
或"契约"更为具体。而且，《权利法案》的正文本身似乎已经断了
卡罗琳案所采取的进路，因为第 9 修正案着重强调，"宪法所明确列
举的权利不能被解释成否认或者损害了其他的为人民所保留的权利"。

但所有这些反对都是不着边际的。在 1938 年，最高法院大法官
们所面临的不是建国者的"原意"问题，而是如何把建国时期整合到
新政革命中的问题。"具体限制"的修辞看起来颇有吸引力，它意味
着法院将《权利法案》分成两个部分：一部分是和财产有关的经由新
政转型而失去了其重要性的"具体限制"；另一部分则是经过了最近
的转型而几乎未受影响的所涉内容更为广泛的"具体限制"条款。

考虑到宪法体系中由于弱化财产和契约而导致的急剧的方向调
整，"具体化"的修辞还另有其重要的优势。它使得大法官可以一种
恰如其分的审慎态度开始其综合的任务。他们不需要去对《权利法
案》在新政之后的持久意涵做出宽泛的宣告，〔24〕而是聚焦于《权利法

123

〔23〕 《美国宪法》第 1 条第 10 款。
〔24〕 最高法院几乎与此同时在它的里程碑式判决 Palko v. Connecticut 302 U. S. 319
(1937) 中开始实践这一更为野心勃勃的综合。我将会在本书稍后部分更集中地讨论帕科案
(Palko) 和卡罗琳案在这方面的关系。

案》清单上的某个"具体"条款的意涵："言论自由"或"不合理的
搜查和扣押"。随着时间的推移，在这些条款之下的新判例逐渐汇集
成更具一般性的模式，而这些模式会形成对建国和新政之间关系的更
为全面的理解。

就实体而言，这一新综合和中期共和国所阐述的那种综合完全不
同。对早期的法院来说，市场经济是作为宪法自由保障的典范式语境
而存在的。而现代共和国时期的法院，则是受《权利法案》"列举清
单"策略的影响，改变了范式语境，表达了在后新政的世界里建国时
期对自由的忠诚所具有的持久价值。

这里有三种综合行为，需要对它们加以区别。第一种涉及刑事程
序。当《权利法案》被看成清单的时候，《权利法案》中大量的内容
124 就可以看成是对刑法的专断运用的约束：限制政府的搜查、扣押、指
控、定罪和惩罚的权力。当然，1930 年代肯定了积极政府的有效性并
没有使得上述对宪法自由的关心变得无关紧要。与此相反，由于公民
已经不再能够通过契约和财产来保护其宪法自由，对宪法自由的关注
相形变得更为重要。我们可以把逐案诉讼的复杂过程化约成一条线：
我们可以看到当代对于刑事程序的强调已经逐渐填补了由于财产和契
约的崩溃而留下的"宪法真空"。[25]

但是这一"清单"策略鼓励现代法院通过其他方式来补偿新政时
期对市场自由的贬低。《权利法案》规定第 1 修正案问题的只有 6 款，
而规定刑事程序问题的第 4~6、8 修正案则约有 15 款之多。尽管如
此，通过把这些相当概括的条款解读成似乎是和财产、契约迥异其趣

----

〔25〕 关于刑事程序宪法化的专门性的文献非常丰富，但是我没有发现将这一专门性的研
究整合到原则发展的更为普遍的模式之中的努力。对于这一突出的差距之间的富有挑战性
的讨论，参见 Howard Gutman, "Academic Determinism: The Division of the Bill of Rights", 54
S. Cal. L. Rev. 295 (1981)。

的"具体"保障，最高法院再一次得以填补那一真空，其中仅有建国时期遗留下来的一些碎片。

让我们从第 1 修正案的要求开始，"国会不得制定法律，设立国教，或限制宗教信仰自由……"一旦我们遵循卡罗琳案，并且认为不得设立国教和宗教信仰自由条款充满了"具体细节"，那么我们就可以在财产和契约被弱化的情形下为能保护私人自由的强有力的宪法语言奠定基础。当然，宗教信仰自由是不同于契约自由的权利，但它们都强调每个美国人在关键生活领域中有权自由生活，免于政府干预。[26]

不过还有可能，在这一广泛的方向转型的过程中最重要的是第三类"具体规定"："国会不得立法……剥夺言论自由"。在早期的体制中，对这一条款的司法解释寥寥无几。[27]这部分是因为它是其他宪法原则实际运作的次生结果。只要市场自由的宪政理想处于上升态势，那么一家出版社的所有者就可以用上升中的财产和契约的宪法语言来表达他们的根本利益。如果面包和牛奶的生产商有宪法权利向任何愿意接受他们价格的购买者出售产品，那么，报纸和图书的生产者岂不是有同样程度的宪法自由吗？限制政府的宪法原则也具有同样的约束力。如果作为有限政府的联邦政府无权管制州内的钢铁生产，那么它也没有权力对报纸的内容进行"事先限制"。

这意味着联邦政府对言论自由的严重侵犯相对来说是比较罕见的——主要地，尽管并不能完全[28]限定于内战前后和第一次世界大

125

[26] 对这一"文本约束"的最新的自由派的运用，可以参见 Michael McConnell, "The Origins and Historical Understanding of Free Exercise of Religion", 103 *Harv. L. Rev.* 1409 (1990)。

[27] 一个有益的修正主义的叙述，它丰富了，但在我看来没有最终损害文本中所体现出来的传统智慧，可以参见 David Rabban, "The First Amendment in Its Forgotten Years", 90 *Yale L. J.* 514 (1981); David Rabban, "The Emergence of Modern First Amendment Doctrine", 50 *U. Chi. L. Rev.* 1205 (1983)。

[28] 参见 David Rabban, 前注 27。

战前后那些病态的日子里。在面临这些挑战的时候，最高法院也没有
能够因为捍卫第 1 修正案的价值而声名卓著。尽管现代共和国的大法
官们不断从早期历史中引用以言论自由之名而进行的司法宣告，但我
们往往不能从多数意见书中找到这些著名的宣言。[29]

　　最高法院的这些压迫性的先例对新政转型而言具有一种预言式的
重要性。思想的创造者不再能够要求赋予财产所有者同样的高位保
护。考虑到联邦政府（*national government*）管制"自由市场"的全面和
持续的努力获得了全新的合法性，这就迫切需要一种关于自由的新修
辞。而正是在这里，"具体列举"可以填补真空。现代法院对新政表
现出了尊重，但同时指出，第 1 修正案所赋予的这些"具体"保障为
"思想的自由市场"提供了特别保护。[30]

　　在探寻言论自由的"具体意义"时，最高法院强调了这一宪法自
由和此前对那些涉及刑事程序和宗教等条款的阐释所具有的不同面
向。在后两个领域中，法院的主要关切是建立两个新的私人领域以代
替被新政所消除了的市场自由。而言论自由案件的主要目的在于维护
公共的，而非私人的自由。最容易被司法部门宣告为无效的政府干预
是那些威胁到政治参与，而不是危及自我实现的私人行为。[31]就有关
126　公众关心的问题表达内心想法的公民权是原则性关切的核心。

　　简而言之，这一"清单"策略提供了一个重要的技术，现代法院

---

　　[29]　比如，参见 Abrams v. United States, 250 U. S. 616, 624 (1919)（霍姆斯大法官，反
对意见书）；Whitney v. California, 274 U. S. 357, 372（布兰代斯大法官，协同意见书）。

　　[30]　这一阐述语出霍姆斯大法官在 Abrams v. United States, 250 U. S. 616, 630 (1919)一
案中著名的反对意见书，尽管就这一观点多大程度上代表了霍姆斯对自由原则的深层追求
完全是可以争辩的，Yosal Rogat & James O'Fallon, "Mr. Justice Holmes: A Dissenting Opinion-
The Speech Cases", 36 *Stan. L. Rev.* 1349 (1984)。

　　[31]　我在这里是用非常宽泛的笔触来加以勾勒的。私人的表达的确也是第 1 修正案所保
护的，只是这些表达的宪法地位相对于那些涉及公民权利的言论自由来说要低些。参见
Laurence Tribe, *American Constitutional Law*, sec 12 ~ 15（"将商业言论整合到第 1 修正案中"）
以及（"对淫秽的持续压制"）（第 2 版，1988）。

借此在后新政时代得以保存建国时期的两个方面。当美国人在市场中进行私人交换的绝对宪法自由崩溃之时，也正是他们免于随意逮捕和刑事起诉的权利，以及她们在政治和宗教信仰方面免于政府全面控制的权利得到巨幅提升之际。除了这些日益重要的私人自由之外，最高法院还用第1修正案的这些"具体细节"来强调政治上的自我决定在私有财产此前所享有的宪法保护已经不复存在的世界里具有深刻的重要性。

迄今为止，我讨论了卡罗琳案具体化这一修辞的运用对现代综合问题产生的一个方面的影响：如何把建国时期对宪法自由的肯定（第一阶段）整合到新政对积极干预的联邦政府的肯定（第三阶段）之中。因此，脚注四强调，如果最高法院认为建国一代人运用联邦政府的那些"具体"限制在被第14修正案的不那么具体的表述"所包含"的时候，它们仍然被看成"具有同样的具体性"。在这样做的时候，新政时期的法院实际上是在中期共和国所开创的道路上继续前进。考虑到中期共和国的法院需要对建国时期和重建时期进行和谐综合时，其采取的是以财产权为中心的方式，中期共和派认为最重要的"具体"条款是第5修正案的征收条款，即"非经正当补偿，不得为公共使用目的征收私有财产"。[32] 考虑到新政对政府干预经济的肯定，这时就需要寻找不同的"具体规定"，作为现代法院综合建国和重建时期的持续努力的焦点——其中最为突出的就是言论自由、宗教信仰自由和刑事程序。借助假定这些条款充满了"具体规定"，最高法院发现调整中期共和国最核心洞察的方向而不彻底抛弃它是可能的。和他们的前辈一样，现代法官也理解，人民在内战之后表现出来的国家主义使得他们可以以一种不同的方式去看待联邦党人的《权利127

---

[32]　参见前注，第118页。

法案》：从此以后，美国人的基本权利不仅不受联邦政府，也不受各
州政府的侵犯。只是这时，和他们的那些以财产权为指引的先辈们相
比，最高法院的大法官们强调的是不同的"具体规定"条款处于建国
和重建这两个时期的综合的中心。

从财产到民主

在 1938 年，法院将从断壁残垣中重生并保持其宪法维护者的使
命不受撼动这一点并不那么显而易见。正如在重建时期对德雷德·斯
科特案（Dred Scott）进行谴责后的那段时期，当时最高法院的首要任
务是在面临民众情感巨大转变的背景下寻找此前传统中值得保存之
物。通过指出除了私有财产权或者契约自由权利之外《权利法案》还
包含了一长串"具体"自由的清单，最高法院敏锐地提出了一个在此
后美国的公共舆论中引起广泛回响的观点。

但卡罗琳案已经远远超越了其最初所肩负的拯救行动之使命。这
一行动在法院对其综合问题的理解演进中到了一个关键的节点。要理
解我的这一观点，考虑一下"具体化"的修辞最多只能够帮助法院来
处理有关综合的三个问题中的两个：在处理——三问题时，《权利法
案》的具体规定直接被引入最高法院努力向其本身（还有）美国人民
所保证的，除了对市场自由的保护之外，还存在大量其他的宪法自
由；在处理——二问题时，这些具体规定是通过重建时期的第 14 修
正案"涵摄"建国者的《权利法案》的这些具体内容这一高度抽象
的法律拟制的方式进入综合中的。在处理这一综合三角形的第三边的
时候，《权利法案》根本就没什么用处了——原因很简单，第三个问
题并没有涉及建国时期和后来的转型发展之间的关系问题。相反，考
虑到新政对财产权导向的自由观的抛弃（阶段三），二——三综合的问
题需要法院解释重建时期修正案（阶段二）的意义。如果要认真对待
这一问题，最高法院就不能避免直面第 14 修正案的高度抽象：保护

128

所有美国人作为美国公民所享有的"特权或豁免"免于侵犯，确保所有人享有"平等保护"和"正当法律程序"。如果这些共和党人的理想不只是容纳了联邦党人《权利法案》中那些被挑拣了的"具体"自由的空洞的容器，那么最高法院就必须提出解释权利意涵的新路子——它和中期共和国的财产权导向的理论根本不同。而正是在这里，卡罗琳案脚注的最后几段有它们自己的贡献。

> 现在也不需要去考虑，那些限制政治过程的立法相较于大部分其他类型的立法应当要基于第 14 修正案的对政府更具普遍性的约束而受到更为严格的司法审查，这些政治过程通常是被期待用来废除不让人满意的立法的。比如对投票权的限制，参见（此处省略了引证案例）；对信息传播的限制（此处省略了引证案例）；对干预政治组织的限制（此处省略了引证案例）；对和平集会的限制（此处省略了引证案例）。

> 我们现在不需要考虑对于那些针对具体的宗教、民族或者种族上的少数群体的法规的审查标准（此处省略了引证案例）；也不需要考虑针对隔离而孤立的少数群体（discrete and insular minoritles）的偏见是否是一个具体因素，其倾向于严重损害通常作为少数群体之保障的政治过程的运作，这样一来也就需要一种与其相对应的更为严苛的司法审查（此处省略了引证案例）。

和这一判决书的其他内容一样，在上述引文中介绍的这些阐释尤其是关于隔离而孤立的少数群体的阐释在现代法律在此后半个世纪的发展中具有异常重要的影响。[33] 我们在这里的目的不过是作一简介，

---

〔33〕　这里最重要的文献是 John Ely, *Democracy and Distrust* (1980)。

而无需考察这些具体原则性阐述的意义和价值。[34]

其重要性可能还要更为深刻，那就是脚注四在后新政的时代里尝试调整重建修正案的意义的非凡努力。因此，脚注四没有提到中世纪共和国的"平等保护"观——保障每个人都平等地拥有私人财产权和财产使用方面的契约自由。[35]与此相反，它提出了一个新的生命领域作为平等关切的中心问题，这就是政治的结构问题。当然政治一直都是重要的，但它的重要性在现代积极国家中被提高到前所未有的高度。奉有限政府和财产保护为神圣的宪法原则并没有限制在政治上占据支配地位的团体以一种有利于他们的方式对资源进行分配。相应地，政治在后新政的体制下成为核心的战略论坛。个人和团体如果想保护和推进他们自身的利益，就必须积极参与州和联邦的政治生活。考虑到这一事实，思索现代政治是否能够以一种和重建时期对平等的确认相兼容的方式被组织起来就变得异常重要。

卡罗琳案不仅提出了关于内战修正案政治方向的重新调整，还以一种尤其宽泛的形式来思考政治过程。尽管脚注四强调应当向所有公民平等分配参与政治过程——投票、信息等——的关键份额，它也指出仅仅确保政治参与中各人输出的公平性是不够的，法官还必须审查日常政治输出的结果。和中期共和国的大法官不一样的是，现代共和国的大法官们不再担心政治权力可能被用来剥削有产者阶层。与此相反，他们重新调整了第14修正案的核心关切，用它来保护"隔离而孤立的少数族群"免于多数派的"偏见"。再一次，最高法院在新政已经成就的深刻转变的背景下承担起维护重建时期的平等追求的使命：他们在让富人自求多福的同时，指出第14修正案对平等的关切

---

[34] 我在"Beyond Carolene Products"，98 *Harv. L. Rev.* 713 (1985) 一文中提出了原则性的批评。

[35] 比如说参见 Adkins v. Chilren's Hospital，261 U. S. 525 (1923)。

在现代管制国家的分配政治中具有一种更深刻的意涵。

结 论

我们通过将脚注四中所运用的修辞策略——第一段中所运用的
"具体规定清单"和最后几段中的"平等式民主"策略——加以并置
比较来结束本章的讨论。[36] 这一比较暗示了我试图顺序讨论的解释范
式中的规模广泛的运动。在我看来，"具体规定清单"是新政对传统   130
加以粉碎的经验所导致噩梦的公开透明的回应。考虑到财产和契约在
我们共和国头 150 年的核心位置，人民对它的决定性的抛弃导致法院
面对的是缺少对宪法自由加以组织的碎片。那么，应当如何通过把这
些散落的碎片和被抛弃的中心分离开来，并确保大部分具体的宪法保
障能够经受住最近的民意革命而保留下来，从而更好地保持高级法的
传统？

这一具体化的综合形式和卡罗琳案脚注四中结尾段落中的解释性
建议形成对比。因此，焦点在于组织宪政的理想，而不是"具体的"
公式。关键的建议在于，平等式民主观可能及时取代自由市场的理
念，从而作为宪法自由的全面基础；而我们也可能开始把我们宪法的
高级法传统看成和这一无所不包的价值相关联。正如这一原则解释的
过程向我们所展示的那样，平等式民主制的某些方面究竟是在建国时
期、重建时期，还是新政时期（或者其他什么时刻）进入我们的宪法
并不怎么重要。与此相反，关键的目标在于实现全面综合，从而表明
过去的危机和转型可以更好地被理解成民众为平等式民主而进行奋
斗，无论它是如何的不完美和不彻底。

而这显然对于一个简单的脚注来说已经远远超出了预期。在多大

---

〔36〕 路易丝·腊斯基（Louis Lusky）解释了卡罗琳法院用脚注方式将这些分离的主题引
入现代宪法的历史语境。参见他的 "Footnote Redux：A Carolene Products Reminiscence", 82
Colo. L. Rev. 1093（1982）。

程度上，这一脚注的早期预言在现代共和国的历史中已经得以实现？我们在多大程度上需要超越卡罗琳产品案而继续前进？

　　我把对这一问题的持久回答放在这一系列著作的另一卷里，[37] 通过着手处理其他几个具体案件——布朗诉教育委员会案和格里斯沃德诉康涅狄格州案——中的综合问题来结束本章的讨论。

---

〔37〕　一些初步的讨论，参见我的 "Beyond Carolene Products"，前注 34。

第六章
解释的可能性

认真对待案件

上一章我们结束于新政时期法院所面对的罗斯福新政留下的粉碎性后果，这一章的故事开始于后来的两个重要时点。我首先讨论的是现代最为重要的判决：布朗诉教育委员会案；然后我们的讨论会从 1954 年直接跳到 1965 年：这时布朗案关于种族平等的呼吁已经最终获得了总统、国会和美国选民的持续支持。沃伦法院在巩固其平等成就的同时，在格里斯沃德诉康涅狄格州案中发起了一项新的宪法动议，它帮助催化了 1970 年代和 1980 年代的政治动员。到这时，斗争才开始关注宪法上的隐私权，尤其是涉及性自由方面的隐私权。

种族平等和性自由的理念在其哲学正当化和原理阐述方面都是完全不同的。但是，当我们后退一步，看看宪法过程的问题，这两者之间的类似之处就显现出来了。这两个案件中，最高法院大法官们都动摇了在这个国家具有深厚民众基础的传统价值，他们被指控是将属于

131

美国东部自由派势力的但没有宪法解释保障的价值观强加于人。在这两个案件中，最高法院的支持者们实际上也通过把大法官们描述成道德领导人从而隐约承认了这一指控；在这两个案件中，认为最高法院应采取法律形式主义进路的人给予的评价都很低，他们试图寻找能够支持这两个有争议判决的更好的理由。

我希望把人民和法律继受的这些模式置于宽泛的宪法语境中。这包含两个部分：首先是把判决看成宪法政治的行为——能动主义的大法官为现代美国提供了道德议程，而这一道德议程是选举产生的政客们缺少勇气将其带入美国政治生活之中心的。就这一政治进路而言，关键问题不在于判决解释上的有效性，而在于大法官道德观的内在价值以及最高法院借助它得以成功（或未能成功）地使得它的政治宣言被接受的政治过程的内在价值。我最终会拒绝这一观点，我希望去做的远不止是说服你同样去拒绝它。即使你坚持这种政治解释，这一部分所勾勒出的一般进路也使得你赋予它一种历史的和理论上的规训。

这一方面的推进建立在头两章的基础上——它们勾勒了二元民主制的主要特征以及变化的过程，借助它 18 世纪的联邦党人、19 世纪的共和党人，还有 20 世纪的民主党人都以人民的名义创造了新的高级法。我会利用这些历史先例为政治解释提供新的视角：也许沃伦法院试图引导美国人民走向新的价值观的努力和此前由新政时期的总统、重建时期国会引导美国人民的实践具有惊人的相似之处？可能这些相似性具有足够的说服力，以致可以得出结论，这些法院引导的变迁相对于重建时期国会和新政时期总统为人民代言的行为而言，其合法性毫无逊色。

也许未必如此。当你把沃伦法院的主张和重建时期的国会和新政时期的总统相比，我相信你会对布朗案还有格里斯沃德案的政治解释非常不满。这种不安会促使你以一种新的严肃性去考虑可能的替代性。我们能还是说应该把布朗案和格里斯沃德案理解成有效的——甚至深刻的——宪法解释行为？

这一次我会把我的观点建立在前三章的讨论上。我的主张：当我们把布朗案和格里斯沃德案看成内战之后的屠宰场案中开启，并由新政之后的诸如卡罗琳产品案的判决所调整的综合解释规划的延续，就能够更好地理解这两个案件。与其说问题出在法官身上，还不如说出在评论者的身上。它们耗费大量时间和精力去重写布朗案和格里斯沃德案，而不是去深化最高法院在解释方面的洞察。

布朗案和格里斯沃德案作为宪法政治行为

但是，首先我想去探寻那条还没有走过的路：难道所有这一切有关解释合法性的讨论不是掩盖了布朗案、格里斯沃德案，还有沃伦法院和伯格法院其他判决的本质吗？难道它们的重要性不是在别的地方，而是在最高法院向现代美国人提出一个道德和政治的议程，呼吁美国人民去倾听他们内心深处那个更优秀的自我的声音吗？对，这些判决构成了宪法政治，对此视而不见，令人困惑。

就当下而言，我会承认这一前提，并且首先去考虑我们的观点如何澄清了对最高法院的政治分析，其次讨论为什么二元论的分析也让我们警惕不要过快地对合法性解释的"神秘化"做法表示鄙夷。那我从最明显的地方开始吧：我并不否认现代共和国的根本价值在宪法政治的成功实践中自有其依据。我的问题在于，当我们用过去那些伟大的历史刻度来进行衡的时候，必然会发现最高法院在布朗案和格里斯沃德案中的判决并不是产生于这样的时刻，其中被充分动员了的人民要求我们的根本法要进行根本的改变。

133

比较一下最高法院在对布朗案进行判决时候的政治环境和 1860、1930 年代的政治环境。在这两个早期时刻，这些未来的经由国会或者总统的宪法立法者们已经从选民斗争的现场得胜归来，在这场斗争中，保守派的反对者们试图召集选民来反对在他们看来具有潜在危险性的改革。选民们不仅没有把这些警告放在心上，而且把这些创新者们都选上位，并允许他们主张自己从人民那里获得了"命令"（mandate）。

这并不是说宪法制度就使得 19 世纪的共和党人或者 20 世纪的民主党人所宣称的人民赞成他们的动议这一行为马上就被接受了。民意展现出来的对他们的最初支持只是把宪法建议提上了需要加以严肃思考的议程。在这些宪法改革派获得足够的权威，以主张我们人民已经做出了支持他们的转型动议的审慎判断之前，还需要和政府中比较保守的分支（1860 年代是约翰逊总统所领导的，1930 年代则以旧派法院为代表）进行经年的宪法辩论。

1953 年的政治情景已大不相同，当时布朗案正起诉到最高法院。厄尔·沃伦大法官完全意识到，艾森豪威尔总统的当选并非意味着一场具有进取意义的宪法改革的兴起。与此相反：在一代人对宪法改革的热切参与之后，由于经济危机和世界大战的消耗，美国人民回归到政治参与的日常轨道。

将其与中期共和国的发展加以对比是不同寻常的。在 1860 年代的高度动员之后，美国人民求助于一位战争英雄——尤利西斯·S. 格兰特——他的政治观点是模糊不清的，而且他在 1868 年的竞选过程中也拒绝对其加以澄清，反而选择回家了事。[1]格兰特缺乏政治观点在共和党的领导人中众所周知。很多人相信如果有更理想的共和党人

---

[1] William McFeely, *Grant: A Biography* 280~84 (1981).

能够赢得这场选战，他们将会抛弃格兰特。共和党之所以推出格兰特，是因为他们不愿意承担推出一位更理想的候选人将会败选的风险。将一位战争英雄选进白宫，至少不会危及此前艰苦努力获得的宪法成就。格兰特是不可能引导人民走向进一步宪法改革的，他的当选至少使得普通政治得以继续，而不会对由三条共和党人提出的宪法修正案加冕的新体制的前提进行深入的让人痛苦不堪的辩论。

艾森豪威尔的当选具有同样的意义，它标志着现代体制的正常化。两党的温和派都寻求对于实践问题的无偏私解决，而不是去挑战前一代人已经奠定下来的宪法前提。和格兰特一样，艾森豪威尔也是战争英雄，他也没有什么突出的政治观点，这使得他既可以作为一位民主党候选人，也可以作为共和党候选人来参加总统竞选。〔2〕和1860年不同的是，支持新体制的政党拒绝提名战争英雄作为他们的总统候选人：他们选择了斯蒂文森作为候选人，他允诺要继续新政的传统。而反对派则更加务实，共和党人不愿意再次激起像1930年由于提名　　135
"共和党先生"——罗伯特·A. 塔夫脱而带来的那种激烈的意识形态斗争。他们也不愿意再冒诸如被新政所彻底粉碎的风险，于是转向了艾森豪威尔——一位不会领导对现代的能动政府进行正面攻击，但是愿意在国内事务方面对新实践加以制衡的人物。

所有这一切在首席大法官厄尔·沃伦的眼中一目了然，他由于在共和党的全国大会上支持艾森豪威尔，反对塔夫脱从而获得了位置。〔3〕当沃伦的眼光从总统移到国会的时候，他发现通过宪法对种族主义加以攻击的被动员了的支持证据也是让人失望地少得可怜。的

---

〔2〕　1948年杜鲁门向艾森豪威尔提出杜鲁门-艾森豪威尔总统选举搭档的建议，1952年艾森豪威尔迟迟不宣布他是共和党人，以期希望不仅赢得共和党，而且赢得民主党的提名。参见 Elmo Richadson, *The Presidency of Dwight Eisenhower* 11~22 (1979)。

〔3〕　围绕着沃伦被提名为最高法院大法官的氛围的讨论，参见 Richard Kluger, *Simple Justice* 657~65 (1979)。

确，艾森豪威尔也没有把要求立刻回到卡尔文·柯立芝和赫伯特·胡佛时代的共和党人大量填充到政府位置上去。[4]无论他们来自何党何派，国会中的大多数人都不希望退回到新政时期。

但是，当问题是对种族主义进行积极的国家干预时，国会的共识就分崩离析了。北方的民主党人包含一些民权的强有力的支持者，但他们领导党派的努力就引发了来自南方的严重反叛。[5]考虑到南方民主党人在一些关键的国会委员会中占据着不可撼动的席位，只有动员了的群众运动才足以鼓舞进步的民主党人和共和党人克服南方人对新民权立法的巨大抵制。在布朗案一次又一次的争论当中，有一件事情是清楚不过的：这样的群众运动还不存在。至少从短期来看，最高法院如果通过判决强力将种族问题推到美国政治的中心，这么做的结果将会分裂以现代共和国的政治支持为基础的民主党。[6]只有时间会告诉我们这一真空是否会为种族平等的新运动所填补；以及脆弱性在艾森豪威尔的胜利中暴露无遗的分裂的民主党是否会为不同的政治力量所取代。

参议员约瑟夫·麦卡锡带来的威胁是最为明显的。无论我们在回顾的时候会怎么说，1950年代的早期，反共的十字军动员了相当多的各个层面的公民支持。正如我们所知道的那样，这一运动没有能够克服来自国会和总统的持续增强的机构抵制。麦卡锡参议员动员民众，

---

〔4〕 关于艾森豪威尔在1952年没有能够使得反新政的人员成功抢到国会的多数议席的讨论，参见 Elmo Richardson，前注2，第21~22页。

〔5〕 最突出的就是在1948年总统大选中南方民主党的反叛，参见 James Sundquist, *Dynamics of the Party System* 272~77 (1983)。

〔6〕 1949到1954年众议院投票模式的统计表明，对于新的民权立法的支持逐步弱化，这是来自北方的民权支持者在国会中议席减少的结果。Gerald Marwell, "Party, Region, and the Dimensions of Conflict in the House of Representatives, 1949~54", 61 *Am. Pol. Sci. Rev.* 380~99 (1967). 1950年代南方的民主党人主导了参议院和众议院的关键委员会的席位，她们积极利用其影响力阻止民权立法，使得它们根本就无法进入议程，民权立法的前景就越发黯淡了。James Sundquist, *The Decline and Resurgence of Congress*, 182~87 (1981)。

以得到更大支持的努力，尤其是 1954 年的军队—麦卡锡听证会导致了他的倒台。逐步地，麦卡锡时期对于传统宪政价值的破坏在此后一代人*中逐渐得到了修复。但是所有这一切在 1952 年和 1953 年，大法官们在一次次地考虑布朗案的时候都还不是很清楚。[7]

为了防止可预期的误解，我并不否认布朗案之前的 10 年对于民权运动的成功也是至关重要的。最突出的是，全国有色人种促进会及其法律援助基金会获得了重要的组织上的成就，并且获得了许多政治和法律上的胜利。[8]在另一层面，战争还有北方的移民都改变了黑人社区的经验，赋予它新的领导力量和政治权力的新基础。[9]最后，反对希特勒的战争以及美国作为"自由世界"领导人的地位，都迫使对白人中的种族主义信仰和实践进行会引起波动的再评估：美国怎么能一方面在国际上号称为自由世界而战，另一方面却在国内否认黑人享有宪法自由?[10]如果我要去探寻现代民权运动之根源，那么所有这一切，还有很多其他方面都需要加以讨论。

但这不是我的目标。这本书关注的不是美国历史上为每一次成功的宪法运动铺设了舞台的长达几个世纪的社会、政治和哲学变迁的过程。我所聚焦的是这样的过程，借助它每一次运动最终都从日常政治的背景中摆脱出来，从而占据了宪法舞台的中心。就此而言，1954 年和重建时期的共和党人以及新政时期的民主党人最初赢得把他们的动

---

　　*　尽管其方式并不是尽其可能去修复由麦卡锡运动所毁了的具体生活。

　〔7〕　关于麦卡锡主义在 1952～1954 年间对总统和国会政策的巨大影响，参见 Richard Rovere, *Senator Joe McCarthy* (1960) 以及 Robert Griffith, *The Politics of Fear* (1970)。

　〔8〕　参见 Mark Tushnet, *The NAACP's Legal Strategy Against Segregated Education*, 1925～1950 (1987)。

　〔9〕　两本专著中的杰出讨论，参见 Gunnar Myrdal, *An American Dilemma* (1944), 以及 William Wilson, *The Truly Disadvantaged* (1987)。

　〔10〕　参见 Mary Dudziak, "Desegregation as a Cold War Imperative", 41 *Stan. L. Rev.* 61 (1988)。

议置于宪法议程的那些时段根本就不具可比性。这些早期的运动显露出一些迹象，它们意味着美国人民已经被动员起来，思考一种根本的宪法变迁。而1950年代的民权运动还远未达到这样的阶段。

137 这对二元制民主派来说是一个关键的区别——华盛顿的精英们随心所欲地假装自己是在为人民说话，二元民主派对此了如指掌。作为根本原则，二元主义者坚持认为，政治精英们只有通过在政治动员中的长期努力才能获得这样的权力。如果我们把这些上了年纪的白人绅士也看成政治家，他们不过是在用"宪法解释"作为迷惑人的障眼法，那么厄尔·沃伦和他的朋友们身披黑袍这一事实并不会改变什么。倘如此，那么将布朗案看成宪法政治的实践这一诱惑一直存在又是为什么呢？

这是因为我们有一种回溯宪法历史的根深蒂固的倾向。无论在1954年时，布朗案作为一种突破的可能性是多么的不确定，布朗案最终的确扮演了催化剂的角色。法院最后也没有被南方的抵制和北方的漠不关心这两块巨石挤扁压碎。布朗案成为了象征，黑人、白人、不同肤色的人们被动员起来形成反对制度化的种族主义的持续升级的政治斗争。在1950年代，随着时间的展开，这一动员种族正义的诉求在广泛公民中引发了深层次的回应——这使得1960年代中期的总统和国会最终将1950年代中期饱受攻击的司法宣言转化成1964年和1968年的《民权法》以及1965年的《选举权法》。作为其结果，布朗案最后拥有了这样一种司法权威，我认为，这种权威是和那些表达了我们人民深思熟虑的判断的法律文本相联系的。

这一回溯式的经典化迷人过程的本身就值得研究：它也提供了一个重要的理由，为什么今天的司法机关把布朗案看成一个拥有决定性宪法权威的判决，与1950年代最高法院在布朗案中宣布"以尽可能审慎的速度推进"种族融合时布朗案拥有的分量相比，它今天所拥有的分量要远大得多。[11]尽管如此，这并不意味着，沃伦法院在事后获得了动员了的民众的成功支持，向我们提供了理解布朗案在 1954 年判决时的钥匙。

　　而这一假设恰恰是政治解释的核心。就此而言，我们应当把布朗案看作政治预言式的令人鼓舞的行为。这是在预言这个词的两个层面上来讨论的。它之所以是预言性的，一方面，因为它对不义的批评是受到道德真理的深深鼓舞而进行的；另一方面，因为最高法院多多少少预言到它的道德批评会为政治上的成功所证明。

　　如果这一二元的预测能力提供了理解布朗案的钥匙，那么该案就可以作为类似事件的先例：性自由在道德上已经获得解放了吗？美国人已经学会了摆脱维多利亚式道德主义的束缚了吗？好吧，让我们的大法官开始其指示的道德课程吧。或许有人会认为，最高法院在宣布格里斯沃德案的时候所处的政治环境和 1954 年宣布布朗案时候的政治环境是一样的。正如在布朗案之前的 10 年见证了对种族主义的广泛的道德批评一样，在格里斯沃德案之前的 10 年也见证了对于传统性道德的深刻批判。在这两个案件中，道德问题早已超越了千万人在餐桌上的无组织的闲谈漫语，而采取了一种组织化的形式——诸如有色人种促进会法律援助基金会和家长节制生育联合会等团体，在法院进行决定性干预之前就已经赢得了许多重要的法律胜利。但是，正如 1954 年一样，格里斯沃德案的法院并没有站在一次可以和重建时期的共和党人以及新政时期的民主党人在广度和深度方面相比拟的转型运动的潮头。

　　可以认为，相较于 1954 年，1964 年的沃伦法院面对的政治运动的挑战要小得多。最高法院对格里斯沃德的判决是在我们时代最成功

138

─────────────

〔11〕　Brown v. Board of Education（II）349 U. S. 294（1955）.

的宪法运动的背景下进行的：林登·约翰逊赢得了白宫，马丁·路德·金在大街上获得支持，美国人民正在重塑和扩大宪法对种族平等的许诺。实际上，我们可以将 1965 年的民权运动作为一个当代的标尺，用以衡量最高法院期望能够对格里斯沃德案进行回应的动员的支持程度。林登·约翰逊在参议院里为家长节制生育联合会的奋斗并没有十年之久；而且他在选举中对巴里·格尔德沃特的压倒性胜利并不能使他在这些问题上宣称获得了人民的授权；家长节制生育联合会也不能证明美国民众的被动员了的许诺已经到了马丁·路德·金曾经达到的程度。[12] 和布朗案一样，对格里斯沃德案的政治解释意味着最高法院在现代美利坚共和国中扮演了预言者的角色。

我毫不怀疑，最高法院这种预言式的解释在现代法律职业中具有深刻的根源。它在一些现代最重要的法学学者那里也得到了表达——亚历山大·比克尔、罗伯特·伯特、弗兰克·米歇尔曼以及麦克·佩里都以他们自己的方式从不同的重要方面表达了这些预言式的主题。[13]

但是，从预言的角度去理解布朗案和格里斯沃德案，对普通人来说终究是难以追随的行为。让 9 个人自信地去找寻授权他们改变美国社会的道德真理，是很困难的事情；当这 9 个人是 9 位上了年纪的法律人，他们和美国的喧嚣生活相隔离的时候，要由他们来决定其动议是否会被人们回以尊重、漠不关心还是导致暴力的反弹就变得益发困

---

〔12〕 下面是一本当下的著作对这一处境的历史描述："当 1964 年《民权法案》通过的时候……美国的妇女既没有联合起来，也没有有效组织，心理上也没有准备好去有效推动该法律的实施。"Frank Graham, *The Civil Rights Era* 207 (1990). 格雷厄姆 (Graham) 著作的第 16 章有效地把现代妇女运动的兴起和最高法院的法理学特性之改变联系起来。

〔13〕 参见 Alexander Bickel, *The Least Dangerous Branch* (1962); Robert Burt, "Constitutional Law and the Teaching of the Parables", 93 *Yale L. J.* 455 (1984); Frank Michelman, "The Supreme Court, 1985 Term-Forward: Traces of Self-Government", 100 *Harv. L. Rev.* 4 (1986); Michael Perry, *The Constitution, the Courts, and Human Rights* (1982).

难了。当然，这些顾虑在那些有关预言的文献中并没有被忽视。它们产生了丰富的技术，一个预言式的法院得以借此和更广泛的大众进行一场持久的对话，并由此产生普遍的共识。尽管如此，这一研究传统的最重要的贡献者——亚历山大·比克尔—却越来越怀疑是否有任何一个法院有能力掌握所需的那些技巧。[14]

我同意比克尔后来的很多质疑，我的反对不限于实效问题。法院的预言观和二元民主制原则是完全不兼容的。即使法院成功赢得了民众的默许，这种自上而下的转型和二元民主制所称许的自下而上的转型也是相冲突的。引导人民朝各个方向去寻找新颖的和更高的价值不是法官的特别职责。这是公民们的任务，他们在花费了大量的精力之后，也许成功地获得同胞中的多数人经过审慎考虑后的支持。法院擅长干的事情是在公民们没有被动员起来争取更伟大的宪法成就前的公共生活的漫长岁月中去维护此前人民主权的成就。

当然，有的时候，扮演维护者角色的法院也会激发一场新的指向未来的运动，这是我对布朗案的看法。尽管如此，在这些法院成功地提供一些新运动看来是具有启发性的宪法象征的开心例子中，如果这一成功使得律师们忘记了下述事实，那它就充满了悲哀的反讽。这一事实就是，尽管法院在维护美国人民在过去所取得的成就问题上具有独一无二的地位，但其他的公民们能更好地引领美国人民走向美好宪政的未来。

在我们接受对布朗案还有格里斯沃德案的预言式解读之前，出于谨慎，我们还是先讨论下作为预言式解读之替代的解释。

140

---

〔14〕 可以比较一下他的三本著作，相对乐观主义的 *The Least Dangerous Branch*，前注 13；焦虑的 *The Supreme Court and the Idea of Progress*（1970）以及灰暗的悲观主义的 *The Morality of Consent* 1～30（1975）。

预言还是维护？

在进行从宪法政治到司法解释的这一转变时，我将拾起贯穿前三章的一个核心主题。我在上述章节中主张，现在的职业叙事阻碍了对将现代共和国的法院和此前的法院区别开来的解释问题的充分理解。通过把新政看作完全没有任何创新性的、主导性的再发现的神话，使得我们根本不可能去阐述，更不要说澄清现代法院处境的独特面向——它必须使得我们的宪法是合情合理的，而这部宪法的意涵是通过建国、重建和新政这三代人的努力而获得的。我试图借助于指出再发现的神话已经阻碍了法律职业对布朗案、格里斯沃德案的判决书中解释特征的承认，而让上述观点变得熟悉起来。

综合，修正

我们回忆一下已经展开的那些论点。[15] 现代的法律人仍然为再发现的神话所限制，他们只承认两次改变宪法体制的行动：建国和重建。上述两个时期的叙事导致他们必须面对代际综合这一现代问题——如何去协调重建修正案中的国家主义、平等主义和自由主义，以及建国时期表达出来的更为联邦主义的理念之间的关系？

一旦我们从再发现的神话中走出，并承认一个三阶段的叙事，就会意识到现代综合在本位上是三边事务。考虑到新政获得对积极干预的全国性政府的压倒性的民众支持，那么只是把建国时期（阶段一）和重建时期（阶段二）并列起来加以讨论的双边做法是完全不够的。
141 我们还必须面对另外的两个问题：第一个问题是——三综合，建国时期建立了一个有限权力的全国性政府，而新政却承认官僚机构持续干

---

[15] 参见第四章，第 86 ~ 103 页；第五章，第 113 ~ 130 页。

预经济和社会生活的合法性，这二者之间如何协调？第二个问题则是二—三综合：20世纪对干预政府的认可需要对共和党人的重建时期理想做一个怎样的再诠释？

　　一旦我们认真对待这些问题，布朗案还有格里斯沃德案的判决就获得了新的意义。在这两个案件中，最高法院都把我们刚才指出的两个问题推到了台前。布朗案通过思考第14修正案对公立学校——新政积极为实现公共福利而运用国家权力的象征——的意义而阐述了二—三综合的问题。格里斯沃德案则是通过解读《权利法案》，在一个经济管制和社会管制的后新政时期确保建国者对个人自由的关切仍然被重视的方式来直面一—三综合的问题。和我们大多数人相比，最高法院的大法官们一直在不断地和宪法解释的一个核心问题相斗争，那就是宪法是人民主权在18～20世纪的行使之综合产物。

　　实际上，如果我们认真解读布朗案和格里斯沃德案，就会发现最高法院在解释方面走的道路和它的前辈们并无差别。我们对中期共和国的描述强调了最高法院综合实践的能动特点。[16] 考虑到重建带来的粉碎性后果，大部分法官采取一种具体主义的进路以开始他们的综合事业，将最近的转型看成只是和种族问题有关。当重建时期的直接经验逐渐褪去，法院就开始采取一种更为全面的进路，试图在同样抽象的层面上解释建国和重建的意义，并且把它们的深层含义整合到原则性的整体中。我们发现从布朗案到格里斯沃尔德案，都存在同样的运动轨迹：格里斯沃尔德案表述了对综合问题的更为全面的理解。当然，我之所以能够发现一个从具体主义的综合朝向全面综合的运动也有可能是因为我选择用来进行细致分析的两个案件的结果。如果我的解释是成功的，那么它们将鼓励我们去对其他的现代案件加以再解

142

――――――――――

[16]　参见第四章，第94～99页。

读，从而测试、丰富和修正我的假设。

门槛问题

在继续我的观点之前，个人之间的谈话向我提出了一个初步的反对意见："如果二阶解决方法的叙事在法律职业的理解中是如此普遍，那么为什么众人之中的法官突然会想到存在一个三阶综合的必要？"坦率地说，对于这个问题我还没有完全想明白，[17]但我的答案有两点：首先，大法官们绝大部分是实务家，他们并不会鄙视学院派学者或者政治理论家对于很多显而易见的问题的漠不关心。而且，更为明显的是，新政所建立的这样一个无所不包的全国性政府对美国政治生活的运作前提有着普遍的影响。因此，大法官们无需别人向他们指出存在着调和现代政府的积极主义原则和 18 世纪和 19 世纪的宪法遗产之间关系的需求。

我答案的第二点是我的主张需要进一步打磨。尽管我们看到大法官们在为现代综合问题而绞尽脑汁，事实上他们还没有发起对作为问题核心的二阶叙事的全面攻击。他们对二阶叙事的不足的洞察是断续的，而且是由具体案件中的具体实施所形塑的。如果大法官们继续探究，我们也无法期待他们能自动自愿地沿着这条路继续往前。除非其他人能够继续这一法院提出的综合问题，并以这些问题本身所值得的严肃性来对待它，并且为这一持续的对话做出贡献，我们才能期望法官能够与时俱进，用一种与日俱增的洞察来面对综合解释的问题。

---

〔17〕 一个建议性分析可以参见 Martin Shapiro, "Fathers and Sons: The Court, the Commentators, and the Search for Values", in *The Burger Court: The Counterrevolution That Wasn't* 218, (V. Blasi, ed. 1983)。

布朗案作为解释性综合

的确，如果布朗案[18]被看成一种预言式的表述，也只是一种微弱的修辞学的表达。沃伦首席大法官显然没有运用《独立宣言》或其他的伟大文本来对种族平等进行压倒性的道德声援；他也未能提供一幅未来美国的动人图景——最终摆脱种族仇恨和压迫这一沉重负担。布朗案采用的是标准的司法判决形式（出于对它的非同一般的读者群的考虑，摆脱了部分的，而不是全部的普通的法条主义）。关键的问题是遵循先例的合法性问题：在多大程度上，最高法院受到1896年普莱西诉弗格森案的约束，[19]该案宣告对黑人与白人的"隔离但平等"政策是合宪的。沃伦拒绝利用布朗案作为工具来谴责作为一般宪法原则的"隔离但平等"的做法。他把自己限定在公立学校：这里提出的问题不是普莱西案是否应当被推翻，而是普莱西"是否对公立教育不适用"。[20]

法院的回答也不乏法条主义："'隔离但平等'的原则在公立教育中没有位置。"[21]为了得出这一结论，沃伦转向了常规的法律渊源：第14修正案制定者的意图，以及普莱西案之后的判例法发展的路径。也许最让人吃惊的地方在最高法院运用社会科学的证据来证明种族隔离对黑人小孩的影响。但是这也不是什么新鲜事，最高法院第一次接受当时还是律师的路易斯·布兰代斯提出的类似的社会科学的陈述已经是五十年前的事情了。[22]而且，"科学的"证据在这里

[18] Brown v. Board of Education, 347 U. S. 483 (1954).
[19] Plessy v. Ferguson, 163 U. S. 537 (1896).
[20] *Brown*，前注18，第492页。
[21] 同上注，第495页。
[22] 参见 Muller v. Oregon, 208 U. S. 412, 420 及注释1 (1908).

被用来支持法院认为是显然之事：种族隔离"对有色小孩的确存在负面的影响"。[23]

总而言之，布朗案站在了我们在面对建国、重建还有新政时会去重新找寻的文献——比如 1780 年的《联邦党人文集》、[24]1860 年的《国会通讯》以及 1930 年罗斯福总统的公开演讲[25]——的对立面。上述文献都包含了面向人民的激动人心的呼吁，与反对派领导人从法条主义角度提出的反对意见做斗争。与此比较的是，布朗案是一个法律主义"冷却"这一争论的努力，而不是一种民粹主义或者预言式的为争论加温的努力。它并没有号召全国人民动员起来参加到新一轮的宪法政治中去；它试图确立的是，已经到了美国人民遵守他们在过去已经确立的那些法律原则的时候。

在我看来，布朗案的平淡无奇成为了最高法院的预言使命支持者不满情绪的潜在来源——他们更渴望的是厄尔·沃伦能够预见马丁·路德·金博士十年后，在完全不同的政治氛围中发表"我有一个梦想"的伟大讲演。更让人讶异的是，这个判决让那些法条主义倾向者也大为不满。在这个判决的接受史上，一个关键节点就是赫伯特·韦克斯勒教授 1959 年在哈佛法学院的霍姆斯讲座。韦克斯勒教授是他们时代顶尖的法律学者，将其一生都致力于进步的法律改革运动。但他没有发现什么原则性的办法能够去正当化布朗案："我倾向于总是（有办法的），但是我承认还没能想出是什么办法，对我来说，要写出来的最大挑战就是这些学校隔离的案件。"[26]在这样的讲坛上由这样

144

---

[23] *Brown*，前注 18，第 494 页。

[24] 比如参见《联邦党人文集》第 40 篇，第 252～54 页（J. Madison）（C. Rossiter ed. 1961），以及本书第七章的讨论，第 173～175 页。

[25] 这些文献会在本系列第二卷《转型》中予以详细讨论。

[26] Herbert Wechsler, "Toward Neutral Principles of Constitutional Law", 73 *Harv. L. Rev.* 1, 34 (1959).

一位教授表达出这样的焦虑引发了布朗案支持者的大量回应——每位支持者都试图提出一种和沃伦的观点不同，并且能够经受住韦克勒斯批评的理由。[27]

悖谬的是，这些回应的活跃与火力恰恰证明了韦克勒斯对布朗案的评价不高是有道理的。显然，甚至于布朗案的支持者也必须超越沃伦的有限努力以向敏于思考的律师们证明其合理性。这不是我在这里所采取的进路。相较于绝大部分的支持者，最高法院注意到为什么法律本身要求废除公立教育中的"隔离但平等"的政策之具体的解释学原因。

这个判决的难题在于代际综合的行为，明白承认需要整合两个历史阶段的宪法意义以获得有效判决。第一个阶段当然就是重建时期：尽管面对来自保守派反对者的激烈反对，共和党人仍然成功地引导美国人民拥抱"法律的平等保护"，这一事实说明了什么？不过，沃伦也警告，重建时期只提供了部分答案：

> 当我们面临这个问题的时候，我们可以把时钟拨回 1868 年，当第 14 修正案通过的时候，甚至拨回 1896 年，当普莱西诉弗格森案宣判的时候。我们必须通盘考虑公立教育在美国生活中的全面发展和它在当下的位置。[28]

这一有意识的对 1860 年的超越往往被看成对预言式使命的拥抱：正是在这里，最高法院宣称，以往的宪法过于拘谨，因此需要将新的价值赋予美国人民。

但这一解释只有在二阶的叙事框架中才是合乎情理的。要理解这

---

〔27〕 比如可以参看以下不同的回应，Charles Black, "The Lawfulness of the Segregation Decisions", 69 *Yale. L. J.* 421 (1960) 以及 Louis Pollak, "Racial Discrimination and Judicial Integrity: A Reply to Professor Wechsler", 108 *U. Pa. L. Rev.* 1 (1959)。

〔28〕 *Brown*，前注 18，第 492～493 页。

一观点，我们需回顾一下，最高法院拒绝遵守诸如普莱西这样的先例必须给出的毫无争议的理由。最经典的理由来自于此后的宪法修正案。比如说，在沃伦写作布朗案判决书时德雷德·斯科特案[29]的地位问题。无论坦尼法官禁止黑人成为美国公民的判决在 1857 年是如何优点众多，但是在 1868 年，当重建时期的共和党人制定第 14 修正案之后，这一判决已经彻底名誉扫地。沃伦的附带意见书所提出的问题是，我们是否能够在 1896 年～1954 年之间找到类似的宪法转型：在 20 世纪上半叶，我们人民有站出来发声并决定性地否决了普莱西案对重建时期的解释？

考虑到占主流地位的再发现神话，答案显然是否定的。毕竟，这一时期所制定的那些修正案和种族问题都是毫不沾边的：所得税修正案（1913 年）或者妇女普选权修正案（1920 年）和普莱西案的推理有什么关系呢？难怪法律圈子中，并没有把沃伦的附带意见书当作思考代际综合问题的邀请。一旦修正我们的叙事，认为新政时期在宪法具有创造性的面向，沃伦的附带意见书就变得意味深长：最高法院是在和当前官方的二阶故事做斗争吗？新政对积极政府的确认是否像重建时期对国民身份的确认一样，推翻了德雷德·斯科特案一样推翻了普莱西案？

当我们脑海中萦绕着这些问题的时候，最高法院的判决看起来不再像是预言的蹩脚实践了。它是典型的二－三综合：解释了像普莱西对第 14 修正案的解释为什么不再和新政之后确立起来的基础性前提是不一致的。为了探究这一解释性的假设，我会以一种比沃伦首席大法官更加详尽的方式去探讨普莱西案中的观点。

普莱西案对积极国家的假设

奇怪之事：普莱西案的判决书是由亨利·B. 布朗执笔的。剥掉

---

[29]　Dred Scott v. Sandford, 60 U. S. （19 How.）393 （1857）.

包装，直抵核心，布朗大法官为最高法院的判决给出了两个基本理由。第一个理由是：

> 修正案的目标，毫无疑问是要确保两个种族在法律面前的绝对平等，但就事物的性质而言，它的目的不可能是消除肤色带来的差别，或者去实现和政治平等不同的社会平等，或者去实现一种对任何一个种族来说都不令人满意的融合。[30]

就这一理由，我想谈两点。

首先，这种观点在当时就是错误的。这是哈兰大法官在普莱西案著名的反对意见书中采取的路线。[31] 1954 年首席大法官沃伦提到了一些不同的事情：20 世纪宪法的发展给了他一些哈兰法官在其反对意见书中批评普莱西案的时候仍然欠缺的新理由。

一旦我们开始反思 1930 年代的宪法成就，沃伦的自信看起来就是有道理的。显然，旧法院的确致力于否认新政有权追求"和政治平等完全不同的社会平等"，这是 1930 年代宪法争论的主要基调。一旦新政时期的法院授予国家权力去保证退休金或最低工资，布朗法官对社会平等和政治平等之间的区分就不再站得住脚了。考虑到新政法院对积极主义政府的支持，沃伦法院几乎就没有去回应上诉人的诉求，其基础是重申布朗法官信心满满的主张，"事物的性质"使得政府不应对社会不平等采取什么措施。

布朗大法官为"隔离但平等"辩护的第二个理由也没被接受：

> 我们认为原告主张中存在一个潜在的错误，那就是假设强迫两个种族分离将会在有色人种身上刻下低人一等的烙

147

---

[30] *Plessy*，前注 19，第 544 页（1896）。

[31] 同上注，第 522 页（哈兰大法官，反对意见书）。

印。即使如此的话，那也不是由于这个法律中的任何条款而导致的，而是有色人种自己对法律做了这样的解读。[32]

这第二个理由将普莱西案对政府能动主义的反动带到了更深刻的——有人会说是形而上学的——层面。布朗大法官看来是否认法律能对社会现实的建构起作用。种族隔离的法律对黑人进行了污名化，是因为"黑人自己选择对法律做了那样的解读"。政府不应该为这些"选择"负责。请注意布朗大法官在这里为论证观点而采取的一种极端方式：法律的公开意涵不是政府决定和社会群体"选择"之间互动的结果；污名"完全"是和政府无关的"选择"的产物。政府与此全然无关。

无论这种法律观点在 1896 年是如何的言之凿凿，在 1930 年之后，它在司法上已经完全站不住脚了。新政法院承认在美国社会，政府是各个社会群体在做出"选择"的过程中的积极参与者。在 1930 年代，这一观点主要是通过对政府干预市场行为的关键性的合法化来实现的。工人或老人不再在由市场提供的那些贫乏的"选项"中进行选择。而且，这一新政的核心要点也是和布朗大法官的种族观的现代评价是息息相关的：一旦新法院承认了国家在"自由市场"中形塑"选择"的积极角色，沃伦法院就不能重复普莱西案中对所谓的"原告主张中潜在错误"的分析。*

---

〔32〕 同上注，第 551 页。

　* 在该案中，法院在另一引人注目的段落中也重复了对积极政府的反对："这一主张还假定，社会偏见可以通过立法来克服，黑人的平等权保障只能通过强制的种族融合来实现。我们反对上述观点。如果两个种族在社会平等的基础上相互交往，那么它一定是自然的相互吸引的结果，对彼此优点的欣赏以及个人之间的相互同意的结果。"Plessy v. Ferguson, 163 U. S. 537, 551 (1896). 这样的观点忽视了这一事实，普莱西案中的这个法规并没有让种族隔离成为个人选择，而是通过法律要求实行种族隔离。布朗大法官的评论使得这点变得更加清晰，但是，普莱西案在理论上对自由放任理论的深切追慕在一个世代以后的诸如洛克纳这样的案件中再次出现。

公立义务教育从两个方面挑战了"选择"的修辞。首先，免费公 148
立学校是对下述观念——是否让孩子处于无知状态是父母选择的问
题——的长期挑战。其次，义务教育假定孩子们还无法依据充分的能
力和信息去"选择"他们应该要进学校还是去别的地方接受教育获取
知识。难道"公立学校"不是这样的一个地方吗？政府的雇员对孩子
们进行有关社会现实的"真理教育"，而无论是不是这些孩子们"选
择"去那里的。

尽管义务教育和洛克纳时期对选择的修辞之间的紧张关系，公立
教育运动在 20 世纪的前几十年中获得了巨大的进步。正如沃伦正确
强调的那样，[33]在普莱西案宣判的 1896 年，公立学校还在襁褓之中：
许多富裕的州连最低限度的充分教育都没有提供，在南方各州，甚至
普遍教育的原则都没完全被认可。当下一个世代取得巨大进步的时
候，[34]公立教育在中期共和国的法律中仍然是宪法上的异物。只要中
期共和国在大量的经济领域中仍醉心于自由"选择"的修辞，法院就
会把公立学校看作在契约自由、征收以及正当程序条款下发展出来的
更具一般性的宪法原则的有限度的例外。[35]

就新政而言，公立学校具有了一种新的象征意义，它们不再是
奇怪的，而是能动政府全新承诺的典范。[36]之所以有此实践，恰恰
是因为无论是白人还是黑人的孩子都没有办法对社会现实做出信息
充分的"选择"。实际上，公立学校的存在本身就意味着州会紧密
涉入老师对孩子们进行的有关种族隔离的教育中。在这一积极干预

---

〔33〕 *Brown*，前注 18，第 489 ~ 490 页。

〔34〕 参见 Wrigley, "Compulsory School Lawys: A Dilemma with a History", in *The Crusade Against Dropping Out* (J. Simon and D. Stipek eds. forthcoming 1991)。

〔35〕 比如说，参见 Pierce v. Society of Sisters, 268 U. S. 510 (1925)。

〔36〕 甚至于义务教育最严厉的现代反对者都没有质疑州政府强迫进行最低义务教育的权
力。参见 Wisconsin v. Yoder, 406 U. S. 205, 224 (1972)。

国家的背景下，布朗大法官所主张的种族隔离的法律对黑人进行的
污名化"是因为黑人选择把这一解释强加在自己身上"这一观点才
是古怪的。

任何一个法院在1930年代对积极干预国家的肯定之后，都不
会去重复布朗大法官支持"隔离但平等"的理由。作为一个二一
三综合问题，布朗大法官的观点已经从其根本上名誉扫地。

就布朗案论布朗

相比于很多年以后一些学者提出的"改进"意见而言，沃伦首席
大法官代表最高法院所写的判决书要高明得多。这一判决书开始了关
键的综合点：普莱西案以来，20世纪的发展已经损害布朗大法官解读
"平等保护"的解释基础。

沃伦并不是通过直接反思新政对积极干预国家的肯定所具有的意
义而走到这个关键点的，这一全面综合的努力要等到此后诸如格里斯
沃德案才出现。首席大法官发现了表达他的综合型洞察不同的方法。
他讲了一个关于有待判决案件中的具体制度的故事：公立学校。在他
看来，公立学校不再是中期共和国反对中央集权的假设的不合常规的
例外。它恰恰成了现代共和国对普遍福利的积极干预之追求的有力
象征：

> 在今天，教育可能是国家和地方政府最重要的功能。义
> 务教育法和教育的巨大开支都证明了我们对教育在民主社会
> 中具有的重要性的承认。教育是我们履行最基本的公共职
> 责，甚至于在军队服役所必需的前提。教育还是良好公民的
> 前提。今天，教育是唤醒儿童文化价值的重要工具，是让他
> 们为未来的职业生涯做准备的重要工具，也是帮助他们调整
> 自己面对环境改变的重要工具。如果一个孩子没有获得教育

的机会，那么他要在生命中取得成功的可能性就变得微乎其微。这样的机会，如果州有义务去提供，就成了一种必须向所有人平等提供的权利。[37]

公立学校原来是宪法上的异物，却变成了宪法的典范——一旦公立学校已经象征性地转变成这样——最高法院运用它来表达有关综合的直觉：

> 就种族隔离而言，美国历史难以下最终结论的原因在于公立学校在当时的地位。在南方，由公共税收所支持的公立学校还没有出现……甚至在北方，公立教育的条件和今天也是不可同日而语的……义务教育还不为人知。其结果是，毫不奇怪的，在第 14 修正案的历史上，几乎找不到将其目标意图和公立教育结合起来的内容。[38]

150

沃伦试图将 19 世纪对"平等保护"的肯定，以及 19 世纪对守夜人国家的潜在忠诚分离开来。无论布朗大法官在普莱西案中是怎么想的，各州的官员把黑人孩子弄到种族隔离的学校里，却说黑人孩子"低人一等"的感觉是他们自己"选择"的产物，因为"有色人种选择了这样一种（低人一等的）解读并强加给自己"是荒谬的。

而这恰恰就是布朗案向布朗大法官提出的问题：国家而不是孩子必须承当责任，因为学校里的种族隔离"造成了他们的地位低人一等的感受，这种感受永远都不可能改变……普莱西诉弗格森判决中任何与此相冲突的表述都应被推翻"。[39]考虑到 1930 年代对守夜人国家的

---

〔37〕　*Brown*，前注 18，第 493 页。
〔38〕　同上注，第 490 页。
〔39〕　同上注，第 494~495 页。

彻底抛弃，最高法院在布朗案中推翻了布朗大法官的判决是正确的，这一点还有什么可以怀疑的呢？在积极国家的全新秩序中，学校里的孩子们的种族不平等感是公共责任，而不是私人选择问题。沃伦法院推翻普莱西案件是正确的解释性综合，而且它的正确性是如此的无可置疑。

解释格里斯沃尔德

我选择格里斯沃尔德作为第二个案例研究是因为最高法院的动议在法律社群中又遭遇了类似的命运。和布朗案一样，这个案件被普遍看成现代法院从解释走向预言的运动的标志——这一次代表的是性自由。[40] 和布朗案一样，如果我们不嫌解读大法官们的意见烦劳，就会得出不同的看法。这些意见书把我们指向解释性综合。不过这一次，最高法院对跨世代问题的洞察变得更加清晰，它进行综合的努力更少地具有具体主义的特点。我们对一个朝向全面综合的运动投下一瞥，这一点和中期共和国的法院所走过的道路存在类似之处。

151

格里斯沃尔德提供了一个上佳的测试性案件，它在表面上和布朗案天差地别。和布朗案对国家在反对种族不平等战斗中的急剧角色扩张相反，格里斯沃尔德强调的是需要对积极干预国家的野心予以限制——通过承认宪法上的隐私权利。如果格里斯沃尔德代表了预言式的新道德

---

[40] 比如说参见 Louis Henkin, "Privacy and Autonomy", 74 *Colum. L. Rev.* 1410, 1420 ~ 423（1974）（"无论教授们如何评判道格拉斯大法官……结果是清晰的……现在存在隐私的宪法权利"）；Thomas Kauper, "Penumbras, Peripheries, Emanations, Things Fundamental and Things Forgotten: The Griswold Case", 64 *Mich. L. Rev.* 235, 252 ~ 54（1965）（"accordion-like"）；Ira Lupu, "Untangling the Strands of the Fourteenth Amendment", 77 *Mich. L. Rev.* 981, 994（"隐私领域魔幻的神秘之旅"）。对麦克·佩里（Michael Perry）来说，格里斯沃尔德案关于隐私权的解释是如此荒唐，以至于他在一个脚注中用一句话就把它打发了。参见 Michael Perry, *The Constitution, the Courts, and Human Rights* 172, 注释 18（1982）。

进军的开始，那么沃伦法院选在 1965 年开始这一和布朗案方向完全相反的进军也是很奇怪的。

在有的人看来，这样的"不协调"恰恰肯定了司法领导力不可避免的政治性。[41] 而我则希望通过认真对待综合这一工程而消除上述所谓的"矛盾"。当布朗案和格里斯沃德案作为代际综合的实践时，它们是互补，而非相冲突的。它们都是对同样根本问题的深层回应：新政中的美国人民所赢得的宪法价值转型。这两个案件对此的回应是，寻找新政和美国各个时期的历史成就之间的关系。布朗案，如我们所看到的那样，是一个二—三综合的案件，它聚焦于 19 世纪对"平等保护"的要求在一个现代世界里的积极国家中的命运；格里斯沃德案则表现出在综合问题上不同的优先考量。埃斯特尔·格里斯沃德起诉康涅狄格州这一事实意味着，作为形式问题，这个诉讼和第 14 修正案有关。但是，最高法院并没用利用这个案件来考虑重建和美国历史中其他重要转折点之间的深层关系。最高法院满足于根据此前的案件，宣告第 14 修正案使得建国者的《权利法案》中的一些根本原则也适用于各州，但它并没有一步探究其他可能的综合。* 如果将重建时期作为背景，那么法院就可以注意到三边综合中的另一边：建国时期对个人之关切和新政对积极干预政府的肯定这二者之间的关系。*

152

---

〔41〕 对这一观点的系统性发展，参见 Mark Tushnet, *Red, White, and Blue: A Critical Analysis of Constitutional Law* (1988)。

* 于是，埃斯特尔·格里斯沃尔德是位女性的事实并没有使得法院去考虑平等保护原则的可能适用。比如说，参见 Catharine MacKinnon, *Feminism Unmodified* 93 ~ 102 (1987)。同样，最高法院也没有考虑重建时期的自由主义面向或者探讨第 13 修正案中表现出来的共和党人对自己所有 (Self-ownersrip) 关注的现代意涵。参见 Andrew Koppelman, "Forced Labor: A Thirteenth Amendment Defense of Abortion", 84 *Nw. L. Rev.* 480 (1990)。

* 有些案件试图有意识地利用这三次宪法的转折点，以期形成新的原则性综合。这些案件可以称之为——二三案件。最为重要的是思考法院如何与时俱进地面对这些问题，以及它的回应是否合理。比如说，试比较 Gideon v. Wainwright, 372 U. S. 335 (1963) 和 McCleskey v. Kemp, 481 U. S. 279 (1987)。

要厘清——三综合的问题，我们先回顾一下新政破坏的最为严重的建国时期的遗产。[42]那就是联邦党人试图把宪法对个人自由的承诺和契约、私人财产的修辞联系起来。建国者们对契约的评价如此之高，以至于把它规定在宪法的正文中，当时他们认为不需要去规定一部巨细靡遗的《权利法案》。出于对进一步列举权利的民众诉求的回应，第5修正案包含了反对政府在没有公平补偿的情况下征收财产的明确内容。根据18世纪的标准，财产和契约是有关自由的宪法语言的根本。

这就为现代法院留下了难题。考虑到新政带来的积极干预主义，此前用财产和契约的语言所表述的个人自决这一建国时的价值还有多少能够留下来呢？如果这样理解，问题就变得和布朗案类似了。正如沃伦法院将重建时期对平等的肯定和19世纪的自由放任的假定区分开来，它也可能把建国时期对个人自由的肯定和财产/契约的框架区分开来，新政之前个人自由是嵌入在这一框架中的。我的观点：格里斯沃德案最好被看成布朗案式的和被抛弃了的中期共和国的前提假设相脱离的关键环节。

为了使这一比较变得更有说服力，我必须补充一个事实，中期共和国的最高法院并没有讨论节制生育的问题，它也没有像之前在普莱西案中正面面对种族问题那样去正面面对它。无论我们对普莱西案有

----

[42]　新政时期重新定义了建国者对政府权力的界定。积极干预的国家合法性已经完全压倒了1787年所设想的政府的三个分支所具有的决策权能，这就导致了对这三个分支和正在兴起的行政国家机器之间的新型关系的阐释。比如说可以比较最高法院多数意见在 INS v. Chadha, 462 U. S. 919, 946 – 59 (1983) 案中对1787年的关注和反对意见书对1937年的关注（怀特大法官，反对意见书）。还可以参见 Note, "A Two-Tiered Theory of Consolidation and Separation of Powers", 99 *Yale L. J.* 431 (1989)（把 Chada 看成对新政时期授权给行政管制机构的宪法转型的回应）。随着综合难题的这一面向在过去的十来年里日益获得司法的关注，大法官们似乎对于新政所留下来的第二个根本结构问题——在积极国家的时代，州和联邦之间的关系问题——已经（暂时地）绝望。比较 Garcia v. San Antonio Metro. Transit Auth., 469 U. S. 995 (1985) 和 National League of Cities v. Usery, 426 U. S. 833 (1976)。

什么样的说法，它至少给了我们一个明确的靶子，辨识出了反对中央
集权的假设，这一假设为 20 世纪积极干预的美国政府的胜利所粉碎。　153
既然在当前的案子中并不存在类似的靶子，我的讨论就从一个思想的
实验开始：一个洛克纳时代的法院如何面对埃斯特尔·格里斯沃德的
宪法保护请求？一旦我们建构了假定的靶子，就可以去评估，在多大
程度上，道格拉斯大法官在格里斯沃德案中的意见和沃伦在布朗案中
的意见一样，是对后新政世界里的解释性综合这一明确需求的回应。

格里斯沃德和契约自由

　　假如说家长节制生育协会没有等到 1930 年代末就开始在法院对
康涅狄格州的节制生育法提出了一系列漫长的挑战，设想一下，如果
诉讼开始于 1923 年——当桑格夫人 * 第一次以康涅狄格州节制生育联
盟的名义主张废除该法的时候〔43〕——那么，在当时存在她能利用作
为其支持的观点吗？

　　答案是显而易见的。但是这些观点和我们在道格拉斯大法官 1965
年在格里斯沃德案的意见书中发现的观点是不同的。1923 年法医学的
挑战是说服最高法院将洛克纳案所肯定的契约自由拓展适用于家长节
制生育协会为那些自愿的受众提供节制生育服务的努力。毕竟，如果
洛克纳案中的面包师都拥有受宪法保护和他们的雇主缔结契约的自
由，那么，为什么不授予已婚夫妇和节制生育协会同样的缔约自由？
至少，这是在这一虚拟案件中，律师可以向中期共和国的法院提出的
有力问题。

　　这并不是说他们稳操胜券。洛克纳法院用一系列的例外筑起了自

---

　　*　山额夫人（Sanger, Margaret）（1883～1966），美国节制生育运动领导人，曾在中
国宣传计划生育。——译者注

　　〔43〕　参见 Dale Carpenter, "Revisiting Griswold: An Exploration of Its Political, Social and Le-
gal Origins", 5（未公开出版的高级论文，耶鲁学院，1989 年 4 月 16 日）。

由主义原则的篱笆，其中的一个例外是"保护公共道德"。考虑到性的贞洁在传统道德中扮演的角色，多数意见很可能会根据这一"警察权力"所构成之例外而宣告康涅狄格州的反避孕法是合宪的。尽管如此，当家长节制生育协会在 1939 年开始为其诉讼造势的时候，它对类似洛克纳案的援引的确成功地说服了康涅狄格州的一个基层法院推翻了这一州的法律禁令。[44]甚至于康涅狄格州最高法院在 1940 年宣布维持该法的时候，其投票的结果是3:2。[45]

到家长节制生育协会说服美国最高法院听取上诉的时候，1/4 个世纪已经过去了。到 1965 年，格里斯沃德的律师是在民众抛弃 1930 年代的契约自由的大梦初醒的背景下对他们的辩护进行了重构。他们不但没有援引洛克纳案，反而把这两个案件进行了区分。他们的辩护词的绝大部分内容都在主张，新政革命涉及的是经济管制问题，并没有破坏对于"基本人权"的洛克纳式的保护。[46]对"隐私权"宪法保护的讨论出现在辩护词的结尾部分，好像是事后想起才加上去的。[47]最高法院完全不能回避与新政的转型有多彻底这一综合问题的照面。我们把新政转型解释成它完全消除了此前以契约自由的语言加以表述的建国时期对私人自由的确认；还是说法院可以做到维护建国时期的这一允诺而同时又不去损害后新政时期政府管制"自由"市场的权威？

154

[44] 参见 Brief on Demurrer to Information, State v. Nelson, 第 47~48 页（1939）（存档于 Whitney Library of the New Haven Colony Historical Society, Box 2, Folder F）；以及 The Brief for Planned Parenthood Cited Cases Like Allgeyer v. Louisiana, 165 U. S. 578（1897）, and Liggertt Co. v. Baldridge, 278 U. S. 105（1928）。

[45] State v. Nelson, 11 A. 2d, 856（1940）.

[46] Brief for Appellants, at 22, Griswold v. Connecticut, 381 U. S. 479（1965）. 这一建立在实质正当法律程序基础上的主张在一份 96 页的答辩状中位于第 21~78 页。

[47] Brief for Appellants, at 22, Griswold v. Connecticut, 381 U. S. 479（1965）, 第 79~89 页。

格里斯沃德的综合进路

由于辩护状提出了这些综合问题，所以大法官们以一种比他们在布朗案中更为有意识的方式去面对它们。尽管布朗案中沃伦的意见书在现代的积极干预国家的背景下解释了 19 世纪对"平等保护"的要求，布朗案并没有为 1930 年代在这一解释学视角的变化中的角色进行定位。相应地，最高法院只是从它面临的公立教育这一具体问题入手讨论了积极国家的兴起。借用一个文学批评的术语，公立教育在布朗案中的作用相当于转喻式的占位符号（*metonymic placeholder*）：正如白宫的历史可以作为表达总统制兴起的比喻，沃伦利用公立教育的历史来阐述福利国家的兴起。

这种具体化的综合对格里斯沃德法院没有什么用处。它一开始就着眼于 1930 年代的宪法斗争："法庭上很多主张的弦外之音暗示洛克纳诉纽约州案应该成为我们的指引。但是正如我们在西海岸旅馆公司诉帕里什案（1937 年伟大转型的代表性案件之一）所做的那样，我们拒绝这样的建议。"[48]再发现的神话本身的地位问题成了关键：最高法院是继续把整个洛克纳时期看成由胡作非为的法官们所主导的悲喜剧式的错误；还是说有可能在中期共和国和现代共和国之间看到一点解释上的连续性，尽管存在由新政的"及时转变"所代表的伟大突破？

道格拉斯在这里进行了关键性的转变，他把中期共和国的法院看成是在参加一项有效的解释事业，而现代的法院在试图对建国时期的原则进行合乎情理的理解时，可以从这一解释性的事业中学习获益。道格拉斯非但没有将整个洛克纳时期抛弃一旁，与此相反，他提出了一个精细区分的观点。他把诸如洛克纳这样的保护经济关系中私人安

155

---

[48] Griswold v. Connecticut, 381 U. S. 479, 481~82 (1965)（此处省略引证）。

排的案件和诸如格里斯沃德这样的保护更为私密的生活世界里的隐私
的案件加以区分：

> 婚姻就是两个人走到一起，它可能美好，也可能很糟
> 糕，但都渴望天长地久。婚姻带来的亲密关系到了神圣的程
> 度。它是这样的一种结合，改善了生活方式，而不是生活的
> 理由。它是生命的和谐，而不是政治信仰；它是一种双方的
> 忠诚，而不是一种商业或社会性的工程。它是这样的一种结
> 合，和我们一生中最高贵的那些决定具有同等的高贵。[49]

婚姻是"一种双方的忠诚，而不是一种商业或社会性的工程"。
尽管新政得到了人民的支持，政府有权管理有关社会普遍福利的"工
程"，道格拉斯还是拒绝对新政的先例进行过于宽泛的以至于把"双
方的忠诚"也纳入政府管理范围的解读。这样一来，他就可以将婚姻
标示出来，作为从建国时期继承过来的自由这一持久的宪法价值的
再现。

为了支持其主张，道格拉斯提出了一个对中期共和国进行更为细
致区分的观点。他"再次确认"1920 年代两个洛克纳式的判决，将
其中一个描述成保护家庭"在家长选择的学校中让小孩受教育的权
利——无论这个学校是公立的、私立的还是教会的……"另外一个则
是赋予"在私立学校中学德语的权利同等的尊严"。[50]同样地，最高
法院也充分解读了它在 1886 年所判决的博伊德诉美国案（Boyd
v. United States），[51]将第 4、5 修正案描述成保护"'个人住所还有他的

---

〔49〕 Griswold v. Connecticut, 381 U. S. 486，第 486 页。

〔50〕 Griswold v. Connecticut, 381 U. S. 482～483. 最高法院再次予以确认的两个案件是
Pierce v. Society of Sisters, 268 U. S. 510 (1952) 和 Meyer v. Nebraska, 263 U. S. 390 (1923)。

〔51〕 Boyd v. United States, 116 U. S. 616 (1886).

私生活'免受任何政府侵犯"。[52]

基于这种被重新发现的和中期共和国大法官们之间的连续性，道格拉斯探讨了隐私权的宪法价值如何在现代赋予《权利法案》以合理意涵的努力中成为了主题。通过浏览第1修正案以及《权利法案》管制刑事程序的诸多要求，道格拉斯发现隐私权赋予这些具体的条款"生命和实质"。[53]对隐私的这一不断再现的关注反过来为建国时期文本本身的全面解读提供了基础： 156

> 诸多保障创设了隐私的领域。有如我们已经了解到的那样，第1修正案的边缘地带的自由结社权就是其中的保障之一。第3修正案禁止在和平时期未经户主之许可在"任何民房内"驻军的规定就是隐私权的另一面向。第4修正案明确肯定了"人民之人身、住房、文件与财产，不受无理搜查与剥夺之权利"。第5修正案中反对自证其罪的条款使得公民创设出一个政府不得强迫公民以有害自身的方式放弃的隐私领域。第9修正案规定："本宪法列举之若干权利不得解释为对人民固有之其他权利之排斥或轻忽之意。"[54]

格里斯沃德案的核心是综合性解释的行为——将建国时期的文本和新政的转型进行整合的努力，并且使得我们演进的遗产的这两部分都合情合理。道格拉斯反对具体化的进路，这种进路把《权利法案》看成一系列毫无联系的规则。[55]道格拉斯把这些规则看成对一种更为抽象的建国价值的表达——尽管经历了两个世纪的转变和风

---

〔52〕 *Griswold*，前注48，第484页。
〔53〕 同上注。
〔54〕 *Griswold*，前注48，第464页。
〔55〕 参见第五章，第122～127页。

雨，这些价值仍然保有其宪法意涵。在进行这样全面综合的努力时，他发现"当下的这个案件涉及的关系在那些根本的宪法保障所创设的隐私的范围之中。而且该案件还涉及这样一部法律，该法禁止使用避孕套，但没有对其生产、销售进行管制，该法通过对（婚姻）关系产生一种毁灭性影响的方法去实现其目标。这样的法律是站不住脚的……"。[56]

合唱：协同意见和反对意见

157　我们可以通过对比该案的多数意见书和协同、反对意见书来看出法院判决的明显特征。本案有3份协同意见书、[57] 2份不同意见书，我不可能在这里公平对待每一份意见书。关于协同意见，在这里只需指出，没有一份像多数意见书那样细致地对待综合问题。而且也没有一份协同意见书从洛克纳开始讨论，并去探寻在它被抛弃之后，大法官们能够找到运用和1930年代所抛弃了的那些概念和语境不同的内容，去再现建国时期对于个人自由的追求。协同意见书没有去强调——三综合具有的中心性，反而勾勒了一种更为开放的探究，法院漫步其中，广泛讨论了宪法价值的实质。

相应地，两位异议者——布莱克和斯图尔特大法官——直面道格拉斯提出的综合挑战。和多数派意见一样，他们也承认要对格里斯沃德案进行判决就必须要厘清1930年代宪法转型的意义，只是他们对新政提供了一个比多数派意见更为宽泛的解释。在他们看来，1930年代不仅抛弃了"商业和社会领域"中的私人秩序的宪法价值。这实际上相当于拒绝了这样的看法，即生活的某些领域可以和积极干预的国

---

[56]　*Griswold*，前注48，第485页。

[57]　对于那些注意数学运算的人来说，3份协同意见书加上2份反对意见书并没有使得最高法院的多数意见书难产——那些加入了戈尔德伯格大法官协同意见书的大法官们也加入了最高法院的多数意见书。

家之普遍管理相隔绝。基于这一政府集权的解释，美国人民在 1930 年代不仅授权其政府对血汗工厂进行管理，而且授权州政府自由选择在生活的所有领域里进行管理。任何对新政的更狭义的司法解释的努力将为"同样的自然法……以及在洛克纳诉纽约以及其他名誉扫地的判决中的哲学"所败坏。[58]

将其推到极致，这种国家集权主义的解释意味着对常规政府的所有宪法约束的终结，但是两位异议者也没有这样的极端。和多数派一样，他们也看到了将新政整合进包含建国时期和重建时期的更宽泛的叙事的需要，只是他们主张用一种不同的精神去解读这些早期的宪法方法。道格拉斯大法官把建国时期的《权利法案》看成更广泛的综合的一部分——它提供了可以和现代积极国家的关切相协调的宪法原则。与此相形对比的是，异议者支持国家干预，他们对《权利法案》的解读和劳尔·伯格对第 14 修正案的解读是一样的——它是一部包含了形形色色的有其确定和相对而言直接意涵的"具体禁止的"[59]超级法规。[60]只要这个获得了新授权的积极干预的国家没有违反这些"具体规定"中的任何内容，异议者就会维持受到挑战的法规。

就这种——三进路综合而言，阶段一的意义已经被化约成一系列具体的超级法规，阶段三时候新政的胜利已经被鼓吹成对积极国家进行的几乎无所不包的权力授权。实际上，异议者是在一种形而上学意义上理解新政的胜利的。他们并不认为 1930 年代是人民授权新政府管理经济和社会方面的事务这么简单。在他们看来，1930 年代实际上

158

---

〔58〕 *Griswold*，前注 48，第 515 页。

〔59〕 比较一下 United States v. Carolene Products 304 U. S. 144，152，脚注 4（1938）和 *Griswold*，前注 48，第 508 页（布莱克大法官，反对意见书）。

〔60〕 参见第四章，第 90～92 页。

相当于废弃了所谓的"自然法哲学"。

多数派和异议者之间的这些差异十分重要——无论在实践中还是在理论上。但有一个比谁正确更为重要的问题，那就是承认双方是在谈论同一个问题：——三综合的问题。

从布朗到格里斯沃德到……

在重现格里斯沃德案中双方的交锋时，我有两个目的：

首先，否认本案是司法预言进路的又一次尝试。至少，这不是最高法院，或者异议者认为它所是的。与此相反，他们争论的是根本性解释的问题，这些问题是我们所有人要让一部经历了两个世纪的宪法政治，经历了两次转型的宪法合乎情理时都必须面对的。

其次指出和布朗案中的最高法院一样，格里斯沃德案中的最高法院对于解释问题比大多数评论者都有更好的把握。一个世代过去了，最高法院的自我意识也更为强烈。当布朗案强调现代的积极国家和 19 世纪的"法律平等保护"理念之间的协调时，它的进路仍然是具体主义的。它仅聚焦于所面对问题中的事实——黑人学校——并没有试图对将新政和重建时期整合起来的全面性的原则进行初步的表述。

格里斯沃德法院更为接近问题的核心。它完全直面民众在 1930
159 年代对自由市场宪政主义的抛弃，并且去追问如何使得建国时期的文本在一个不再致力于对财产和自由契约进行保护的宪法体制中仍然有意义。由此看来，格里斯沃德对从隐私权，而不是财产或者契约自由对建国时期文本进行的再解读是一种非常智慧的解释上的努力。假如建国者在思考个人自由的时候，用的是财产和契约的语言，考虑到新政已经完全废弃了这种语言，那么隐私权的话语岂不是为我们提供了一条在积极干预的福利国家中维护建国者所肯定的自由的最有意义的道路吗？[61]

令人满意的答案必须面对布莱克和斯图尔特所鼓吹的——三综合这一完全不同的路径所提出的挑战——这一综合由于里根政府提名了大量支持个人主义修辞的国家集权主义者而重新焕发了活力。* 正如布朗案，我在这里的目标是要开始，而不是结束一个故事。

综合与解释

我希望我所说的已经够多，足以指向更大的雄心——定义一个解释模型，使其能够公平对待美国司法实践的复杂性——当我们从最广泛的意义上来理解的时候，这一事件就和其他的伟大的解释事业有着惊人的相似性——尤其是那些来自各大宗教传统的解释事业。

最明显就是和基督教的类比：正如美国宪法的解释者一样，基督徒也不认为他们的传统是某一历史时期宗教经验的产物。如果他们要听从上帝的声音，那么，他们总以这样或者那样的方式将犹太人的《旧约》的意涵和基督徒的《新约》的意义整合成一个整体。从更为形式的角度出发，我们还应该从伊斯兰教中寻找洞察。我们的宪法解释的现代问题涉及综合三个不同世代的经验问题，因此它和伊斯兰的

160

---

〔61〕 就此而言，没有哪种常见的指责比道格拉斯大法官关于隐私概念的运用和沃伦、布兰代斯在他们那篇重要的文章中所思考的隐私之间相距十万八千里的说法更脱离事实的了〔参见 Robert McKay, "The Right of Privacy: Emanations and Intimations", 64 *Mich. L. Rev.* 259 (1965)〕。这篇早期文献的核心目的就是运用隐私的概念创设出通常是由自由放任的财产权原则所保护的价值——因此使得它们在一个财产权的其他面向已经受到积极主义的国家日益严重的管制的情形下仍然能够得到维护。参见 Charles Warren & Louis Brandeis, "The Right to Privacy", 4 *Harv. L. Rev.* 193 (1890)。

* 这为 Bowers v. Hardwick, 478 U. S. 186 (1986) 一案中的多数意见所证明，其拒绝将隐私概念一般化，使得隐私不仅包括异性之间的亲密关系，也包括同性之间的亲密关系。

叙事有着同样的结构。在伊斯兰的叙事中，穆罕默德被看作延续并转化了基督和摩西的启发性的教诲。

但是，迅速跨越将我们人民的解释者和上帝意志的解释者分开来的阐释学之墙也存在很多危险。显而易见，美国传统诞生于启蒙精神之中。经由第 1 修正案的规定，美国法律人不得假定宪法不过是体现在某一神圣宗教文本中的神圣事业的一部分。

同样重要的是，美国人并没有像虔诚的基督徒看待基督和摩西之间的关系那样，或者像伊斯兰教徒看待穆罕默德和他的先驱者那样看待詹姆斯·麦迪逊、亚伯拉罕·林肯、富兰克林·罗斯福，还有马丁·路德·金领导的运动。对这些信徒来说，最后一次运动就终结了经典，并一劳永逸地显现了最后的神示（在时间结束之前）。对世俗共和国的公民而言，我们人民在过去的表达具有不同的地位。没有哪一次运动能声称自己提供了最后的启示，以至于说任何进一步的修正都成为不可能。我们最近一次的修正代表了对具有启蒙特点的建国者的远见的深刻的，但也只是部分的改变。只要共和国依然存在，总是存在着进一步批评和民众重构的可能。

与此同时，我们还需要将这些不同世代的不同贡献拼接起来——固然这些贡献都很重要，但它们都是不完整的。当重建时期的共和党人和新政时期的民主党人粉碎了建国时期的愿景时，没有哪一代人经过动员其政治能量，以费城制宪会议的方式去把这些不同的成就整合成一个全面的整体。也许将来的某一代人会在第二次制宪会议上去做这样的努力，不过有件事是清楚不过的：除非已经出现了这样的情况，否则最高法院就不能打烊。具体案件不断涌来就使得大法官在没有神启的情形下，必须面对和调和美国人民在不同历史时期的成就。

161　　我们越是认真对待大法官们的奋斗，就越容易在他们的综合性行为中看出一个连续的模式。在中期共和国和现代共和国的早期，大法官们对最近转型的回应是，试图维护旧传统留下来的那些残垣断壁，它们本身就是在旧传统中受到训练的。因此，屠宰场案的多数派法官们没有能够去重新思考作为早期共和国秩序基石的联邦主义的基本原则；卡罗琳案的多数派法官试图说服自己，民众对积极干预政府的确认"只是"意味着最高法院抛弃了宪法中涉及契约、财产和州际贸易管制的那些条款的解释，但是它并没有影响到最高法院维护《权利法案》和重建时期修正案其他方面免于日常政治潮起潮落影响的努力。

随着时间的推移，一种不同的综合路径走向了前台。当最后一次转型消褪于集体经验中的时候，新一代的律师和公民成长起来了，随着第一代案例法的累积，一种崭新的和更为全面的代际综合变得更容易获得。大法官们这时不再满足于拯救旧体制的残垣断壁；它们将上一次转型增加的新原则以一种全面的方式整合到旧传统中。我此前试图证明这一过程已经在布朗案和格里斯沃德案中起作用，就像它在中期共和国起作用一样，而这一过程正是我要用本书证明的。

如果我成功做到这一点，那么，下一代的公民、律师和法官都可能随着时间的推移而获得更为全面的理解，从那些足够幸运能够赢得作为学术评注者身份的人那里获得真正的支持。当我们反思一二、二三、一三、一二三综合的复杂性的时候，不会奇迹般地汇聚于一个纯净的单一答案上。即使我们历史上最伟大的法院得出的那些深思熟虑的答案在过去也没有能够成为最终的定论，它们在将来也不是。

我对美国历史的解读指出了在人民和法院之间的一种更为辩证的关系。最高法院的大法官们通过提供他们能力范围内的对过去宪法成就的深刻综合，从而为今天的美国人提供了一面辩证的镜子。和过去一样，这面镜子也是他们用来照自己的。最高法院对人民的再现所揭示的我们宪法的同一性画面是我们准备与之共存的吗？还是说现在又到了动员我们的政治能力改变根本原则的时候？如果现在是进行严肃的宪法政治思考的时候，那么我们高级法的哪些方面是需要接受批判并予以改变的呢？哪些方面又是需要进一步发展的呢？

法律共同体解释综合的工作做得越到位，我们在现在还有未来对于我们公民同胞们继续宪法制定这一事业就更有用处，这一事业永久存在，直到共和国死去方休。

尾 声

发现宪法：作为一种独具的理念，作为一种政治体制，作为法治，我已经尝试着介绍二元民主制下美国人民历史事件的诸多互动的方面。

不过我只是涉及了其表层而已，任何一本著作任何单一的头脑都不可能对美国宪法的精神进行完全公正的处理。我能做的最多不过是鼓励读者加入到下一轮的反思中。我现在将讨论的节奏放慢，继续我们从过去继承下来的一些主要的观点，然后去评价他们在经历从过去到现在的这一段旅程之后还有多少能留下来。

我的讨论开始于建国时期，这并不让人惊奇。我们为了寻求对二元民主制的更深刻的理解，要去开采联邦党人思想的富矿。二元民主制既来源于革命一代人的经验，又在经历了几次转变之后继续形塑着现代的政治生活。第二卷，《转型》会去讨论重建时期和具有同样气质的新政时期的贡献。只有在我们加深了对在演进的政治语境中的二元民主制理念的理解之后，第三卷，《解释》才会把最高法院推向中心舞台。在过去的两个世纪中，最高法院的宪法维护者功能扮演得如何？马歇尔通过什么样的技巧得以在杰弗逊的"1800 年革命"之后，仍然能够维护 1787 年的制宪成果？坦尼法院如何回应杰克逊对宪法政治的参与带来的问题？诸如此类，不一而足……一直到里根时期的共和党人试图改变宪法外貌的努力为止。

第二编

新联邦主义

第七章
普布利乌斯

概 述

这一章将追溯美国二元主义的历史源头，即建国时期。如果要追 165
流溯源，我们就必须学会以建国者看待自己的方式那样去看待他们：
他们是成功的革命者，甚至不惜作出巨大的个人牺牲，一次又一次成
功领导其公民同胞参与到充满公共精神的集体行动中。只要涉及建国
者，这些动员公民的革命行动就赋予公共生活以特别的品质——它们
远离了熙熙攘攘的日常生活。

在规划宪政未来图景的时候，建国者并没有无视革命历史。他们
承认大多数时候，美国政治将欠缺美国革命时期所洋溢的那种动员了
的公众审慎。他们的宪法建构是以普通政治的病理为镜鉴的。建国者
承认，如果没有动员了的深思熟虑的大量民众在未来的进一步参与，
他们的新宪政机器就不可能永远运作下去。因此，他们的宪法文本规
定了一种高级立法程序，根据这一程序，未来世代的人民可以把他们
的政治精力集中在以美国人民的名义制定基本法上面，它还高度赞赏

二元主义的美国经验。

我的首要目标就是将这些建国者的二元主义置于历史情景中——去探寻 18 世纪的先驱者们如何以一种令人赞叹的方式处理美国革命宪政化这一问题。我的第二个目标有所不同，但（我希望）它不是不兼容的：我建议把建国时期看作历史与未来对话的肇始，它将服务于发现宪法这一核心目标。我的意思是要探寻建国时期对于今天而言，是否仍然是一种富有意义的行动。

166

这一问题本身造成了巨大的鸿沟，它将我们和一百万左右的白种男性种植园主、商人、农民和手工业者的代言人区分开来，这些代言人在 1787 年的时候以人民的名义发声。生活在后工业化和多语言混用的今天的美国人，如何向那些还没有完全解放的北美殖民地人民学习治理世界霸权？

这一问题显然超越了身处欧陆边缘的农耕共和国与位于世界政治经济中心的大陆性霸权之间存在的明显的社会、政治和经济差异，而这些差异已经使得有意义的交流变得十分困难。最根本的困难是价值方面的。建国者们对于奴隶制和宗教不宽容都有所妥协；有些人更是性别歧视和经济不平等的热心积极支持者。我们很容易用这些，还有一些其他道德上的争议作为不和他们进行严肃对话的借口，从而把这些着装怪异的绅士们看成火星人一样和我们没有任何亲密关系。我们能从这些骄傲自满、沾沾自喜的盎格鲁沙文主义者身上学到什么呢？

这种从道德视角对辩证交流的不屑一顾，伴随着另外一种不同类型的疏远。这种疏远起源于赋予美国历史研究以生命的职业历史学家的小圈子。这些学者们孜孜以求，着力于阐述将 1787 年和 1987 年分开的那条巨大的鸿沟。他们认为，任何有关现代美国人可以通过和建国时期建立有意义的联系而了解自身的主张都将是与历史不相符的。从这种职业主义的观点出发，任何一种试图从建国时期汲取经验的做法都是在和影子搏斗——1787 的世界离我们如此遥远，以至于我们所发现的"建国者"完全是自己的创造物。除了一些其含义与原来的语境完全脱离的文件之外，两个世纪之前的美国人和今天的美国人并没有什么共通之处。如果是这样的话，辩证交流的时间不仅在道德上可疑，从历史的角度看也是错误的。

然而，事实在于，今天的宪法语言和实践都可以追溯到建国时期。如果我们和这些起源相疏远，那么美国人将失去政治上的自我理解的重要资源。挑战是非常明确的：我们能否一方面承认在历史和道德上我们和他们不同，另一方面我们仍然可以找到真正阐明和我们的起源保持持久联系的那样一些辩证的连接点？

这一章期望读者在重读《联邦党人文集》的时候把这个问题记在脑海里。我之所以选择把注意力集中于这些由汉密尔顿、麦迪逊和杰伊所写——都是用富有寓意的普布利乌斯的笔名发表的——的政论文，是因为它们代表了建国者说服美国同胞这部宪法是值得"深思熟虑和自由选择"的最具反思性的努力。[1] 从一开始，《联邦党人文集》就是一面辩证的镜子，美国人民得以通过它观照他们宪法的同一性。现在，我不想去描述过去几个世纪以来宪法解释的道路，也不想将《联邦党人文集》置于 18 世纪晚期的思想这一更大范围中进行定位——我把这些问题留到下章再讨论。尽管我们拥抱了将我们和联邦党人时代分离开来的更为明显的道德差异，我还是建议马上投身于《联邦党人文集》，寻找那些依然保留下来的共同点。在面对《联邦党人文集》第 10 篇的时候，我不会聚焦于普布利乌斯对那种"对纸币的狂热、取消债务、平均财产或者对其他不适当的或者邪恶的目的的渴望"的愤怒的抨击。[2] 无论普布利乌斯的想法是什么，我们都知

167

────────────────

〔1〕　*Federalist* No. 1，第 33 页（A. Hamilton）（C. Rossiter ed. 1961）。

〔2〕　*Federalist* No. 10，前注 1，第 84 页（詹姆斯·麦迪逊）。

道，纸币的宪法化是共和党人重建时期的成就之一。[3] 而福利国家的合法化则是新政时期民主党人的成果。《联邦党人文集》对宪法与奴隶制的妥协[4] 感到尴尬，并为此表示抱歉。这都提醒我们，黑人、妇女还有其他处于屈从地位的人要彻底成为他们所居住国家的公民还需要多少奋斗。这一问题不是建国时期的联邦党人是否应该被顶礼膜拜，而是我们是否能够从他们那里学习到一些经验来启发我们对宪法的自我定义的追寻。

宪法与革命

"我们美国人民"，让我们就从写下这些开篇词的引人注目的行动说起吧。只是在六年前，所有十三州一致同意《邦联条例》，它庄严宣告自己奠定了"永久联合"的基石。现在，只是在经过一个夏天的秘密会议之后，费城制宪会议的 39 位爱国者*就不仅提议要废除这一最初的来之不易的成果，而且以人民的名义进一步宣称他们有权无视《邦联条例》[5] 本身规定如何对它进行修改的那些规则。《邦联条例》明确要求，任何宪法修改在制定之前都必须获得 13 州的一致同意；然而建国者却宣称他们的新宪法只要获得 9 个州的同意就可以宣

168

---

〔3〕 参见 *The Legal Tender Cases*, 79 U. S. （12 Wall.）457（1871）。对于该案判决所需的典型宪法政治的很好的描述，参见 Charles Fairman, *History of the Supreme Court of the United States: Reconstruction and Reunion*, 1864～1888 第 1 编第 14 章（1971）。

〔4〕 *Federalist No. 54*, 前注 1，第 336～341 页（詹姆斯·麦迪逊）。

* 各州派遣了 55 位代表参加制宪会议，但是只有 39 位待到最后签署宪法草案。纽约州有两位代表对草案中的联邦主义色彩颇为不满，拂袖而去，汉密尔顿孤身一人代表该州签署。这比罗德爱兰州要强，该州从一开始就抵制费城制宪会议。参见 Max Farrand, *The Framing of the Constitution of the United States* 11～12（1913）。

〔5〕 《邦联条例》第 13 条规定："邦联条例将为各州严格遵守，联盟将永久存在；今后非经合众国国会同意，并经所有州州议会随后批准，任何时候不得对条款进行任何修改。"收录于 Max Farrand, *The Framing of the Constitution of the United States* 223（1913）。

称它是在代表"我们人民"说话。这一对于游戏规则的革命性的再定义还在进一步扩大——扩大到九州表示他们同意新宪法的方式方法。当制宪会议展望宪法批准的斗争时，[6]制宪会议否认现政府有权否决他们代表人民说话的权力，而是由具体的"宪法大会"来决定新宪法的命运。那么，联邦党人认为这最后一轮围绕法律形式的争议赋予他们比当时的政府有更好的理由主张他们代表了人民的依据何在呢？

我将从普布利乌斯对这个问题的回答开始——不仅仅因为确立自己权威的努力具有启发性，也不仅因为同样的答案在美国宪法历史中不断地回响，而是因为它对现代政治的核心困惑提供了一个独特的视角：革命的本质。无论这个词引发怎样的希望和恐惧，革命成为 20 世纪后半期伟大的陈词滥调。我们在电视上无数次看到群众运动风起云涌，革命口号响彻云霄，领袖人物魅力非凡。的确，现代的革命者似乎满足于按照巴黎、圣彼得堡或者北京定下的路线展开革命，只是做些微调而已。就所有那些关于时间开始了的自豪谈论中，又有什么比革命更加让人耳熟能详呢？

但是，一度所有这一切并不是如此平淡无奇的。经由一些不同寻常的事件，华盛顿、麦迪逊和其他美国革命者在费城聚会，选择了最后的可能时刻，他们的深思熟虑不会受到那些撼动了巴黎乃至整个世界的 1789 年事件的影响。不同于现代的同侪，他们并不认为自己是罗伯斯比尔、拿破仑或者列宁的二流的模仿者。他们不得不去考虑美国革命所开启的政治秩序的各种可能性。结果是，他们建构了一个二元的政府观，迥异于巴黎、莫斯科和北京的革命者所追寻的愿景。我们如果不回溯历史就无法理解这一成就：以为建国时期的革命者不过

169

----

〔6〕《联邦宪法》第 7 条原文规定："本宪法经九个州之全州大会批准即行成立，并在批准本宪法之各州生效。"我在第二章脚注 4 中详细讨论了这一和《邦联条例》的决裂所具有的法律地位。

是扮演了法国大革命或俄国大革命中的一幕而已。

宽泛言之，这已经成为了 20 世纪建国者的命运。我们很多天才的历史学家都让后来发生的革命形象去形塑他们研究联邦党人的进路——有时平淡无奇的，有时精雕细琢的。[7]这一学术上的失败反映了一种普遍的病症。法国、俄国还有中国的革命对于民众思想，而不是学术思潮有着深刻的影响。因为这些革命都没有能够产生出和美国宪政秩序类似的宪政秩序观，这些革命高度引人注目，从而导致美国人看不见他们自己宪法中的革命性根源。

要重新获得这一视角，我将从所有成功的革命者都会遇到的宪法困境的一个陈述开始，这一陈述具有充分的普遍性，不仅能涵盖费城制宪会议的例子，也能包含中国革命的情形。只有这样，我们才能把握联邦党人回应中的独特性和创造性。

革命合法性的问题

把你的思想目光转向通过不断的重复已经成为共同意识的种种革命场景。我们的讨论不是开始于革命同志们已经取得成功，清理旧制度的残砖断瓦的时刻，而是开始于最终的胜利看来还让人怀疑的那个170 时点。

时段一：你身处某一政权——有些人占据了政府公职，宣布他们是这个国家的正当统治者，其他人阴谋取而代之；群众们袖手旁观，无动于衷；政治照常运作。

在你看来，一切都在向下沉沦。尽管政府说他代表人了人民，但你却不这么看。尽管它毫无疑问地掌控着现有的法律形式，你还有你的同志——而不是政府——才真正代表了人民。这样的主张需要勇气，不仅是物质上的，而且是精神上的勇气。毕竟，你以为你是谁？

---

[7] 参见第八章。

新的弥赛亚？

宗教的狂热分子可能在这里就停止对话了。但对于世俗的人来说，事情要更为复杂。可以预料，政治上的革命者会以三种不同的形式来回应革命的合法性问题。首先，他们会说现有的政府破坏了公共利益。这就需要一种意识形态来定义被破坏的公共利益具体是什么。其次，他们会把自己装扮成具有特殊美德的人，这使得他们比其他竞争者更有资格成为真正的人民代表。最后，领导者对于他们合法性的主张还必须经由公民同胞的具体支持而获得有效性，尽管他们存在合法性上的不足，但公民同胞们仍然承认他们是人民的真正代表。未经此类确认有效性的人民大会，你就不是真正的革命领袖——只是追求革命的领导者。

时段二：旧制度崩溃了；现存的合法性解体了。革命同志抓住了统治权，并开始处理政府事务。显而易见，你现在控制了法律权威的形式。而这在某种意义上，是所有的奋斗所追求的目标，但革命带来了自己的尴尬。

革命是任何人都可以玩的游戏。正如你挑战了原先的制度，别人也可以来挑战你所建立的制度。他同样可以在非常规的大会上以人民的名义主张他拥有更高的美德，而你破坏了公共利益。提高警惕和有效使用武力是成功的革命者对此类挑战者的部分回答。答案的另外一部分是提供为什么揭竿而起，篡夺革命者的皇冠乃悖逆的解释。

171

两种简单的解决之道

对这个问题，有两个明显的答案。

其一就是"不断革命"。革命精英们否认在他们获得法律权威之后有任何重要事情的发生。毕竟，这些精英们不需要之前的法律形式来宣布他们是人民的真正代表。他们只要在非常规的大会上把自己打扮成具有特殊美德并追求公共利益的人就够了。那些对光荣胜利的伟大时刻足够好的"革命合法性"对于今天来说同样是足够好的，所以他们大声欢呼：继续为人民服务。任何反对者都是反革命，在这个美丽新世界中他们或者被历史所淘汰或者接受生活的再教育。

另一个显然的答案就是"革命的健忘症"。一旦我们攫取了权力，就让我们忘掉我们是通过什么方式获得它的吧。法律就是法律，如果你不喜欢它，那就通过（新）确立下来的形式改变它。任何忽略这一形式从而违反法律的人都是罪犯，而罪犯的归宿是监狱。

解读《联邦党人文集》

现在《联邦党人文集》不仅对美国人而且对所有爱思考的人来说都值得一读，原因在于它提出了第三条解决革命合法性的道路。在拒绝不断革命的可欲性的同时，它高度评价那些和公共有关的政治行为，其中的公民们在临时的、非正式的政治集会中会为了公共利益而牺牲私人利益。在拒绝革命健忘症的同时，它坚持在一些特定的历史语境下，高度动员了的民众参与的形式应该主导宪法的舞台。如果所有这些条件都不能满足，政府官员就不能声称他们是在以人民的全部权威在说话。在日常政治时期，他们必须受到宪法形式的限制，这些宪法形式都是宪法在几个屈指可数的时刻的创造。在这些时刻，人民被动员起来，以一种不同于日常政治的方式发出他们的声音。

172　　如果人民不是一直在说话，那么我们怎么去辨识那几个屈指可数的时刻，当时美国人民已经锻铸出深思熟虑的政治判断？《联邦党人文集》在政治生活二元理论的帮助下，画了一条线，二元理论中只有一个方面是大家从高中的公民课就很熟悉的。在《联邦党人文集》第10篇中，普布利乌斯对党派政治进行了深刻的分析。"我的理解，党争就是一些公民，无论他们是全体公民中的多数还是少数，他们为某种共同情感或利益所驱动，反对其他公民的权利，或者反对社会长久的或共同的利益。"[8]党争对于革命的胜利者来说自然是令人反感的，但是，普布利乌斯认为药方比疾病更为糟糕。消灭党争的唯一之道就是统一每个人的思想。这样做带来的对自由的毁灭和美国革命所代表的理想是相互冲突的。所以，我们不能指望消灭党争，最多不过指望党争带来的不良后果有所缓和。这时，宪法就闪亮登场了：通过对法律形式的明智安排，我们可以让党争来对付党争，这样他们就不会对公民的权利和社会的长远利益造成损害。

我们现在还不需要去分析联邦党人宪法科学的实质。关键点要比这更为深刻。在普布利乌斯看来，宪法的智慧始于承认美国政治的未来不再是对美国革命的一个长期的光荣的再立法。《联邦党人文集》建构了一种不同的政治学——激情和利益将会驱使着美国人民，而不是去强调他们拥有的长期利益和根本权利。就这种政治而言，新的宪法形式将有优越于日常政治的结果。

但是，我们不能让普布利乌斯在第 10 篇中对党争的天才描述迷惑了双眼，以至于看不见《联邦党人文集》作为整体所展现出的更远大的政治视野。这将剥夺我们对于普布利乌斯对他自己最为熟悉的政治的洞察：他自身参与的政治。他会认为，制宪会议是他在第 10 篇中所谴责的那种党争集会吗？如果答案是肯定的，那么他为什么能够期待它提出的宪法建议能够获得美国同胞们的批准？如果答案是否定的，又是为什么？

173

宪法政治学

关键的文章是第 40 篇，在这篇文章中，普布利乌斯直面制宪会

---

〔8〕 *Federalist* No. 10，前注 1，第 78 页（詹姆斯·麦迪逊）。

议抛弃了《邦联条例》的决定，并且改变了仅仅六年前《邦联条例》所确立的宪法批准的规则——这一改变所采取的方式极大地提高了联邦党人成功的可能性。

普布利乌斯发起了两个方面的辩护。就这一决定重构了宪法秩序而言，他正面回应其批评者。他试图说服他们，制宪会议有法律权利提出对此前制度全面改进的建议。这些主张都有自己的问题，但是我们不必在这里对它们进行讨论。更为重要的是去对比一下这里的合法律性实践和普布利乌斯对制宪会议试图规避《邦联条例》要求任何宪法修正都需要各州一致同意的规则的处理。在这里，我们看到了最为直率的承认："在这一点上必须承认，制宪会议偏离了它被授权的宗旨。"〔9〕

对非法的明确承认促使《联邦党人文集》在界定"对于职责的思考……在多大程度上能够弥补法定权力的缺陷"时进行了慎重的思考。〔10〕这一答案值得深思：

> 让我们看一看制宪会议所持的立场……他们一定考虑过，在现存政府的所有重大转变中，形式必须让位于实质；对（形式）的僵化顽固将会使得……人民"废除或者改变政府"……崇高珍贵的权利变得毫无意义，因为人民不可能普遍自发地采取一致行动……所以，这类改变必须由一些可敬的爱国公民提出一些非正式的未经授权的建议来发起……（制宪会议）一定想到了，正是借助这种向人民提出建议的非常规的僭越的特权，各州才得以初次联合起来反对旧政府所带来的威胁。也不能忘记，除了那些以此类理由做掩饰，

---

〔9〕　*Federalist* No. 40，前注 1，第 251 页（詹姆斯·麦迪逊）。

〔10〕　*Federalist* No. 40，前注 1，第 251 页。

对所争论的宗旨一味暗中怀恨的人们之外，任何地方都看不
到丝毫不合时宜的顾虑和墨守成规的热忱。他们想必记得，
将要制定和提出的宪法会被提交给人民自己，最高权力拒绝
这一计划将永远毁灭它；他的同意将消除此前的种种错误和
僭越。[11]

174

听一听革命胜利者的声音吧：政治表达的最高形式不在根据现行法
律而召开的正式大会中，而在向人民提出"非正式的和未经授权的建
议"的"非常规的僭越的特权"中。如果这些建议被那些经由民众选
举产生的僭越的大会（conventions）接受，我们就认为人民自己——着
重号为原来所有[12]——已经发言；如果人民批准了革命精英们深思
熟虑的建议，这就"清除了……所有错误和僭越"。

这是绝妙的素材。现在，我更感兴趣的是将联邦党人的理论从历
史的垃圾堆中拯救出来，而不是去评价他们的理论。从这个角度出
发，重要的是承认普布利乌斯在这里没有说任何他的听众认为古怪的
事情。与此相反，非常规大会（convention）的意涵在18世纪就是和非
法性联系在一起的。[13]美国人从英国的宪政实践中借用了这个词——
在英国，"convention"是指在合法性上有缺陷的议会，尤其指领导了

---

〔11〕 *Federalist* No. 40，前注 1，第 252～253 页（引用了《独立宣言》：着重号为原来所
有）。No. 40，第 251～255 页中对这一观点进行了核心论证。重要的辅助性文本还包括 *Federalist* Nos. 39 和 43。

〔12〕 着重号重要吗？我不知道。当然，如果《联邦党人文集》是 20 世纪的文本，字体
上的强调（我核对过原版）就会有一定的重要性。当我在讨论中注意到最初的着重号的时
候，关于 18 世纪的字体并没有出现什么重要的事情。着重号只是强调已经显而易见的内容
而已。

〔13〕 下面的段落主要参考了 Gordon Wood, *The Creation of the American Republic*, 1776～
1787，第 8 章（1969），它反过来又参考了 R. R. Palmer, *The Age of the Democratic Revolutions*:
A Political History of Europe and America, 1760～1800，第 7 章，（1959）。埃德蒙·摩根（Edmund Morgan）近来在 *Inventing the People*: *The Rise of Popular Sovereignty in England and America*，第 4 章（1988）中提出了富有启发的讨论。

1688 年光荣革命的那届议会。这届议会是由上院和下院在没有国王的
情况下召集的。基于美国对该次议会的辉格主义的理解，英国人民推
翻了专制国王并通过《权利法案》对其继任者加以约束的方式保有了
他们的自由。在美国人看来，这种在法律上不完美的集会代表了英国
历史的最高峰。所以，他们很自然地用这个词来指称他们为了反对国
王的管理而采取的革命性集会：正如英国人民在光荣革命时通过非常
规的大会来代表自己，同样的，美国人民在他们更光荣的革命中也
如此。

在借用"非常规会议"这个词的时候，美国人在一个很重要的方
面改变了英国的实践。尽管推翻了暴君并对他的继任者予以限制，
1688 年议会法律上的缺陷一直缠绕在那些参加者的心头。[14] 在威廉和
175 玛丽各就各位之后不久，非常规会议转变成的议会通过一部"恰当
的"法律重新认可了非常规会议的工作。[15] 对于 17 世纪的英国人来
说，法律上有缺陷的非常规会议意味着它产生的成果在合法性的程度
上要比正常的议会有所欠缺。[16]

而美国人则颠倒了这种关系中的价值。在他们看来，"非常规会
议"所具有的这种在法律上反常的特点不是法律地位缺陷的标志，而

---

〔14〕 最近已经有著作讨论在多大程度上非常规大会（convention）/议会的人意识到他们
在法律上的奇怪的地位，而且和它相斗争。John Miller, "The Glorious Revolution: 'Contract'
and 'Abdication' Reconsidered", 25 *Hist. J.* 541 (1982); Thomas P. Slaughter, "'Abdicate' and
'Contract' in the Glorious Revolution", 24 *Hist. J.* 323 (1981). 这些不确定性都反映在制宪会
议的讨论中，David Jones, *A Parliamentary History of the Glorious Revolution* (1988)。

〔15〕 1690 年的议会制定了一部法案"以承认国王威廉和女王玛丽，并为了避免涉及
1688 年 2 月 13 日在威斯敏斯特所召集的议会制定的法律的所有问题"，它明确宣布"在前
述国会中所制定的法律过去是现在仍然是大不列颠联合王国的法律，而且应当受到王国的
臣民对它的尊重、对待和遵守"。2 W. & M., 第 1 章，第 2 段（1690），重印于 Nevelli E.
Williams, *The Eighteenth-Century Constitution, 1688～1815: Documents and Commentary* 46～47
(1960)。

〔16〕 对本段落中这一主题予以处理的一篇优秀文章，参见 J. P. Kenyon, *Revolution Princi-
ples: The Politics of Party, 1689～1729* (1977)。

是革命可能性的标志。比起那些以常规法律作为其权威基础的代表会议，一群爱国者可能具有更强的政治合法性。考虑其革命背景，否认"只有"立法者才具有修改宪法的合法性就是合乎情理的了。随着革命的推进，美国人坚持认为，人民可以在一些特别场合下思考宪法问题，而"非常规会议"这一名称本身就否认了法律形式可以最终代替公民的参与。[17]

普布利乌斯恰恰就是有意识地运用这一革命性的意涵来正当化非常规会议把法律抓到自己手中。《联邦党人文集》第 40 篇承认了非常规会议合法性的瑕疵，但这不仅没有损害反而提升了其权威性——将它和普布利乌斯的当代人最紧密地和我们人民联系在一起的制度形式关联起来。*

宪法创造的条件

尽管如此，普布利乌斯并没有受到"永久革命"的自我迷醉的蛊惑。他明白，制宪会议为人民发声的努力只有在非常特殊的情况下才会获得信任。他分析的关键点出现在一篇解释为什么并不是所有的宪法问题都适合提交给一般民众来解决的文章中：

176

　[17]　1778 年，马萨诸塞州公民以只有在"非常规大会"中才能考虑根本法为由拒绝了他们的立法机关向他们提议的宪法。此后，马萨诸塞州的非常规大会成功地获得民众在 1780 年对它的批准，为此后几年中的宪法建设树立了重要的先例。参见 Gordon Wood，前注 13，第 340～341 页。

　*　对那些有这种倾向的人来说还不止如此："要是制宪会议……采取一种令人寒心而又不愉快的决定……为形式而牺牲实质，国家最重要的利益被尽情耽搁或者无所用心；那我们就要问那个能把自己的思想提到一个高尚概念的高度，能在心中唤起爱国情感的人：大公无私的世界、人类的朋友、每个道德高尚的公民，对这个会议的行动和性质应该做出什么样的判断呢？或者说，假如有一个人，他的谴责癖是无法抑制的，那么就让我们问一问：他对篡夺派代表参加制宪会议的权力的 12 州 [这个会议是他们的（州宪法）闻所未闻的一个团体]，对建议召开制宪会议（邦联对此团体同样闻所未闻）的国会，特别是对首先提出然后同意这种越权行动的纽约州，究竟保留了什么意见？" *Federalist* No. 40，第 253～254 页（詹姆斯·麦迪逊）（C. Rossiter ed. 1961）。我们会在后来的宪政转折点上发现惊人类似的表述，尤其是在重建和新政时期，参见第二卷《我们人民：转型》。

尽管原有政体的修改取得了巨大的成功，并且赋予美国人民的美德和才智以如此的光荣，但是必须承认，这类实验的性质是如此敏感，以至于没有必要去效仿。我们回想一下，所有现存的宪法都是在危机中制定的，试图制止最不利于秩序与和谐的激情；是在人民热烈信任其爱国领袖，从而消除了平常在重大的全国性问题上的不一致意见的情况下制定的，是在由于对旧政府的普遍仇恨和愤怒而产生的对新政体的普遍热情中制定的；是在没有与将要做出的修改或将要改革的疾病有联系的党派精神能在整个行动中发生影响的情况下制定的。我们通常预料到置身其中的未来局面，将不会对所担忧的危险提供任何相应的防御。[18]

灰色的理论：美国人民只有在"压制激情的危险中"才能超越党派政治。老话说，刽子手的绳子让人精力集中，上述理论不过是将这一谚语提升到集体政治意识的高度。

为了防止忘记这一点，普布利乌斯将紧接着的一篇文章都用来讨论一些重要的变化问题。既然经常性地诉诸人民只会导致自私和冲动的压力集团毁灭了宪法的形式，那么为什么不设计常规化了的一般民众可以借以进行宪法审查的法律程序呢？每隔七年左右，宪法审查者开会一次，来找寻和纠正自从人民上次集会以来对宪法的所有违反情形。[19]

普布利乌斯的回应是可以预料的，但是他关于法律形式之限制方面的评论富有启发。他嘲笑了那种认为充分动员的公民政治可以基于法律的要求而风起云涌。与此相反，自私的诉求会贬损审查的宪法形177 式——最有势力的党派滥用他们为人民代言的权力。如果不是运用法

---

〔18〕 *Federalist* No. 49，前注 1，第 315 页（增加了着重号）（詹姆斯·麦迪逊）。
〔19〕 *Federalist* No. 50，前注 1，第 317～320 页（詹姆斯·麦迪逊）。

律来强调人民可以经常起来对他们的代表进行评价，那么，超越党派的集体努力"要么根本想都不用想，要么就是不可欲；因为消灭党派必然意味着要么是对公共安全的普遍警示，要么是对自由的彻底毁灭"。[20]第一种可能性解释了革命一代人的成功；第二种可能性能够避免，如果普布利乌斯成功说服他的公民同胞们运用联邦党人的宪法科学来防止将来的党派政治压迫公民自由。

普布利乌斯尽管冷酷地强调了"普遍警示"在激发美国公民参与方面的作用，*但他拒绝从法国大革命的群氓中汲取伯克曾经汲取的教训。普布利乌斯意识到，群众对"公共安全"的焦虑[21]会导致极端非理性和残酷压迫的爆发，这会使得日常政治的病态相形之下变得温和得多。尽管如此，在关键性步骤上，他还是聚焦于建设的可能性——他那一代人的革命经验已经表明，那种公共危险会制止而非煽动"最不利于秩序与和谐的激情"。尽管这是一桩"敏感的"事业，美国人民还是把群众的激情导入了比日常政治更为理性和更具公共精神的审慎政治中。因此，对于普布利乌斯来说，制宪会议（constitutional convention）的形象就以一种独特的形式把四项特征都结合起来了：形式上的不合法、群众激情、公共精神以及高度的理性，这四者为了一桩二元主义的事业而联系在一起了。

考虑到它具有独一无二的特点，毫不奇怪的是，《联邦党人文集》

─────────────────

[20] *Federalist* No. 50，前注 1，第 320 页（詹姆斯·麦迪逊）。

* 第 46 篇在这点上同样很重要。它已经描述了如果批评者的观点被证明是正确的，新的联邦政府成为集权的暴政中心的时候，人民对此回应的方式。这样的"侵权……不只是激发某一个州或几个州的反抗，而是成为普遍警示的信号"。*Federalist* No. 46，第 298 页（詹姆斯·麦迪逊）（C. Rossiter ed. 1961）。正如第 49 篇一样，普布利乌斯希望这样的警示会带来有益的后果。该段继续写到："每个政府都会追求共同的事业，沟通的渠道就此打开，反抗的计划就此协调，一种精神激发并引导人民。概而言之，犹如对外国奴役的担忧一样，对联邦政府的恐惧同样会带来上述连锁反应。"同前注。下面所描述的整个场景都非常值得一读。

[21] *Federalist* No. 50，前注 1，第 320 页（詹姆斯·麦迪逊）。

178 似乎把宪法大会（constitutional conventions）看成人民自身的完美替代了。回忆一下制宪会议对《邦联条例》所要求的所有修正案都必须获得各州的一致同意：

> 在一个方面应该承认，制宪会议背离了它们被授予的使命的主要精神。它们不是提交一份需要所有的州批准的计划，而是提出一项由人民来加以确认，而且只要9个州同意就可以生效的计划。[22]

但是这并不是宪法文本实际上所表达的，《联邦宪法》第 7 条规定，经"九个州的宪法会议（conventions）之批准即可生效"。普布利乌斯通常的引用都是准确的，似乎认为宪法文本所提及的"宪法会议"和他自己所描述的"人民"的批准之间没有任何差别。考虑到他的革命背景，怎么会有一个比经由存在合法性缺陷、富于公共精神的审慎的机构代表人民更好的存在呢？这一机构成功号召了州议会之外的公民的参与。

这并不说普布利乌斯自信地认为，他的美国同胞们会以一种良好的旧式的革命方式对待来自费城制宪会议的召唤。《联邦党人文集》中的文章充满了革命开始落潮的暗示——英国人已经随风而去，随着他们离开的还有对公共安全的焦虑，这一焦虑是融合群众激情和集体审慎的燃料，它们是健康的宪法政治的支撑。如果制宪会议失败了，

---

〔22〕 *Federalist* No. 40，前注 1，第 263 页（Cooke ed. 1961）（詹姆斯·麦迪逊）（着重号为原来所加）不过这和通行的在书店中常见的克林顿·罗希特的版本的文字有所不同。未经解释，罗希特的版本省略了下述括号中的词语："他们所报告的并不是一向需要所有州的（立法机关）一致同意的一项计划，而是报告了一项有待（人民）的确认，而且只需9个州的同意就可以生效的计划。"*Federalist* No. 40，前注 1，第 250 页（詹姆斯·麦迪逊）。我依据的是库克教授的批判性版本，这一版本也为其他的版本所互证。比如说，参见亨利·卡波特·洛奇（Henry Cabot Lodge）的 1891 年版，第 245 页。

联邦就会被那些自私自利的政客和利益集团所分裂，他们常常用州主权的话语来推进他们的党派诉求：

> 难道实现美国革命，成立美国邦联，流尽千百万人的宝贵鲜血，不惜牺牲千百万人用血汗挣得的资财，不是为了美国人民可以享受和平、自由和安全，而是为了各州政府可以享有某种程度的权力，而且利用某些主权的尊严和标志把自己装饰一番吗？我们曾听说旧世界的邪恶教条：人民为国王，而不是国王为人民。在新世界里是否要以另一形式恢复人民的真正幸福要为不同政治制度的见解而牺牲这一同样的教条呢？如果政治家们认为我们忘记了全体人民的公益和真正的幸福是应该追求的最高目标，认为我们忘记了任何政体除了适于可以达到这个目标以外，并无其他价值，那么这种看法是为时过早了。[23] *

179

"如果政治家们……为时过早了"，这不是花哨的修辞。正如第10篇提醒我们的那样，通常的情形是党争将狂热而激烈。而对于党争的定义是党派小团体的成员选择"遗忘""公共利益，人民这一伟大主体的真正福利，才是需要追求的最高目标"。

普布利乌斯参加了这一无情的和时间的赛跑。在此后世界历史上绝大多数成功的革命中，美国人民是否存留了足够的公共理性精神，从而支持由革命的领导者提供的关于宪法创造的高潮行动？

即使答案是肯定的，普布利乌斯也没有假定，他们的一代人已经以人民的名义说出最终的真理。与此同时，他也强调将宪法问题置于

---

[23] *Federalist* No. 45，前注1，第289页（詹姆斯·麦迪逊）。

　* 此处翻译借鉴了商务版程逢如、在汉、舒逊先生的译文，第235～236页，特此致谢。——译者注

党派政治之手并任其蹂躏的幼稚，他承认"通过人民决定的宪法之路必须被标示出来并保持通畅，以备一些重大时刻和不时之需"。[24] 将来也会存在危机，未来的政治家也会发出新的搁置琐碎无谓的党派争议的号召。而同样被赋予厚望的是，人民会以非同寻常的方式来证明他们同样能够应对此挑战。

不过，可以理解的是，这不是普布利乌斯的最大顾虑，他更直接的担忧是，尽管美国革命成功地驱逐了英国人，党派政治看起来却在不可避免的激化中。

代表人民

英国人谢幕以后，完全有可能的是，华盛顿、麦迪逊还有其他人什么都不做。当他们被党争的潮流所吞没的时候，成功的革命者仍然无动于衷。但普布利乌斯绝不是宿命论者，他是法律积极分子——通过对宪法的反思运用，革命一代将普通政治引导到和革命原则相一致的道路上去了。[25]

但普布利乌斯不是潘格洛斯，他所了解的几乎每一件事都意味着他将失败。美国拥有帝国一样的疆域，当时已经有成百上千万的居民，尤其是当新宪法"成功"的时候，这个国家的人口在经过半世纪之后，将会和旧世界人口最多的国家相比肩。这样的前景并不是什么

---

〔24〕 *Federalist* No. 49，前注 1，第 314 页（詹姆斯·麦迪逊）。

〔25〕 我用普布利乌斯之名是因为我并不认为汉密尔顿和麦迪逊之间的明显 [参见 Alpheus Mason, "The Federalist-A Split Personality", 57 *Am. Hist. Rev.* 625 (1952)] 差别会影响到我们这里所阐发的二元宪政论的根本原则。因此，汉密尔顿的《联邦党人文集》第 9 篇（前注 1，第 72~73 页）和麦迪逊的第 10 篇的主题之间有着紧密联系，而且汉密尔顿也试图将对于党争的忧虑置于更为广泛的公共（Publian）政治的追求中。我的讨论将主要以麦迪逊的文章为基础，但我的解读也和一些学者在汉密尔顿的论述中所发现的二元论相类似。参见 Cecilia Kenyon, "Alexander Hamilton: Rousseau of the Right", 73 *Pol. Sci. Q.* 161 (1958)。

好兆头：欧洲的各个王国都是专制主义的渊薮。[26]而且《联邦党人文集》绝没有主张，美国人可以免于让整个人类受苦的道德疾病。[27]

当普布利乌斯从现在的王朝转向古典的过去时，教训不同，但同样令人沮丧。共和政体是希腊城邦的创造，城邦乃微型国家，公民通过面对面的方式一起集会，讨论城邦的事务。显然，这类城邦国家和进攻性的帝国在其所面临的经济还有军事方面的挑战是不可同日而语的。[28]他们在构建联盟方面的努力只有可怕的失败记录；温泉关战役英雄般的胜利也无法补偿他们在政治组织上的这种失败。[29]更糟糕的是，当普布利乌斯观察城邦的民主政治时，他将得出更加让人失望的结论。这些微型国家动荡不安乃举世皆知——当一个集团试图攫取独一无二的权力去压制其他集团时，他们常常会堕入到混乱和专制主义。即使民主的形式得以保留，但其结果往往和美国革命的原则相对立。民主的城邦也不是个人自由的可靠盟友：毕竟苏格拉底是被雅典处死的。[30]

在试图引导日常政治流向的时候，普布利乌斯并不认为他能够采用在其他地方已取得成功的蓝图。并不存在恢复黄金时代的努力；也并不存在这样的概念，那就是有人已经做出了完美的榜样。最接近的模式是英格兰，我们已经知道它是多么的腐败。[31]在考虑了手边的材

---

〔26〕　参见，比如说 *Federalist* No. 8，前注 1，第 66 页（亚历山大·汉密尔顿）；*Federalist* No. 41，前注 1，第 257～260 页（詹姆斯·麦迪逊）。

〔27〕　我们可以在 *Federalist* No. 6，前注 1，第 59 页（亚历山大·汉密尔顿）中发现一个特别雄辩的主张。还可以参见 *Federalist* No. 31，前注 1，第 196～197 页；*Federalist* No. 36，第 218～219 页；*Federalist* No. 42，第 268 页（詹姆斯·麦迪逊）。

〔28〕　*Federalist* No. 4，前注 1，第 49 页（约翰·杰伊）；*Federalist* No. 18，前注 1，第 122～123、124～125 页（詹姆斯·麦迪逊和亚历山大·汉密尔顿）。

〔29〕　*Federalist* No. 18，前注 1，第 124 页（詹姆斯·麦迪逊和亚历山大·汉密尔顿）。

〔30〕　参见 *Federalist* No. 9，前注 1，第 71～76 页（亚历山大·汉密尔顿）中对希腊之失败的形象的描绘，它为麦迪逊在 *Federalist* No. 10，第 77～84 页中的著名分析铺平了道路。

〔31〕　比如说，参见 *Federalist* No. 5，前注 1，第 50～51 页（约翰·杰伊）；*Federalist* No. 69，前注 1，第 415～423 页（亚历山大·汉密尔顿）。

料之后，孟德斯鸠——我们时代最睿智的政治学家——认为如果没有对公民的公共美德的持续激发，共和政体是不能存活下来的。[32]然而，《联邦党人文集》也非常清楚，这种对公共美德的呼吁不能，也

181 不应该作为建构可接受的日常政治的唯一源泉。

代表制的问题化

尽管有这么多悲观的理由，《联邦党人文集》认为有一个非常有分量的因素会带来一些平衡：现代政治代议制。正是这一发明，而不是人类美德的提升让我们有这样一种理性的希望，在古代人失败的地方美国能够取得成功。[33]代议制使得我们可以建立一个拥有成百上千万人口，并且彼此的宗教信仰和经济利益千差万别的体制。尽管每一种利益都乐于用政治权力来征服其他人的利益，但是利益的多元化使得宪法的建构成为一种新的政治自由。为了避免以牺牲个人自由为代价来消灭党争，我们希望能够通过让利益集团来反对利益集团而避免党争的最糟糕局面的出现。因此，宪法具有最高的重要性。通过巧妙处理宪法代议制的形式，普布利乌斯希望将日常政治导向不会对美国革命的原则构成威胁的方向——这些原则是经由宪法政治学的非同一般的方法来加以阐明的。[34]

如何保留革命的原则，这是宪法设计的主要问题。只有一件事是清楚的——那些没有能够理解代议制度的典型特点，并试图创造和古

---

[32] Baron de Montesquieu, *The Spirit of the Laws* 21. (R. Neumann ed. 1949) （"希腊城邦中人，生活在民主政体之下，除了美德之外，不知其他的支持。"）《联邦党人文集》明智地吸收了这一观点，通过引证孟德斯鸠来支持他们的完全不同的事业。*Federalist* No. 9, 前注1，第72～73页（亚历山大·汉密尔顿）。

[33] 比如说，参见 *Federalist* No. 9, 前注1，第72～73页（亚历山大·汉密尔顿）。*Federalist* No. 10, 前注1，第77～84页；*Federalist* No. 51, 前注1，第320～325页（詹姆斯·麦迪逊）。

[34] 本句中所表达的二元主义的希望在始于第46篇结束于第51篇的6篇文章中进行了最为系统的阐发。我们要将这些文献作为一个整体来研究。

代面对面的民主尽可能类似的全国性政府的人所面对的只能是失望。[35]但是，通过号召几百人来"代表"全体人民并恢复直接民主制的古老仪式，并模仿古代城邦的诱惑是非常强烈的。他们，而不是我们人民，将定点集会，讨论各种利弊，数数人头，并以我们的名义宣布获得多数支持的胜出者。修辞学家对这一代议制的解决办法有个称呼：以局部代表整体的举隅法（synecdoche）。在这一表达的象征中，部分（国会）代替了整体（美国人民）。"在民众大会中，人民的代表往往幻想他们是人民自己，而且对于来自于任何方面的反对的迹象都表示出一种严重的不耐烦和厌恶的征兆。"[36]

如果我们为这种幼稚的举隅法所支配，那么一切成果都会得而复失。如果我们把国会误会成已召集起来的人民并赋予它最高权力，那么它的行动就泄露其民粹主义倾向：

182

> 把（所有的权力）都赋予一个部门，这是专制政府的典型定义。这些权力是由众多的人行使，而不是由某一个人行使，也丝毫不会缓和它的专制性质。173 位专制者和一位专制者具有同等的压迫性……即使他们是由我们选举产生，也没有什么好处。一个选举产生的专制政府并不是我们为之奋斗的政体……[37]

代议制不仅没有为古代民主制提供解决方案，反而成为新问题的

---

〔35〕 对将城邦作为美国宪法理论的榜样的明确的和反复的拒绝，可以参见 *Federalist* No. 9，前注 1，第 72～73 页；*Federalist* No. 10，第 78～84 页；*Federalist* No. 14，第 100～101 页；*Federalist* No. 55，第 341～342 页；*Federalist* No. 63，第 384～385 页（詹姆斯·麦迪逊）。

〔36〕 *Federalist* No. 71，前注 1，第 433 页（亚历山大·汉密尔顿）。对代表制存在问题的另一著名分析，参见 *Federalist* No. 58，前注 1，第 357～361 页（詹姆斯·麦迪逊）。

〔37〕 *Federalist* No. 48，前注 1，第 310～311 页（詹姆斯·麦迪逊在获得同意的前提下引证了托马斯·杰弗逊；着重号为原文所加）。

来源——错置的具体化或者物化。日常政治中没有什么机构把自身转变成美国人民的实质化身。

普布利乌斯在《联邦党人文集》第 63 篇中最为明确地指出了这点。他拒绝了这样一种流行的看法，古代世界对于代议制政府是完全陌生的；在这么做的时候，他澄清了《联邦党人文集》所期待的代议制观念：

> 在最纯粹的古希腊民主中，许多行政职能不是由人民自身，而是由人民选举产生的官员，代表人民的执行权力来履行的……从这些事实出发，除此之外还有其他一些可以增加的事实，显然，代议制的原则对古人来说既非闻所未闻，在他们的政治机构中也没有被完全忽略。古代政制和美国政制之间的真正区别在于美国政制中完全排除作为整体存在的人民，而不在于古代政制的运行中完全排除人民的代表。然而，必须承认这一加以限定的区别恰恰说明了合众国最突出的优越性。为了确保这一优越性的充分发挥，我们必须注意不要把它和它拥有广袤国土这一优越性区分开。因为难以设想，任何形式的代议制政府会在希腊民主制的狭窄地域内取得成功。[38]

这一文本和普布利乌斯此前所强调的构成了对比。此前，我们听他解释了宪法大会（constitutional conventions）"非常规的僭越"程序如何接近了"人民自身"。[39] 现在他自豪地宣告"完全排除作为整体存在的人民"是美国宪法的高峰——这一点将和美国国土的广袤一起保证了代议制民主在日常政治期间能够成功。我们必须从制度上拒绝这一观念，国会（或总统或最高法院）代表了真正的美国人民的声音。在日常政治时期，美国人民的政治一直是无法被这些幼稚的局部利益

183

---

〔38〕 *Federalist* No. 63, 前注 1, 第 387 页（詹姆斯·麦迪逊）（着重号为原文所加）。
〔39〕 再一次地，着重号为原文所加。

所"代表"的。

然而，与此同时，普布利乌斯坚持他的宪法创造物——国会、总统还有最高法院——的确以一种其他的、非举隅法（nonsynecdoche）* 的方式"代表了"美国人民。如果我们要去理解联邦党人对于美国政制的期望，就必须清楚普布利维斯心中"代表制"的意义。

拟态之外

对代议制的观念进行更具一般性的回顾——代议制是这样的过程，其中一个事物用来"代表"另一事物。一个思想实验：假定计划一次漫长的危险旅行，希望你不在的时候将一副"代表"你的画像托付给你的心爱之人。有两个开放的选择：一方面，你找到了一个具有摄像式灵感的人，他对你所做的拟态表达有其熟悉的优点和缺点。主要是因为他试图创造一幅关于你的外表的真实画像，这使得观众易于一眼认出。另一方面，出于同样的原因，快照也不那么令人满意，也许一位艺术家充分意识到她没有办法通过一张照片来表现你的生灵活现。所以她只是进行再现，她所作的肖像画尽管不那么真实，却向观众表达了一种更深刻的意义。我们把这称之为"符号学的再现"，因为它通过有意识地利用观众的这幅画是一个象征而不是这个象征所象征的事物这一认知来传达其意涵。*

184

---

* 举隅法，指以局部代表整体或以整体代表局部，以特殊代表一般或以一般代表特殊的手段和方法。——译者注

* 这一段的写作赋予拟态学的灵感以最大的可信度。通过将符合学定义成有意识地利用观众的"这幅画是一个象征，而不是这个象征所象征的事物"这一认知。但是我并没有去回答这一可能性，即拟生学的再现并没有涉及象征的自我的类似形式。和其他很多学者一样，我并不认为这种幼稚的拟生学主张能够经受住考验。例如参见，Arthur Danto, *The Transformation of the Commonplace* 1 ~ 32, 54 ~ 89（1981）。我认为拟生学最好这样定义：它是一种压制解释者的象征并不是它所象征的事物本身这一自我意识的努力，而符号学同时通过激发解释者承认象征所具有的象征性特点。但是我们在这里不必为了去支持文章中的观点而走得这么远。

普布利乌斯对通过文本——宪法——来代表美国人民的努力采取了一种符号学的理解。在普通政治时刻试图理解人民主权的活生生的现实是完全无望的。这一文本的目的不在让你假设国会就是人民，成为虚伪的现实主义。它提供了这样一副政治图景，其中，国会只是人民的"代表"，而不是真正的人民本身。

那么，除了在宪法机器中尽可能地拓展"代议制"机构的数量和类型之外，还有什么更好的代表人民的办法呢？众议院通过所有公民直接选举的方式"代表"人民，而参议院则通过将选择权赋予各州立法机关的方式来"代表"人民，而总统则通过选举人团的方式来"代表"人民。这样一来，这个制度就赋予每一个机构以其他机构所欠缺的美德。因此，众议院就有动力去反思每一次民意的变动；参议院则有能力进行信息全面的判断；总统则具有活力和决断。当所有这些代表意见不一的时候，他们就会求助于其独特的美德来论证他们的主张是为了公共利益。[40]

但是，如果普布利乌斯成功了，其他"代表"的反应不是把权力让渡给这一坚持自己是人民代表的政府分支，而是加以抵制，并且认定他们自己才是人民的代言人，如此等等，不一而足。结果也许和每一位争执者的希望相反。在众议院、参议院和总统之间来来回回的主张和反主张不过是突出了每个政府分支试图以一种简单的举隅法去代表人民的做法是成问题的。没有哪一个小团体能够通过法律形式转变成人民。宪法的形式不过是缓和日常政治不可避免的邪恶的一种机185 制。如果日常政治行动者都有动力对彼此装模作样，声称对其以人民的命令在发言的做法予以打击毁灭，那么这就是代表事务真正状态的

---

[40] 这一宽泛的主题在《联邦党人文集》的第 2 部分重复出现，始于第 52 篇，它试图表明政府的不同分支是如何制约其他分支的缺陷，从而产生一个相比于其组成部分而言更具整体上的"代表性的"政府。

最好做法：在日常政治时期"完全排除作为整体存在的人民"。

但是，华盛顿特区的这种关于是否代表了人民的肯定与否定的修辞模式的你来我往的讨论是包括各州在内的更大的整体的一部分。联邦主义是将代表制予以问题化的又一有力工具。回忆一下普布利乌斯对反对者指控他不是联邦主义者[41]而是国家主义者，其目的就是将"各州整合成"单一中心的回应。[42]

普布利乌斯的回应既不是承认他的国家主义，也不是证明他是其反对者所运用的古典意义上的联邦主义者。[43]相应地，他首先呼吁我们从多个视角来看待《美国宪法》——开始于其批准的方式，然后观察一下众议院、参议院还有总统是如何选举产生的；其次考虑中心权力是如何定义和运作的；最后关注一下宪法修正案的方式。这个旅程表明，我们很难说美国宪法在整体上是"真正"全国性的还是联邦性的。这个问题完全取决于回答者的视角。他的不无得意的结论是：

> 拟议中的宪法……在严格意义上既不是全国的，也不是联邦的宪法，而是两者的结合。就其基础来说，它是联邦的，而非全国性的；就政府一般权力的来源而言，它部分是联邦的，部分是全国性的；就这些权力的运作来说，它是全国性的，而非联邦的；就其外延来说，它又是联邦的，而非全国性的；最后就引入宪法修正案权威的方式来说，它既不是彻底的联邦的，也不是彻底的全国性的。[44]

借助视角的多元化，普布利乌斯反驳了那些认为华盛顿或者各州

---

[41] *Federalist* No. 39，前注1，第241~246页（亚历山大·汉密尔顿）。

[42] *Federalist* No. 39，前注1，第243页。

[43] 参见 Herbert Storing, *What the Anti-Federalists Were For*，第4章（1981）。

[44] *Federalist* No. 39，前注1，第246页（詹姆斯·麦迪逊）。

的普通官员代表人民发言的主张。每一官员的努力都是大量的相互竞争的代表主张中的一种。相反，人民通过否定的方式来加以确定其范畴的修正案程序来表明其自身——"既不是彻底的联邦的，也不是彻底的全国性的"。那时，而且只有在那时我们才开始听见人民那种非常规的，但是富有公共精神和理性的声音，他们对那些根本的原则审慎思考、认真决定，一如他们在革命时代在形形色色的非常规会议上所做的那样。

但是，普布利乌斯通过强调政府只是人民的代表之一来开始其描述的时候，他并没有在那里就结束了。毕竟还有代表事物的很多种方式——无论被代表的是不在场的爱人，还是不在场的人民。而且，普布利乌斯决定设计一种制度，考虑到各种可得的人类的材料，它在代表富有公共精神的慎思明辨方面所做的工作将尽可能的完善。这种慎思明辨是人民自己只有在那些"压制了各种激情"的宪法危机时刻才会达到的。那么，如何在宪法设计中实现这一雄心勃勃的计划呢？

宪法科学

此处并不是沿着许多其他革命者已经开辟的道路继续前进。司空见惯的情形是，革命的先驱者对党争威胁的回应是试图永久性地集中权力。就此而言，他们是为那些真正的人民而冒险犯难，不惜牺牲的英雄。那么，如果我们希望再现那些共同努力的伟大时刻，为什么不根据这些英雄们以往革命的美德授予他们永久统治的权力？

普布利乌斯在《联邦党人文集》第 10 篇中的回答是否定的，他提出了一个在人类自由编年史上占有永久地位的分析。这种威权主义的授权比"疾病本身还要糟糕"，因为它将毁灭个人自由这一美国革命最伟大的成就。《联邦党人文集》不仅没有屈从于革命精英主义的幻觉，反而坚持所有主要官员的权威都应该直接或间接地来源于民众选举这一常规的制度。[45]关键问题在于如何组织选举制度，从而使得尽管存在党争的现实，胜出者仍然能够有勇气以一种人民在最伟大的革命时刻在人民宪法大会上所表现出的审慎的、富有公共精神的方式进行统治。

187

对党争的剖析

要在这取得进展，就需要对普布利乌斯的党争理论进行更详尽的分析。迄今为止，我满足于用一般性的语言去描述普布利乌斯的关切：在日常时期，基于激情或者利益形成的群体将以牺牲其他公民的权利和共同体的永久利益为代价来行使州权。现在是做一些必要的区分的时候了。[46]在普布利乌斯的描述中，出于"激情的"党争和出于"利益的"党争是不同的。

正如第 10 篇所解释的那样，"激情"导致的党争有两种主要类型：

> 对宗教、政体以及许多其他方面的不同观点、猜疑和实践的狂热，对各种野心勃勃争权夺利的领袖人物的依附；或者是因感兴趣于他人的幸运而予以追随，这就把人们分成了各种党派，煽动他们相互仇恨，并且使他们更易于激怒和压迫对方，而不是为了公共利益而一起合作。[47]

---

[45] *Federalist* No. 10，前注 1，第 81 页（共和国的定义）；*Federalist* No. 39，第 241 ~ 242 页（詹姆斯·麦迪逊）。

[46] 我这里的观点要归功于道格拉斯·阿代尔和马丁·戴蒙德的重要著作，在第 8 章，第 223 ~ 227 页中予以讨论。

[47] *Federalist* No. 10，前注 1，第 79 页（詹姆斯·麦迪逊）。

如果换成今天的词语，我会把第一句中所描述的那种党争称为基
于意识形态的党争，而把后面所面熟的那种党争称之为基于卡里斯玛
的党争。*

尽管这两种党争看起来似乎彼此不同，但他们拥有一个重要的相
188 似性：因"激情"而生的党争都不会长久。普布利乌斯的要点并不
是，激情一直都在政治中得到了表达。实际上，当"没有什么实质性
的事情发生的时候，最琐屑微小，不足挂齿的差异都足以点燃（公民
的）不友好的激情，并且引发他们暴力的冲突"。[48] 普布利乌斯的要点
在于，这些具体的激情党派都只有短暂的半生——民粹式的领导人会
死亡，意识形态的狂热起起落落。我们在后面会证明这一点的重要
性[49]——它帮助解释了普布利乌斯为什么赋予三权分立如此重要的
地位。制约与平衡耗费时日，在这一中过程中许多党争的泡沫就破
灭了。

相应地，那些基于"利益"的党争则更为持久，这些党争源于
"财富分配的不同和不平等"。[50] 普布利乌斯又进一步把这一范畴划分
成两部分：那强调经济利益的"差异"的和强调经济"不平等"的。
第一种看起来似乎是现代多元主义中的利益集团：土地所有者、制造

---

* 当然，没有什么可以防止一个党派既是意识形态的，又是卡利斯玛的。第一个词描
绘的是该团体的事业规划，第二个词汇描述的是它的领导人。实际上，这种意识形态/卡利
斯玛的结合看起来和普布利乌斯所代表的很相似：联邦党人就是这样的一群人，华盛顿作
为他们的头头，提出了"关于政制的不同见解"。

看一下普布利乌斯在第10篇中的著名论断和我们此前研究的主题是如何紧密关联的。
既然联邦党人有了新的政治事业目标，又有许多有魅力的领导人，普布利乌斯的观点就需
要它解释为何他们不仅仅是去"煽动"公民同胞"相互仇恨"。尽管普布利乌斯在第10篇
的有限篇幅里没有去讨论这一点，我们已经讨论过的其他文章证明了他意识到他需要去做，
而他的努力就产生了政治生活中的二元理论。

[48] *Federalist* No. 10，前注1，第79页。

[49] 参见第194页。

[50] *Federalist* No. 10，前注1，第79页（詹姆斯·麦迪逊）。

业者、商人、银行家，还有那些利用政府权力追去个人狭隘私利的人。第二种类型看起来像我们现代的平等主义者——他们反对有产者的利益，支持穷人的主张。普布利乌斯认为，这两种类型的党争都很糟糕——他既不是多元主义的支持者，也不是再分配主义的支持者。他是一位带着 19 世纪而不是 20 世纪蓝图的成功的革命者。无论现代美国人是怎么想的，他所代表的人民由白种商人、种植园主和手工业者构成，他们为了生命、自由和财产而进行了一场革命——并不是为了终结奴隶制或者为了福利国家的胜利。

此后，宪法价值中的这类差异变得十分关键。[51] 目前，为了寻找他们的共同性的目的，我还是把它们放在一起讨论：普布利乌斯担忧党争会危及先前时代的人民经由艰苦卓绝的富有公共精神的奋斗而把它变成高级法的那些原则。尽管普布利乌斯的许多宪法价值和我们的不同，我们仍然可以从他的忧虑中学到一些经验教训。那么，应该怎样来运用宪法以避免党争颠覆人民的意志呢？

超越党派

这就是《联邦党人文集》第 10 篇对孟德斯鸠观点的著名挑战。这位伟大政治科学家认为，共和国只能在小国实现，而普布利乌斯则认为他们应该在大国才能实现——因为深思明辨和富有公共精神的代议制政府更可能存在于大国之中。

有两个原因。第一个原因是革命英雄以及他的同志们，更有可能在大共和国中赢得民众选举的胜利。[52] 既然协商时的集会不能规模过大，大共和国意味着大选区。这就使得诸如普布利乌斯这样的人处于相对有利的位置。在小选区中，形形色色的党争更易于借助贿赂、朋

---

〔51〕 参见第 11 章，第 314 ~ 319 页。
〔52〕 可以在 Garry Wills, *Explaining America* 177 ~ 264 （1981） 中发现对这一主题的有价值的阐述。

友关系以及对地方偏见和利益的鼓吹而取得选举的胜利。而在大选区中,选民们的视野就不得不超越其邻里的范围;他们的目光就"更有可能关注在那些具有最吸引人的优点,具有开放性和稳重性格的候选人身上"。[53]如果事情像普布利乌斯所希望的那样,大选区制的运作将导致"一个选举产生的公民团体,使得公民的意见得到提炼和扩大,他们的智慧最能够辨别国家的真正利益,而且他们的爱国主义和对正义的热爱也使得他们不会为了暂时的或部分的利益而牺牲国家利益"。[54]

普布利乌斯并没有被这种希望冲昏头脑。他完全清楚,国家的大小只是影响代议制品质的诸多因素之一——他是以高度概然性的方式提出自己观点的:选民们在大选区中"更可能关注"那些最优秀和最智慧的爱国者。当我们想到:"如果党派构不成多数,那么共和原则就会提供补救,这使得多数派可以通过常规投票击败党派的阴谋诡计。"[55]

尽管如此,普布利乌斯还为赞扬大国提供了第二个方面的原因:

把范围扩大,就会容纳数量更多的党派和利益集团;全体中的多数形成一致动机侵犯其他公民权利的可能性就要小得多;如果存在这种一致的动机,那么,所有具有同感的人也比较难以显示自己的力量,并且采取一致的行动。除了其他的障碍之外,还需要指出的是,当存在一种关于不公正或卑鄙目的的意识的时候,交流也会因为需要其赞同的那些人的不信任而受到制衡,这些人的不信任程度与其人数恰成正比。[56]

190

---

[53] *Federalist* No. 10,前注1,第83页(詹姆斯·麦迪逊)。
[54] *Federalist* No. 10,前注1,第82页。
[55] *Federalist* No. 10,前注1,第80页。
[56] *Federalist* No. 10,前注1,第83页。

激情反对利益，利益反对利益，利益反对……——这里有无数种
排列组合的可能。普布利乌斯并没有因为他希望政体中激情和利益之
间的流动的平衡而偏好大政府。与此相反，党派的激增使宪法设计得
以对分而治之的古老策略进行创造性的运用。当每一个党派都企图压
迫在它关切轨道之外的其他公民的时候，形形色色的党派就在一些相
互竞争的，彼此不一致的方向上牵制政府。这就使得选举产生的代表
们有足够的活动空间去超越，而不是模仿党派之争——也就是说，如
果普布利乌斯的第一个观点是有效的，那么大国之大的确使得有充分
公共精神的人掌握了权力。在后来的文章中，普布利乌斯又试图表明
众议院、参议院和最高法院如何提供了不同的制度视角，而法院相对
于任何其他政府分支又使得这一反思性的整体能具有更强的反思性和
公共精神。[57]

当一切运作良好的时候，美国人并不把他们的代表看作在模仿那
些相互竞争的党派之间的流动的权力平衡。这不是拟态，而是指代。
尽管党派围绕着边缘在打转，舞台的中心仍然由行动中的我们人民占
据着：一群具有公共精神的代表参加协商，这种协商是人民自己在那
些少有的"压制激情"的时刻才实现过的。

失败——安全机制

但是，正如普布利乌斯很好地意识到的那样，并非所有的事情都
运作良好。甚至于在胜利的高潮时刻，他也并不认为三权分立就能够
毫无障碍地达到意图的目的：

> 在幅员辽阔的美利坚合众国，在它所囊括的形形色色的
> 利益集团、党派和宗教派别中，整个社会的多数派除了根据
> 正义和共同利益的原则之外，很少根据其他的任何原则而联

---

[57] *Federalist* Nos. 52 ~ 82，前注 1。

合起来。[58]

很少并非永远都不。在众议院、参议院、国会还有总统之间，立
法权的技巧性的分配并不是富有公共精神的协商的保障。当然，最好
191 是替这个制度设计一些支撑性的机制？即使是当党派的争斗如火如
荼，日益炙热的时候，三权分立仍然具有一种更为温和的但是关键的
功能。至少每个分支都会对其他分支的党派性目标进行制约：

> 对于将不同权力逐渐集中于一个分支的最重要的保障
> 在于赋予那些行使权力的各个分支以必要的宪法手段和个
> 人动机去防止来自其他分支的侵犯。这方面的防御措施和
> 在其他情况下一样，必须和攻击的危险相对称。野心必须
> 用来对抗野心。人的权力必定和所在机构的宪法权利相联
> 系。用这样的手段来控制政府的滥用是对人性的反思。但
> 是如果政府本身不是对人性的所有反思中最为深刻的，那
> 么政府又是什么呢？如果人是天使，就不要任何形式的政
> 府。如果是天使统治人，那么就不需要对政府进行任何内
> 在或外在的限制了。在建立一个由人来统治人的政府的过
> 程中，最大的困难在于：你必须首先让政府去控制被统治
> 者；下一步则是必须迫使它去控制自身。对政府的主要控
> 制需要依赖人民，但是经验已经教导人类，其他辅助防御
> 措施还有存在的必要性。[59]

对这一伟大的基于人性灰暗所做描述的段落不要过度解读。普布
利乌斯在把三权分立的作用描述成"辅助性"的时候，他是严肃认真

---

[58] *Federalist* No. 51，前注 1，第 325 页（詹姆斯·麦迪逊）。
[59] *Federalist* No. 51，前注 1，第 321～322 页。

的。实际上，这一著名的段落紧接的是这样一个观点，即普布利乌斯之前承认"必须要为一些伟大的和特别的时候标示出宪政的人民之路并保证这一道路的开放"。[60]只是在强调人民出于我们前面已经提及的那些原因[61]为什么不能够让人放心地期望他能够在日常政治中超越党派之后，普布利乌斯才将三权分立引进来作为"辅助性的防御措施"。无论权力制衡多么重要，这个制度最终还是依赖于人民在危机时刻组织起来进行协商和决定的能力。

司法审查

那么，是否存在一种会在党派脆弱的时候可以强化宪法形式的最终的"防范"呢？我们能设计出一种制度，赋予在位者以动机在党派 192 领导人攻击人民先前取得的宪法成就时代表革命一代人去干预吗？

这就是法官出场的时刻。当普布利乌斯在《联邦党人文集》后面的一系列文章中讨论最高法院的时候，他以一种如其所是的方式来对待它——这是二元制政治学理论的另一个已经被充分探讨的制度意涵。当党派政治突破宪法约束的时候，法官们就应该宣告他们拟议中的立法因违宪而无效，并充分展现他们所扮演的角色：只是为了"人民自己"才会挺身而出。只有人民才有权修改宪法，而法官们必须防止国会对宪法进行单方面的根本性改变：

> 但是这一结论绝不意味着司法权要高于立法权。它只是

---

[60] 这一大段灰暗的表述一直到51篇的结尾，该篇以否认它是一个自足的独立单元为开始。相应地，第52篇开始于将此前的4篇文章作为整体性的统一体："前述4篇文章采取的是更为一般性的探究，我现在转入到对于政府的各个组成部分的更为具体的细节的探讨"。*Federalist* No. 52，前注1，第325页（詹姆斯·麦迪逊）。因此，第51篇的这一段是有意识地和前注，第181~182页中（开始于48篇并一直延续到49篇的讨论）所阐明的观点联系起来的，它明确了向人民保证"宪法道路"通畅的必要性。*Federalist* No. 49，前注1，第314页（詹姆斯·麦迪逊）。

[61] 参见第187~188页，同前注。

意味着人民的权力既高于立法权也高于司法权，而如果立法
中所宣布的立法机关的意志和宪法中所宣布的人民的意志相
冲突，那么法官就应该受到后者而非前者的约束。[62]

这一观点存在的问题是显而易见的。我们又怎么去限制最高法院
滥用它的宪法解释权呢？如果大法官们不是去维护革命一代人取得的
成就，而是利用其权力推进某一党派的利益呢？

普布利乌斯的乐观主义建立在对法院地位的现实主义的评价基础
之上："比较起来，法院是三个政府权力部门中最弱的一个。"[63]他既
不控制"武力，也不掌握财政"，甚至于"其判决的有效履行也依赖
于行政部门的支持"。[64]考虑到这些事实，普布利乌斯指出，认为法
官会成功地危及"人民的普遍自由"的想法是愚蠢的。危险恰恰在反
面：尽管法官有终身任职保障，当一位有魄力的政客煽动所谓的代表
们背叛人民的宪法托付的时候，法官仍然会表现得不合时宜的驯服。
在阐述这种危险的时候，普布利乌斯邀请我们再次反思作为整个事业
基础的二元主义。尽管普布利乌斯关于司法审查的讨论声名卓著，但
193 是下面这个段落仍然没有得到它理应受到的那种关注：

> 法官的独立对于保障宪法和人权免于那些不良情绪的影
> 响具有同样的重要性。这种不良情绪会因为那些心怀鬼胎的
> 人，或者是具体联合的影响而在人民当中散布。尽管一旦有
> 更充分的信息或者审慎的反思，这种不良情绪就会迅速退
> 去。但它有一种倾向就是引发政府中危险的革新或者对共同
> 体中少数派的压迫。我相信拟议中宪法的朋友们不会和他的

[62] *Federalist* No. 78，前注 1，第 467~468 页（亚历山大·汉密尔顿）。
[63] *Federalist* No. 78，前注 1，第 465~466 页。
[64] *Federalist* No. 78，前注 1，第 465 页。

敌人们一道去质疑共和政府的根本原则，这些原则承认人民
在发现宪法和他们的幸福不一致的时候改变或者废除已确立
的宪法权力；然而并不能从这一原则推导出，人民代表在人
民一时的倾向与现存宪法规定冲突时就有理由去违反这些规
定；也不能从这一原则推导出，最高法院对这种违反宪法的
行为和它对那些出自于立法机构的阴谋诡计的行为的态度应
有所不同，对于前者可以予以纵容。除非人民通过一些严肃
和权威行为废除或者改变了现存的形式，否则现存的宪法就
对作为集体的人民和作为个体的人民具有同样的约束力；在
人民采取行动对现存宪法形式进行改变之前，任何关于人民
情绪的假设或者知识都不能成为代表们偏离宪法的理由。这
样一来，我们就很容易理解下述要求，当议会在社会舆论的
鼓动下侵犯宪法的时候，法官仍然具有一种非同寻常的毅力
去履行他们作为宪法忠诚卫士的职责。[65]

这一段为我们此前所讨论过的所有主题进行了精彩的总结：普布
利乌斯对人民的二元主义的理解，他关于代表制的符号观，以及他对
党派互动的复杂分析所产生的关于法院责任的独特看法。对普布利乌
斯来说，人民只在那些"压制了激情的"极少数情形中才会集合起
来。[66]因此，对那些没有意识到这一点的人来说，这些文本都是反民
主的。由于这些一元制中的民主派[67]没有能够对人民意志的形成进
行定性评价，他们就会把普布利乌斯对"议会在社会舆论的鼓动下侵

〔65〕　*Federalist* No. 78，前注1，第469~470页（原文中普布利乌斯的注释在这里省略
了）。
〔66〕　对《联邦党人文集》最有影响力的但犯了该错的解释是 Robert Dahl，*Preface to
Democratic Theory*，第1章，尤其是注释23（1956）。
〔67〕　Robert Dahl，*Preface to Democratic Theory*，第1章，第7~10页中对一元论的探讨。

犯宪法"的承认解读成对司法审查的民主实践的致命一击"。

与此相应，我们看到，普布利乌斯强调的是，宪法再现了在日常
194 时期并不存在的人民，宪法所代表的是已经动员了的而且能够进行审
慎协商的人民。考虑到这种符号式的理解，承认官员们屈服于"不良
情绪"时，他们没有能够代表人民也并没有什么不民主。"尽管一旦
有更充分的信息或者审慎的反思，这种不良情绪就会迅速退去。但它
有一种倾向就是引发政府中危险的革新或者对共同体中少数派的
压迫。"

更进一步，普布利乌斯在第 10 篇中的分析提供了可以用来证明
"不良情绪"实际上是暂时的这一信仰的政治科学。我们回忆一下，
除了基于经济利益而形成的"可持续的"党派之外，第 10 篇还指出
基于"激情"的党派——我把它们称之为卡里斯玛或意识形态——常
常只是昙花一现。于是普布利乌斯对最高法院抵制"那些心怀鬼胎的
人，或者是具体联合的影响"的呼吁并不是什么临时方针。他已经提
供了充分的理由去相信，如果社会公众拥有了充分的机会去反思，那
么一些党派的联合根本就不可能获得民众的支持。

尽管如此，普布利乌斯并没有倾向于否认存在一些时刻，人民可
以而且应当开始行动。与此相反，他在《联邦党人文集》中最主要的
观点就是要去证明，现在就是这样的时刻。因此，这一文本一方面强
调要审慎思考，另一方面又嘲讽作为反对者的反联邦党人竟然"质疑
人民发现宪法和他们的幸福不一致的时候，改变或者废除现存宪法的
权利"。在进行这一评论时，普布利乌斯是建立在他此前已经讨论过
的更为坚实的基础上的。让我们回忆一下他是如何去论证制宪会议有
权违反"现存宪法"的。制宪会议通过回避现存的立法机关，而且提
出新宪法的批准只需 13 个州中的 9 个州的宪法大会的同意。普布利
乌斯不仅没有否认人民主权的可能性，而且自豪地宣称，联邦党人已

经赢得了号召人民通过制宪大会决定性地行动起来，从而在他们的伟大革命成就被普通政治的激情与利益消耗殆尽之前能够得到保障。

即使普布利乌斯是成功的，这一段落再次强调了，联邦党人并没有代表人民进行最终发言。在评估未来宪法政治的时候，普布利乌斯忠告法官们要保持警惕：当"代表们"宣称人民支持他们的宪法改革工程的时候需要保持怀疑的态度，要一直抵制到"人民已经通过一些严肃和权威行为废除或者改变了现存的形式"。

"严肃和权威的"，请注意这里少了一个重要的单词：合法的。普布利乌斯并没有说，法官必须抵制，直到转型运动满足了新宪法中所包含的有关宪法修正案的所有法律规则为止。他并没有去讨论这些新的规则和那些用以说服法官的"严肃和权威的"行为之间的关系。考虑到普布利乌斯坦承费城制宪会议的行为本身也有合法性方面的瑕疵，所以没有能够坚持严格的合法性就可以理解了。[68]

当我们开始探索后来各个时代的美国人的伟大宪法成就时，我们就有充分的理由去回想普布利乌斯在这个问题上的沉默。在重建和新政时期，最高法院都认为人民已经说话了，尽管人民的政治领导人拒绝遵循那些规定宪法修正案的法律技术细节。[69]除了合法律性之外，普布利乌斯还表达了更深层的忧虑。他担心，法官是否足够坚定，从而能抵制那些党派领导人在没有获得人民深层的、充分考虑的支持背景下所提出的改变的要求。法官们可能在没有等到能够证明深思熟虑的人民支持的"严肃和权威型的"行动之前，就已经过快地让步："很容易理解，这需要一种非同寻常的坚毅……"只有时间能够证明普布利乌斯的顾虑是否有必要。

---

〔68〕　Robert Dahl, *Preface to Democratic Theory*，第 1 章，第 173 ~ 174 页。

〔69〕　Robert Dahl, *Preface to Democratic Theory*，第 2 章，以及下一卷：《我们人民：转型》。

一些结论性的问题

我们已经绕了一圈：从普布利乌斯对他们一代人宪法政治实践的描述，到他试图通过宪法科学形塑未来日常政治的努力，再到他考虑到为了宪法创造的权威行为而动员未来世代的人民的努力，而对最高 196 法院的忠告。既然我们已经通观普布利乌斯生命的整个过程，有些问题就有助于铺平未来进一步探索的道路。

因果关系问题

我们从作为预言家的普布利乌斯开始，尽管《联邦党人文集》中充满了各种各样的被历史证明是错误的预测，普布利乌斯关于宪法转型的强大理论却不属于其中。我们历史上最全面的两次转变的确是在引发"普遍恐慌"的危险中发生的。重建时期的共和党人是靠一场史无前例的战争中的牺牲而赢得和联邦党人的历史决裂的宪法权威的；新政时期的民主党人则是在无论是在深度还是持续时间方面都是在史无前例的经济危机之后才获得相应的权威的。至少在体制变化层面，事实证明普布利乌斯的一些主张是说到点子上了：剧烈的社会危机促成美国人民支持那些超越日常政治的努力，并且阐述了宪法身份的新原则。

如果我们转向那些对宪法价值和结构具有重要性但是多少不是那么全面影响的宪法运动，因果关系的故事就更丰富多彩了。现代共和国的民权运动、中期共和国女性争取普选权的运动，还有早期共和国杰弗逊和杰克逊式的"革命"，都是成功宪法政治的重要例证。而促成这些运动的并非诸如内战或大萧条这类规模的危机，所以我们必须超越普布利乌斯的"危机"理论，以便获得对美国宪法政治的更充分的理解。

转换的问题

自从普布利乌斯以来，很多人都注意到现代政治生活的特征就是民众参与运动的不时爆发。不过，普布利乌斯的回应因其避免了熟悉的两分法所以是独特的。一方面，他不是强硬的保守派。他否认群众能量的持续汇聚构成了噩梦般政治的燃料，蛊惑人心的精英们相互竞争，从而将群众的非理性引导到邪恶而自私的目的上去。他把这些革命式的参与的插曲看成伟大的宪法成就——我们高级法的时刻。

另一方面，普布利乌斯也不是暴民的一味的祖护者。他的党派理论强调了群众非理性的可能性——其中，人民为卡里斯玛或者意识形态或者这二者所裹挟，从而对作为整体的社会或者对少数人的权利造成严重的损害。普布利乌斯并没有把革命时刻的变动不居和激情四溢作为目的本身来加以推崇，他是理性主义者："正是公共理性需要去控制和规制政府。而激情则应该为政府所控制和规制。"[70]

这种对理性和民众动员的联合追求[71]导致普布利乌斯强调制度在将煽动家和政治家区别开来，将暴民和人民区别开来中的作用。我们看到，普布利乌斯主张最高法院要抵制住对已确立宪法的最初的攻击，让人民有时间总结思路、集中能量，从而采取"严肃和权威的"与宪法的根本原则深思熟虑的改变相适宜的行为。更普遍地，他还坚持"通过人民决定的宪法之路必须被标示出来并保持通畅，以备一些重大时刻和不时之需"。[72]正是这条道路，而且无论它已经成为还是行将成为什么样子，会是我们这里的持久关注：如何组织美国民众和他们的政治代表之间关于公共理性的程序，从而得以辨识出那些情形，其中的运动已经获得以人民这一高级立法者名义说话的权力？

既然他已经探究了美国制度得以或者应当将宪法政治的令人激动

197

[70] *Federalist* No. 49，前注 1，第 317 页（詹姆斯·麦迪逊）。

[71] 参见 Paul Kahn，"Community in Contemporary Constitutional Theory"，99 *Yale L. J.* 1 (1989)．

[72] *Federalist* No. 49，前注 1，第 314 页。

的修辞转换成宪法的审慎思考的那些适当条件，我们就把这称为转换的问题吧。在一项政治运动被承认具有高级立法的权威之前，美国人民应该对它课加哪些制度试验呢？为什么宪法的政治成就在我们的政治安排中占有特别的位置？

我会在下面的章节中逐一讨论这些问题。[73]

审慎与维护

但是，记住新联邦党人的故事还有日常政治学的一面也是重要的。就其处理该问题的路径而言，普布利乌斯是富有公共精神的审慎坦然的拥护者。正如他希望在宪法政治中将群众能量与理性审慎地结合起来，所以他也鼓励在日常政治充满党派之争的环境中的审慎精神。借用卡斯·孙斯坦的幸福公式，[74]最高的目标就是审慎民主制：试图设计一个制度，它既能有利于选出那些"开明的政治家"，同时又赋予他们根据公共利益的良心定义而加以统治的动机。

不过，普布利乌斯就其期望而言是相当谨慎的。他有一个最低目标，这一目标远远落后于最高目标。这里的目标就是维护者的角色。"开明的政治家并非总在高位。"[75]我们就让那些党派主义者毁灭那些以人民的名义已经实现的宪法法案变得更加困难吧。那么在这两百年的转型中，宪法成功地履行了这最高和最低的目标没有？

同样地，这个问题也值得用一章的篇幅来讨论。[76]

美德经济学

最后我们再考虑一下将我们所理解的公共事业的不同方面联系到

---

[73] 分别参见第十章和第十一章。

[74] Cass Sunstein, "Interest Groups in American Public Law", 38 *Stan. L. Rev.* 29, 45 (1985).

[75] *Federalist* No. 10, 前注 1, 第 80 页。

[76] 参见第九章。

一起的那个唯一主题。在回应关心公共生活的深思明辨是很短缺的这一观念时，《联邦党人文集》提出了一个试图将美德经济化的民主宪法。

第一种伟大的将美德经济化的做法当然是由于宪法政治和普通政治的区分而实现的。第二种则是通过赋予每一位经由民众选举产生的官员以动机，使其在党派之见泛滥时进行富有公共精神的审慎思考。第三种则是通过鼓励每一位代表去破坏其他人在日常政治中代表人民说话的资格而寻求提供一种失败—安全的机制。第四种做法则是建立司法审查以维护早期宪法判断的整体性，从而反对党派带来的离心力。

在提出美德宪法经济学的时候，普布利乌斯对人的条件并没有采取一种简单的霍布斯式的观点。他的所有的事业都存在着一个二元主义心理学的假设：

> 那种认为人性普遍虚伪和人性普遍正直的假设一样，都是错误的。代议制机构的存在意味着在人类身上存在着一定的美德和荣誉，它们是信任的合理基础。[77]

199

他的任务就是将美德经济化，而不是说完全不要美德；要创造一种宪法结构，他可以允许美国人民在日常和特殊时期都可以最大程度地利用我们所拥有的公共精神。我们能否成功继续这一由普布利乌斯所开启的对话最终是由我们能否成功地追求那些在不同历史时期的目标来决定的，但也不是说不同到让整个事业失去意义的程度？

---

[77] *Federalist* No. 76，前注 1，第 453 页（亚历山大·汉密尔顿）。

第八章
失败的革命

二十世纪的怀疑主义

200 　　建国伴随着一场深入的全国性对话。通过小册子、报纸、书信和日记的形式，美国人借此来表达他们对于自治的希望和恐惧。两个世纪以后，只有《联邦党人文集》仍在广泛流传。如果我的论证是成功的，那么可能下一次你逛书店的时候就会拾起一本平装的《联邦党人文集》？难道这不是面对第一手的建国资料的恰当时候吗？当然，《联邦党人文集》只是大量此类文集中的一部——但它是最全面和最深刻的。这一历史资料的丰富宝库值得花费一生进行密集阅读和反思。[1]

　　这给许多美国人带来了一个问题。当他们希望通过与宪法的过去、现在和未来的关系进行思考的时候，他们还有大量其他的实践或

---

〔1〕　关于进一步阅读的有效指引，请参见 Philip Kurland & Ralph Lerner 所编五卷本的，*The Founders' Constitution*（1987）。

智识上的事业追求。他们没有时间、能力和兴趣成为 18 世纪的职业历史学家。他们渴望成为有知识的公民，而不是教授。让这些公民花上几个夜晚读读《联邦党人文集》，看看它能否作为二元民主制的深刻导论并非过分要求，但是让他们以毕生之力精读大量其他有价值的建国时期的文本则是强人所难了。

我建议采取另外一条道路——这条道路通过对 20 世纪的迂回来深化你对 18 世纪的理解。当代历史学家对深化我们对建国时期的理解做出了巨大的贡献——它所带来的洞察是任何伟大的自学者都无法企及的。因此，我建议通过转向现代学术所勾勒的建国者形象来深化 我们和联邦党人思想的最初接触。那么，在多大程度上他们支持二元主义者的解释，在多大程度上他们挑战它？

对这些问题的回答要求我们反思现代政治词汇中最琢磨不定的词汇：革命。我已经把普布利乌斯描述成成功的革命者，对旧制度毁灭之后如何重构政治秩序这一关键问题给出了一个典型的二元主义的回答。与此相应的是，大量当代学者从不同的角度出发，将普布利乌斯看成美国革命的敌人，而不是朋友。结果是，我预计到很多学者会以一种怀疑主义来对待我的二元主义解释：普布利乌斯革命激情洋溢、言词澎湃，但如果我们把他们的话当真岂不是太幼稚了？难道普布利乌斯是来赞美而不是埋葬美国大革命的？

我认为，这一预料之中的回应和"事实"之间的关系并不像人们想象的那么紧密。那些将普布利乌斯看作反革命的学者之所以这么做，是因为他们拥有不同的革命观念，而不是因为他们对于"事实"存在不同观点。为了证明我的理论是能站得住脚的，我区分了两种相互竞争的关于建国时期形象建构的革命概念。在澄清了概念的混乱后，我们将会看到大量当代学术支持了二元主义的解释。

在我们继续概念的争辩之前，关于这些概念起源的历史背景的讨

201

论将有启发意义。毕竟，在整个 19 世纪，对于美国人来说，将普布利乌斯看成成功的革命者并无任何困难。实际上，他们无休无止地将他们的成功革命和欧洲人可悲的失败进行比较，从而和顽固的专制主义作根本的决裂。[2]当这种志得意满同时掺杂着不光彩的幸灾乐祸的时候，就使得美国建国者的革命特征占据公众心智最显要的部分了。只是到了 20 世纪反革命的普布利乌斯形象才出现在前台。

20 世纪的第二个十年是关键性的转折点。这是查尔斯·比尔德的《美国宪法的经济解释》的时代。[3]在他看来，宪法之父们的秘密会议和不合法程序不过是一个赤裸裸事实的外在征象而已：我们的宪法是一份反革命文献，是精英有产者以不正当的手段强加于革命大众的。他的研究试图撕掉建国者修辞的华彩，从而揭露其背后潜在的阶级冲突。比尔德的开创性研究启发了一整代的进步历史学家，他们试图证明建国者以"人民"的名义进行的包装不过是个糟糕的玩笑。对这些历史学家来说，他们真正感兴趣的问题是，和巴黎、莫斯科的同志们相比，为什么作为反革命的联邦党人如此成功？

但是，比尔德的著作并不是引发 20 世纪 20 年代对美国建国重新评价的唯一事件。第一次世界大战和俄国革命产生了民族自我理解的新语汇。共产主义打碎一切并取得胜利这一事实强化了在知识分子中已经开始的令人痛苦的评价工作：如果布尔什维克有权称自己是"真正的"革命者，那么，可能建国者的确就是进步历史学家所说的反革命分子？

---

〔2〕 比如说，参见大卫·戴维斯（David Davis）所运用的资料，*Revolutions*：*Reflections on American Equality and Foreign Liberation*，第 3 章（1990）。

〔3〕 Charles A. Beard，*An Economic Interpretation of the Constitution of the United States* (1913). 比尔德的著作将学术圈中已经耳熟能详的观点带到了更为广泛的民众之中，学术圈的认识主要归功于 J. Allen Smith，*The Spirit of American Government* (1907)。

　　这个问题在过去的几个世代引发了更为久远的回声。在第二次世界大战将美国推向世界舞台的中心后，中国共产主义者的胜利揭示了革命的力量偏离美利坚共和国早期的实践会有多么遥远。时代的公共象征主义将美国打扮成世界反革命的领导力量，它在和席卷世界的对自由西方产生威胁的马克思主义的兴起进行着史诗般的斗争。

　　就所有这些而言，我们传统的深处隐含着革命成就的更积极形象。尽管我不是总结历史经验的行家里手，但是再次强调我们传统的时机已然成熟，这一传统始于建国时期。当然，进步学派的历史学家自信地预期对于经济数据的扎实分析将会证明，围绕宪法的斗争实际上使得大众和精英已经形成制度性对立，从此以后，学术的局面就开始改变。到1950年代，许多历史学家确信，对于数据的逐州的详细讨论并不能支持这一头脑简单的故事。[4] 到1960年代，历史学研究的主要进路开始以非比尔德式的方法来认真对待建国时期的观念和辩论。[5]

　　当美国的历史学家重新评价比尔德的方法和隐喻的时候，在整个西方存在着一个范围更为广泛的政治思潮的转向。世界范围内马克思主义革命的幽灵已经散去。到了1990年代，要找到真诚相信共产主

203

〔4〕　参见 Robert Brown, *Charles Beard and the Constitution* (1956) 以及 Forrest McDonald, *We the People* (1958)。对这一挫败的明智的讨论，参见 Richard Hofstadter, *The Progressive Historians* 167～348 (1969)。至于晚近的一些关于拒绝比尔德经验主张的历史判断是否明智的疑虑，参见 Robert A. McCuire and Robert L. Ohsfeldt, "Economic Interests and the American Constitution: A Quantitative Rehabilitation of Charles A. Beard", 44 *J. Econ. Hist.* 509 (1984)。因为我这里的主要兴趣在于恢复美国革命的政治意涵，我并不认为在宪法批准的斗争中，有什么特别重要的事情是取决于角力中的经济利益的精确搭配的。

〔5〕　我在这的说法是宽泛之论。其实，甚至于在进步主义最高潮的时候，也有学者对此加以抵制。最突出的就是道格拉斯·阿代尔，他自1940年代早期以来就一直对此作出了持久的贡献。参见 Robert Shalhope: "Douglass Adair and the Historiography of Republicanism", in *Fame and the Founding Fathers: Essays by Douglass Adair* xxv (Trevor Colborne ed. 1974)。在本章的后面部分，我将会指出，甚至于阿代尔的视野都被占据主流正统地位的比尔德式主张所搅乱。参见第223～224页，同前注。

义革命是或者应该是未来浪潮的知识分子已经很困难——甚至于在拉丁美洲也是如此，马克思主义曾经为这里的知识分子提供了主要的分析工具。1848 年来头一遭，自由西方怀着极大的期待，等候来自华沙和布拉格的革命消息。莫斯科或者北京会紧随其后吗，然后是南非或古巴？革命的幽灵再一次在欧洲和全世界上空游荡——但它比冷战时期的美国人所期待的将更为接近费城制宪会议的自由精神。

现在要去总结这一现象还为时过早。不过，我们至少可以说，这将对比尔德式的普布利乌斯乃反革命的形象构成彻底的批判。

革命的两种观念

我们要把革命一词在现代用法中相互缠绕的两种不同的观念区别开来。第一种把革命看成社会现象。在耳熟能详的马克思主义解释中，关键的问题是阶级结构发生了什么变化：只有新的阶级控制了生产方式，我们才说发生了"真正的"革命，否则不过是庸人自扰。这种马克思主义观影响深远。比尔德主义就可以被看成这种观点的半吊子版本。不过，马克思主义对社会解释并没有垄断权。我们可以拒绝这种对生产方式的强调，转而主张社会转型的革命性特征可以经由其他指标来衡量：家庭内部、种族之间的权力关系，以及诸如此类的指标。当我们从这些角度来观察建国者的时候，他们身上的革命者光环就会受到很大程度的质疑了。在很多方面，建国一代的联邦党人都是在针对那些将主导 19 世纪生活的各种社会力量进行一场防御战。[6]

如果革命的关键问题是积极参与者的政治意识，那么事情看起来

---

[6] 对这一主题的很好的阐释，参见 Robert Wiebe, *The Opening of American Society* (1984)。

会是另一番景象。对于这一政治解释而言，核心在于革命激发群众将
其能量和身份投身到政治重塑过程的广度。只要人民将革命政治看成
一段插曲，或者主流生活世界的附属物，那么就没有"真正"的革
命。如果很多人都开始以一种极端严肃的姿态来对待革命政治，那么
这种政治意识的转型就表示着一种独特的革命现实，而无论政体在改
变某方面社会关系成功与否。

　　如果马克思提供了社会解释的框架，汉娜·阿伦特就是这种政治
观点最重要的当代代言人。她不是通过对革命的社会后果，而是通过
它对现代政治意识的转型性的冲击来评价它。不把马克思而是把阿伦
特作为这些问题的最后裁决者同样充满着危险。尽管如此，阿伦特的
《论革命》[7]的确是一部深刻之作，它将美国建国时期置于革命的政
治而不是社会解释之中。既然存在着调整这两种解释的需要，阿伦特
的著作就提供了最明显的出发点。

阿伦特，及其之外

　　阿伦特认为，现代西方在基本的政治语汇方面缺少原创性：我们
关于民主、代议制政府还有个人自由的讨论可以追溯到数千年前，但
当我们讨论革命的时候则并非如此。整个的人民和过去决裂，并为自
己构建政治身份的观点是一种全新的事物——尽管若没有之前的文化
材料也是不可能建立起来的。更确切地说，基督教西方相信他们已经
通过对于基督的信仰和过去进行了根本的决裂。救世者的到来是革命
性事件的标志——使得基督徒相信他们的自我理解在原则上比那些生
活在大分裂之前的最伟大的异教徒和犹太人更高一等。美国革命和法

----

　[7]　Hannah Arendt, *On Revolution* (1963).

国革命在与过去决裂的方式方面存在着明显的区别。神圣之手不再标示出新开始的形式。普通人可以主张他们具有定义、争辩和改变他们所接受的政治传统的权利。

这种革命主张激发了关于政治生活具有特殊尊严的新感觉。革命政治使得革命本身成为有意义的行动的特殊领域，其重要性是不能通过非政治的术语来把握的——无论它们是宗教的、经济的还是心理学的术语。和许多其他理想一样，"新开始"的革命允诺会以无数种方式被扭曲或者贬低。不过至少在阿伦特看来，关键在于它为现代西方人提供了忠诚的公民身份的新式语言。在政治生活屈从于基督教信仰千年之后，现代革命可能重新肯定了政治所具有的希腊式的独立价值——定义和追求政治善好的努力中所具有的内在尊严和公民同胞共同参与带来的快乐。

希腊式的，而不是希腊。经典中充满了对公民身份的表扬，却不存在任何暗示时，政治变迁的时刻会激发出政治动物中最美好的事物。而不那么经典的是现代革命的信仰：一个国家可以通过和过去的根本决裂来创造一些有价值的事物。对希腊哲学家来说，最好的政体起源于那些具有半神一样的洞察力和自我控制能力的神秘的建国者。如果你的政体足够幸运，刚好遇到一位莱库古斯或者梭伦，那么你加入后来的一些公民进行改变的努力将是徒劳无益的。当然，希腊人对于急剧的整体变迁十分熟悉，但他们把这种决裂和政治衰落，而不是与政治复兴和创造联系在一起。

正是在这里，美国和法国的现代革命标志着新的基础。政治生活的特殊尊严，公民身份的特殊允诺都存在于集体再形塑的革命行动中：创造一个全新的秩序。这种命运式的理解从《联邦党人文集》的第一段中也可明显看出：

似乎有下面的重要问题留待我国人民用他们的行为和范

例来求得解决：人类社会是否能够真正通过深思熟虑和自由选
择来建立一个良好的政府，还是他们永远注定要靠机遇和强力
来决定他们的政治组织……那么我们也许可以恰切地把我们所
面临的危机看成应该作出这项决定的时刻；由此看来，假使我
们选错自己将要扮演的角色，这将是人类的不幸。[8]

206

在阿伦特的眼中，对政治行动尊严的重申意味着美国建国时期是
现代最成功的革命行动。在经过针对英国王室行为的一个时代的骚乱
之后，美国人远不止是赢得了现代历史上的第一次游击战。他们已经
再次进入公共论坛辩论他们的"新开始"的性质，而且发现他们喜欢
这种对于公共生活的持续参与，这是革命政治的集体自我定义的伟大
的戏剧性冲突。通过宪法，他们希望为自我意识的结构提供自己建造
的伟大的公共舞台并已经学会了用我们人民的名义说话。建国者一代
为他们的继承者提供了一系列公共空间，这些继承者得以学会热爱为
公共善好进行持久的奋斗。

现在阿伦特发现在建国者的宪法设计中有很多细节急需批评。对
我们来说更为重要的是她和比尔德之间的根本分歧。比尔德式的学者
对建国一代人保持怀疑态度，因为他们采用了对革命的社会解释，而
且质疑联邦党人的阶级起源和目标。对阿伦特来说，革命的真正精神
和社会结果没有关系，而是和公民身份价值的再发现有关。在这一政
治解释中，一个群体为"人民"代言的权利不会由于对其社会起源和
规划的考虑而被否认。关键的问题在于，建国者是否成功地动员了东
海岸的居民摆脱其殖民地的历史，并获得对于他们作为美国公民的崭
新理解，对于其革命式的新开始感到骄傲，并且让后代分享这一新确
立的政治意涵。从这个解释出发，革命的冲动不再被认为是和宪法秩

[8] *Federalist* No. 1，第 33 页（亚历山大·汉密尔顿）（C. Rossiter ed. 1961）。

序的建构相冲突的了，相反，宪法是成功革命的自然而然的高潮。

从概念上来说，阿伦特对比尔德定义关键政治语汇的方式以及这些语汇彼此关联的方式提出了挑战。对阿伦特来说，"人民"的意涵不是指那些 1787 年居住在大西洋岸边的无毛两足动物。相反，人民是指那些前殖民者（colonist），他们自身进行政治动员，从而为自己建立一个政治意义的新世界。而那些没有能够加入这一社群式自我定义革命的人最多不过是美国的居民，而不是真正的美国公民。

比尔德派以另外一种方式来理解"人民"——其典型代表是要求面包的巴黎群众，而不是对公共善好进行深思熟虑地考量的宪法集会。一旦我们接受了这种范式转移，也很容易把一部宪法看成是反革命的，即使该宪法深深扎根于公民得以在其中理解他们公民身份的过程之中。只要宪法不符合"人民"——现在意味着人民群众——的社会利益，它就会被看成反革命的宪法。

当然，为了运用这一社会标准，比尔德式的批评者必须对什么是群众的"真正利益"进行定义。当然，阿伦特的批评意见并不涉及定义"真正利益"的努力中所暗含的重重歧义，对革命的政治解释到社会解释的转变成为了阿伦特批评的关键。

阿伦特对比尔德式解释的反抗也推动她放松法国大革命对现代政治想象的扼杀："这个问题的悲哀事实就在于以灾难结尾的法国大革命成了世界历史的一部分，而比它远为成功的美国大革命至多不过是具有地区重要性的事件。"[9]如果"真正的"革命是以法国作为样本的，那么革命结束的标志——出于显而易见的历史原因——就不可能是革命一代人成功建构的政治秩序。与此相反，"真正"的革命演出是按照不同的脚本运行的：结果是悲剧，而不是胜利，一如关于崭新

---

〔9〕 Hannah Arendt，前注 7，第 56 页。

"开始"的勇敢对话消失在革命者自己的血泊中。当一般民众对于鲜血感到厌倦的时候，连续不断的斗争成功地诞生了现代官僚制的独裁——在这一官僚制顶端的是一位冷血的独裁者，他嘲弄着那些激发和过去加以决裂的革命理想。

208

　　如果是法国，而不是美国提供了"真正"革命的样板，那么只有两种态度是站得住脚的。其一是自我意识的反革命。当我们把拿破仑还有路易十八看成《人权宣言》的继承人，我们就很难保持革命的热情；当然，对于列宁－斯大林－勃列日涅夫统治下的政治生活的初步了解也进一步强化了上述焦虑。这种进路保留了对（法国式）革命的积极评价，但以贬低政治概念为代价大肆推崇社会解释：假如革命没有赋予新世界政治意义，难道它也没有以一种进步的方式来改变社会关系吗？

　　马克思主义在这里再度成为最有影响力的辩护。马克思主义偏爱法国大革命，并把它看成资产阶级联合起来形成新的统治阶级的历史时刻。流血牺牲和政治幻灭乃社会关系巨变的"历史必要性"之代价——这一巨变在马克思主义者看来是"进步的"，因为它解放了19世纪工业化的力量。而这为那些对20世纪斯大林等大量其他廉价的极权主义者的令人失望的马克思主义提供了舞台。政治的确可能被化约成死气沉沉的标语、冷酷无情的官僚制，以及大规模杀戮——但是，同志们，请想一想，它可能会带来的"进步的"社会后果。

　　在1960年代早期进行著述的时候，阿伦特就认真对待这一马克思主义的辩护——毫无疑问，当时马克思主义（以形形色色的冲淡了的形态大量出现，这是其衰败的标志？）在知识分子圈中仍然是一种强大的，而且常常是一种压倒性的存在。不过，阿伦特会和其他人一样[10]

---

〔10〕　参见我对路易斯·哈茨著作中同类现象的讨论，第1章，第25～27页以及对道格拉斯·阿代尔著作中同类现象的讨论本章，第223～224页。

允许马克思主义来扭曲她自己的正面观点吗？

当我对阿伦特迫切将其观点推延到极端而困惑不解的时候，我无法抵抗这种怀疑。[11]她并不满足于重申革命的政治许诺，也不满足于将革命和其他的社会解释进行区分。她坚持认为，革命者将"社会问题"纳入政治议程的努力本身不可避免地毁灭有意义的政治参与感，而这恰恰是建构"新的开始"的努力所创造出来的。在她看来，公民身份只有在公民们没有把政治看成实现经济和社会目的的手段时，才能够繁荣兴旺。

这是阿伦特从法国大革命得出的教训。她认为，法国大革命由于屈从于巴黎群众的需要而毁灭了自身。它对"社会问题"的关注使得它被贬低成不过是满足暴民追求面包的工具而已。这样的愿望是无法满足的，一旦革命者满足了他们的愿望之后，他们就打开了蛊惑人心的煽动家们所参加的竞标游戏，他们竞相许诺给群众面包，更多的面包。当巴黎的暴民们不再相信蛊惑人心的煽动家能够带来他们的许诺时，革命的冲动也已经精疲力竭。对福利政治开始失望，对公民政治有所偏离，群众开始离开公共领域——这个空间就留给了将军和官僚们，他们不需要公民的艺术就可以将其意志强加在精疲力竭的民众身上。

这是一幅灰暗的图景——阿伦特认为这一现代的噩梦会给生活带来可怕后果的观点毫无疑问是正确的。我的质疑在于阿伦特观点中所隐含的决定论式的必然主义——也就是她所主张的，一旦将"社会问题"置于政治议程中，革命的政治不可避免地会堕落成蛊惑和独裁。

---

[11] 汉娜·阿伦特是真正有深度的思想家，她不仅仅是马克思主义或其他什么主义的批评者。不过，如果忽略了相关辩论的语境对于思想形成的影响，通常也是一种错误。当代德国哲学和古典希腊哲学是阿伦特立论的思想渊源，而马克思主义（和纳粹主义）毫无疑问成为了她批评的主要目标；在思想的辩证互动中，立论和驳论从来都是不能完全分离的。

显然，无法通过指出拿破仑和斯大林在革命动荡之后都成功地通过军事官僚制俘获权力来得出上述强烈的结论。问题在于，这样一种螺旋式的下降是否是不可避免的。

我们可以考察一下作为反例的美国。从托马斯·杰弗逊领导的"1800 年革命"到马丁·路德·金领导的民权运动，对"社会问题"的关切成为美国人民积极参与政治的主要动力。无论是就其成功还是失败的面向而言，这些社会运动都号召美国同胞超越派系利益，回应公共善好的号召。在所有这些社会运动中，成功的判断标准都是美国人在多大程度上投身于公共领域，以支持这些诚挚的活跃分子所提供的社会愿景？而正是通过这样的社会运动，美国人尝到了公民身份所带来的特别喜悦，而这种公民身份正是阿伦特在她的著作中雄辩地予以描绘的。

所以，阿伦特由于对"社会问题"的深刻敌视而导致她无法看到美国历史上这些运动所具有的公民意义的重要性，这是很遗憾的事情。*在阿伦特看来，建国者们领导了共和国历史上最后一次成功的革命。更糟糕的是，她对建国者的描述是令人震惊地掐头去尾的。她忽略了这一事实，联邦党人和他们的继任者一样，都致力于将美国人民带向一个社会目标：直到现在，他们大的商业共和国的理想尽管有所争议，但仍然具有其重要性。阿伦特赞扬联邦党人拒绝用宪法来解决社会问题——但她忽略了契约条款、商业贸易条款以及这部联邦党人宪法中的许多其他方面都将建国时期对市场导向的社会认可予以法典化了。经由阿伦特之手，联邦主义者雕刻了一座死气沉沉的新古典经济学的僵化塑像，他们毫无血色地注视着我们。他们所创造出来的宪

210

---

　　* 也许我在这里对阿伦特过于苛刻了。她在其他著作中对这个问题也有灵光一现的时候，比如参见 Hannah Arendt, "Civil Disobedience", in Arendt, *Crises of the Republic* (1972)。不过，她还是没有能够把这样稍纵即逝的洞察整合进她关于美国历史的整体解释中去。

法结构适合于非常贫瘠的政治——对社会和经济的关切漠不关心，而事实上正是这样的关切激发美国人民将其狭隘的自私自利放在一边而动员起来以获得更大的政治成就。[12]

肯定有地方出了问题。但是我们不要因阿伦特对社会问题的极端观点而忽略了她在《论革命》中的另外两个面向。首先是恢复了革命的政治意涵，也就是民众通过号召彼此并表示他们的政治生活"新开始"的方式来恢复他们的公民身份。阿伦特的第二点是一个警告：不要经受不住运用 1789～1815 年法国大革命的经验作为模板来判断 1776～1789 年美国大革命的时空错乱的诱惑。一旦我们认为法国大革命的情境标志着"真正"革命的不可避免的道路，那么比尔德式的推进就是不可避免的了。这样一来，我们就会失去一种洞见，即美国宪法被参与者看作他们作为革命者政治经验的巅峰，而不是对政治经验的否认。

事实上，只要我们不像阿伦特那样走极端的话，也许我们可以重述阿伦特关于社会革命的谨慎描述。当阿伦特错误地认为 18～20 世纪的革命者欠缺社会和经济纲领的时候，就那些被证明了是最为成功的动议而言，它们的特征都很突出。他们都没有想象在社会和经济关系方面进行全面的革命，并且都追随了革命性变革的联邦党人的例子——建议以一种有限但策略性的方式运用国家权力，以实现那些具有根本性的局部的社会和经济目标。

正如我们很快会注意到的那样，甚至于革命性社会改革中的这些实践都会给先前存在的宪法传统带来巨大的张力。尤其是在重建和新政时期，这些张力是如此之大，以至于先前宪法传统中的一些流派开始逐渐清晰地展现在我们面前。在这些宪政危机时刻，基础规则成为

---

[12] 类似的批评，参见 Richard Bernstein, *Philosophical Profiles* 248～256（1986）；Hannah Pitkin, "Justice: On Relating Private and Public", 9 *Pol. Theory* 327（1981）。

了有意识的革命性改良的目标。挑战者注意到了悬崖：从内战浴火中重生的美利坚共和国难道会为了内战修正案的那些条款而再度爆发战争？这个国家对大萧条的应对会不会追随德国的道路走向独裁？美国对这两次危机的回应都没有拥抱整体性革命，相反，它选择的是革命性改良。和联邦党人一样，后来的革命者既没有遵循旧规则，也没有以一种鄙夷的姿态去摧毁旧制度。他们以一种新的方式综合旧观念和旧制度——这种方式让他们的下述主张赢得了广泛的支持，即人民自己支持他们提出的转型性的社会动议。

革命性的社会改良和政治改良在几个世纪的斗争中留下了一笔突出的必须予以保留并对两种批评进行回应的遗产。一方面，我们很容易因为要突出整体革命而贬低美国革命。即使最成功时代所取得的革命也是如此的不完整，今天的美国人依然在为我们从建国时期联邦党人的遗产中的结构性缺陷而奋斗。这还包括我们从重建时期继承下来的未曾实现的种族平等的诺言，包括我们从新政时期继承下来的为防止社会不公正所采取的有限措施。在整体革命的鼓吹者眼中，这些失败恰恰证明了部分改良的不足。让我们阔步前进，一劳永逸地改变整个制度吧！

另一方面，阿伦特这样的有着梦魇般经历的流亡者则是在和社会改良的前景较劲，唯恐对乌托邦的革命追求会堕落成野蛮主义。如果政治中所有严肃的社会内容能够被清除的话，那当然更好，只要魔鬼不会从瓶子里跑出来就可以了。

但美国的经验给了我们一记不同的教训。我们过去伟大的改良运动一次又一次地表明政治具有一种以最终赢得广泛支持的方式塑造宪法方案的宝贵能力，这些方案是局部的，然而具有深刻的影响。无论这些成功从乌托邦的角度是如何的微不足道，倘若我们试图对我们的宪法作出贡献，对它们进行研究就仍然是值得的。

伍德，及其之外

在我看来，阿伦特是她的时代最重要的思想家。《论革命》在其出版 25 周年之后仍"在各地一流书店"出售。但这本书对它最重要的观众——那些将建国时期作为其主要学术关注的美国历史学家和政治学家们——几乎毫无影响。而这并不是因为这是个沉寂的领域。与此相反，在过去几十年中，许多重量级的学者都在这个领域作出了真正的贡献，阿代尔、阿普尔比（Appleby）、贝林、班宁、达尔、戴尔蒙德、迪金斯、麦克唐纳、摩根、波科克、罗宾斯、威尔斯、维贝（Wiebe）、怀特、伍德[13]就是其中的代表。当我们随便拿起一本建国时期的新著作，很难看到它没有受到上述学者研究的影响。但是，我

---

[13] 我的推荐阅读书目如下：Douglass Adair，前注 5；Joyce Appleby, *Capitalism and a New Social Order: The Republican Vision of the 1790's* (1984)；Bernard Bailyn, *The Ideological Origins of the American Revolution* (1967)；Lance Banning, *The Jeffersonian Persuasion: Evolution of a Party Ideology* (1978)；Martin Diamond, "Ethics and Politics: The American Way", in *The Moral Foundations of the American Republic* 75 (R. Horwitz ed. 1986)；Robert Dahl, *A Preface to Democratic Theory*，第 1 章 (1956)；John Diggins, *The Lost Soul of American Politics: Virtue, Self-Interest, and the Foundations of Liberalism* (1984)（尽管它对政治文化采取了还原论式的处理，但这本有争议的著作显然值得一读）；Forrest McDonald, *Novus Ordo Seclorum: The Intellectual Origins of the Constitution* (1985)；Edmund Morgan, *Inventing the People: The Rise of Popular Sovereignty in England and America* (1988)；J. G. A. Pocock, *The Machiavellian Moment: Florentine Political Thought and the Atlantic Republican Tradition* (1975)；Caroline Robbins, *The Eighteenth Century Commonwealthman: Study of the Transmission, Development and Circumstance of English Liberal Thought from the Restoration of Charles II Until the War with the Thirteen Colonies* (1959)；Robert Wiebe，同上注 6；Garry Wills, *Explaining America: The Federalist* (1981)；Morton White, *Philosophy, the Federalist, and the Constitution* (1987)；Gordon Wood, *The Creation of the American Republic: 1776~1787* (1969)；从不同角度对这些历史辩论的有深度的分析文章，参见 Robert Shalhope, "Republicanism and Early American Historiography", 39 *Wm. & Mary Q.* 334 (1982)，以及 Isaac Kramnick, " 'The Great National Discussion': The Discourse of National Politics in 1787", 45 *Wm. & Mary Q.* 3 (1988)。从法律角度对历史文献的明晰讨论，参见 Frank Michelman, "The Supreme Court, 1985 Term-Foreword: Traces of Self-Government", 100 *Harv. L. Rev.* 17~55 (1986)。

们在读了一本又一本建国时期的著作之后，却很难找到它们和阿伦特的理论有过任何正面遭遇的迹象。这是为什么？

因为美国历史学家还没有准备好去面对阿伦特对他们研究的评断："非常奇怪的是，相较于20世纪的欧洲学人，美国学人更倾向于用法国大革命来解释美国大革命，或者由于美国大革命没有汲取法国大革命的教训而倍受批评。"[14] 在写下这些文字的时候，阿伦特是在批评美国学界中的比尔德式主张。当她在1963年出版《论革命》的时候，她有充分的理由相信她提出的修正美国革命史的观点会赢得正面的回应。1950年代并不是对进步主义的革命观保持友善的时期，罗伯特·布朗（Robert Brown）和佛里斯特·麦克唐纳（Forrest McDnald）让职业历史学家心悦诚服地接受，经济数据本身并不能够支持把宪法批准时期的冲突概括成所谓的"阶级反抗大众"的简单化观点。[15] 随着学界提出新的视角，一些学者对比尔德将建国者看作显赫一时的反革命的观点提出了挑战。难道不应最好把诸如麦迪逊和汉密尔顿等人看作"革命的年轻人"，他们发扬光大了由华盛顿和亚当斯这老一辈人开创的革命事业？[16] 难道不应最好把费城制宪会议看成美国历史上最伟大的"改革派党团会议"？[17] 这些颇具启发性的文章的风格并没有采用像阿伦特这样的德国难民所采用的宏大的哲学—历史叙事，但他们以一种平淡的美国风格同样表达了对建国者的敬意，并且以此为荣。

213

---

〔14〕 Hannah Arendt，前注7，第55页。

〔15〕 参见 Robert Brown，前注4；Forrest McDonald，前注4。

〔16〕 Stanley Elkins & Eric McKitrick, "The Founding Fathers: Young Men of the Revolution", 76 *Pol. Sci. Q.* 181（1961）. 还可以参见 Pauline Maier, *The Old Revolutionaries: Political Lives in the Age of Samuel Adams* 280～294（1980）。

〔17〕 John Roche, "The Founding Fathers: A Reform Caucus in Action", 55 *Am. Pol. Sci. Rev.* 799（1961）.

不过，这些具有开创性的再解释并没有产生直接的后果。[18]随着戈登·伍德的伟大著作《美利坚共和国的诞生》的出版，历史研究的主线开始偏向另一相关但不同的方向。[19]在指出这些差异之前，我想强调的是，我将联邦党人看成和他们所取得的胜利的后果进行斗争的政治革命家的观点获得了伍德研究的支持。首先而且也是最为重要的是，他的著作认真对待政治文化。他的厚达 600 页的皇皇巨著并无一张经济的统计图表。实际上，美国人在 1776～1787 年间留下了大量的小册子、辩论记录和政治制造物。伍德爬罗剔抉，穿行其中。因为伍德的艰苦努力，我们得以置身于 18 世纪晚期这一独特的具有标志性的历史氛围中，去把握当美国人从独立宣言时期过渡到建国时期，他们是如何以一种变动不居的方式理解政治的本位的。如果伍德把政治文化看成作为基础的经济和社会"现实"的简单反映，那么这种解释方法就变得毫无意义了。

伍德著作中和我类似的方法的讨论到此为止。至于内容问题，我无法全面介绍伍德对美国革命者留下的公开辩论的丰富遗产的持续讨论——更不要说去讨论他的典范激发的过去一个时代的其他解释性著作。为了指出这一学术流派对新联邦主义事业的潜在贡献[20]，我将在试图复兴联邦党人宪法思想的二元主义的追求的本书的最后一章中去讨论这一问题。我们现在回忆一下这个两阶段图式中表现出来的所

---

〔18〕 对文本的这种一般化概括的值得关注的例外，参见 Pauline Maier，前注 16，Ralph Lerner，*The Thinking Revolutionary*：*Principle and Practice in the New Republic*（1987）。

〔19〕 正如比尔德的《经济解释》支配了 20 世纪前半叶的历史视野，伍德的《诞生》主导了上一代人。比如，在 1987 年考虑如何更好地纪念美国宪法两百年的时候，美国早期史的最重要的杂志除了主办以伍德著作为主题的研讨，想不出别的了。参见 "Forum-The Creation of the American Republic；1776～1787：A Symposium of Views and Reivews"，44 *Wm. & Mary Q.* 549～640（1987），这一专题非常值得一读。

〔20〕 关于伍德的著作和我的观点之间暗含联系的讨论，参见 Richard Bernstein，"Charting the Bicentennial"，87 *Colum. L. Rev.* 1565，1599～1602（1987）。

有成功的革命都会提出的合法性问题。阶段一：一群局外人挑战局内　　214
人的法律权威，在那些非常规的公众大会中以人民的名义说话，并宣
称他们是最致力于公共善好的。阶段二：局外人成了局内人，当他
们试图合法化他们所拥有的当下的权威时，不得不和自己的革命历
史进行斗争。那么，伍德的著作又如何使得这一图式还有联邦党人
对它的反应镶嵌在 18 世纪晚期美国流行的政治语言和实践的丰富论
述中呢？

阶段一，语境化

伍德的研究始于 1776 年而非 1787 年——这就恰恰可以作为我模
式中阶段一的一个大致方便的对应。他的主要目标是恢复那个使得革
命对很多美国人来说是一个合理反应的象征世界。这一意义的世界主
要来自于激进的辉格党人和 17 世纪英格兰的共和国民之间的革命性
斗争。

我化繁为简，将伍德关于这一革命遗产的丰富叙事概括成一些根
本点。[21] 首先就是在一个腐败、贪婪的宫廷和德性、勤劳的乡村之间
的辉格式的对立。这一对立给美国人提供了一个得以分析英国的威胁
和美国人反应的诊断框架。宗主国（metropole）对权力的坚持不会基
于其具体的合理与否而进行判断。辉格党的意识形态鼓励殖民地人民
（colonist）把他们看成腐败的中央权力的征兆，如果不受制约，他们将
滑向病态的专制主义。乡土派（the Country）应该早早地组织起来，而
不是束手待毙。自耕农本身就有一种美德——只要贪腐的中心还没有
毒害公民美德的井泉。

这种辉格的世界观对我们简约的二阶段模式范围内的关键问题提

---

[21]　关于法律学者从伍德的论述中获益情形的讨论，参见 Akhil Amar, "Of Sovereignty
and Federalism", 96 *Yale. L. J.* 1425, 1429～1451（1987）；Frank Michelman，前注 13；Cass
Sunstein, "Interest Groups in American Public Law", 38 *Stan. L. Rev.* 29, 35～55（1985）。

供了一个非常直截了当的答案：是什么赋予了革命者挑战当时的合法构成的权力之权威？原因只在于他们是腐败的，而我们是有德行的——这里的"德行"不是指那些自私自利的符码，而是指自耕农身负公共善好的能力。而激进辉格党人的遗产又提供了丰富的观念储备，借助它，革命的美国人可以阐释正在受到腐败的中心威胁的公共善好的内容。就目前而言，我并没有兴趣去描述这些洛克式或者哈林顿式的思想，也没有兴趣追溯这些中世纪的传统如何以一种迷人的方式与苏格兰启蒙运动以来的更为现代的观念混合成为一种更为复杂和变动的整体。

更为重要的是了解这些关于公共善好的革命性定义和关于有德行的乡土派一起是怎样与第三种特征，即具有 150 年历史的美国自治经验互动的。这一经验向革命者提供了其面临的最终问题时所需的材料，这个问题就是在面对大量的民众大会就其性质而言无法把自己打扮成能够安定秩序、建立政治权威的合法象征的事实的时候，如何组织起一些机构，并最终令人信服地主张他们代表了乡土派来反对腐化的中央。

显而易见，殖民地的自治传统为美国人提供了一些事先就存在的机构——殖民地的议会（colonial assemblies），它们也许可以作为与以往的合法性逐步脱离的跳板：首先，殖民地的议会可以加入对英国国王的逐步升级的挑战行列；其次，同样是这些议会它们不妨加入民众，在乡村小旅馆中集会，发布"决议"、"建议"以及诸如此类的文告并获得民众的认可，从而成为具有类似法律效力的文献。[22] 更为根本的是，这一传统赋予每一殖民地一系列非正式的组织、领导者和政治

---

〔22〕 参见 Jerrilyn Marston, *King and Congress*: *The Transfer of Political Legitimacy*, *1774 ~ 76*, pt. 2 (1987); Jack Rakove, *The Beginnings of National Politics*: *An Interpretive History of the Continental Congress*, pt. 1 (1979)。

实践，使它们都成为了可以令人信服地主张代表这个国家反抗专政者的新权威建构的建筑材料。人民已经知道如何进行选举，也已经熟悉那些自我宣称的爱国者，他们竞相争取人民的支持。同样是这些人的言行在旧制度下即使不是为了争权夺利，也已经广为人知。旧有的合法性的解体并没有带来政治的真空——原子化的个人竞相争斗，没有节制，毫无尊重。这一解体倒揭示了人民有能力在政治问题上组织起来——辩论、回应和决断——甚至于在这些美国的公民为他们的政治生存而和旧世界最让人望而生畏的帝国进行斗争的时候，他们仍然保有这种能力。

这一语境使得我们可以辨识出辉格主义对正在形成中的美国政治学词汇的最后贡献，即这样一种观念：有德性的公民的法外集会以人民的名义用一种具有宪法重要性的权威说话。本书的最后一章将建立在伍德著作的基础上，[23]强调联邦党人在证明制宪会议的最高权威这一问题上如何超越了辉格党人确立的先例。当 18 世纪的辉格党人为 1688 年法外集会的成就而兴高采烈时，他们并没有主张革命过程中的法外的集会的文件具有法律的效力[24]——与此相反，它们认为这些带有新宪法性质的解决文件需要通过一个完全合法的国会的再次立法，才可以获得法律的效力。而联邦党人认为法外制宪会议不只是法律的渊源，还是高级法的渊源。

这绝不是联邦党人的发明。伍德已经敏锐地探究了这种对于公众集会的新理解在州的层面上如何在《独立宣言》发布之后的那几年中以一种复杂的方式成熟起来。当美国人在州层面上对宪法进行思考的

---

〔23〕 参见 Wood，前注 13，310～319。以及参见第七章脚注 13～16 所引用的各种文献，同前注。对于美国此后"非常规大会"的重要讨论，参见 Daniel Rogers, *Contested Truths: Keywords in American Politics Since Independence*，第 3 章（1987）。

〔24〕 参见 Wood，前注 13，310～319。以及参见第七章脚注 13～16 中所引用的各种文献，同前注。

时候，革命立法机关对高级法的内容是否具有权威性成为一个高度具有争议性的话题。基于他们所继承的辉格党的遗产，在绝大多数的州，主流的观点是，坚持认为这些立法机关作为常规政府的组成机构，显然无权定义和划定自身的权力，只有由人民组成的特别的立宪会议才有权制定高级法。[25]

阶段二，语境化

有德性的乡土派借助于非法的民众大会，为公反对权力腐败。伍德的叙事使得我们可以像联邦党人看待自身那样去看待他们：作为成功的革命者，他们适应那些已经成为他们这一代人的经验、想象力和自我理解的观念和机构。它还让我们得以把握那些使得建国者对宪制政府中的基本问题提供二元主义解决方案的框架。

该问题首先涉及的是主权。每个国家都拥有主权者，而且拥有唯一的主权者，这是 18 世纪政治科学的基本原则。我们的主权者是谁？对这个问题的坦率而直接的回答会损及我们的整个事业。一方面，如果宣称全国政府就是主权者，将疏远大批认同其所在州的政治身份，并对权力集中带来的专制心怀忧惧的民众。另一方面，如果承认州政府是无可争议的"主权者"，将危及联邦党人的根本主张，即建立一个形式有限，但具有实质性权力的全新的中央政府。联邦党人颇具智慧，他们发现激进的辉格党人的意识形态提供了第三种答案：否认任何政府可以被看成"主权者"；坚持认为，在美国，唯一的合法主权者是人民，他们可以为了公共利益而将不同的权力授予各级政府和政府的各个分支。[26]

217

---

〔25〕 转折点出现于 1778 年的马萨诸塞州，当时新宪法被拒绝了，部分原因在于它不是经由为制宪目的而召集的人民制宪会议提出的。参见前注 13，第 341 页。关于这一演变的其他证据，参见 Akhil Amar, "Philadelphia Revisited: Amending the Constitution Outside of Article V", 55 *U. Chi. L. Rev.* 1043, 1056 ~ 60 (1988) （更详细的讨论见第二章，脚注 4）。

〔26〕 参见 Gordon Wood，前注 13，第 363 ~ 390、519 ~ 564 页。

联邦党人将"主权"的焦点从政府转移到人民身上这一事实受到了广泛的称赞。但是,这也常常被看成一种合法的策略,它使得建国者彻底地把主权的概念抹掉了。[27]但是伍德提供了进行不同理解的历史资源。主权转移给人民表现出来的不仅不是律师们的伎俩,与此相反,它表现出的是美国革命经验的根本面向:美国人组成非正式的团体自发动员,采取政治行动,重新定义普通政府的目标和性质是完全可能的。

对主权的革命性再定义导致了第二个方面的观念创新:分权。分权本身是一种古老的观念。在传统的观念中,分立的每一权力都代表了社会中不同的构成因素。所以,上议院在英国宪法中的地位并不取决于它和决策性质有关的功能分析;与此相反,它意味着贵族是特殊的社会阶层,他们有权坚持其整体利益必须作为大不列颠王国的组成部分而予以保护;同样的说法对于国王来说也是成立的。尽管在1787年再去承认美国存在贵族阶层是很困难的事情*,但我们用经济阶层的术语去重新想象混合宪法的传统观念就很容易了:坚持任何立法动议不仅要获得由满足了财产资格的公民选举产生的上院的同意,还必须获得代表所有公民的下院的赞成。[28]

而这恰恰是联邦党人拒绝采取的一步,他们以完全不同的方式去想象政府各个分支和人民之间的关系。政府的每一分支都是这样的:

218

---

〔27〕 在这类著述中颇有洞察的,可以参见 Andrzej Rapaczynski, "From Sovereignty to Process: The Jurisprudence of Federalism after *Garcia*", 1985 *Sup. Ct. Rev.* 341, 346~359。

* 并不是说这是不可能的事情。当时普遍的担忧是,由革命军官组成的辛辛那提协会正滋长着这样的可能性。乔治·华盛顿作为会议主席主持了费城制宪会议,而不是主持辛辛那提协会号召同一时间同样在费城召开的全国代表会议,从而表现了他共和主义的追求,展现了其人性最为光辉的一面。参见 Garry Wills, *Cincinnatus: George Washington and the Enlightenment* 92~148 (1984)。

〔28〕 这一建议是约翰·亚当斯著名的 *Defense of the Constitutions of Government of the United States of America* 的核心要点,载 4 *The Works of John Adams* 391~401 (C. F. Adams ed. 1851)。

它们只是政府的组成部分，但不是人民的有机表达。因为人民以革命性动员来表达自身，所以不可能预测下一次人民在行使人民主权的时候将采取的具体的制度性路径。[29] 分权不再是不同阶层人民的有机代表。与此相反，它现在是将代议制问题化的机制：既然所有的政府权力都倾向于腐化统治者，那么，宪政设计的目标就是制衡，珍惜那可得的稀缺的公民德性。由社会不同阶层构成的混合政府的旧观念已经被统治者之间应当相互制衡以及统治者必须时刻意识到如果权力腐化导致他们背叛革命的基本原则，人民随时会介入的革命性观念所取代。

本书最后一章期许大家去探究二元主义宪政论的主题，在当地书店拾起一本《联邦党人文集》，仔细（再）阅读。也许让大家去参详伍德的大作并非容易之事，但是它对建国时期蓬勃而出的小册子、辩论记录，还有通信的包罗万象的讨论使得我们可以将《文集》置于其语境之中。普布利乌斯对二元主义宪政理论——民治和控制统治者——的痴迷绝不是其独特癖好。他直接说出了革命同志的关切，并
219 以通俗的语言解释为什么制宪会议为人民发言的努力是"深思熟虑和自由选择"的结果。

比尔德的幽灵

不过，尽管伍德的著作拥有种种优点，但是他的著作出版之后有一个方面[30]阻碍了历史的理解，这就是如何处理比尔德将建国者描述成所有时代最成功的热月党人（Thermidorians）*这一画像的问题。

---

〔29〕 参见 Gordon Wood，前注 13，第 8、9、13 章。对该观点的分析性讨论，参见第 10 章，同上注。

〔30〕 我相信伍德所讲故事大体是真实的，但我不认为，为推进我的著述的目的而就我在研究中遇到的那些和他主题上的差异加以着墨是值得的。我认为把我的独立历史写作集中在重建和新政时期将更有裨益。因为这两个时期大量的宪法著述和讨论还不为人所知或者不被重视，我在下一卷中将对它们予以详细讨论。

* 热月党人（Thermidorians），指 1794 年 7 月 27 日（按照当时共和历为热月 9 日）反对并推翻了罗伯斯比尔领导的雅各宾恐怖统治的人。——译者注

1960 年代早期已经开始了对比尔德著作的深刻而尖锐的批评，伍德的著作并没有认真对待这一问题。伍德对一手还有二手资料丰瞻博览，洞察纤毫，但他竟然忽略了阿伦特的《论革命》。我怀疑，这一忽略是因为《美利坚共和国的诞生》源于博士论文。[31] 伍德心目中的英雄不是汉娜·阿伦特，而是伯纳德·贝林，其博士生导师。他要针对的核心文本不是《论革命》，而是贝林的《美国革命的意识形态起源》。这一开创性的研究栩栩如生地再现了早期革命者所生活的激进辉格党人世界。伍德的研究则是续写了 1776～1787 年的故事，探索了联邦党人在寻求对宪法权威的新形式予以合法化的时候是如何重构世界观的。伍德在承担其使命的时候，写下了堪为范本的博士论文，却忽略了阿伦特提出的挑战。美国学界不尚空谈、注重一手资料，所以伍德忽略了美国学界相对陌生的德国流亡者提出的挑战也不是什么过错，没有人是完美的。

　　并不是说伍德的研究对于所有比尔德式的旧画像在所有细节方面都很忠诚。考虑到伍德对联邦党人的革命世界的英雄般的发掘，他不再假定建国者把自己看成人民的敌人，不无讽刺地运用人民政府这一象征来保障其阶级利益。伍德认为，华盛顿、麦迪逊还有其他建国者都相信他们是在继续而非颠覆无数革命者为之奋斗牺牲的革命事业。

　　当伍德接近于对建国者的革命根源进行阿伦特式的评价时，他却扭身进入了比尔德式的轨道。当伍德花了将近 600 页的篇幅去探究联邦党人以高度创造性的方式调整革命的语言和实践来回应革命成功所带来的合法性问题之后，他变得焦虑起来。他从历史语境中抽离出来，警告其现代读者：我们作为 20 世纪的深思熟虑的公民同胞，必须意识到，当建国者宣称他们是为人民发声的时候，他们只是"霸占

220

────────────

〔31〕　参见前注 13。

和利用了其反对者具有更高的正当性使用的那些语言"。[32]无论我们如何评说伍德的这些论断，因着这些结论性的评价，伍德得以和进步史学和平相处。《美利坚共和国的诞生》导致我们把建国者看成和错误意识紧密联系的典型。他们依然是比尔德所说的反革命者，尽管他们自认为自己是为人民代言的革命者，而且获得了在政治上积极活动的绝大部分公民的支持。但是，在这一智识的转折过程中，伍德是否为了获得智识上的和平共处而付出了过高的代价？

伍德诉诸错误意识（false consciousness）这一点意味着他已经以一种最典型的本末倒置的方式接受了对革命的社会解释。不过，在评估伍德的主张前，首先，我们需要假定：历史必须被理解成一个阶级以一种确定的方式获得对另一阶级霸权的进程；其次，革命只有在推进或者延缓这一进程的时候，才获得其意义；最后，只有在这一思考框架中，才谈得上讨论伍德认为反联邦党人，而不是联邦党人才更"有正当性"去表达那些其诉求在 19 世纪达到最高点的具有历史"进步性的"社会团体之利益的观点是否正确的问题。[33]

我否认这一使得伍德的研究合理化的理论框架。我并不认为革命的成功与否推进还是阻碍了一个先定的"进步的历程"。尽管我和阿伦特的主张多有不同，但是她在关键问题上是正确的：革命语法的真正重要性在于，它启发现代民众认真对待公民身份，并去体察公共领域是否已经处于危急存亡之秋，以至于需要戮力与共，以期复兴与再造"一个崭新的开始"。从这样的政治观点出发，我们就无法否认，

---

〔32〕　参见 Gordon Wood，前注 13，第 562 页（增加了着重号）。

〔33〕　请将 Gordon Wood，"Interests and Disinterestedness in the Making of the Constitution"，in Beeman，Botein，& Carter，*Beyond Confederation：Origins of the Constitution and American National Identity* 69（1987）（反联邦党人属于未来）和 Cecilia Kenyon，"Men of Little Faith：The Anti-Federalists on the Nature of Representative Government"，12 *Wm. & Mary Q.* 3（1955）（反联邦党人是朝后看的）作一比较。

建国者在最为根本的国家认同问题上成功地获得了为人民代言的广泛信任。费城制宪会议并没有"霸占和利用其反对者具有更高的正当性使用的那些语言"。相反，它以创造性的方式阐释了革命的语言和实践，使得未来的美国人得以采用高级立法的渠道去挑战建国者们认为是真理的内容，同时又授权政府解决日常生活中的一般任务。对于一个时代来说，已经是了不起的贡献了。我们能给自己的世代做这样的评价吗？

如同往常，伍德执著于追问建国者是否有能力预见美国历史的未来走向。联邦党人对其为人民代言的能力坚信不疑，毫无疑问，这和他们盲信南方和新英格兰的白种男性有产清教徒绅士阶层有很大的关系，他们指望社会秩序中的下层人会尊重这一绅士阶层。[34] 未来宪法政治的发展——从托马斯·杰弗逊一直到马丁·路德·金——很大一部分与反对建国者认为理所当然的那些尊重的范式有关。[35] 尽管我们的研究始于 1787 年，如果我们要理解美国人如何建成现代的二元民主制，我们所涵盖的内容就要远超这一时期。

就目前而言，我们只要站在阿伦特和伍德宽阔的肩膀上，就可一窥他们都没有能够凸显的联邦党人所取得的成就。阿伦特因为对"社会问题"的忧虑，所以无法看清它在塑造美国宪法政治中的作用。伍德对于联邦党人的实质性目标怀有比尔德式的怀疑，所以他无法认识到，联邦党人成功地为美国人提供了政治行为的模式和宪法概念，未

---

〔34〕　就精神方面而言，相比于南北方各州，宾夕法尼亚州的政治文化更为民主。考虑到他们在经济上和社会上的重要性，宾夕法尼亚州在早期政治方面的影响之微小让人惊愕〔当然，忽略威尔逊以及后来的诸如加勒廷（Gallatin）这类具体个体的贡献是一种错误〕。探究一下这一相对有限影响的原因是值得的。参见 Henry Adams, *History of the Untied States of America During the First Administration of Thomas Jefferson 1801~1805*，第 4 章（E. Hartbart ed. 1985）。

〔35〕　Robert Wiebe，前注 6 以及 Joyce Appeby，前注 13，对这一主题进行了富有深度的讨论。

来世代的美国人得以借此来检验其革命性改良的主张，而且有时还能为这类主张赢得信任。[36]因此，挑战在于强调阿伦特和伍德出于不同的理由都加以否认的：1787年的精神不死，新联邦主义对我们时代来说仍然是有效的选择。

从联邦党人到《联邦党人文集》

就建国时期的一般性研究而言，对《联邦党人文集》的现代解释始于比尔德。在19世纪晚期，《文集》的光环开始消褪。重建时期的失败带来了对宪法政治的除魅，许多美国知识分子发现对人类理性通过宪法来塑造日常政治的能力很难再去建立普布利乌斯式的革命者般的信仰。他们这时不是去求助启蒙时期的理性模式。达尔文的进化论科学让他们耳目一新、影响深刻，所以他们用它来作为宪法反思的指导。[37]

伍德罗·威尔逊就是个例子。[38]他倾其一生的努力和著作都在证明如下事实，即内战之后的美国政府已经远不是建国时期的政府模式所能涵盖的了。[39]只有他用其所处时代的达尔文式的语言表达了这一洞见：演进而非革命、有机主义而非机械主义。当他不再关注革命性的建国时期时，威尔逊发现英国议会民主制的逐步演进是理解美利坚帝国未来成功的关键。[40]在这个一流的宪法学家所生活的逐步盎格鲁化

---

[36] 伍德本人也强调了联邦党人思想的独特性和原创性。比如，参见 Gordon Wood，前注13，第319、342~343、613~615页。只是他没有去质疑联邦党人在革命上的善意。

[37] 参见 Paul Kahn, *The End of Constitutional Theory*，第3章（1991）。

[38] 这一模式下的另一重要作家是 Christopher Tiedemann, *The Unwritten Constitution of the United States* (1890)。

[39] 参见第四章，第84~85页。

[40] 参见，比如说 Woodrow Wilson, *Congressional Government* (1885)；Woodrow Wilson, *Constitutional Government in the United States* (1907)。

（anglophile）的世界里，《联邦党人文集》与其说是被遗忘了，还不如说
是已经失去了其深刻的意涵。他在讨论一些具体问题的时候，还会引用
其中的只言片语，但是缺乏对《文集》所具有的革命性精神的欣赏，
正是这种精神启发和开创了普布利乌斯的作为整体的二元主义事业。

在这种背景下，比尔德对《联邦党人文集》的再强调是一则以喜
一则以忧的祝福。比尔德对《文集》的重视再次赋予它在关于美国宪
法之意义的持久讨论中以核心的地位。毫不奇怪的是，比尔德复兴文
集的原因是他在其中发现了支持他关于建国者是反革命的更一般性的
观点。《联邦党人文集》第 10 篇在 20 世纪思想史中有如此重要的位
置要归功于比尔德。这是唯一一篇在绝大部分美国高中公民课中，学
生们会加以阅读和讨论的论文。正如道格拉斯·阿代尔敏锐地指出，
在比尔德之前关于《联邦党人文集》解释的长达 125 年的盛衰无常的
历史中，第 10 篇从来都没有引起评论者的注意。[41]

但是，对比尔德来说，第 10 篇是他巩固理论的"烟幕弹"（smok-
ing gun）。在比尔德看来，就第 10 篇而言，麦迪逊作为建国之父，对
现代政治经济基础的解释成为了马克思的先驱。[42]它还毫无争辩地表
明——至少对那些更愿意阅读原始文献而不是偶像式传记（hagiogra-
phies）的人来说——麦迪逊属于哪一阵营。在这一篇中，白底黑字，
麦迪逊表达了他对于"纸币、废除债务、平均财产以及其他不适宜的
乃至邪恶事业的愤怒……"[43]这岂不就是职业历史学家做梦都在寻
找，却未找到的那种证据吗？我们还能期待什么更多的呢？

---

〔41〕 Douglass Adair, "The Tenth Federalist Revisited", in Adair, 前注 5, 第 75 页。
〔42〕 比尔德在他的《美国宪法的经济解释》一书中指出，他的经济观的基础是"詹姆
斯·麦迪逊的政治科学……那些谴责经济决定论的假定乃是欧洲进口的理论［即马克思主
义］的人在了解到以下事实后必须修正自己的观点。经济决定论最早也是最清晰的表述来
自于麦迪逊。他是制宪会议的代表，制定了我们的根本法"。前注 41，第 14～16 页。
〔43〕 *Federalist* No. 10，第 84 页（C. Rossiter ed. 1961）。

用比尔德自己的语言，甚至仍有一事，比尔德从未索解：为什么建国者对于他们的反革命意图如此坦率？在费城的秘密会议上，在内部彼此分享一些激动人心的阴谋诡计（conspiratorial confidence）是一回事，而在诸如《联邦党人文集》这样的具有选举宣传色彩的文章中大肆鼓吹其反民粹的观念则是另一回事。无论麦迪逊在写作《联邦党人文集》第10篇的时候其目的何在，他显然没有为麦迪逊大道奠基！

但是，我们也没理由按照比尔德自己的语言去对待他。过去半个世纪以来，关于《联邦党人文集》的解释已经让比尔德的具体解读名誉扫地。但是，比尔德的幽灵还在继续游荡，其关于建国者是反革命的画像阴魂不散。甚至于那些尽最大的努力试图把我们从比尔德的具体错误中解放出来的比尔德的批评者们，仍然为比尔德的基本图像所困扰。当所有解释者从批评转向他们对于文集的建设性解释的时候，这一困扰带来的结果最为明晰。尽管歧义纷纭，每一位解释者都师心自用，对《联邦党人文集》作出符合其阐述目的的解释；众声喧嚣，所有的解释者都没有听见革命的普布利乌斯的声音，他们号召其公民同胞加入到超越党派政治，并得以为人民代言的宪法政治中来。

阿代尔

清除《联邦党人文集》的比尔德式解释影响的第一次持久努力要归功于道格拉斯·阿代尔。就思想家的风格来说，阿代尔试图证明，是休谟而不是马克思提供了理解《联邦党人文集》的钥匙。比尔德主张，文集关于党争的讨论是一种"经济决定论"[44]，散发着最令人担忧的历史原罪的味道：时代错置。无论我们怎么看待休谟的观点，至少麦迪逊有机会读到他的著作。

224　　阿代尔指出，休谟在1752年出版的《完美共和国之观念》提供了

---

[44]　参见比如说，脚注42所引用的段落，*Federalist* No. 10，第84页（C. Rossiter ed. 1961）。

麦迪逊在第 10 篇中所用的绝大部分资料。[45] 实际上，麦迪逊可能通过继承《完美共和国之观念》的思想而提升了比尔德的荣耀和愉悦——第 10 篇提出的党争理论。阿代尔已经证明，无论是休谟还是麦迪逊都不是以一种马克思主义的范式来理解"党争"的。当休谟和麦迪逊都认为经济自利十分重要的时候，他们同时强调了由于相互竞争的意识形态、情感以及个性而引发的党争可能扮演的角色。我们在上一章以此洞见为基础阐述了普布利乌斯的普通政治理论。[46]

在另外一个关键问题上，我也追随了阿代尔的主张：麦迪逊从来都不认为存在政治反映占统治地位的经济阶层的意志的必然性。与此相反，宪法科学的目标就在于制衡党派恶斗，从而使得人民的代表有余裕去思考和追求公共善好。阿代尔再一次通过勾勒休谟的影响而得出了上述观点。所以，第一次提出未来的希望在大共和国的是休谟的《完美共和国之观念》而不是《联邦党人文集》第 10 篇。所以是休谟的《完美共和国之观念》而不是《联邦党人文集》第 10 篇主张利用代议制程序作为过滤机制来从这个国家的共和主义的精英里选择最优秀、最智慧的成员来为人民服务。

还有其他许多的观点都要归功于阿代尔。但是通过休谟的进路来理解《联邦党人文集》存在着重大的危险。我想象不出还有哪位伟大哲学家[47] 比起休谟来，对于革命事业更不抱有同情心——他完全否认伟大的思想具有从任何方面改变大众的力量，遑论启发具有建设性的革命性改良。休谟式哲学的目标是超越此类幼稚的热诚，而不是拥

---

〔45〕 参见 Douglass Adair, " 'That Politics May Be Reduced to a Science': David Hume, James Madison, and the Tenth Federalist", in Adair, 前注 5，第 93 页。

〔46〕 参见第七章，第 187~188、194 页。

〔47〕 当我们谈到革命者的时候，作为历史学家的休谟和作为哲学家或者政治学家的休谟至少是同样重要的。逐渐地，像杰弗逊和亚当斯他们都把休谟的英格兰史看作托利派"毒药"，它实际上破坏了对美国革命起源的辉格式理解。参见 Douglas Wilson, "Jefferson v. Hume", 46 *Wm. & Mary Q.* 27 (1989)。

抱它们。因此，阿代尔对于休谟的强调反而阻碍了他倾听建国者关于高级立法的声音。根据阿代尔的描述，与其说联邦党人是成功的革命者，不如说他们是休谟式的怀疑主义者。它们对于将共和国置于大西洋此岸发现的最优秀、最有智慧的绅士的手中无比自豪。和伍德一样，阿代尔摆脱传统智慧的富有启发性的努力最终以描述另一形式的比尔德式的周转循环而结束。[48]

戴尔蒙德

在马丁·戴尔蒙德的重要贡献中，我发现了类似的不平衡。尽管
225 在早期的一篇文章中，戴尔蒙德一针见血地对将联邦党人描述成"准民主派乃至反民主派的""压倒性主流"观点提出质疑，[49]但他从来没有公平对待建国者所主张的他们能够为人民代言的革命理由。[50]考虑到戴尔蒙德和汉娜·阿伦特一样强调古希腊思想在解释《联邦党人文集》时的重要作用，这一缺失就显得尤其古怪。不过，他和阿伦特从希腊的经验中学到的教训大相径庭。对阿伦特来说，建国者所成就

---

〔48〕 非常值得称道的是，阿代尔没有让他对休谟的热情遮住双眼，从而看不到建国者的这一面。阿代尔最重要的文章就反思了建国者对革命行动的无比自豪，对名声的无限渴望："这些最高贵思想的主要的激情"。Douglass Adair，前注5，第3、24 页。就其自身而言，建国者的傲慢自大还不是他们最突出的特点，尽管阿代尔正确指出，他们对名声的激情对比尔德刻画出的建国者形象投下了怀疑的眼光，比尔德将这些人看成头脑僵化、四肢发达、争做老大的乡民。阿代尔从来没有认真考虑过拯救了建国者野心勃勃的革命美德和合法性这些非休谟观念。

〔49〕 Martin Diamond，"Democracy and *The Federalist*：A Reconsideration of the Framers' Intent"，53 *Am. Pol. Sci. Rev.* 52，53（1959）。和阿代尔一样，戴尔蒙德从来都没有写出专著来对《联邦党人文集》作出一个系统的解释。

〔50〕 参见他的 "The Revolution of Sober Expectations"，in Irving Kristol，Martin Diamond，Warren Nutter，*The American Revolution*：*Tree Views* 57（1975）。戴尔蒙德认为，《独立宣言》"限制了革命激情的危险性，使得专制政府成为不可能。他没有授权新统治者将革命的激情直接带入新政府的建构中。构建新政府必须通过大胆谨慎地探索那些没有尝试过的道路才能找到方向"。同上注，第70 页。戴尔蒙德希望我们理解到，联邦党人尊重他在《独立宣言》中发现的那些明显的限制，而对《联邦党人文集》那些明显是以建国者的革命派声音发出的文献视而不见。参见第七章，第173~175 页。

的革命为政治恢复了希腊式的尊严。而对戴尔蒙德来说，和古典的比较不过是揭示了启蒙时期的美国已然堕落，偏离了希腊之源头。在戴尔蒙德的眼中，当古代人追求德行的时候，《联邦党人文集》却在为美国政治的毫不掩饰的丑陋不堪而大唱赞歌。

戴尔蒙德的论证建立在阿代尔对第 10 篇的解读上。[51] 阿代尔强调，麦迪逊将经济自利作为党争的四大原因之一。其他三个引发党争的因素是卡理斯玛型人格、情感以及意识形态。戴尔蒙德进一步研究了这四个方面，并发现第 10 篇在处理它们的时候带有令人不安的偏见。尽管麦迪逊谴责所有形式的党争，他的语调却随着话题而有所变化。他强烈反对所有意识形态引发的党争，这类争议激起民众对于"各自所持宗教观点"或古代人认为具有根本性的其他问题"狂热"。但是，当话题转到经济的时候，麦迪逊就显得比较含蓄。财产是"党争最常见和最持久的源泉"，在戴尔蒙德眼中，麦迪逊提出了对不同类型的党争要区别对待：尽管所有的党争都是不好的，但是有些党争比其他的更为糟糕。真正具有威胁性的党争源于"财产的不公平分配"。穷人反对富人，债务人反对债权人的党争在普布利乌斯看来，和清教徒对抗天主教徒的党争一样危险。

和阶级斗争相比，第二种可能看起来更为温和。如果公民们没有被宗教拯救或者经济平等的狂热所吸引，麦迪逊期望他们能够组成特别的利益集团，为他们具体的经济诉求获得一些好处：棉花种植主、船东、制造业者，他们都试图以牺牲他人为代价来扩大自己的蛋糕。戴尔蒙德指出，麦迪逊反对这种党争并没有反对其他类型的党争那么激烈。与此相反，它们是麦迪逊宪法设计的一部分。普布利乌斯希望

226

---

〔51〕 Martin Diamond，同上注，注释 13 中包含了对他的观点的最深刻的陈述。对戴尔蒙德思想的主题研讨，可以参考 "Dimensions of the Democratic Republic, A Memorial to Martin Diamond"，8 *Publius* 1 (Summer 1978)。

这类具体利益群体大量存在，它们朝着不同方向用力，恰好彼此抵消。这样一来，民选代表就能够超越这些党争恶斗，从而将公民的权利和共同体的永久利益看作至高无上的。当然这种分而治之的策略要成功是有条件的，那就是整个宪政结构精密安排，有利于选出"开明政治家"，并且对他们认真对待公共利益的审慎行为有所回报。[52] 具体利益集团的大量存在当然不是故事的全部——戴尔蒙德也没有作如是观。他只是试图分离出麦迪逊天才想法中的一个方面而已。他发现了"引导政治之流的全新方法"[53]，这种方法为现代商业共和国提供了稳定，而这是古代城邦悲剧性地不具备的要素。

然而，戴尔蒙德为《联邦党人文集》第 10 篇中所体现出来的粗鄙而震惊。这表现在它对所有"和正义及德行有关的宏大的、激烈的、具有高贵气质但毁灭社会的观点"[54] 都予以"审慎的反对"，表现在它对"其底层是由狭隘的、碎片化的经济利益所构成的现代世界"的拥抱。[55] 以如此代价换取稳定，值得吗？尽管戴尔蒙德高度推崇希腊的荣耀，但是他并不认为有任何回归的可能。他对自己的安慰是，事情本来会更坏。至少在麦迪逊式的政体中，世所仅存的哲学家仍然有私人空间致力于思想研究：至少商业共和国会鼓励它的公民培养一种温和的美德，如果他们希望在市场上成功的话。这不是古典时期的希腊，也不是斯大林的苏联。

戴尔蒙德默默接受了美国制度，这一做法具有其深刻性，并将他的文章和《联邦党人文集》的大量学术研究区分开来。戴尔蒙德的观点有其重要的洞察，即美国制度通过诱使各种利益相互为战来玩日常

---

[52]　参见第七章，第 188~190 页，Martin Diamond, Dimensions of the Democratic Republic, A Memorial to Martin Diamond, 8 *Publius* 1（Summer 1978）。

[53]　Martin Diamond, 前注 13，第 91 页。

[54]　Martin Diamond, 前注 13，第 92 页。

[55]　Martin Diamond, 前注 13，第 91 页。

政治的游戏，从而获得社会稳定。但是，这里也存在巨大的盲点。戴尔蒙德被学术贩卖者流当作不知道亚伯拉罕·林肯和马丁·路德·金之间相似性的人物。

或者说不知道他们和普布利乌斯本人也有相似性。戴尔蒙德只是忽略了《联邦党人文集》中那些会让他听到的普布利乌斯声音中的革命部分——这一声音号召美国人动员起来，参加严峻斗争，重建其宪 227 法身份的基础。在这一关键的问题上，戴尔蒙德依然没有摆脱比尔德式的建国者形象的束缚。*

从进步主义到联邦主义

现在到了恢复比尔德本来面目的时候了。比尔德及其进步主义的同侪道出了一些重要的真理，赢得了一些重要的胜利。但是，我们不能让他的真理（现在已成为了陈词滥调）阻挡了我们对于自我理解的探索。

进步主义者的思想必须结合其目标方能理解：20 世纪早期不受规制的资本主义。基于他们为变革而斗争的历史，进步主义者对建国抱

---

* 这里有一个悖论。通常而言，戴尔蒙德并不被看作在比尔德的阴影之下。他是战后美国的另一位学术大家——列奥·施特劳斯的重要追随者。实际上，戴尔蒙德对第 10 篇的有力解读本身就是对施特劳斯的纪念——戴尔蒙德所发现的主题和施特劳斯本人在和其他西方政治传统中的伟大文本遭遇过程中所发现的主题（leitmotivs）是相同的。

同样正确的是，戴尔蒙德也继承了施特劳斯的失败之处：伟大导师对现代革命精神的深刻敌意。在这里，施特劳斯开创的道路和比尔德开创的道路悖论式地汇合了。尽管出于不同的理由，他们都反对联邦党人思想中革命面向的重要性。他们的不同在于，一则认为普布利乌斯是马克思的天才般的先驱者，一则认为普布利乌斯是失落了的古典德行的叹惋者。

施特劳斯式的其他文献，可以参见 David Epstein, *The Political Theory of The Federalist* (1984)，以及 Thomas Pangle, *The Spirit of Modern Republicanism: The Moral Vision of the American Founders and the Philosophy of John Locke* (1988)。

有深刻的怀疑。他们的对手在为现状辩护的时候，往往将宪法对财产权和契约自由的保护作为潜在的武器。很自然的回应就是对建国时期的去神化——剥掉联邦党人追求公民德行的油彩。

但现在是承认进步主义者已经赢得反对不受规制的资本主义的战斗的时候了。新政 50 年之后，甚至于保守派的美国人已经认识到他们是生活在积极干预的福利国家中。毫无疑问，管治下的市场和社会福利在经过各个时代的政治辩论、动员和决定后会被重新塑造。2090 年的美国和今天的美国不同，一如它和 1890 的美国不同一样。

228　　尽管如此，现在是 1990 年。* 在比尔德提出他的批评以来的一个世纪中，世界已然改变。部分地要归功于比尔德和他的进步主义的同侪，绝大多数的美国人不再认为承认下述显然之事是令人不安的：建国者对于财产权的观念和今天美国人对于财产权的观念是不同的。他们倘若见到我们对于"纸币、废除债务、平均财产"以及其他"不适宜的乃至邪恶的事业的狂热"一定会心神不安。[56]我们与其对于这一事实鞭尸，不如追问我们是否应当超越这一事实，从我们的建国者那里学习一些仍然具有重要性的经验。

我的正面的回答是厘清进步主义者把它们混为一体的建国者在两个方面的成就——联邦党人动员民众支持其宪法改革的革命性程序，以及他们以财产权为实质内容的社会愿景。自新政以来，现代美国人已经深刻修正了联邦党人以财产权作为其实质内容的社会观，但他们也抛弃了联邦党人的革命性程序？

我并不这么认为。我们从《联邦党人文集》中仍然能够学习大量的二元民主论。如果我们认真对待这些教诲，就必须把比尔德的另外一头神牛放到牧场上来。这实际是一种还原论的倾向，它将政治看作

---

　　* 作者写作此书时的时间。——译者注

　[56] *Federalist* No. 10，前注 8，第 84 页。

社会中其他领域事物的反应，从而贬低了政治。这种还原论的倾向并非马克思主义者和进步主义者的专利，此一倾向在今天的左派和右派阵营中都很常见。*

左派也好，右派也好，中间派也好，这种进步主义的倾向应当受到更有说服力的观点的抵制。政治是生活中相对自治的领域。它有自己的象征意涵、实践和动力。这并不意味我们应当拥抱阿伦特那不无荒唐的理想主义的观点，即政治话语是而且应当是完全独立于社会和经济利益的。我们只要是彻底的非还原论者就可以了：正如经济利益不能决定政治一样，所以政治意义也不能决定经济利益。简而言之，生活的任何一个方面都不能成为"历史的发动机"——甚至在"最终分析"的意义上也不能。我们必须认真对待社会、经济、心理和政治领域的复杂互动，不要让任何领域垄断了我们进行因果解释和哲学上的自我理解的努力。

考虑到宪法政治和宪法在美国为权力、为自我理解而奋斗的过程中的作用，难道我们不应该认真对待这一领域吗？这并非因为它包含了关于什么是美国人的最终箴言——没有一个领域可以做到这点。但是毫无疑问如果没有普布利乌斯，那么什么是美国人的拼图就会少掉必不可少的一块，那么普布利乌斯的革命精神又是什么呢？

---

* 在芝加哥学派经济学家代表性的著作中也可以发现这种通常由"庸俗马克思主义"所实践的粗鄙的以相应的数学形式呈现的还原论。参见 Gary Becker, "A Theory of Competition Among Pressure Groups for Political Influence", 98 *Q. J. Econ.* 371（1983）；Sam Peltzman, "Toward a More General Theory of Regulation", 19 *J. Law & Econ.* 211（1976）。一种更少数学形式的还原论，参见 John Diggins, *The Lost Soul of American Politics: Virture, Self-Interest, and the Foundations of Liberalism*（1984）。

第九章

日常政治

从胜利了的革命者到私人公民

230   我们把宪法看作胜利了的革命者之果实。对于他们而言，良好的生活就是政治生活；德行的典范就是乔治·华盛顿这类人物，他们为公共利益牺牲个人利益，从而获得最大成就。[1]这一起点足以让人感恩，不过普布利乌斯还超越了其历史语境，看见了另一可能性：一个由自私的男女组成的世界，他们在一个远离政治论坛的世界中获得最大的满足。

        毫不奇怪，普布利乌斯满怀忧虑地看待这样的世界。这些自私自利的人民导致公共问题，他们对公共利益毫不在意、漠不关心。普布利乌斯对于这一问题的回应展现了其伟大。他没有试图去压制生活的这一丑陋面向，而是运用宪法以公民自由的名义和自私自利（privatism）达成了妥协。他通过一种自我超越的方式提出了二元主义民主

---

    [1]   Garry Wills, *Cincinnatus: George Washington and the Enlightenment* (1984).

制——拥抱生活在完全不同的历史环境中的人民。

最突出的就是我们自己。除了那些显著的社会和经济差别外，我们并非生活在成功革命的胜利光环里。当我们说到德行的时候，我们想到的不是乔治·华盛顿或者他所生活时代的同侪（那么还可能是谁呢?），我们有自己政治上的成功，也有失败。但是，对于当代美国人来说，政治生活是可以发现德行的诸多领域之一。一个人如果成功地保有其诚实品格，还在政治中留下他的印记，那么他毫无疑问是值得赞扬的。但他比那些对艺术、科学和事业做出贡献的人更值得赞扬吗？比那些没有受到如此高调关注的在尊严、友爱和思想方面做出贡献的人更值得赞扬吗？如果有人断定政治不适合自己，我们并不认为他是在直白地自责道德上的失败。可能他关于自己有比模仿普布利乌斯更重要的事情要做的认识是完全正确的。政治领域并不像它作用于建国一代人那样主宰我们的道德意识。

在一定意义上，这使得联邦党人的美德经济学和我们的政治处境具有更大的相关性。如果政治不是通向德行的主要道路，那么对于我们的宪法来说，充分利用我们所能期望的美德就变得益发重要了。但是，在较为浅显的层面，普布利乌斯赋予政治生活压倒性的重要性可能会带来一个解释上的拦路石，因为现代人的道德意识并没有赋予政治生活如此核心的地位。如果二元民主制在我们关于善好生活的更加多元主义的观念中能够站得住脚，那么它就会变得更有说服力。

这一章通过转换视角来进行这样一种现代主义的调试。尽管普布利乌斯的年代离今天已经久远，我们还是能够发现这两个具有完全不同意蕴的世界在追求信任（credibility）的奇异热情方面具有共同的基础。当然，今天的美国人认为安全的世界恰恰是普布利乌斯会忧心忡忡的地方。我们的世界所追求的事务已经将政治挤出去，我们关心体育、科学和宗教，朋友、家庭和生活事务。不过，尽管我们主要的关注是个人的命运，我们仍然会一直主张我们有权大声表达"公民的权利和共同体的永恒利益"。

为标示这一政治能力，我们把自己称作私人公民，以无穷无尽的努力避免这两个单词滑落成一个单词。但是，当这样的自我认知（self-identification）可以看作第二天性的一部分时，关于私人公民也存在一些困扰。当我们对它进行思考的时候，我们是在对从建国者那里继承下来的二元主义的民主制予以重新评估。

我通过将私人公民和其他两种类型，即公共公民和彻底自私主义者加以对比来引入这个问题。在我们的政治生活中，这两种人物的确都起到了相当的作用。相对于生活中的角色，他们的重要性可能体现在观念上，但这不要模糊了美国人称之为私人公民的这一独特的政治动物。通过反思这一美国政治类型所经历的特殊紧张，我们会发现我们在沿着一条通向二元宪法的更为现代的道路旅行。

第三种类型

我将通过讨论公共公民和彻底私人这两种和私人公民相互竞争的概念对它的批评来进入对私人公民的分析。

对公共公民的批评

第一种批评比较高调，持这种观点者对私人公民持久追求自治事业过程中无数的妥协感到厌恶。他们对私人公民在进行政治参与的时候，不断看表，焦灼衡量其花费在政治上的时间，唯恐其私人事务受到影响的做法充满鄙视。如私人公民通常被理解的那样，这种一直存在的个人对政府事务的投资的精打细算是私人公民的基本特征。

对纯粹主义者来说，这种对时间和精力的算计使得私人公民身份成为一种低俗和妥协的、没有什么实质价值的事情。他们呼吁我们把公民身份看作一种更高层次的召唤，认为它常常是激发民众最深刻价值的源泉。我们不是削减公民身份的需求来满足个人感受的更为贫乏的要求，而是要学会将私人领域置于合适的位置。和公共公民身份相比，私人生活代表了存在的低级层面。

上一章讨论的是这种观点和汉娜·阿伦特的遭遇。[2]就当下的目的而言，我们看一下政治实践而不是理论会有所帮助。现成的好例子：拉尔夫·纳达尔，他将个人生活中的严格禁欲主义和他所理解的政治善好的全面追求结合起来。尤其值得关注的是，纳达尔刻意拒绝通过竞选公职的方式来获得这样的参与持久度。他更偏爱那些支持他作为公共公民而服务民众的做法的人的自愿捐助。[3]纳达尔式的自我描述和大部分美国人作为私人公民的做法形成了完美的对比——只要我们注意到纳达尔主义并不是一种唯一的主义，其激发热情洋溢的民众高度的公共参与，他们蔑视那些为了挣得高薪水而宁愿窝在华盛顿还有全国各地城市拥挤办公室里每周工作八十小时的人。无论左派、右派还是中间派，比起历史上的任何时期，现在活跃的公共公民是最多的。我毫不怀疑，这些人会一如既往地在我们未来的宪法政治中扮演重要的角色。

233

就目前来说，我更愿意对这些公共公民和其他亿万美国人作一对比，这些美国人看看电视、读读报纸和在广泛到让人困惑的工会、教堂和自愿组织中和他们的家庭、朋友还有工作伙伴谈谈政治。如果还有什么可以让我们自信地说美国是民主国家，而不是贵族制和寡头制的新混合，那么一定是这亿万美国人对于国家生活的持久参与。无论对我们人民中的这部分公共公民的赞赏程度如何，只有对私人公民的同情和理解才能够提供评价这个共和民主制国家的框架——而且把我们带到对于二元宪政主义的新联邦主义的评价上。

---

〔2〕 参见第八章，第204～212页。
〔3〕 这是纳达尔创建的一个著名组织所用的名称。

对彻底自私主义的批评

我们的主题一分为二，现在让我们从第二种也是相反的路径来讨论它。从这一角度出发，私人公民的问题就在于他过于在意"确定个人权利和共同体永久利益"的集体努力了。对于彻底私人主义者来说，正如我对她所做的定义那样，对①"什么是对这个国家有益的"这一问题的回答是通过转化成②"什么是对我有益的"这一神奇问题而进行的。

希腊人把这类人称之为蠢货，我们大可不必如此愤愤不平。我们所面对的可能并不是一个自私的非道德主义者，而可能是一个具有深刻宗教情怀的人，他只是根本不希望关于早期共和国的讨论会让他分心，偏离了他认为具有真正重要意义的宗教问题；他也可能是相信个人道德但是对于道德在政治中的作用深表怀疑的人；他还可能是……

我在这里的目标并不是去"反驳"这些怀疑论，毋宁说我是将他们和私人公民的更积极的追求进行对比。尽管这一人格特质意味着他不会像公共公民那样把政治看作最高的天职，但他也不会认同上述私人主义公民的怀疑论调。他承认公民身份具有价值，但是他并不认为，公民身份总是要压倒私人生活所具有的价值。

私人公民的困境

当绝大多数美国人回应私人公民之名的时候，他们学会了不要过于认真地对待其对公民美德的轻慢。对于全国性问题，即使是获得一些最初步的理解都需要大量的工作。尽管我们偶尔会进行这样的努力，对信息充分的公民身份的不懈追求会不合时宜地耗散我们在日常生活中奋斗所需的精力。

美国公民身份的道德困境远不止信息问题而已。对国家利益的明智考量可能意味着个人的和地方的利益都要为了公共善好而做出牺牲。但这一信号可能常常遭遇到那些目光所及不会超越其身边利益的朋友和邻居的困惑，乃至不解。因此，毫不奇怪的是，绝大部分人很少能够承担普布利乌斯交付的整副担子。

无论有想法的私人公民对于公共生活的有限参与是如何可以理解，他必须承认这一事实对民主政体来说产生了三个相互关联的问题。首先是冷漠的问题。大量私人公民的存在可能让那些否则会将更多的精力投入到私人公民身份的人情绪低落：如果这么多人对于国家政治表现出一副事不关己、高高挂起的态度，那么我还一心奋斗，坚持到底，这不是愚蠢之极吗？其次是无知的问题。考虑到他们的有限参与，大多数美国人没有能力对占据华盛顿的政客们身心的绝大多数——有时是所有的——问题作出审慎的判断。最后是自私的问题。在没有对"公民的权利和共同体的永恒利益"〔4〕予以认真审视的情况下，是不是存在着极大的可能性，私人公民的第一政治印象赋予狭隘自私的利益以过高的分量？

强迫式民主

冷漠、无知和自私——我们不会低估这些缺陷，不过我们也要考虑一下彻底避免这些缺陷会带来的灾难。我们姑且将治疗这些缺陷的药方称之为强迫式民主。如果大多数人民都不认真对待国家政治，则强迫他们关心政治。每天，每一位私人公民都被迫花费 1～2 个小时讨论时政。假以时日，就能够鼓励所有公民形成审慎的政治判断。如

235

---

〔4〕　可能在这里加上一条注释以说明这一公式的来源还是适当的。这一公式没有以"被引用"的方式出现在《联邦党人文集》中。我是从普布利乌斯在《联邦党人文集》第10篇中关于"党派"的定义获得启发的：党派是和"其他公民的权利，或者和共同体的永久和集体利益相冲突的"为激情和利益所推动的团体。*Federalist* No. 1，第 78 页（J. Madison）（C. Rossiter ed. 1961）。正文中的这一公式试图在负面词汇中找出正面的意涵。我用引号（这样做合法吗？）来表明新联邦主义在《联邦党人文集》中的语汇来源。

果这些讨论揭示了绝大多数民众都陷入鸡零狗碎的地方利益之保护，那么，我们可能就应该借助于受过特别训练的公共公民来引领他们的同胞努力奋发向前进，从而形成对国家问题的真正全国性的、具有公共关切的观点。

我们可能很容易发现，这种具有寒蝉效应的强迫式民主观是完全不能接受的。当今的私人公民加入普布利乌斯的阵营，一起谴责强迫式民主是一种作为"治疗措施……比它要治疗的疾病更为糟糕"。[5] 毫无疑问，存在这样的时刻，自由民主制政府发出正义的号召，呼吁其私人公民为保卫国家而进行殊死战斗。*不过，我们不要把危机时刻对公民的号召和日常情形下公民身份对普通美国人的自我理解中所具有的位置混为一谈。一般而论，应当由每一位美国人自己决定他要花多少时间和精力在私人公民身份上多少时间花在私人公民身份上。如果这意味着一个国家的政治中要受冷漠、无知和自私之害，那么我们也没有办法，只能学着笑对它，接受它。

236

普通投票

这并不意味着，我们可以把那些最私人的公民和彻底的自私主义者混为一谈。即使在日常政治中，二元主义宪政论也不能完全抛弃公共美德。追随着普布利乌斯，我们必须对日常政治中公民身份的有限供给进行现实主义的理解。因此，我们必须做出决断性的努力，以一种最佳利用现有供给的方式去建构我们的立法机制。

下面的概论将重温联邦党人对于德行的政治经济学的一些最基本

---

[5]　*Federalist* No. 10，第 78 页（詹姆斯·麦迪逊）。

*　有时候，人们会以比民主的公民身份更崇高的理想的名义从良心上拒绝这一要求。我的观点体现在 Bruce Ackerman, *Social Justice in the Liberal States* 62，第 293～301 页中。

的洞察。一方面，我会提供一幅美国政府的图景，它和很多流行经济学的观点不一样，它坚持在民主制的日常运行当中，[6]一定程度的德行是绝对必不可少的。另一方面，我也试图重新用共和式的视角去观察日常政治中民主代议制存在的一些问题。我的目标是，尽量以一种非神秘化的方式描述这样的感觉：我们那些经由普通选举而产生的议员们不过是人民的"代表"，这并不普遍意味着他们为人民自身说话而参与到一些公共议题中。这反过来也为下一章关于宪法政治的讨论提供了基础——它试图厘清高级立法的主张具有合宜性的条件。

作为私人公民身份之行为的投票

让我们从基线开始论述：如果在普通时期，美国政府要得以延续，那么需要多少以及何种关切公共事务的德行呢？

让我们从这一底线出发，开始思考的历程：

末日选举。假如未来的某个十一月的星期二，投票结果揭晓，只有大约几十万人参加了总统选举的投票，其他上亿人都继续其日常生活，完全忽视这一事件。

结论：民主在美国已经死掉，不是因为一次冲击，而是因为一声叹息（whimper）——这犹如海军陆战队占领了首都一样确定。的确，如此的冷漠和不关心很可能激起政变——但是选举日那天如此低迷的政治参与对胜利者主张其具有民主正当性是一种嘲讽。因此，如果我

237

---

〔6〕　可以在下列文献中发现对这些观点的最为"哲学化的"表达，James Buchanan, *The Limits of Liberty: Between Anarchy and Leviathan* (1975)；James Buchanan & Gordon Tullock, *The Calculus of Consent* (1962)；一种更为原始的还原论，参见 Gary Becker & George Stigler, "De Gustibus Non Est Disputandum", 67 *Am. Econ. Rev.* 76 (1977)。可以预料，对公民身份的具侵蚀性的怀疑论开始对法律研究产生影响，比如参见 Frank Easterbrook, "Statutes Domains", 50 *U. Chi. L. Rev.* 533 (1983)。一个有益的矫正，参见 John Macey, "Promoting Public-Regarding Legislation Through Statutory Interpretation: An Interest Group Model", 86 *Colum. L. Rev.* 223 (1986)。

们的目标是探究对于日常政府所需要的关注公共事物的德行的程度，我们就从这里开始：一般民众要拥有多少此类稀缺的资源才能避免末日选举的来临？

答案：比我们幼稚地所认为的要多些。根源就在于搭便车问题，上一代政治经济学家的分析拓展了对这一问题理解的深度。[7] 就当下目的而言，问题再简单不过。[8] 即使只有几十万人投票，我的选票决定胜者的概率也是微乎其微——我们将这个概率称为 "epsilon"，$\in$。这个简单的事实就带来了搭便车问题。

要了解是怎么回事，考虑一下从彻底的自私主义者的视角呈现出来的问题。既然他是在投给在他看来最合适的人（Number One），那么，只有在个人收益大于成本的时候，他才会走向投票所。当然，投票的成本可能非常小——半小时的时间损失，包括走到投票所、排队、投票——收益就更微乎其微了。当然，如果候选人 A 击败了候选人 B，也许我们可以假定这位自私主义者有所收益（为讨论问题方便起见），假定这一收益是 10 000 美元。我们很难用这么大的数字来衡量投票将会获得的收益，因为 A 在选举中的命运不会被单独一张选票所决定。所以，在各种情形中，他是否能够得到这 10 000 美元和他是否去投票没有关系。因此，工于计算的自私主义者会在走向投票所之前将 epsilon——他的投票导致不同结果的概率——放入他个人关于成本收益的方程式中加以考量。既然 epsilon 趋于无限小，那么比 10 000 大的数目和 epsilon 的乘积之后的数字会小到这样的程度，以至于花半个小时去投票都是很大的一笔投入。毕竟，相比于排队和按下一些按钮，世界上还有很多更有趣和更有益的打发时间的方式。比如，可以

---

〔7〕 经典的表述，参见 Mancur Olson, Jr., *The Logic of Collective Action* (1962)。

〔8〕 对聪明的现代学者向彻底的自私主义者解释他们为何要投票的失败努力的清晰评估，参见 Dennis Mueller, *Public Choice* II 351~53 (1989)。

上教堂、清草坪或者是打听打听股市的小道消息。这些投资与其投票
带来的收益相比（10，000），∈＝接近为零，回报率不是要大得多吗？

　　还真不要说：如果每个人都那么想，美国人真有可能面对末日选
举那一天。但彻底的自私主义者不会为此所动。即使他个人的确作出 238
了去投票所投票的努力，也不过是使得投票数从600 000增加到
600 001而已。他个人的决定并不足以阻止末日选举日的到来；只有在
亿万人民不殚烦劳，愿意投票的时候，日常民主制才能够生存下来。
而个人所做的任何事情都没有办法实现这一点。即使自私主义者高度
评价持续民主所具有的个人价值，他的投票经过折算之后，其价值还
是接近于零。

　　其结果是，在一个彻底的自私主义者的世界里，高投票率的情形
根本不会存在。日常选举要求成百上千万的美国人超越私人主义而采
取行动，并宣告他们自己是私人公民。[9]他们必须有所准备，需要为
公共善好牺牲一些时间。假如在投票所花上半个小时算不上什么大
的牺牲，公共公民也许想都不会想就去参加投票了。而私人公民在
承认这是一种义务之前，还额外地需要论证。

　　很容易知道为什么。和公共公民不同的是，我们的私人公民否认他
有义务去最大化任何形式的公共善好的产品——因为接受这样一个沉重
的义务意味着他赋予极高价值的私人利益之追求将成为不可能。除了说

------

〔9〕 我不是第一个得出这结论的。比如，参见 Stanley Benn, "The Problematic Rationality
of Political Participation", in Peter Laslett & James Fishkin, *Philosophy, Politics, & Society* 291
(1979); R. E. Goodin & K. W. S. Roberts, "The Ethical Voter", 69 *Am. Pol. Sci. Rev.* 926
(1975). 现在有一普遍感觉，认为有必要超越作为新古典经济学家的一般假设的人的主体
性之自私概念。参见 Jon Elster, *Ulysses and the Sirens: Studies in Rationality and Irrationality*
(1979); Amitai Etzioni, *The Moral Dimension: Toward a New Economics* (1988); Albert Hirsh-
man, *Shifting Involvement: Private Interest and Public Action* (1982); Howard Margolis, *Selfish-
ness, Altruism, and Rationality* (1982); Amartya Sen, "Rational Fools: A Critique of the Behavior-
al Foundations of Economic Theory", 6 *J. Phil. & Pub. Af.* 324 (1997); Thomas Schelling, *Choice
and Consequences* 52 ~ 112 (1984).

服他有义务去投票之外，我们必须解释投票有什么特殊之处——投票是和大量其他的公共善好不同之事，对这些公共善好的追求是值得赞赏，却不是具有强制性的。那么投票的特殊之处又在哪呢？

三个方面的事情共同让投票变得很特别。首先就是单调而重要。这就涉及投票在世俗意义上的有限性品格。关于良好公民身份的绝大多数要求可能更加繁复多样。比如，对于目前华盛顿议程上的事务公民欲拥有充分的信息这一公共利益而言，它会消耗掉大量的时间和精力。与此成对比的是，投票这一简单的行为只需要一年到投票站 2～3 次就可以了；实际上，许多私人公民认为他们只有在最重要的选举中才有投票的义务。

其次，投票对作为整体的制度运作来说是战略性的。尽管公民的无知、冷漠和自私普遍存在，常规意义下的宪政政府一般还能维持，但是末日选举日的情景将意味着它的毁灭。更进一步，投票在宪法政治中具有一种不同的功能，但在战略意义上却是相同的。也就是说，它提供了一种关键的机制，来检测各色运动所提出的他们为人民本身发声的主张。[10] 因此，偶尔花上那么半个小时，私人公民实际上为其付出的有限的花费就得到了最佳的价值。这种成本收益分析中的庸俗深深冒犯了公共公民，对他们来说，政治生活就是公共善好，这不可能不影响到私人公民，他们永远都要对其公共德行予以算计，以便为生活中其他有价值的方面留出空间。

最后，投票是所有公民一起参加的事务。很多其他的公民行动要么是个人要么是规模更小的团体采取的。假如你为了跟进社会形势的发展，无论你读一份报纸还是时政杂志；无论是怎么做的，你都不是在公共场合，在全世界的瞩目之下去做这些事。即使你希望参加规划

---

[10]　参见第十章，第 274～280、285～288 页。

委员会的一次重要会议或者参加华盛顿的一次游行，都不会期待每位你边上私人公民和你一起行动。相形对照的是，投票是普遍公民参与的实用形式。如果你连投票都嫌麻烦，那你还算哪门子的公民呢？

这不是修辞问题。可以预期的是，彻底的自私主义者会对这个问题予以否定回答。但是在一定程度上这就是我的观点：在现代民主必须学会对关心公共事务的美德精打细算的时候，如果没有这种关心，民主制就不可能存在——即使在日常政治下，大量的公民并没有被议程核心问题的紧迫性所吸引。如果大量的美国人对于投票课加于私人公民身上这一有限的、战略性的，但是普遍的义务不予回应，那么就不会有任何维持美国宪法共和制传统的希望。

以此衡量，现代共和国处境看来不妙。彻底自私主义者的逻辑似乎打动了一半选民的心——他们实在是"忙于"自己的私人生活，以至于没有办法抽出半个小时来参加总统投票。也许投票率实际上不像它看起来这么糟糕[11]，但他们的确已经够糟的了。尽管如此，我们还远没有到末日投票日。布什和杜卡基斯（Dukakis）之间的总统选举仍然吸引了成千上亿的选民走向投票所，这次选举和我们记忆所及的任何一次选举一样也没有提出什么激动人心的问题。

我只能言我所说的，这意味着还有很多没有被说出来。尤其是，我没有说，为了避免末日投票日的到来所需的那么一点自我牺牲是维持美利坚共和国的生命的充分条件——它只是必要条件。谈到充分条件，并去观照一下所有那些宪法在常规和非常规时期都需要私人公民行动的场合，我们就必须将我们的工作暂停。尽管如此，私人公民在

240

---

〔11〕 如果不必要的强制性选民登记法予以废除，那么总统选举的投票率可能会增加15%以上。参见 Raymond Wolfinger & Steven Rosenstone, *Who Votes?* 88 (1980)。然而，年轻选民的投票率要远远低于老选民的投票率。同上，第 105～108 页。不过由于法律允许公民在年满 18 周岁的时候投票，我们不要过度忧虑年轻人不把公民身份当回事——随着年龄的增长，他们会日益认识到公民身份的重要性。

新联邦主义的德行经济学的第一次实践中就已经把我们领向一条不同的道路。它实际上已经使得我们去驳斥一种流俗之见，即我们的宪法最好被看成无需持续的乃至有限的公共美德之注入的"永动机"。[12] 而且，它还使得我们可以采取第二步，并且获得对根本的联邦主义洞见的重新评价，这一洞见让我们看到了普通选举竞争中的胜利者宣告其代表了人民所存在的问题。

软投票

困难的根源在于：即使我们的私人公民可能有足够的德行走向投票所，她也不必然拥有足够的德行投下能够代表她对于候选人在选举中提出的核心问题的审慎判断的一票。[13]

搭便车再次成为麻烦的所在。但是，这一次要超越它所需的成本就比花半个小时去投票所更为实质。不仅要花时间和精力对政治竞选过程中涌现出来的事实和价值进行初步而及时的判断，而且，对恰当的立场进行界定的道德问题变得更为关键：私人公民在心里琢磨，哪个候选人更好地满足了他的个人利益，这是根本不够的；应该要问的是，考虑所有因素之后，哪个候选人推动了"公民权利和共同体的永久利益"。回到这些问题就需要和你认识并信任的人进行对话——在餐桌上、工作中、教堂里、工会办公室、校园家长联合会还有当地酒吧。

但是，事实在于，对于大多数人来说在大多数时候，日常的政治讨论都是非常敷衍了事的。下一次选举常常被看成遥远的事情，它不会深刻地改变一个人的世界——不会像婚姻破裂、升职或者失去朋友

---

〔12〕 参见 Michael Kammen, *A Machine That Would Go of Itself: The Constitution in American Culture* (1986)。

〔13〕 相应地，候选人在设计竞选策略的时候会将慎思明辨的失败考虑进去，这就导致了我们下面将要讨论的很多病症。参见 Douglas Arnold, *The Logic of Congressional Action* (1990) 进行的认真处理。

信任那样改变一个人的世界。普通美国人作为私人公民的自我认识不   241
会带来深刻的探究追问，当他们决定换工作、居住小区，更不要说离
婚，或者改宗的时候往往会进行这样的追问。这种私人公民的积极参
与看起来并不是苛刻的要求，因为你很快就会和亿万人民一起投票选
举总统。当然，如果你的投票能决定结果，那就成为另外一个问题。
但是它不会，所以我们对德行进行精打细算不是很好吗？

这一逻辑使得亿万私人公民走向投票所，并为其候选人投下一张
"软票"。之所以称其为"软票"，并不是说他们的投票是没有任何理
由的。实际上，现代政治科学已经成功地对传统党派、民族身份、对
在位者政绩的评价、关于国家繁荣的一般印象、对具体候选人和议题
的印象这些问题是以一种怎样复杂的方式交织在一起进行了研究。[14]
我的核心主张是：当一位选民走向投票所的时候，常规私人公民对于
选票背后的反思的质量不抱任何幻想。她通常不把选票看作关于这个
国家所面对的一些根本选择的审慎判断。相反，她把选票看作一种更
为软性的声明：

> 作为私人公民，我最近有很多让人烦心的事情——我的
> 工作、我的丈夫，还有我的小孩在放学之后去哪里玩。尽管这
> 些事情让我颇为烦恼，但我并没有因此而回避。我挺身而出，
> 走向投票所，试图去发现什么是最有益于我们国家的——基
> 于我所拥有的政治信仰，对现在美国的认识以及对候选人和相
> 关议题的印象。很抱歉，但这是我目前所能做的了。它比什么

---

〔14〕 "密歇根学派"代表性的阐释著作，参见 Angus Campbell, Philip Converse, Warren Miller & Donald Stokes, *The American Voter* (1960)；对这一类型下的更为哲学化的讨论，参见 Dennis Thompson, *The Democratic Citizen: Social Science and Democratic Theory in the Twentieth Century* (1970)。强调投票行为的更理性主义面向的重要著作包括 V. O. Key, Jr., *The Responsible Electorate* (1966)；Morris Fiorina, *Retrospective Voting in American National Elections* (1981)；Stanley Kelly, Jr., *Interpreting Elections* (1983)；Arnold, 前注 13。

都不做难道不是更强些？而且，现在已经有足够多的彻底自私
主义者，不需要我们再加入他们了？

我将这些话置于私人公民的口中，并没有用那种具有高度严肃性
的柏拉图式的标准去评判她。这种高度的严肃性如果说有人，那也只
有极少数人可以达到。我只是提出更为普通的（mundane）主张：大多
242　数私人公民会承认，他们的大多数投票决策达不到自己的深思熟虑的
标准*，如果他们愿意更仔细地考虑一下其面临的问题，他们的判断
和目前所持有的这种相对肤浅的观点可能会有所不同。

常规情形下的选票之疲软以两种不同的方式进入了新联邦主义者
的论点中。首先，它有助于解释为什么现代的二元论者加入普布利乌
斯的阵营，都坚持选举中获胜的代表们主张其制定的法律代表了我们
美国人民的审慎判断是有问题的。问题之所以产生，并不是因为这些
法律可能和大多数公民的审慎判断相反（当然这也是有可能发生的），
而是因为私人公民中的大部分人可能根本没有进行他们自认为其具有
的判断。他们所拥有的不过是一些看法，而这些看法是经不起审慎判
断所经历的那种审视的。在这一非常常见的情形中，我们在开始对常
规政制进行研究的时候必须要有一种普布利乌斯式的感觉，即人民不
在现场，而且也不可能有任何希望通过简单印象来感知民众对于一些
问题的真正想法究竟为何。没有人可以用令人信服的方式来预测人民

---

　　* 比如，你可以思考一下你在私人生活中做出的一些重要决定：选择什么职业，在哪
儿生活，和谁结婚，你是如何做决定的，在作出决定前三思而行，如果是这样的话，你所
考虑的是什么呢？

　　当你问这些问题的时候，完美主义这一明显的错误是容易回避的。当然多虑可能误事，
对某一决定担心得要命，反而拖延了时机。尽管如此，我们所有人都可以做到既不要做完美
主义的牺牲品，也清楚地意识到，审慎的判断和粗率的决定之间的区别。有时候，我们会回
顾某一重要的决定时刻然后说，"即使事情搞砸了，至少我也知道它是如何变成这样的……"
有时候我们只能自我调侃一番，"哦，我简直是个蠢货。"我试图在这里提起的就是这种非常
大略的，在私人生活中常见的区分。参见第十章，第272~274页。

在淬炼出"公民权利和共同体的永恒利益"的集体判断的过程中，愿意花费大量的时间和精力去审视他们获得的那些观点之后人民会怎么说。通常，人民并不会花这么多时间和精力，而且我们最好在设计常规立法制度的时候就考虑到这一点。[2]

这就导向我们关于"软投票"的第二个方面：它并不是不可避免的。亿万美国人民会不断地经由其同胞的鼓舞而仔细审视他们所获得的某些政治观点。需要提醒的是，这并不是说他们成为了公共公民，公共公民的献身精神会让他们成为全身心投入的积极分子。尽管如此，在成功的宪法政治时期，他们的政治对话、行动和态度会呈现出不同的面貌。他们的问题变得更加急迫；他们的对话变得更为激情；他们的行动将超越投票箱之外，去进行选举捐助、请愿、游行——所有这一切都表明了他们现在有了一种审慎的判断，并且希望未来的统治者认可这种判断。如果说斜体有助于表达我们的意思，那就是说私人公民成了私人公民。如果行话更利于表达，那就是消极公民成了积极公民，只要我们牢记一点，消极公民并不是彻底的自私主义者，而积极公民也不是公共公民——我们其实只是在区分阴影的灰暗程度而已。

这就把我们引向了下一章中将要讨论的高级立法问题：如何设计一套可靠的高级立法制度来检验并最终表达那些代表了大多数积极公

243

---

[2] 这是对约翰·斯图加特·密尔迟到了的回应。密尔反对秘密投票，因为这会鼓励选民认为他的投票是"为了自己的好处和利益，所以可以随其所欲"。John Stuart Mill, *Considerations on Representative Government* 195 (1861). 而公开投票显然更好，这样我们就要向同胞们解释为什么我们的投票是符合公共利益的。参见 Andreas Teuber, *The Reformation of Public Life: The Case Against the Secret Ballot* (即出)。

我认为密尔的警告现代秘密投票的习惯做法会带来一种自利的危险是正确的。唯一的问题是，这类危险和公开投票可能带来的胁迫和腐败之间何轻何重值得思量。因为我认为公开投票的危险一般来说（尽管不是普遍来说）要超过秘密投票，我并不主张对现有实践加以改变。不过，密尔的观点有助于支持我对日常秘密投票的"孱弱"性的强调，以及有必要设计出一套二元论的宪法，以不时地在脑海中牢记投票的"孱弱性"。

民审慎判断的宪法原则？不过，我们还是先聚焦于更为常规情形下的制度设计问题吧。

日常政治资源：清单（inventory）

我们是否可以用一种《联邦党人文集》的方式去明确宪法结构是如何缓解日常政治最恶劣的病灶的，即使对其无法达到治疗的效果。要赋予这些新联邦主义的反思一些结构性因素，就让我来解释一下三组简化了的假设。首先是公民身份，其次是选举过程，最后是代议制的特征。第一组解释非常直接。我将假定有一个民族主要是（并非排他性地）由私人公民组成的，即承认公共事业意义的美国人，他们满足于他们自己都认为要实现作为私人公民的愿望来说可能还不够充分知情、不够关心公共事务而且在政治上也不够积极的行为。

244　　第二组解释假定，我们已经采取措施来保障一种美国式的自由公平的选举过程——两个主要政党在各个选区中竞争，采取胜者全得的方法，来自第三党的挑战者的威胁还不够明显。

第三组假设涉及未来的代表们的可能行为。这些我所谓的政客/政治家展现出一种大家很快就会熟悉的二元主义的特征。一方面，这些政客/政治家们不是那种愿意把他们的立法影响力出售给最高标价者的彻底的自私主义者（充分考虑了被刑事起诉的可能性）。另一方面，他们不愿意全心全意地献身于公共善好，而这恰恰就是他们所定义的那些对于赢得并且获得选举职位没有兴趣的公共公民的特征。实际上，作为政客/政治家，每位代表心心念念所想的是再次当选。受到再次选举的制约，他们愿意将影响力用在"公共善好"上，正如他们所诚实定义的那样。但是当它严重危及再次当选的机会时，他们就不愿意继续扮演政客/政治家的角色了。可能有些政客/政治家偶尔会达到这一高度，但是"开明的政治家并不一直都在顶端"。[16]

因此，挑战就在这里：如何设计一套制度得以最大程度地利用在一个主要由私人公民和政客/政治家所统治的世界里仅存的政治美德？

我们从政客/政治家如何在我们刚才描述的世界里取得选举胜利开始讨论。有一种技术，我们未来的代表是无法运用的。通过界定日常政治，她不能完全依赖一次成功的宪法运动。这样的运动依赖于政治讨论、招募、组织和运动的持久行动中大量私人公民的能量。而我们日常政治已经排除了此类广泛的行为，在日常政治中，私人公民是主要的政治类型。

但是，如果试图将这种模式从所有宪法政治学的思想中抹掉，也是一个错误。即使在常规情况下，民主党和共和党都带有这样的事实标志，那就是它们都在载浮载沉的历史中，在不同的阶段服务于宪法政治的事业。这些早期民众运动的历史残留物为日常政治时代提供了党派基础设施和象征主义。所有这些都有利于在选举日催出选票，但他们没有办法向我们未来的代表提供能够确保其获得选举胜利的所有资源。她仍然希望召集形形色色的组织产生的选举资源。尽管在日常政治中，群众有着无知、自私和淡漠的特点，这些组织还是成功地繁荣起来。这一挑战就在于既要看到为什么这些组织能够在日常政治的条件下取得成功，又要去理解他们的存在如何约束了代议制过程。

私人利益集团

超越普遍的无知、冷漠和自私的第一步是借助于私人利益集团。这时政治组织已经开始依赖企业，而企业创立之目的就在于实现完全私人目的。比如，当你下次走进汽车市场的时候，你作为完全的私人作出决

---

[16] *Federalist* No. 10, 前注 4, 第 80 页。这一精神下另一篇晚近的文章，参见 R. Douglas Arnold, 前注 13。

定——最大化你拥有的物品，而非认为你是在为那些产品最好地服务于国家利益的汽车品牌投下一票。假如以这样一种彻底私人的方式行动，你和其他成百上千万的消费者都购买了克莱斯勒；而且由于这些私人决定，克莱斯勒成为了一个巨大和复杂的企业组织，而且如果它愿意，它可以从汽车制造匀出一部分精力到政治影响力方面来。当然，当你作为私人公民购买克莱斯勒的时候，你并没有授权它代表你去行动，然而克莱斯勒可能恰好可以利用由于公民的消极而产生的这一组织上的真空而赢得政府救市政策、保护性关税或者帝国主义的外交政策，而这些是消费者作为私人公民时，无论如何都不会同意的。唯一的麻烦在于，你现在没有对积极公民进行足够的投资，成千万上亿的美国公民也没有做这样的投资。其结果是，我们的政客/政治家有强大的动机去讨好私人利益，以便获得其要赢得日常政治之胜利所需的资源。[17]

从来都不要去想，这一问题可以通过一些简单的"政治捐款改革"——限制政治现金、对院外游说者采取许可制，以及诸如此类的做法来加以解决。尽管这些都是值得追求的目标，[18]但它们都没有抓住问题的核心。即使克莱斯勒或者美国汽车工人工会不能直接给政客们大笔政治献金，他们仍然会发现，将其组织资源转移到引导部分无知、自私和消极克莱斯勒消费者在投票日走向投票所是相当容易的事情。这一草根基层组织的力量对于普通的政客/政治家来说非常重要。他会通过讨好克莱斯勒或者其工会，违心地鼓吹克莱斯勒的救市计划符合国家利益，以此诱导消费者作出有利于他的投票。他有动力这样做——当然，只要这不会导致失去其他的有组织的群体本来的支持。[19]

---

〔17〕　参见 Charles Lindblom, *Politics and Markets*, pt. 5（1975）。

〔18〕　尽管我是赞成竞选政治献金改革的，不过我认为许多"改革"的建议是负产出的。我无法在一条脚注中公平地处理这一主题，但是希望能够很快提出一些严肃的意见。

〔19〕　David Mayhew, *Congress: The Electoral Connection*（1974）是其中的经典著作。

正如我们所看到的那样，[20] 普布利乌斯也意识到了这种病灶，而且知道它无法完全消除。他的希望是通过私人利益在数量和种类上的繁荣而缓解这些剥削所具有的压迫性特征。在竞争公共资源的你抢我夺的过程中，他们之间相互制约，从而使得大多数国会成员能够从不恰当地服务于某一单独压力的束缚中解放出来？至少，私人党派的繁荣会导致组织坚定的"局内人"联盟，他们会利用多数人的力量去剥夺那"局外人"的利益？如果底特律的公民成功地说服联邦政府对克莱斯勒进行拯救，他们就会发现，下一次台风来临时，他们要为佛罗里达人所承受的灾后重建买一部分账单。

并不是说我对迈阿密或底特律的好公民怀有什么不满。很可能有相当一部分私人公民会认为，在花了时间和精力在这个问题上，无论是对克莱斯勒还是对灾后重建的补助都是合乎国家利益的。我的观点是，私人利益集团拥有组织资源，其能够在独立于私人公民，甚至是私人公民的判断的方向上产生压力。但是，这是病态的。[21]

官僚利益

第二种形式的组织压力同样是病态的。但这种压力不是来自私人，而是来自公共部门。官僚机构一旦设立，就会发展出自我保存的利益，这独立于对于其持续存在的公共需要。基于这种利益而行动，

247

---

[20] 参见第七章，第 186～188 页。

[21] 这些病态最近在政治经济学家的著作中，在"寻租"这一概念下被有效地加以解剖了，参见 Dennis Mueller，前注 8，第 13 章对此进行了全面的概括。不幸的是，这一文献之下的研究都深受强烈还原论之害，它们都倾向于假定日常政治中的行为都绝对是由彻底自私的冲动所引发的，它们导致了病态的寻租行为。这种政治上的愤世嫉俗导致有人提出要摧毁现代积极干预的国家作为治疗这一病症的唯一希望是毫不奇怪的。比如，参见 Geoffrey Brennan & James Buchanan, *The Power to Tax: Analytical Foundations of a Fiscal Constitution* (1980)。因为我反对这种对于日常政治的非黑即白的态度，所以并不赞同这种极端的解决方案。相应地，挑战（本章未予回应）在于设计现代政治结构，控制寻租同时又要让政治家们有足够的空间去为公共利益立法。比如说，参见 Susan Rose-Ackerman, *Corruption: A Study in Political Economy* (1978)。

这些官僚机构会利用支配的资源创造出作为其代表的有力的利益集团——他们将奋力为其从这些公共工程中获得的利益而战斗，并不会估计一般的公共利益会受到什么影响。[22]

这种官僚机构的彼此包庇、共同获益在现代共和国中尤其严重，其中，能动政府以公共利益的名义在广泛的领域中予以干预。因此，国防部会设计庞大的武器制造计划，各个选区都可以通过私人合同来分润其中的好处，同样，农业部门也有大量的政府契约，其他各个政府部门也无例外……

再一次，我的观点并不是说大量的私人公民不支持波音公司获得大量稳定的来自国防部的合同，而是要指出，来自波音公司所在地西雅图的民意代表会为了当地的利益而力求获得更多的行政合同，而不是从他们关于"共同体的永久利益"的普布利乌斯式的判断来考虑这个问题，因为西雅图的居民，尤其是在日常政治时期并不会去从全国的角度对这些合同带来的收益加以审视。他们不会让自己背上政治家才有的负担，反而更有动力和相关政客抱成一团，共同分赃。

和对于私人利益集团的分析一样，许多现代政治科学已经对于此类病态行为的各种表现形式穷形尽相地予以揭示。[23]再一次，新联邦党人并不期望能够根除此类行为。尽管如此，对于宪政设计来说，控制官僚利益仍然是具有高度优先性的考虑。

---

〔22〕 重要的著作还包括 Anthony Downs, *Inside Bureaucracy* (1967); William Niskanen, *Bureaucracy and Representative Government* (1971); Douglas Arnold, *Congress and the Bureaucracy: A Theory of Influence* (1979)。

〔23〕 除了注释22，同上注中所引的文献之外，还可以参见 Morris Fiorina, *Congress: Keystone of the Washington Establishment* (1977); James Wilson, *The Politics of Regulation*, 第 10 章 (1980)。重要的比较研究，参见 Mancur Olson, *The Rise and Decline of Nations: Economic Growth, Stagflation, and Social Rigidities* (1982)。

公共利益集团

第三种政治组织从另一方向进入了日常政治的视野。在勾勒日常政治世界的时候，我并不是让你去想象一个完全由私人公民所占据的地方，而是想象一个只由私人公民主导的地方。这就让这一模式对私人公民组成的小型团体保持了开放性，这些公民积极关心公共利益的不同面向，已经成功超越了搭便车问题，因而是他们自己在立法层面上呈现出一种组织性的存在。就这些私人公民而言，时间必然会要求对私人公民的普遍动员，这些私人公民代表了推动他们加入政治行动的事业本身。

尽管他们没能刺破围绕着其同胞的无知、自私和消极的面纱，这些关注"单一问题"的团体在日常政治中仍然是一股重要力量。考虑到美国的人口数，一个团体获得几十万私人公民的忠诚仍然可以说是个"小"团体。取决于其地理位置，一些积极分子的团体在旗鼓相当的选举中可能投下的选票可能会决定选举的结果。他们同样可能对在选举日那天贡献出和其人数不成比例的能量，来鼓励那些消极的私人公民走向投票所并投票。[24]考虑到所有这些因素，政客/政治家不会没有必要地去挑衅这些团体；实际上，也许去支持我们认为和"共同体的永久利益和公民权利"相冲突的某个团体的立场是更为审慎的。

用审慎这个词去描述这样的调试性行为可能都过于软弱了——难道政治家的行动不就是将最不利的政治现实变成最有利于他的事情吗？如果一个由被动员起来的公民组成的小团体成功地用无条件赞成他们的错误观点的人取代了原来的民意代表，哪种情况更有利

〔24〕　参见 Sidney Verba & Norman Nie, *Participation in America: Political Democracy and Social Equality* (1972)。

于公共利益呢？在一定时期去谈一些具有党争性质的道德主义不是
优秀政治家风范的一部分吗，如果这样做是让他能够在任所必需的
事情？

这是难以回答的问题。当然，新联邦主义的希望是，由于支持不
同道德主义的党派数量如此之多，所以日常政治下的政客们会避免成
为某一集团利益的人质——尤其不会在同时成为其人质。但是，再一
次地，没有人期望存在完美世界。

大众传媒

公共利益集团对道德主义的强调经常和私人利益、官僚利益毫不
掩饰的自私形成鲜明对比。尽管如此，所有这些不同的组织形态有一
点是共同的：他们都可以非常紧密地关注代表候选人，并对其成员提
供该人关于未来允诺和过去表现的详细评估。而第四种组织类型大众
传媒与此不同。报纸和电视几乎没有什么动力去对政客/政治家进行
持续的，逐事（issue-by-issue）基础上的关注。这种类型的报道会超出
私人公民消化信息的能力，而他们恰恰构成了媒体观众的大多数。公
众所需要的是"新闻"：关于当前事件的片断和碎片，这对于观众并
不了然的背景没有什么要求。

然而，考虑到私人公民普遍的消极性，大众传媒提供了重要的机
制，借助它，代表候选人可以接触到大批选民，无论这种接触如何肤
浅。如果"新闻"是选民所想要的，那么"新闻"也是政客/政治家
们提供给他们的。

这将导致一系列耳熟能详的扭曲。首先是形成"媒体人格"——
政客们必须培养这样的能力，即在必要时能够在 15 秒的电视中传达正
面的形象。相反，一次银幕上的失态——控制不住情绪而眼泪盈眶；或
者化妆不到位，未能遮住 5 点钟起床带来的"邪恶"的疲态——都足
以毁掉在多年公共服务中所积累起来的好名声。

其次，如果撇开风格，就内容来说，大众传媒对于那些肤浅的口号回报最高——因为观众的注意力非常有限，只有此类猛料才可以抓住他们的眼球。这类口号有两种类型。最典型的是私人公民会收到从过去继承下来的稳定的政治陈词滥调 ——这类口号耳熟能详，不需要任何详细解释。而这些无休止的陈词滥调有些会穿插着令人难以置信的肤浅，挑战民众的容忍极限，以此达到吸引眼球的目的。然而，最困难的事情莫过于在一些具有真正社会重要性的问题上让媒体参与进来，就这个问题进行持久和严肃的公众教育。在日常生活中，此类问题在民众看来枯燥乏味、不值一闻；调查记者最好把他们的时间花在诸如个人丑闻一类民众喜闻乐见的话题上。只要日常政治中的政客们是干净的，认真汲取自己行为中的教训，就没有什么动力利用传媒以严肃的方式和他的选民就一些对他们这些美国私人公民来说具有急迫性的根本问题进行对话。对政客来说，最佳的选择莫过于，在大众传媒中重复那些无关大雅的陈词滥调，但对于那些试图进行动员的公共的或私人的利益团体则传递出不同的信号。[25]

政党

最后一种动员选民支持的办法就是借助政党之力，政党在日常政治中[26]主要是服务性组织，协助选民就他们的一些日常事务和政府打交道。这就是政治庇护得以现身之处。民意代表可以通过增加聘用全职人员的数量来提高服务的有效性。民意代表"选民服务处"越有效，这些私人公民在选举日的时候对代表就越发感激，他们就会走向投票所，投下开心的一票。实际上，有效的选区服务至少在理论上让

250

[25]　有一个很好的处理，参见 Murray Edelman, *The Symbolic Uses of Politics* (1964)。

[26]　我对日常政治和宪法政治中党派角色的区分可以追溯到托克维尔在 1 *Democracy in A-merica*，第 10 章（Bradley ed. 1945）中对"大"党和"小"党的分析。Martin Wattenberg, *The Decline of American Political Parties*, 1952~1984 (1986)，着力于"小"党的一个当代分析。

在任民意代表对于全国性问题采取任何立场，而不会对其将来选举的
胜利产生任何影响。如果想再次当选，十分简单，他的竞选文宣只需
号召：投我一票，我保证你的社会保障复审会及时通过即可。[27]

日常政治的光明一面

当然，我希望听到你说，日常政治远不止如此。尽管存在私人和
官僚利益集团野心勃勃，公共利益团体自以为是，媒体充斥陈词滥
调、形象塑造以及所有那些政客仆从们为了在政治低谷时期赢得位置
而烂招迭出等现象，在日常政治中一定还有更为美好的事情——以美
好的古老的美国方式代表我们美国人民？

我从来都没有否认这点。甚至在最日常的政治中，政治制度中所
有阶层的人民都在保证，对自己也对别人，他们远不是他们常常看起
来的那种单向度的滑稽模仿。[28]而且重要的是把握赋予私人公民身份
更复杂意涵的那些半隐含的象征物——没有它们，共和国将无以立
足。因此，无论私人的还是官僚的利益群体在努力向其成员输送利益
251 时是如何故意，他们都传递了公共性的自我约束的信号。就一个方面
来说，大多数团体都没有屈从于彻底的腐败。的确，大多数院外游说
者会痛苦地接受他们从事的只是纯粹的派系活动这一现实。实际上，
他们会不悦地接受，他们花费了很大部分的精力追求了公共利益相对
狭隘的一面，只有那些最愤世嫉俗的院外游说分子才会承认，他们的事
业从公共的观点观之，没有任何可取之处；除了院外游说分子之外，当

---

〔27〕 正如理查德·芬诺所指出的那样：（国会议员们）的所作所为众所周知，直截明
了。他们将以一种有利于他们当选的方式将任务分派给他的助理。他们选择委员会的事务
的考量也是要让它们和支持他们的选民保持一致，并给这些选民带来好处。他们投票时考
虑的也是支持他们的选民的意见。更有甚者，他们避免投票赞成他们认为支持他们的选民
会严厉反对的事项……Richard Fenno, *Home Style* 224～225（1978）。另见 Morris Fiorina &
David Rohde, eds., *Home Style and Washingtom Work: Studies of Congressional Politics*（1989）。
〔28〕 参见 Arthur Maass, *Congress and the Public Good*（1983）；Steven Kelman, *Making Pub-
lic Policy: A Hopeful View Of American Government*（1987）；R. Douglas Arnold，前注 13。

然大多数克莱斯勒俱乐部的人的确诚挚相信，克莱斯勒和美国的利益是一致的——尽管他们的确没有用开放的心态去看待这个问题。

在公共利益团体中，我们也可以发现同样的但是相反的二元主义意识的形式。无论他们对于现存制度之瓠劣之挞伐是何等激烈，也不会和日常政治制度决裂，并通过非法革命行动来颠覆它。许多派系的支持者不安地意识到，他们之所以大声喧哗，是因为担心如果更理性地表达将无法引起那些消极公民的注意；而且，除非他们事实上已经为其事业开展广泛的动员运动，否则，他们的所得连半条面包都没有。简言之，我们有组织的私人公民，和我们有组织的私人公民一样，在开展其行动的时候，与他们给民众的最初印象相比，对于自己的行为都有着更复杂的理解和更强大的自我克制。

其实这样的判断，对于日常政治活动者清单下的其他成员同样适用。无论媒体专家对于表面和实际之间的差距如何愤世嫉俗，他们仍然花费大量的时间和精力在政治的普布利乌斯式的公共方面，而这不是锱铢必较的计算所能予以正当化的。其实最狠心的政党的党棍都会意识到，他的事业存在另一面向：尽管美国史中充斥着许多例子，让人跌破眼镜，那些党棍升华成了具有强烈公共关怀的人（当然也有很多警世故事穿插其中）。最为突出的是：无论美国人对他们的社会保障之复核如何感激，大多数人仍十分清楚，即使作为私人公民，他们也可能出乎预期地谴责那些过于讨好他们的私人利益的政客们。

从议会制角度进行的批评

所以这些都是非常初步的讨论——但真正的危险就在细节中。我们不能用那些几年一变或者十年甚至二十年一变的细枝末节来评估宪法。根本的问题是：两个世纪以前，普布利乌斯主张，他的新宪法秩　252

序可以控制日常政府中的派系争斗？这种主张今天还能站住脚吗？

从伍德罗·威尔逊时代以来，主流政治科学倾向于怀疑论。威尔逊们并不崇拜联邦党人的遗产，他们的眼光跨过了大西洋，发现英国议会模式最为优越。既然这种盎格鲁式的批评由于将美国的宪政思潮拔掉了其联邦党人之根而具有特别重要性，我们就需要面对它。[29] 在思考新的联邦主义之回应为何之前，我将把批评者的具体详细的观点予以概括，并置于三个相互关联的题目之下——责任、透明和决断。[30]

责任

现代英国宪法将权威集中于内阁，尤其是首相手中。在日常政治中，下议院并非独立的权力中心，而是一个决策顾问机构——借助它，主导的政党为下次普选的胜利而争取公共舆论的支持。[31] 这意味着首相及其政党都无法为其在任期间的行为寻找免责的理由。如果有失败，那是他们的失败；如果有成功，那也是他们的成功。他们拥有这样的权利，而且每个人都知道这点。

尽管有普布利乌斯的理论，这种责任高度集中在控制党争方面还是

---

[29] 参见第 1 章，第 7~10 页；第 2 章，第 35~36 页；第 4 章，第 84~85 页。

[30] 一个经典的表述，参见美国政治协会政党研究委员会，"Toward a More Responsible Two-Party System"，44 *Am. Pol. Sci. Rev.*（Supplement, 1950）。对这一学派核心观点的阐述见 Austin Ranney, *The Doctrine of Responsible Party Government*（1956）。

[31] 我们正文概述的是已经被广为接受的英国理论，现代英国实践演进的方向预示着双轨制立法正获得日益广泛的承认。就上一代人而言，已经进行了三次具体的全民公决：1973 年，北爱尔兰的居民投票决定他们是否愿意继续留在大英帝国中；1979 年，苏格兰和威尔士的居民否决了淡化政治权威的动议；更重要的是，1975 年，英国所有的居民投票赞成英国继续保留欧洲经济共同体成员的身份。

尽管这些"咨询性"公民投票的结果在技术上对议会不构成约束，它们通常被看成民意的表达，所以比日常的议会立法模式具有更高的权威性。考虑到先例在英国宪法中的作用，这些公民投票会形塑未来的政治实践。实际上，1978 年，保守党的公民投票委员会建议在宪法性法律文件（根本条款）制定的时候引入公民投票，即"对宪法进行的任何根本改变都需要进行公民投票"。Philip Norton, *The Constitution in Flux* 215（1982）. 迄今为止，这一动议仍未获得议会的支持。对于将公民投票引入英国政治的历史性分析，参见 Vernon Bogdanor, *The People and the Party System* 1~93（1981）。

更胜一筹。更重要的是，他通过理性的政客/政治家而培育出深思明断，因为他们知道其无法逃脱同侪、公民同胞，还有历史的审判。与此相反，美国制度导致相互指责：总统指责国会；参议院指责众议院；最高法院谴责所有机构，而它反过来又免不了受所有机构的攻击。既然没有一个机构作主，那么成功时候，彼此争功；失败之时，相互指责。有时候，甚至没有一个机构对于一些纲领性倡议的优点进行审慎的判断——只要有其他机构为这个损失来背负骂名，我当然乐得清静？

253

透 明

不负责任的另一面是不透明。当华盛顿的政客们相互指责、彼此攻讦的时候，对于普通的民众而言，要弄清楚具体事情的真相何其困难。当各个政府部门由不同的政党所控制的时候，这个问题尤其突出；当同一政党控制所有政府部门的时候，三权分立也会加剧政府的不透明。只要参众议员是在独立于总统大选的选举中赢得其席位的，那么他们就有强大的动机将其诉求和总统的诉求区分开来。毕竟，议员需要在选区选民讨厌总统的时候，他仍能在连任竞选中胜出。通常情况下，这意味着"国会党"的表态和"总统党"将有很大出入。[32]

相应地，英国政制权力集中的政治结构将产生透明。既然在行政和立法之间没有权力分立，那么，选民对首相的选择就是通过投票给那些在其选区中为首相站台的议员的方式实现的。所以，各位议员候选人要想当选，就必须关心未来的首相提出的政纲及其人格特质。美国的政党在面对选民的时候，往往众声喧哗，而试图在英国议会中获得一席之地的候选人往往会为与其同一党派的首相候选人之政策背书。

决 断

难怪英国人可以把问题解决。一旦首相经由选举获得选民授权，

---

〔32〕　参见 David Mayhew，前注 19；Morris Fiorina，前注 23。

她就可以期待下院会支持她的立法动议，而不会因为预期不明或特殊对待而产生无穷无尽的压力。那些下院普通议员需要回到选区向选民证明他们可以为曼彻斯特做更多的事情从而显得尤其野心勃勃，但是议员们可以不理会他们，议员们更多地依赖官僚专家并由他们来负责实施项目。毫不奇怪的是，这样一来，法律不仅在意识形态上比较融贯，而且在设计上也有利于有效的实施。

254

这和美国政治中常常出现的僵局形成对比：总统认为自己有民意的授权，因而提出立法动议，结果往往是看到动议在国会中犹如石沉大海，毫无声息。即使总统的动议是出自于国会委员会，这些项目也往往因为受到强势议员的杯葛而失去其新意，他们要求对其地方利益和意识形态癖好作出特别让步。到参众两院完成其"审议"的时候，总统发现他所期望的进行"全面的改变的动议"由于各种妥协而成了互不搭调、漏洞多出而且混乱不堪的大拼盘。

让事情进一步恶化的是，立法不能回应有效实施的需求。起草立法的议员们对行政分支中的线性权威体系充满敌意。他们渴望能够保证持续的影响力，鼓励官僚们将国会而不是总统看作自己的老板。他们成事不足，败事有余。他们的行为足以阻碍行政部门之间的协调，其本身又不能提供切实有效的监督。

不融贯的立法必然导致执法的混乱。如果这就是普布利乌斯的德行经济学在现代社会里的意涵，对它予以重新评价，岂非恰当其时？[33]

新联邦党人的回应？

根本无望有如神助地解决这些疑虑，因为它们指向了美国政治的

---

[33] 和这个问题有关的最近的一篇文章，参见 Terry Moe, "Political Institutions: The Neglected Side of the Story", 6. *J. Law*, *Econ.*, & *Org.* (forthcoming, 1990)。

真实病灶。也许对于这些最恐怖的病症存在着一些新联邦党人的疗法，疾病的根源——不负责任、不透明以及缺少决断——对于权力分立和制约的体制来说是具有传染性的。[34]新联邦主义的做法不是希望这些问题不存在，而是必须重新定义它们：的确，普布利乌斯式的制度存在很大问题。但任何制度都会有问题，真正的问题是相比于英国式的[35]权力集中制度所产生的恶果来说，普布利乌斯式的制度产生的恶果是更大还是更小呢？

我们先反思一下，议员们是如何以一种误导的方式来设置政治舞台的。在下院的好日子里，观察家会发现，那些被动员了的普通议员们声嘶力竭、激情满怀地支持他们的首相。但是，就我们对日常政治的定义来说，这种情形不会发生在普通民众身上。大多数人对国会的辩论兴趣索然；最好的情况是，首相的政策可能会得到私人公民中大多数人的软性支持。这并不是说女皇陛下的忠诚反对党的表现就更好些了。实际上，认为公共舆论是由统一的多数意见和联合起来的少数意见组成本身就是纯粹的虚构。

简言之，议会制度忽略了二元主义的核心要点，那就是人民自身已经从公共生活中淡出。议会制不是关注政客/政治家们日常时期代表人民的方式可能是有问题的。它让执政党呈现出一种被动员了的国家忠诚的形象，而这实际上是不存在的。每天，党鞭都会赶着大多数议员们进入议会的大厅以示他们对首相无限的支持。在国会里着重强调和不断重复的这一表演和这个国家深深卷入其中的民众冷漠和派系斗争形成鲜明对比。虽然尽了最大的努力，议员和她的朋友们，最多

〔34〕　例如，参见 James Sundquist, *Constitutional Reform and Effective Government*（1986）。哦，不过这里不是去讨论桑奎斯特和其他人提出的具体改革建议的合适地方。

〔35〕　我聚焦于英国制度，认为它和美国制度一样，创造出了两个而且只有两个政党的巨大压力。和借助于比例代表制和其他类似制度从而鼓励多党制的大陆政体进行比较则是完全不同的另一问题，我们留待将来去处理。

只是为了人民入了局，而他们并不能够代表人民本身。[36]

无论普布利乌斯式的制度有什么不足，至少它迫使有关代议制的问题浮出了日常政治生活的表面。每一位政客/政治家都乐于宣称，人民赋予他，而且只赋予他一个人这样的民意去推行他提出的项目的每个细节。但是，只有美国宪法走出了这关键一步，可以有效地结束这一廉价的谈话。他拒绝赋予任何一个政府首脑像一位获得任命的首相那样的对于立法的有效垄断权。在二元主义体系下，如果一个法案还只是一个分支想法的产物，那它就没有什么希望成为正式立法。即使这是总统想法的产物（还有他所信任的人的支持）也不行。每一政府动议都必须获得大量独立的政客/政治家的支持，他们利益各异，意识形态也千差万别，自己也获得了大多数民众的软性支持。毫无疑问，这一过程的结果相较于议会制下的结果而言，可能不是那么强硬有力。*但是为什么首相有权基于软性的民意支持而采取决定性行动呢？如果要求她必须说服独立的政客/政治家，尽管在私人公民中存在着软性支持，但她的建议仍然是服务于共同体的永久利益的，这样做岂不是更加民主吗？

假如分权让一位具有远见的首相很难在问题变成危机之前采取决断，并加以解决。不过，即使是这样，分权也还有它的另一面。分权使得我们不会那么严重地依赖于首相一人，反而让各位政客/政治家都扮演了政策动议者的角色。可能在美国制度下，对于更多的问题存在着更多的新颖思考？夸大作为具有真正合作性质的立法起草过程结果的意识形态的不连贯可能是一个错误。有很多问题可以从健康的折中主义里受益；很可能，随着时间的流逝，美国制度会鼓励立法者超

---

[36]　参见第七章，第183~186页，同上注。
*　并不必然如此。在唐宁街10号，玛格丽特·撒切尔和哈罗德·威尔逊一样多。

越"清晰"的意识形态这一狭窄的范畴?[37]

迄今为止，议会制的支持者一直在假定"开明的政治家"会处于这一权力相对集中制度的"顶端"。在最糟糕的情况下，这种制度会表现出自身的病症。议会中的反对派有两种形式。第一种是常见型的（garden-variety）巧取豪夺：税制的设计就是为了让那些反对派的支持者交纳大量的税赋；利益的分配保证支持者获得牛肉。通过不断地将反对派的财产转移到政府手中，首相将她获得连任建立在最为可靠的基础上。她的如意算盘：如果政府的支持者在投票的时候抛弃她，那他们就是杀死了下金蛋的母鸡。[38]

第二种形式则是非制度性的不稳固的巧取豪夺。首相通过讨好那些"关注单一问题"的团体来巩固其执政联盟，这些团体在一般民众中获得了一些积极支持。如果激进分子所鼓吹的道德主义可以在任何情形下压迫反对派的支持者，这将是有特别吸引力的策略。在这种情形下，首相通过讨好具有意识形态色彩的党派坚定主张，其所得甚多，而所失有限，尽管实际上，如果大多数私人公民认真对待这一问题，他们会反对这些团体的此类主张。[39]

普布利乌斯为这种议会病起了个名字：党派多数的专制（tyranny of factional majority）。在为了现代运用的目的而追忆这个概念的时候，我认为应该将这个概念保留在一种独特的专制形态上。我并不是去描述那种噩梦般的情形，政治运动成功动员了大量私人公民去支持一项邪恶的事业，诸如种族灭绝或者奴役黑人、犹太人和外国人。派系的专制着眼于更为庸常的邪恶——大多数私人公民倾心于私人利益，这让政客/政治家们压制那些没有加入团体的分散的个体，并组成掌权的

257

---

〔37〕　比如，参见 John Kingdon, *Agendas, Alternatives and Public Politics* (1984)。

〔38〕　参见 James Buchanan & Gordon Tullock, *The Calculus of Consent* (1962)。

〔39〕　参见 John Ely, *Democracy and Distrust*, 第 6 章 (1980)。

议会大联盟。

尽管这种压迫不会严厉到纳粹那样臭名昭著的程度，但并不意味着我们就可以高枕无忧了。实际上，相比于控制那些由不怀好意的大多数支持的恶意来说，我们的宪法结构可以更好地控制由于公民的冷漠、无知和自私而带来的政治邪恶。再智慧的宪法设计在失去了任何自尊感的公民所构成的人民面前也会被一扫而光，毫无用处。

德行的经济学

一边是具有远见的首相采取决定性的步骤在问题变成危机之前就未雨绸缪、予以解决；一边是三权分立之下一群折中主义的国会议员耗尽时日终于把握到了这个问题，而对权力更为集中的政治体制来说，这个问题根本不会拖到要爆炸的程度。哪一种制度更优良呢？一边是不负责任、不透明和没有决断，另一边则是议会多数派的专制。两害相权取其轻，哪一种制度更为糟糕呢？

当然，正确的答案是：并没有放诸四海而皆准的答案。这看似平淡，实际很有争议。威尔逊的传统将普布利乌斯式制度看成对民主的不可饶恕的背叛，从而使得英国式的权力集中于议会看起来是当然的选择。不过一旦我们超越了这个"当然"，就会发现其实双方都有话说。我谨指出让我继续留在新联邦主义阵营的一些理由。

首先，英国的制度也许在这样一个地方看起来还不错，那就是他的首相要么毕业于剑桥，要么毕业于牛津，而且他们都受到相对稳定的政治精英的相当长时间的见习考验。无论这种阶级制度有什么缺陷，它使得被任命的首相不太可能以我刚才所描述的那种粗鲁且不顾后果的方式去行使其权力。而且，统治阶级的气质也增加向上提升的可能性，这些牛津剑桥的毕业生会作出艰难然而其校友同侪认为对这个国家的长远未来有益的决定 。

与此相应的是，美国的制度运作大相迥异。我的观点不过是重温普布利乌斯对我们共和国地域辽阔之强调。这个国家是如此的辽阔和多元，以至于完全不可能由牛津、剑桥之类大学毕业生构成一个新的统治阶级。在美国，当代的很多总统依赖的都是地方性的而不是全国性的精英。卡特总统的胜利把佐治亚人带到了白宫，而里根总统的胜利则把加利福尼亚人带进了白宫。和英国的情况有所不同的是，在这里，总统很少有机会是经验老到的全国性政治人物，他将会抓住机遇，作出艰难而及时的会带来国家长远利益的决定；与此相反，我们常常看到地方政客在全国选民的非常薄弱的授权之下行使他们的权力。一般而言，看来让总统运用他能够动用的巨大资源去说服这个国家其他地区的政客们他的政策的明智性是有智慧的做法。

我的第二个观点是，当我们对华盛顿官僚体制加以考虑的时候，上述说法就更能站得住脚了。再一次，我们可以比较有把握地说，华盛顿的优秀而明智的政治家们比白金汉宫里的要多一些。我们没什么理由认为，更高级的官僚领导制度会改进总统选举机制的混乱。

这里存在着循环论证。如果我们在过去的两个世纪中采取英国制度，那么也许我们已经发展出了精英领袖制的强大传统，但是我们并没有采用英国制度。相较于英国人，我们更多地依赖于动员了的公民来矫正走马灯似的你来我往的地方精英所犯的错误。至少，以威尔逊的主张要求进行改革的人必须面对这一核心难题，并且需要解释为什么议会制的权力集中模式能够适应一个并没有像英国这样有个压倒性的全国精英的社会。当然，威尔逊本人从来都没有对这个问题给出一个令人满意的答案；在做到这点之前，我仍然是新联邦主义者。

259

超越普布利乌斯：现代的权力分立

迄今为止，我们已经讨论了第一原则问题：三权分立作为一种统治观念仍然站得住脚吗？即使回答是肯定的，这也不意味着《联邦党人文集》就对这个问题做出了最后的结论。正如本书的第一部分所论述的那样，建国者关于参议院、众议院、总统和最高法院的许多方面的期望在过去的两百年中已经变了又变。虽然现代的三权分立仍然像普布利乌斯所希望的那样使得代议制问题化，但它使得代议制问题化的方式已经远不是普布利乌斯所期望的那样了。

让我们先从众议院开始。联邦党人希望众议院是这样一个地方，那些旨在为美国人民发声的民众运动引起的震荡，应该最初在这里现身。当时，众议院是联邦政府组成机构中唯一经由选民直接选举产生的。考虑到这里，看来让参议院和总统作为政治航船的压舱物就是合理的预期了。他们不能轻易屈服于一些众议院的民粹分子所主张的他们是为人民本身代言的说法。参议院和总统应该成为慎议的堡垒，让那些热心过头的人冷静下来，从不同的视角对其建议进行冷静的分析。

两个世纪以后，一切都变了。现在，主要的民粹主义的动力来自于总统，而不是众议院。反过来，众议院成为最近总统所宣称政策经受质疑和挑战的堡垒了：总统所谓的我们要发动针对通胀/毒品还有任何他想要处理的领域的战争，实在是既讨好又容易，但这些主张在国会议员的选区中能得到支持吗？再说，相比于总统关注之外的地方性和区域性关切，这些全国性问题的重要性又在哪里呢？

参议院也经历了深刻而细致的转型。当然，参议院必须继续作为选举他们的州的独特声音而服务于选民。他们也应该成为未来总统形塑其向人民政策呼吁的主要平台。结果是，参议院常常是从相对而言全国性的角度批评总统政策的焦点所在，尽管参议院里有总统之梦想的人会典型地对白宫的建议抱持怀疑态度。

正如我在第一部分所指出的那样，现代制度的这些日常面向的深刻根源存在于这个国家的历史中。[40]关键是要留意经历了这些变化之后，那些根本的建国理念如何保存下来。对华盛顿宪法舞台稍稍留意就会发现，其所强调的仍然是日常政治中为人民代言存在的问题。请注意：总统以人民的名义号召国会拥抱她关于美国政制的新愿景。请注意：参议院以人民的名义对总统的动议予以审查，并提出反向动议。请注意：众议院同样以人民的名义对海量的动议能否真正服务于家乡人民的利益表示怀疑，于是提出大量地方主义的计划。于是，问题成了谁才是真正为人民说话的呢？

他们都不是。他们不过是体制中人（stand-ins），仅此而已。大多数私人公民过于忙碌，无暇参加这种持久的和动员了的辩论和决定，此类辩论和决定让体制中人能够合理地宣布他们获得了进行根本变革的决定性授权。总统、参议院、众议院都不过是人民缺席时的体制中的代表。任何一方均无权主张其代表了人民本身。

这并不意味着日常政治的功能是不重要的。无论是否已经动员起来，美国私人公民在国内外都面临极其严峻的问题。其代表们获得宪法上的授权，共同商议并寻找解决所出现问题的法律方案。考虑到众议院、参议院还有总统政策制定视角所具有的深刻变迁性质，如果建国之父们只是赋予每一政府分支机构立法权，用以推行在现代条件下具有公共精神的慎议目标，这将会是不可思议之事。我们可以举一个例子，总统在现代共和国对否决权的野心勃勃的行使与这一权力在早

261

---

〔40〕　参见第二至五章。

期共和国的运用大相径庭。[41] 立法权和制度视角平衡的打破为新联邦主义者对现状的批评拓展了丰富的视野：考虑到日常政治中众议院、参议院和总统代表"人民"的方式之各种变化，在立法制衡中究竟哪一种变化是靠谱的？在这些制衡的变迁中，哪一种变迁最深刻地危及了二元主义的追求——最突出的就是，日常政治中，没有哪一个分支可以强迫其他分支去承认它是人民的毫无疑问的代言人。

显而易见，这些都是困难的问题，需要像普布利乌斯本人一样具有哲学和实践判断的人来解答。我的核心观点是，威尔逊的传统导致现代政治科学很难作出必要的贡献。只要大多数政治学家认为，偏离英国式的权力集中在概念上是混乱的，而且完全是反民主的，我们就根本没有办法提出，遑论回答现代共和国各种权力之间的再平衡问题。

最高法院

对最高法院的公允评价同样如此。威尔逊的支持者在面对美国最独特的部门时，他们关于三权分立的焦虑达到了最高程度：是谁赋予了这 9 位上了年纪的法律人否决我们民选代表作出的制定法的民主权威？立法责任以这样的方式分散于我们的代表中，从而导致了相互指责、混乱和没有决断，这已经够糟糕的了。但是，当最高法院试图来宣告这样的行为无效的时候，事情益发恶化。尽管参议院、众议院和总统这些分支在民主程度方面都不如英国的下院，但参议员、众议员和总统都是选举产生的。而最高法院的大法官们可不是选举产生的。

---

[41] 参见第三章，第 68~69 页。其他重要的问题包括动用立法否决权以及行政命令。在这些问题之外还存在一个更深层次的问题：作为政府"第四分支"的官僚制的地位问题、在外交关系事务上权力的适当平衡问题⋯⋯

难怪英国没有司法审查制度，他们知道适宜的民主的是怎么回事。

这种威尔逊主义已经形塑了现代宪法理论的主流学说。他们被我称为一元民主派，[42]并将每一次司法审查都置于"反民主困境"的疑云中。用亚历山大·比克尔的经典表述，那就是司法对国会立法的每一次无效宣告都将大法官置于和"此时此地"的人民相冲突的境地中。[43]由于与人民的冲突，宪法理论的任务不可避免地都是防卫性的：考虑到宪法对于美国民主身份的正面攻击，有没有办法恢复最高法院的合法性？

对新联邦主义者来说，这是一个非常忧伤的问题。实际上，在反对一部常态立法的时候，最高法院所瞄准的目标要比民主制本身小得多。他所质疑的是在华盛顿的 500 多名政客/政治家所具有的人民授权的问题。这些家伙们赢得选举胜利，他们之所以能够做到这点是因为他们赢得了大多数私人公民的软性选票，而这些公民承认他们没有赋予那些关键问题相应的考虑。总统和国会都没有获得美国人民的深思熟虑的支持，以攻击那些在过去宪法政治成果中确立下来的原则。如果最高法院正确地发现了，这些政客/政治家超越了人民的授权，那么最高法院促进了，而不是阻碍了民主，因为最高法院揭示了我们的代表不过是人民的"体制内代表"，他们的言论是不能混同于人民本身的集体判断的。

在否定反多数派难题的时候，我并不希望给现代的最高法院一张空白支票。我并不否认，让 9 位年老的法律人强迫这个国家去拥抱他们以 5:4 票决出来的道德理想是非民主的做法。相应地，我提出第三种可能性：现代最高法院已经作了一件非常了不起的（尽管不是完美的）工作，那就是解释我们人民在建国、重建和新政时期（以及其他

---

[42] 参见第一章，第 7~10 页。

[43] A. Bickel, *The Least Dangerous Branch* 17 (2d ed., 1986).

不那么明显的宪政时刻）淬炼出来的宪法原则。当然，我并不期待在本书第一部分对该主题的简要处理能够冰释所有的疑虑。我的目的一直是去提醒，一旦我们将宪法理论从"反多数难题"调整到解释的可能性时，我们能够从过去的历史中学习到更多经验。挑战在于要深化我们对最高法院解释实践的洞察——从马伯里到布朗、再从洛克纳一直到格里斯沃德——从而帮助最高法院在将来最大程度地利用我们的宪法遗产。

263　　　不过，即使最后你被说服了认真对待司法解释的可能性问题时，不去夸大司法审查的二元主义主张仍然是很重要的。我并不认为，以深刻的洞察去履行其解释职责的最高法院得以主张其能够比总统或者国会更好地代表人民。我的观点与此不同：在常态政治中，没有人可以以一种毫无问题的方式去代表人民——无论是最高法院、总统，还是国会，还是盖洛普民调都没有这个资格。考虑到日常公共舆论的"疲软"，我们几乎无法判断，如果人民的政治激情被动员起来，而且成功地淬炼出解决方案的话，他们会如何解决其面临的问题。因为在动员了的辩论和决策的过程中，很多人的想法会改变，在达成新的宪法解决方案之前，要去探索很多新的方向。只有蠢人才会预测这种基于日常政治生活中表达出来的"软性"舆论基础上的虚拟立法的结果。相应地，我们必须面对这一普布利乌斯式的真相：在日常政治中，人民根本不存在，他们只能被那些"体制中人"所代表。

　　让我用我们常常会彼此讨论的好消息、坏消息的无穷笑话来阐释关于代表制这一重要观点。关于总统和国会的好消息是他们代表了当下世代意志的民主表达；坏消息是今天的公民远离公共生活，并且不愿意对那些需要他们做出审慎判断的根本问题以相应的思考。关于最高法院的好消息是，他们在解释宪法原则，这些原则是美国人民在他们对于这些问题投入最多的政治关注和精力时所确立下来的；坏消息是，那些做出这些审慎宪法判断的人都已经死去。

　　我想，如果能够生活在一个满是好消息的世界里，是多么幸福的事情。也许在将来，就和过去一样，会有这样的时期，一些私人公民团体的主张在美国公民同胞的心中引起了共鸣；桌边燕谈、办公室琐闻这些原本非常浮泛、碎片化和不着边际的政治谈论现在开始聚焦于一次具体的宪法运动的议程，而且会塑造未来公共论坛中的辩论；逐渐地，这一具有改良色彩的议程开始主导了国家的政治生活；选举也开始围绕这一宪法运动的议程而展开，并在这一过程中改变了民众对于这一问题的理解，以及对可能的解决方案的性质的理解。在经历各种公共场合的长期斗争之后，这一运动也许最终获得了为我们人民代言的宪法权威。在这样的时刻，最高法院就应该服从这一宪法意志的新表达，并寻求将这种新的宪法方案整合到人民完整留下的旧有宪法结构中去。但是，在更为常态的时期，最高法院代表缺席的人民要求我们选举产生的政客/政治家提出的法案与那些最成功的代表了人民的人所留下的原则进行比照的做法岂不是更妙吗？

　　在这种新联邦主义的框架中，司法审查得以胜出，而无需要求其追随者加入所谓的大法官和"当代共同体共识"之心心相印的华而不实的谈话。如果"当代共同体共识"这样的说法意味着存在一套公共道德原则，它们已经被今天的美国人以一种审慎的方式加以有意识的确认，那么这种看法实际上是倒果为因了。问题其实不在于假设通常存在这种共识，而在于人民关注的政治之外的事务时，如何形成此类共识，以及如何进行最佳的民主治理。

　　从这个角度来看，最高法院在解释中回溯历史的实践看起来就是更广泛的未来导向的人民主权之事业的一部分。最高法院在重现以人民的名义确立下来的过去原则的具体意义时，它邀请作为统治者的政客/政治家，以及更为一般的公众参加到关于未来的批判性对话中：

264

如果从过去继承下来的高级法遗产中存在着严重问题，那么具体是什么呢？今天我们人民能够以清晰的语言阐述我们提出的再次修正，从而激发绝大多数的消极公民参与到动员了的政治行动中吗？

当面临最高法院提出的上述挑战时，我们选举产生的代表们发现自己没有能力和意志通过成功地走向高级立法的轨道，并领导人民淬炼出新的宪法解决方案，从而克服最高法院对过去人民之判断的捍卫。但是这种失败本身不会导致司法审查丧失其合法性。它只是表达了这一突出的普布利乌斯式的真理，在自由民主之中动员大多数的私人公民是困难的事情。

另一种回应方式就是谴责解释主义的法院过于保守，即使不是彻底不民主，但这种回应也无法摧毁司法审查的合法性。这种简单化的谴责忽略了一种非常后果的存在，那就是在经历了多年的艰苦斗争之后，某个政治运动的确获得了为人民代言的宪法权威。一旦出现这种情形，民众运动就不再需要迫切呼吁美国人民的政治激情。即使大多数私人公民又退回到相对消极的状态，上述政治运动的宪法成就依旧岿然不动。尽管常态政治的不可阻挡的回归，这次运动的法律成就依然占据着美国宪法人意识的核心，他们认为存在着用这次运动的宪法原则去审查日常政治的高级责任。就此而言，最高法院并非支持现状的保守的朋友，而是漫长的日常政治时期，动员了的人民的长期代表。这一时期的突出特征是自由共和国私人公民的集体生活为冷漠、无知和自私所笼罩。

第十章
高级立法

从日常政治到高级政治

上一章讨论建国时期二元民主制的方式在普布利乌斯看来可能是 **266** 不那么让人放心的。普布利乌斯在革命胜利之后以自信的声调谈及宪法政治，而在看待未来日常政治的时候则满怀焦虑。我的新联邦主义的试验则试图从相反方向进入解释场域：如果现代的美国人从日常政治更生活化的现实开始，就会发现二元主义的遗产是更容易接近的？

不过只要高级立法仍然是神秘莫测的，我们就远没达到目标。这一章就是要回到这一问题，解密高级立法，并将它放在此前对于日常政治之描述的背景下。我将追随宪法政治中一次成功的政治运动所经历的各个阶段，从它赢得私人公民深刻而广泛的支持，从而确保其获得进入高级立法门槛的许可开始论述。在示意阶段（signaling），这个运动赢得了宪法权威主张他的改革议题已经处于持久的公共审议的中心，从而和日常政治中无穷无尽的不同意识形态下的党争形成鲜明对比。

这就进入了这一运动的第二阶段：提议。在这个阶段，高级立法体制鼓励这一运动将修辞集中于一系列为宪法改革或多或少具有操作性的提议上。

当第二阶段成熟之后，政治运动的舞台就进入第三阶段：动员了的民众的深思熟虑。这时，这一运动的改良性提议在高级立法体制中一次又一次地被考验。结果对运动的积极分子来说可能是让人失望的：运动在示意阶段的成功可能恰恰成为强有力的反扑的触媒，原先的"沉默的大多数"组织起来，强烈捍卫宪法赋予他们的传统特权。在这种情形下，结果是失败的宪法时刻，其中，高级立法体制拒绝接受运动的主张，并促使运动的热情的支持者回归到日常政治的更常规的胜负之中。

但是，倘若这个运动经过制度考验时期并获得更为广泛和深刻的支持，那么高级立法体制就转入了最后阶段：法律的法典化。在这里，最高法院开始了将宪法政治转换成宪法的任务，并提供融贯的原则以指导未来相当长时期里的日常政治。

所以，我的目标就是定义在可靠的二元民主制中，这一政治运动的每个时期高级立法机构应当承当的职责。这个功能性的评估提供了关于美国现存的高级立法机制的批判视角。经过两个世纪，我们现在的制度是如何承担那些重要的示意、提议、思辨和法典化的功能的？

我想，我们现在的情形是非常不容乐观的，而且高级法制度的改革应该在新联邦主义日程的突出位置上。我在本书第一部分尝试性提出了一个具体的建议，[1]不过本章的目的并不是为它辩护。为未来的分析提供框架更形重要。近来整个问题引发的关注仍然十分有限。在具体改革措施所涉利益得到充分理解之前，还需要充分的辩论。

---

[1] 参见第二章，第 52~56 页。

我的框架建立在第一部分所提出的宪法史概要的基础上。我认为美国人在过去的两个世纪已经建立了两种不同的高级立法体系。古典体系是依据建国时期的联邦党人在宪法第 5 条提出的方案而运作的。在这里，决定性的宪法信号是由召开全国层面的深思熟虑的民众大会而给出的；批准则是州层面由民主选举产生的大会进行的；法典化则是经由正式的宪法修正来实现的。

268

现代体系的历史根源则可以回溯到托马斯·杰弗逊的"1800 年革命"，但它成型于富兰克林·罗斯福的民主党所开创的现代共和国。在这里，决定性的宪法信号是由总统主张获得了来自人民的授权而给出的。如果国会支持这一主张，并制定挑战现存体制根本前提的转型性法案，这些法案将被看作和进行宪法修改的提议具有同样的功能。

这时舞台就留给第三个阶段了：动员了的深思熟虑。这时，最高法院宣告第一波转型性的立法因为违宪而无效，对这个处于上升期的运动泼了一盆冷水，导致它重建愿景并回到人民那里以争取更为深刻和广泛的民众支持。如果总统和国会经受住了来自最高法院的挑战，通过了新一波的立法，并在紧接着的大选中获得了广泛而深刻的选民支持，这时就轮到最高法院来重新考量这一问题了：它是要宣告这第二波转型性的立法无效，从而使得宪法斗争进一步升级？还是要承认人民已经以一种审慎而且持续的方式发言，对于立法的进一步的抵制只会适得其反？

如果最高法院得出的是第二种答案，那么它采取的就是"及时转向"，而不是等待正式的宪法修正案。和新政时期树立的先例一样，最高法院会通过宣布第二波立法合宪而进入法典化的阶段，尽管这些立法和作为先前体制基石的法律原则相冲突。

尽管法律人对这种现代的高级立法体制理解有限，它却占据了美国人民宪法意识的核心地位。因此，当里根时期的共和党人试图废除能动主义联邦政府的原则的时候——这些原则最先是由新政时期的民主党人将其合宪化的——这些共和党人就没有采取经典模式。不无讽刺的是，他们追随新政时期民主党人开创的模式，试图寻求里根时期总统的领导力来废除新政的实质内容。我们再一次看到，总统宣告他从人民那里获得了制定转型性法律的授权，这一次，这些法律是要去挑战福利国家的财政基础和累进税的根本原则。我们也再次看到，总统呼吁最高法院及时转变，反转现有宪法体制的根本原则，并通过提名诸如弗兰克福特、道格拉斯以及杰克逊这样的新政人物来实现这一努力，因为他们有能力和意愿通过系列转型性的判决推动宪法革命。和罗斯福总统不同，里根并没有获得足够的权威进行能够推动转型的司法任命。但是这丝毫不会减弱他的努力所具有的启示性。显然，新政制度已经深深地嵌入在公众的脑海中，甚至于试图推翻民主党人在其他方面成就的那些人也愿意利用这一民主党人所开创的模式。

那么，和传统模式相比，这一总统主导的现代模式在履行其示意、提议、思辨和法典化等对于二元民主制的运作至关重要的功能方面表现如何呢？

严苛的观点，及其之外

不过我们超越了自己。在区分古典模式和现代模式之前，我们先要研究一些更为广泛的概念问题。最为突出的是，我们如何将难得一见的成功的高级立法和在这个国家的生活中每天都在进行着的常规立法实践相区别？

首先，我们要避免诱导性的过度简化。如果我们对于日常政治抱持过于灰暗的看法，那么定义高级立法的突出特征就是轻而易举之事。这一黑暗的图景这样看待日常政治：它所产生的立法不过是一些自私的利益团体交易的结果，每个利益团体所思所想不过本身之利益，而丝毫不顾及公共利益。这种看法将立法者满足于选区私利的捎客。基于这一灰暗的背景，高级立法看来的确是非常高尚的：它是唯一的，所有人都将公共利益置于最高位置予以认真对待的立法形态。

　　我反对这种严苛的看法。正如最后一章所指出的那样，[2] 它无法解释日常政治的基本方面，比如，为什么上亿美国人在选举日那天不惮麻烦，走向投票所。如果我们的确是生活在一个彻底自私主义的世界里，每个人都认为自己是老大，那么这种常规性的正式的政治参与就是无法解释的。我关于常规政治的模型意味着亿万私人公民的存在，他们对美国民主的运作来说具有核心意义。这一模型建立在现实主义而非理想主义之上。尽管他们承认，他们并没有赋予全国政治以其应得的审慎思考，但是他们也承认，除了追求私人利益之外，公共生活还对他们提出了更高的要求（否则他们就不会走向投票所）。

　　我提出的德行经济学模型并不会止于选举日消极公民的大量出场。甚至于在日常政治时期，它也设想了更积极的类型，用以组织和激发更大规模的政治复兴和国家重塑。很多此类组织性的努力获得了亿万私人公民的支持，他们不惜牺牲金钱和时间，建立形形色色的"利益"团体，作为日常立法中的重要存在。如果我们把这些集团集中起来，就会有几百万乃至成千万的公民，他们对于国家重塑之努力的不同方面具有深切关怀。

　　日常政治过程中积极和消极公民的出现本身就足以动摇上述过于严苛的看法。必须用更为精细的方式对日常立法和高级立法进行区分。如何进行这种区分呢？

　　答案的开头是这样的：在"日常政治"中，没有哪个"公共利

270

_____

〔2〕　参见第九章，第236～243页。

益"团体能够强大到将其议程置于政治关切的中心，让政客/政治家们如果还希望能继续代表人民，就要将他们的问题看成关键的必须加以解决的问题。

这种政治显著性之匮乏可以根据两种不同但具有相关性的标准来加以衡量。第一种是对相互竞争的团体提供的"公共利益"议程加以比较。在自由社会里，不同的派系会挑出不同的问题作为他们关注之核心，并加以动员——从持枪权到无核化，从堕胎权到濒危物种保护，从少数人权利到财产神圣。在日常政治中，上述关切以及其他形形色色的关切的支持者会相互争夺，号召民众关注他们的议程。他们都努力推动其主张进入立法议程，但由于主张众多、歧见迭出，这只不过进一步强调了就未来变革的方向性问题还缺乏广泛而深刻的共识。

与此同时，这些派系还会就其主张的意识形态的优先性而相互争夺，所有的公民团体都必须和一股强大的消解政策和原则的逆流作斗争。在日常政治中，大多数政客/政治家都知道强烈的意识形态追求所具有的危险性。站队会导致已经被动员起来的反对派的强烈敌意。甚至积极分子的"朋友们"也会带来长期的麻烦——他们会提出日益极端的要求作为其支持的条件。政客们常常发现骑墙这一中庸之道是最好的选择，这样就用迷雾将其终极立场包裹起来，让人无法琢磨。毕竟，就事业参与而言大多数选民不可能和那些头脑发热、言语激烈的积极分子相提并论。对政客们来说，相对于大量投资于意识形态政治，诸选民的面包和奶油这类民生问题将更为明智：投给我吧，我可以为马萨诸塞州做更多的事情。当资历对参议员和众议员都是资本的时候，这种对选民服务的追求对于再任者来说尤其具有吸引力。当家乡选区的选民们送个新人到国会去的时候，要想这个新人和原来的议员一样能够驾轻就熟地服务于他们，还需要一段时间才行。只要在任者能够不断地带来政策利益，那么为了一两个政策争议而将他赶下台不是愚蠢之至吗？

当然，在政治动员时期，对于选民利益的狭隘诉求可能显得不那么重要了。在任者突然意识到，他们在国会应该要为正确的事情挺身而出，这比多年在国会选区任劳任怨、辛勤服务更为关键。在这个时候，人们发现，这些在位的政客/政治家们对那些他们之前不过是有些初步了解的事业开始提出强烈的主张。

但是这绝没有驳倒核心观点：通常而言，大多数私人公民并不会以一种高度的政治严肃性去关注某一政治事业；而且对于大多数政客/政治家来说，审慎的做法就是淡化那些有争议的原则，以免选错 272
了意识形态，从而导致自己在长期的更为消极的大众参与过程中站错队。

示 意

"我们并不是纯粹的政客。我们以人民的名义要求对我们的高级法进行根本修改。"当然，每个利益团体的发言人都喜欢被赋予进行这种主张的宪法授权。但是，二元主义宪法试图确保每一次这种冒称只有在以下情形中才会被严肃对待，即我们在华盛顿的代表们为他们的动议获得了这个国家大多数人的超乎寻常的支持。在三重意义上超乎寻常：深度、广度和坚决性。

深 度

深度指向公众参与的质量，而且可以借助于回到私人公民身份的两个核心的困境而得到最好的探究。[3] 首先，公民们通常并没有搜集

---

〔3〕 参见第九章，第 234～235 页。

足够的信息以形成有根据的舆论。其次，他们并没有有意识地追问最初的反应：这些是不是赋予了他们的私人利益过高的分量？他们认真考虑过"公民权利和共同体的永久利益"吗？

一项运动的民众参与的深度是由其支持者沿着上述线路进行具体努力的程度而决定的。当然，对这些问题的评估不会有直接的肯定或否定的答案：并不存在一个神奇的时刻，一位私人公民大叫：我发现了并宣布他已经对一个长期困扰他的问题形成了审慎的判断；并不存在一个特定的时刻，消极的私人公民将自己转变成了积极的私人公民。

然而，达成"审慎判断"这一观念既不武断，亦不陌生。所有成年人在日常生活中都经常性地运用这个观念。比如，你是如何买新房子的？你会买下你刚好碰到的第一个卖家的房子吗？对某些人来说，答案是肯定的。不过，即使他们本人也承认他们并没有谨慎行事。深思熟虑者一定会考虑各种可能的选择。和原始数据同样重要的是一定的自我审视。购房者很少不会去考虑他真正想要的是什么：我的确需要以牺牲别的事物为代价而买下这个多余的房间吗？房子所在的学区非常糟糕/一般/一流这样的事实有多重要呢？无论你的答案是什么，在你做出买什么样的房子的深思熟虑的判断之前，都必须面对这些问题。

当你作为私人公民而行动的时候，同样的说法也是正确的。在你做出关于"共同体的永恒利益和公民权利"的判断之前，同样要用找房子时候所用的同样的关注去反思你的偏好。当然，问题的类型是不同的。现在你不是要去明确什么才是对你还有你心爱的人来说是重要的，而是必须思考什么是对美国的利益来说才是最佳的。我的观点在于你投入这一过程的审慎的程度：在关于国家的自我定义这个问题上，我是否给予了我在决定未来的居所这一问题上同样的操心？

可能这种提问的方式对私人公民身份提出了进一步的要求。因为购房时的深思熟虑所要求的是对于房地产市场的相对集中和短暂的关注，而了解政治问题所需的则是更为持久渐进的努力——燕谈、工作闲聊、对电视节目和报纸文章的回应会增加我们对于美国人民所面临的基本选择的初步理解，对于国家利益的深思熟虑的判断。

这并不是说私人公民设想他在寻找某些理想的深思熟虑的视角。与此相反，追求完美只会带来无行动能力：总是存在获得更多信息的可能，总是存在更密切地审视公民身份诉求的可能。必须放弃思考并做决定的时刻一定会到来：这间房子还是那间？国家追求这种理想还是那种理想？

当私人公民对于其追求的国家理想的努力和她认为对于其私人生活中的重要决定做出的判断同样深思熟虑的时候，我就会说，这种私人公民的支持是深刻的。

广　度

一项运动只具有深度是不够的，还必须具有广度。数量很重要。在一个团体将动议置于高级立法议程之前，必须存在认可这一改革值得认真对待的大量的私人公民。那么多少才够呢？

从理论上来说，我们无法给出关于数量的答案。我们必须将运动的追随者分成四种类型。首先，存在为数不多的公共公民，他们将所有时间都献给这一事业。其次，存在一些私人公民，我们刚刚讨论过其性格特点。再次，还有一些私人公民，他们依其基本判断支持这一事业，而这些判断并不能满足他们本人的严肃的深思熟虑之标准。最后，还有那些彻底的自私主义者，他们支持这个运动是因为这样做符合自身的利益。

每一政治运动都会吸引这四种类型的公民的参与，当然其构成会各有差别。当一种运动主张为人民说话的时候，它会号称在它的支持者中，私人公民的比例已经超出一般情形，而且它还获得了更大数量的私人公民的软性支持。那么，一项运动如果要获得标示其已进入高级立法阶段的门槛，则需要获得多大数量的人群的支持呢？

在确立数量的时候，请记住，我们只是在讨论一个漫长过程的第一个阶段。甚至于在一种运动已经将其动议置于日程上，它的建议要成为我们高级立法的一部分它仍然还要很多胜利。结果就是，我们不能把这一阶段的门槛设得过高。关于确切的数量究竟是多少这一问题，存在着善意的异议空间。为了解释的目的，我姑且设定一些数量好了。假定一部二元论的宪法要求一种运动要将其动议置于高级立法的议程，其必须获得20%的公民的深度支持，另需31%的私人公民的支持。[4]

坚决性

除了深度、广度之处，我们是否有理由要求更多呢？我的答案是肯定的。问题和著名的投票悖论有关，这个悖论是由孔多塞在两个多世纪以前揭示出来的。孔多塞证明了即使一次运动赢得了20% +31%以上选民的支持，这一运动要主张民主合法性仍然面临严峻的问题。

要把握孔多塞这一观点的根本特征，可以假定高级立法体制是自由而公平地运行的——即使在那时也会引发观念问题。依据同一精神，假定选举产生的代表们准确反映了公民中不同观点的分布状况，在将很多实际问题进行这种简化之后，我们现在可以面对那些将二元民主制推到宽度和深度之外——也就是我称之为决断性这一第三层面的观念问题了。

---

[4] 回想一下那些彻底的自私主义的美国人，他们甚至认为根本不值得去投票站。参见第九章，第236~237页，前注3。相应地，我们根本不需要担心他们的（根本不存在的）选票如何被统计的问题。

为了阐明这个问题，[5] 假定美国人发现他们在面对政治日程上的某一问题时，他们分裂成三个群体。比如说，1/3 的人认为，这个国家对种族问题的最好回应是贤能主义（Meritocracy）——不分种族根据每个人的才能来进行判断与衡量；1/3 的人相信优待措施，对那些传统上受到压制的群体在招录和提职方面给予补偿性的机会；还有1/3的人相信隔离发展——赋予少数群体领袖建设其社区的资源，同时保持主流社会中的制度机构的地位不受撼动。更进一步，假如这三个群体不仅就最佳策略无法达成一致，甚至连次佳策略也无法达成一致。尽管贤能主义反对优待措施，但相比起来，优待措施不像隔离发展那么邪恶——因为在他们看来，隔离主义者最终进一步强化而不是化解不同种族之间的疏离感。隔离主义者相应地会认为，优待措施是这三种措施中最糟糕的——因为它会抽干少数族群中最精英的成员。最后，优待措施的支持者认为，隔离主义者在道德上比贤能主义更高   276
尚些，贤能主义不过是装点门面的虚情假意。这三个群体的偏好可以用下表来显示：

贤能主义者 （低于 50%）	纠偏主义者 （低于 50%）	隔离主义者 （低于 50%）
M	A	S
A	S	M
S	M	A

这样的划分当然只是假设，我并不认为它描述了过去、现在还有未来的事实。只要它发生，我们就必须考虑它对高级法设计的影响。

---

　〔5〕　对这些困惑的有益的介绍，参见 Allan Feldman, *Welfare Economics and Social Choice Theory*，第 9～11 章（1980）。对这一大涌现的文献的更高级讨论和评论，参见 Dennis Mueller, *Public Chocie* II（1989）；Amartya Sen, *Collective Choice and Social Welfare*（1970）（非常有智慧，但过时了）。

假如这三个群体中的某一群体比如说纠偏主义者动员了20%的公民的深度支持，并且要求宪法允许他将优待措施置于高级立法的议程上，那么，他们会获得成功吗？

这完全取决于他们操控立法议程的智慧。假定贤能主义者和纠偏主义者联手击溃了隔离主义者，成功地将纠偏主义写进法律。而隔离主义者也可以和贤能主义者合作，并打败纠偏主义者，从而使得贤能主义成为主流意见。同样地，纠偏主义者和隔离主义者也可以联手起来击败贤能主义者，使隔离主义成为赢家。只要民众一直就这三种选择进行平行投票，这个循环就会无止境地进行下去。当然实际上这个循环不会无止境地循环下去。立法机构的领导者决定投票的顺序匹配。何者获胜取决于议程被操控的方式。若最后的投票是 M 和 A 联手反对 S，那么纠偏主义者胜出；若纠偏主义者和贤能主义者对阵，那么贤能主义者胜出；若贤能主义者和隔离主义者对抗，那么隔离主义者胜出。

看到了这点，纠偏主义者就将自身置于关键的议程控制的位置上。他们成功地控制了投票的顺序，从而在最后一轮投票中获得贤能主义者的软性支持以反对隔离主义者。在我看来，经由这一轮胜利之后，纠偏主义者将声称他们成功地满足了深度和广度这两个条件：毕竟他们的高级法动议在美国民众中获得了20%选民的深度支持，还获得了另外的31%选民的不那么热切的支持。

277　　但是，这还远远不够：纠偏主义者的胜利并不是因为大多数美国人民认为他们的建议比对手的更为高明。他们之所以取得胜利，是因为其领导者在操纵选举议程方面棋高一着。这些在立法议程上的领导力就赢得日程政治的胜利来说足够了。但是，他们对高级立法来说是远远不够的，高级立法的关键在于找出有别于华盛顿主流政治舆论的原则。因此，如果一项建议值得置于高级立法议程上，那么这个国家的人民对它的支持就不仅是深远的，而且是广泛的。这一议程还必须具有这样的地位：它在一系列配对投票中，都能够决定性地打败所有其他可能的 *替代性选择——用贸易的术语来说，它必须是个孔多塞赢家。[6]

投票作为示意机制的不足

我们现在可以处理高级立法设计的第一个问题了：如何构建一种制度性的机制，使得那些建议只有在具有相应的深度、广度和坚决性之后，才会被置于高级立法的通道上？

有一点是明确的。英国式的议会制完全不适合这一任务。二元主义者不可能允许首相在她认为可以赢得多数党支持其动议的时候，就将宪法修正案强行交付众议院表决。因为根本就不存在任何理由假定在人民中存在对于首相的每一建议的深刻和坚决的支持。

相应地，二元主义宪法运用了制度抵抗的策略。它使得高级立法比日常立法更为困难。比如，我们可以考虑宪法为高级立法运动设置的重重障碍。人民的发言人要么获得了 2/3 以上州议会的支持，并召开第二次制宪大会，或者是国会参众两院各有 2/3 以上议员的支持提出宪法修正案。而这两种表现高级立法权威性的制度性道路比起那些

278

---

* 我试图通过"可能的"替代性选择这一概念来回应（不那么充分的回应）Richard McKelvey, "Intransitivities in Multidimensional Voting Models and Some Implications for Agenda Control", 12 *J. Econ. Theory* 472（1976）和 Norman Schofield, "Instability of Simple Dynamic Games", 45 *R. Econ. Stud.* 575（1978）提出的"混乱原理"对民主理论的挑战。这些学者已经证明，孔多塞循环在某一政策领域的存在可以被策略性地用在另一政策领域，而该领域本来是由毫无争议的决定性多数派来治理的。因此，交通信号灯设计问题上的孔多塞式循环可能会扰乱本来已经确定的种族关系政策。

为了回应这种概念上的可能性，本书主张一项宪法运动只需要考虑到公共讨论，打败那些看起来"可能的"竞争者，而不能让那些反对者利用孔多塞循环产生的策略可能性，在那些毫无关联的政策空间中形成复杂的"攻守同盟"，进而打垮宪法运动（致现代公共选择之狂热爱好者：这个问题远不是一条脚注能够讨论清楚的）。

[6] 参见 Allan Feldman, 前注 5, 第 9 章。

赋予普通立法合法性的道路都更为艰辛崎岖。国会参众两院各 2/3 以上议员已经可以推翻总统的否决，通过一项普通立法了，但是这里的 2/3 以上多数只能示意宪法修改运动的兴起。

正如我已经指出的那样，[7]这些联邦党人创造的机制已经为一种以总统制为中心的替代性示意机制所补充。从杰弗逊到里根，宪法修改运动已经通过总统选举制度来动员公民支持他们重新定义和复兴美国政治身份的运动。在这一现代机制之下，如果总统成功地说服国会支持制定转型性法规，从而对现有体制的宪法前提进行挑战，那么美国公众就会将这一成功看作一种高级立法的示意，它和传统制度之下的一项有关宪法修正案的正式动议类似。该示意制度和传统的示意制度在风险和收益方面迥异其趣。目前我更大的兴趣在于寻找所有示意机制共同具有的特征，而无论这种示意机制是和总统、国会还是制宪会议相关联。

误判为已过和误判为未过（False Positives and False Negatives）

他们还有犯错的倾向。我们在这里借用统计学家的说法。错误有两种类型：第一种是误判为已过。这时尽管存在这一事实，即一项运动没有能够得到我所设想的 20% + 31% 的决定性支持，但它已经成功赢得对示意机制的控制。另外一种即误判为未过。这意味着尽管一项运动尽管成功赢得压倒性多数的支持，但它未能接近高级立法示意。考虑到不存在完美的示意机制，二元制民主制面临根本的权衡。示意越困难，误判为已过之概率就越低，但是误判为未过之概率就越高；反之其结果亦相反。

这两种类型的错误都没有办法借助可接受的成本来完全消除。消除误判为已过的唯一方式就是使得宪法变得完全不可修改。这就要求

---

〔7〕 参见第二至五章。

二元主义者放弃民主的观念，并且将宪法奠定在纯粹的祖先崇拜的基础上。建国者们智识卓著，但他们仍然犯下错误，既有道德层面也有技术层面的。其实每一代人都难避免。在民主制度下，对于先前世代做出的根本选择，当下的人民都有机会改变其心意。高级立法的目的不是阻止，而是建构这一过程——因此，当动员起来的公民希望它发生的时候，它就发生了；因此它会以一种慎思明辨和集中的方式来进行；因此宪法身份改变之情形就会发生。当这种情形发生的时候，由于其作为我们人民深思熟虑的判断赢得尊重从而以一种深思熟虑和具有分量的方式呈现出来。

与此同时，如果宪法试图消灭所有误判为未过带来的危险，那么它就会使得示意变得过于容易。如果所有能够满足20% + 31%标准的运动都确定无疑地能够赢得制度上接近示意的机会，那么大量其他的常规政治利益同样可以接近制度示意。误判为未过情形的泛滥会导致整个示意系统变得毫无信誉可言。一般公众根本就不会相信，那些赢得高级立法示意的群体和那些参与了常规政治的讨价还价的大量的意识形态群体有什么差别。示意制度的关键——赋予那些以超乎寻常的方式成功穿越无知、淡漠和自私壁垒的公民运动以高级立法的合法性——会因为这种错误示意情形的泛滥而根本无法发挥其示意的功能。

因此，示意过于困难或者过于容易都不合适。即使这样，仍然会犯错误。制宪会议、国会或总统可能在条件还不成熟的时候就示意需要考虑全面的宪法改变，这时在全国范围内根本不存在对于他们的议程诸如20% + 31%这样的支持；或者当时尽管在全国范围内存在这样的运动，但是现存的制度示意机制没有能够抓住这一机会。哪一种错误更为糟糕呢，误判为已过还是误判为未过？

答案很简单，一旦你想到我们现在考虑的是宪法设计诸阶段问题

280

的初始阶段而已。在这一框架之下，偶尔的误判为未过看来比常常出现的误判为已过要糟糕得多。考虑一下后果：一项运动如果很轻易地就能获得示意——比如说该运动的支持者的构成是 15% + 36% 而不是 20% + 31%——这不是世界的末日。如果一项运动在相对比较微弱的情况下跨过了高级立法的门槛，那么它也不可能跨过高级立法道路上存在的其他的重重障碍（当然，政治当中没有确定之事）。

误判为未过的后果更加糟糕。二元主义的核心在于这样的信念：动员起来的公民在适当的时机会把法律抓在自己的手中，并且给官员们下达前进的命令。如果现有体制在入口处就成功地阻止一项运动的兴起，那么现有体制就背叛了宪法在建国时期许下的人民主权的诺言。更糟糕的是，他们将导致运动中的各种党派对于现有政府体制的疏离。这些人不会消极接受如下事实，即通向高级立法的大门已经关闭。如果现有体制拒绝听取人民的声音，那么他们就会采取更激进的手段以占据政治舞台的中心——彻底放弃借助高级立法的结构来阻止辩论，并试图通过更加暴力和精英主义的方式来进行根本改变。[8]

提议功能

原则上来说，当一项民众运动达到怎样的深度和广度的时候，一项运动可以被赋予高级立法的示意？在美国立法实践中，哪些机构赢得了示意的权威——制宪会议、国会还是总统——在什么样的条件下，我们说它们产生了可以信赖的示意？我们需要对当前的示意系统进行改革吗？

无论这些问题多么让人困扰，它们仍然是我们首先面临的问题。

---

〔8〕 为了阐释的便利，我已经谈到，似乎缜密的二元论会确立一套规则，明确示意所需的民众支持的广度和深度。这显然是过度简单化的做法，需要用更为详尽的分析来加以补正。

即使一项运动已经恰如其分地获得了可以信赖的示意，它还需要明确 281
其以美国人民的名义提出什么建议。现有体制如何对这一过程加以
建构？

我们考虑一下这个问题所有的难解方面。获得了示意的权威的政
治运动拥有复杂的、充满紧张感的智识历史，可以回溯到几十年、几
个世代、乃至几个世纪以前。有些领导者是积极分子，将一生都奉献
给了这项事业，其他人是后来者（Johnny-come-latelies），他们随着运动
在更为广泛的公众中获得积极的回应而赢得声名。这些相互竞争的精
英们求助于同样形形色色的支持者——一些支持者显示出他们对这一
事业的或深或浅的忠诚，还有更多的人开始明确他们对这些问题所持
的立场。把这些差别万殊的情形整合到共同的提议之下并非易事。让
这一运动的提议获得其拥护者全心全意的支持是不够的，这一点使得
这一任务益发艰巨。它必须以这样的方式来构建，即向成百上千万的
有待认真对待这一问题的美国人证明它是可以接受的，这些人的支持
在高级立法过程的以后阶段中具有决定性意义。

考虑到这一任务的困难，其成败在很大程度上取决于未来的宪法
改革者赋予它的洞察和精神：他们会让人性中的锱铢必较和意识形态
的顽固立场导致其四分五裂，派系混乱吗？还是说他们可以一起努
力，发展出一套大多数美国人民认为具有意义的深刻原则？如果运动
的动议不会在其刚走向前台的时候就分裂成意识形态的混乱，那么就
不会有夺取领导权的问题。但是，治国的技艺会因为宪法结构对于那
些希望提出一种集体慎思明辨的倡议者补偿的范围的大小而有所损害
或者助益。

这在美国的情境中尤其如此，美国的情景中缺少欧洲人用来使得
他们转型性冲动具有融贯性的非政府的结构。最重要的差别在于政党
引导改革运动的角色迥然不同。欧洲现代推进根本改革的运动都在于

282 肯定等级化的需要，从而嘲弄了其民粹主义的修辞。列宁式政党实践的"民主集中制"代表的是欧洲趋向于等级制的极端例证——左翼、右翼，概莫能外。无论这种"强势政党"推动根本改变的进路有什么不利因素，它都能够降低不融贯的问题。和列宁主义者一样，撒切尔派也认真对待党派平台上的辩论，因为考虑到党派的等级制结构，他们都希望在党派获得政府权力的那个伟大的日子里去引导转型性的行动。

在美国，事情有所不同，尽管我们也不需要夸大其词。自建国以来，政党在宪法政治所有重要的运作方面都扮演了战略性的角色。联邦党人、杰斐逊派、杰克逊派、共和党人、新政主义者——他们都将政党作为其政治动员实践的主要工具。一些未能成功的宪法运动在这方面同样表现出色。*

美国的不同之处在于对政党的一种非等级制的理解。即使在某一政党赢得了示意的权威的时候，以欧洲的标准来看，其内部的组织仍是一团糟。当华盛顿主持 1787 年费城制宪会议的时候，当林肯 1863 年发布《解放黑人奴隶宣言》的时候，当罗斯福于 1933 年提出《全国工业复兴法》的时候，他们在美国人当中具有很高的道德威望。他们各自和被称之为联邦党人、共和党人或民主党人的群体捆绑在一起。尽管如此，他们并没有获得欧洲的政党领袖所拥有的保证追随者服从的纪律手段。他们面对的运动的其他领导人拥有独立的群众支持基础，他们自由地阐述其关于运动进程的个人观点。联邦党人、共和党人和民主党人都没有能够表现出在政党旗帜下阔步前进的高度纪律化的领导能力的同志形象，他们是一些具有类似想法的人的松散结

---

　　* 从这个角度出发，中期共和国的妇女运动和现代共和国的民权运动都是例外——这些运动当然和其时代主要的政党制度关系复杂，但是它们在组织方面的自我理解上更具自治色彩。

合，在过去拥有共同的政治经验，而对于未来都有同样广阔的视野。

但是抽象的相似性往往伴随着具体、琐细的差异。既然典型的美国运动所形成的政党在上台前并不会消除这些差异，那么，高级立法制度的结构就对运动倡议的性质产生重大的影响。一方面，它会选定　283作为运动主要推动者的那些官员。古典制度把国会、制宪会议作为主要推动者，而更为现代的制度则赋予总统更重要的功能。另一方面，制度的结构也会从两个不同方面影响到倡议的形式。

古典制度的高潮在其达致真理的决定性时刻。制宪会议或者国会通过投票或者提出宪法修正案，或者没有能够做到这点。相应地，现代机制则是更为渐进的过程。当总统声称从人民获得了授权，并说服国会制定转型性的法律，赋予一项呼吁进行根本改变的运动以法律上的实质内容时，这一过程就开始了。主要是由于其革命性的特征，许多的法律都被最高法院宣告因违宪而无效。这反过来就将推动这项动议的责任重新交还给了政治分支：这次宪政运动在这个国家是否具有足够的支持，以至于可以经过第二轮的法规来挑战最高法院，而第二轮的立法将重塑和明确第一轮中不那么明晰的一些法律意涵吗？

另外，古典模式导致改革者都是以一种简练的风格发声，这实际是一种高度抽象的法律形式主义："任何州非经正当法律程序不得剥夺公民的生命、自由和财产……"现代模式选择更为具体的阐述过程。新宪法解决方案的法律意义首先由一波又一波的转型性的法律所阐释，这些法律相比于古典的宪法修正案更为具体。然后，最高法院承担了从获得了民众支持的大量此类法律材料中抽象出其核心宪法原则的重任。这些转型性的判决书表现了这次高级立法的贡献的主要方面。因此，现代制度并不是迫使一项运动在初始时期就进行抽象表述，而是要求改革者随着宪法辩论的展开通过相对具体和缓慢的方式走向更为抽象的原则。

这种现代模式虽然有其力量，但我认为它同时具有严重的缺陷。
284 我们先谈谈其力量所在：它使得一项运动有更多的时间思考以法典化
形式确立转型之宪法意义的那些法律规则。实际上，当我们在新政时
期转向审视这一过程的时候，这种演进的优势就具有实质意义。例
如，如果罗斯福在1933年提出正式的宪法修正案，其文本相较于经
由罗斯福总统第一次任期内新政和持旧式立场的最高法院之间的伟大
斗争而产生的宪法解决方案而言，就显得粗糙得多。[9]

尽管如此，这种渐进式方法具有很大的危险。因为运动并没有将
其转型意涵以正式修正案的方式固定下来。现代模式严重依赖于法院
的良好判断。在法院做出"及时转身"的决定以后，法院必须反映这
些转型性法规的深层意义，并用一些转型性的判决来将其成文化，这
些判决会成为未来体制发展的宪法指引。如果法院没有能够敏锐地承
担起重任，那么整个制度都会遭殃。我们以此类方式严重依赖法官是
明智之举吗？

的确，甚至于古典模式也严重依赖法官的判断。在共和党人主导
的国会成功地将诸如"美国公民的特权与豁免"、"平等保护"等词
语写入美国宪法之后，赋予这类宽泛承诺以原则性意涵的重任就落在
了法院的身上。国会提供了一些词语，但是这一事实不会让法院的任
务变得轻松。实际上，如果我们采取一种务实的观点，就会发现法院
在解释重建时期确立下来的那些原则时，他们的所作所为并没有比让
新政的主张能够站得脚的那些解释更为出色。在赋予这两次伟大的民
众转型以原则性的表达方面，是否具有文本性的词语并不会带来很大
差别。[10]

尽管如此，新政将宪法政治转化成宪法的过程中的非正式性具有

---

〔9〕 我会在下一卷中加以讨论。
〔10〕 参见第四至六章。

一种危险。基于 1937 年的先例，未来的最高法院可能在不具备 1930
年代最高法院所拥有的那种广泛和深刻的民意基础的情况下而开始
"及时转变"。在没有正式修正案协助的情形下，这可能会极度扭曲一
些未来转型所具有的意义。我们能做些什么实际的事情来控制这类危
险呢？

　　这是我提出改革建议时的核心关切。[11]尽管我目前关切的是还没
有加以改革的现状——不避缺点。如果我们希望对当下制度进行朝向
更好方向的改革，就必须具备比目前对于现有制度的更深切的理解。

动员了的慎思明辨

　　倘若美国的制度已经对一次广泛动员了的运动有所回应，也许是
古典式，也许是现代式的回应——国会或者制宪会议已经提出了宪法
修正案，或者总统已经说服国会制定转型性的法律，尽管存在着法院
宣告这些法律无效的明确而现实的危险。

　　在这两种情形中，政客和民众会以一种独特的方式去解释制度的
胜利。一方面，国会对这些转型修正案和法律的支持会将运动动议置
于政治辩论的中心。而华盛顿的政治人物和一般民众都会承认我们所
谓的代表们能够承担一些特别的任务，这些任务需要以最严肃的态度
去对待：对我们根本法的有意识的挑战。另一方面，在华盛顿的政治
成功并没有结束这一有关修正的斗争。它不过是标志着民众动员和慎
思明辨的新阶段。

　　这种对动员了的慎思明辨的新阶段的强调是美国高级立法最突出的
特征。很多其他国家也采用了二元主义的机制，在一些特别重要的场合

---

〔11〕　参见第二章，第 52～56 页的建议。

倾听人民的意见，尤其是会为此目的进行全民公投(plebiscites)。[12]这些国家的实践和美国实践最大的差异在于，它们认为人民可以在一个相对短暂的时间里作出决定，在建议和最后的公投之间的时间也就是几个月。相应地，在美国，建议和批准之间的间隔通常要以年来计算。这样做有意义吗？

286　这么长时间的间隔当然会遭到来自宪法改革的积极支持者的怀疑严厉抵制。就这些积极分子的行为而言，宪法的保守派已经有足够的时间来说服人民去支持现有体制。当改革者耗时十几年、几个世代，试图在日常政治时期通过动员而兴起一场深刻而广泛的运动时，保守派们已经占领了宪法正统派的高地。更为突出的是，最高法院站在他们一边，不时地通过言语和行动赋予现存宪法秩序的支持者以同情与安慰。同样具有重要性的是，其他机构在大多数时间里都是为传统的精神所主导的。尽管拥有这些伟大的象征性的和实践性的优势，保守派最终还是没有办法继续这一拉锯战。人民选举产生的代表们已经庄严地指出改革的需求。既然改革者在日常政治旷野中的追寻已然精疲力竭，保守派们如何回应呢？答案是：要求赋予更多的时间。这种试图压制人民的鲜活声音的做法何时才是尽头？

　　然而我们还是要抵制住即刻的证明人民的声音具有正确性的毫无耐心的做法，这有两个理由。首先，让我们回到坚决性问题。一项运

---

〔12〕　迄今为止，无论是古典还是现代制度都没有采纳在很多州和一些国家所采用的那种更优越的高级立法技术：正式的全民公投。在一定程度上，这反映了一个事实，公民投票在建国时期处于诞生时期。就我所知，当时只有瑞士采用了这一制度，参见 Benjamin Barber, *The Death of Communal Liberty* 180 ~ 94 (1974)。而且我没有发现任何证据证明建国者曾经考虑过该技术。对他们来说，人民的意见最好通过为制宪目的而特别选举产生的制宪会议来征求。参见第七章，第174~175页，前注11。当瑞士式的高级立法在此后的两个世纪中横扫全世界的时候，它并没有使得美国人和他们的先辈们在这个问题上决裂。尽管我认为审慎地将全民公投吸收到我们高级立法中的时机已经到了，但这是个很大的值得认真对待的问题，将在后面有关该主张的讨论中予以处理。参见第二卷：《我们人民：转型》。

动在示意阶段的胜利并不意味着动员了的大多数实际上会反对所有可能的竞争者而去支持其宪法提案。相应地，动议之所以能够成功，很大程度上是因为领导者对孔多塞悖论的策略性操控。通过迫使运动经受第二轮制度检验，二元主义宪法试图将危险降低到可接受的程度。经过这一动员了的慎思明辨时期之后，运动还要再次在国会中赢得对其动议的支持。如果相对于所有其他的合理的替代性方案，民众中的大多数人对它并不抱有坚定的支持，那么它就不可能不断地取得胜利。[13]

其次，即第二个理由则是让我们回到所需的民众支持的深刻程度上。为了说清问题，我早先提出大约20%的选民在示意阶段会提供深切的支持——尽管我对于这一具体数字也没有什么具体的偏好。当我们从示意转向最终的批准阶段时，坚持大多数的美国人对于宪法提议表示深切支持这一标准就是合理的了。在要求第二轮的慎思明辨的时候，宪法在履行这一要求方面关涉优良宪政设计的核心。悖谬的是，这一设计的关键在于保守派的可能行为。既然宪法改革者已经联合起来提出了严肃的转型动议，那么保守派就有新动力投入对于现状的充分动员了的辩护。当他们诉诸人民，团结在保守的宪法周围时，可能会发生两件事。"沉默的大多数"通过投身于政治生活来予以回应——宪法原则将被赋予来自人民的新活力，最高法院还有其他传统主义的精英在更为常规的时期都曾经为这些原则辩护。或者保守派不无惊恐

287

---

〔13〕　除了不时地需要一场运动来证明立法支持，宪法制度也可以要求压倒多数的立法支持作为决定性的标准：相对于简单多数，试图通过操控孔多塞式的悖论而赢得2/3以上的多数是更为困难的。

近来社会选择理论中的一些形式研究澄清了关于压倒多数规则的这一根本直觉。Andrew Caplin 和 Barry Nalebuff 证明了，在关于投票偏好的各种组合中，赢得64%选票的选项一定是孔多塞赢家。参见 Andrew Caplin and Barry Nalebuff, "64% Majority Rule", 56 *Econometrica* 787（1988）。Andrew Caplin and Barry Nalebuff, "Aggregation and Social Choice: A Mean Voter Theorem", Econometrica（forthcoming, 1991）。

地发现，自从麦迪逊、林肯还有罗斯福率先以人民的名义宣告人民的信仰以来，这些信仰在过去的几十年、几个世纪中与时俱损。私人公民不仅没有为传统宪法辩护，反而报之以怀疑和不安。也许改革者是正确的；也许高级法的本质是超越它所在的时代的，而且需要为了新时代而进行有意识的重建。

无论是何种情形，保守派的反动员会在很大程度上拓宽和深化人民对于这些讨论中的根本问题的参与。在第一次高级立法后一年、两年或三年内，常规公共舆论中的软弱浮华会逐渐消失。那些阻碍了无数美国人判断的冷漠、无知和自私，由于各种辩论、回应、攻击和诅咒而消失得无影无踪。冷漠让位于关切，无知让位于博识，自私让位于对国家未来的严肃反思——至少这是许多私人公民愿意见到的情形。

这并不是说这一时期的动员了的慎思明辨是和哲学的研讨会类似。它实际上更为民主，更加活力四射，更具有复调色彩，会有大量的激情和人格特质；行动和争辩；戏剧和辩论——其中利益关涉如此之大，无法想象还有其他的处理方式。这其实是高级立法在面对最大挑战时的关键点：高级立法能够引导这些相互竞争的派系就公共观点进行激情四溢的交流，在他们试图动员一般民众对其主张予以深切和广泛支持的时候，回应彼此的批评吗？还是说高级立法让党派之争在那散漫无边的政治情景中耗尽了政治的能量——这一过程中可能有一些积极分子的团体不断地宣泄不满，而这种不满的宣泄不时夹杂着保守派的愤怒？简而言之：这一制度鼓励各种反对者彼此沟通，还是鸡同鸭讲？

288 　　显然，可能就事实来说，这两种情形都普遍存在——根本没有办法去阻止各派力量中的那些叫嚣仇恨与暴力的极端分子。考虑到所有事实，我认为，美国过去在处理这一问题上的成就相当突出。在古典制度下，州立法机关的批准斗争成为聚焦辩论的有力工具。在现代制度下，最高法院宣布第一波转型法规因为违反宪法而无效的做法使得辩论的严肃性被升华到新的高度：既然最高法院抬出了根本原则，那么，改革者应该如何回应？他们应该接受最高法院的判断，不情不愿地承认人民不会支持动员了的努力去废止传统原则？还是说，他们会在第二次百日转型性立法维新中正面迎战这些主导性的原则，并在下一次的选举中回归人民，争取人民的支持？

当然，在现代制度下，宪法政治之第二轮是在国家而不是在州的层面上展开的。不过和古典制度一样，它同样看到了这一讨论之旷日持久和所涉制度上的复杂——首先，在总统和国会之间，他们设计出对于第一轮司法宣告立法违宪之恰当回应；其次，他们在下一轮选举中会诉诸人民，以获得对于第二轮转型性立法维新活动的支持。

法典化

如果高级立法体系运作良好，就此而言，一定会发生一些特别的事情。代表和公民都用共同的语言对美国政府的基础进行再次定义和重塑。这一语言在慎思明辨的大会和普选中不断地经受检验。尽管存在强烈的反对声音，高级立法的支持者最终得以胜出。

并不是所有人都认为这一时刻会永恒地持续下去。没有什么会永恒持续，更不要说动员了的大多数的私人公民了。用不了多久，民众的心思就会转移到其他事情上去了。

目前已经到了对新宪法解决方案采取严肃的法律制定上的法典化形式的时候了。我们必须立刻行动，否则为时已晚将追悔莫及；这一时刻尚未结束的时候，政府的官员必须认真地投身于新的宪法追求当中。他们必须在人民改变心意，将其心志转向其他私人或公共追求的时候，仍然确保对新宪法解决方案的忠诚。无论政府官员手中的权力

289

如何跋扈，他们都不能因为日常政治的压力而侵蚀这些宪法解决方案的意义。而且，法律人和法官的责任就在于提醒掌权者：他们只是人民的仆从，而不是人民自身的代言人——当然，除非政治领导人希望再次采用高级立法的方式，赢得动员了的公民对于再次根本修正实践的同意。正是在这一点上，法院无论是在古典模式还是现代模式中都扮演了核心角色。在古典制度中，他们面对的是以宪法修正案形式出现的高度抽象的精炼文本。随着时间的推移，当事人试图通过诉讼以有利于他们的方式来运用这些抽象的表述。如果这些抽象的表述不是死气沉沉的文字，那么法院就必须赋予它们具体的意义：我们将对这样一堆精华、糟粕并存的历史遗留物采取什么样的传统性原则来加以解释？要在这种新秩序中进行安全的使用，我们应该对这些传统原则进行怎样的根本反思？哪些传统原则几乎毫发无伤地保留下来了？只有宪法修正案中的这些新的抽象表达被解释成可操作的原则和规则的时候，它们才能作为对日常政治的可靠约束。如果这一法律转化的过程是大踏步进行的，那么法院就会做出一系列标志性的判决，寻求阐明中度抽象的原则和规则，它们是解决因为宪法景观根本转型而引发的无限纷争的实践指引。

现代制度中的法典化以不同的方式出现，不过所求的目的相同。当法院面临那些根据此前体制下的传统原则会宣布其无效的具体法规时，关键的时刻出现了。但是现在，出于假设，大法官出现了和1937年好有一比的"及时转变"。考虑到对国会和总统的持久的民众支持，大多数大法官认为，如果继续放任宪法危机，直到新的运动批准正式的宪法修正案，这样做显得过于具有破坏性。因此，他们在一系列标志性案件中开始宣布维新法规的合宪性，从而对现有宪法原理进行根本修正。

290　　　　和古典模式不同，这些判决并不是以诸如"平等保护"、"正当程序"这类大而无当的抽象表述开头。因为我们认为，大法官们已经不再坚持通过正式的《联邦宪法》第5条的修正案来施行改变，他们已然转变立场。相应地，这种修正主义的努力从具体方面开始：法官们面对具体的维新立法并且解释为何当下的原则必须进行革命性转化，从而容纳已经赢得人民支持的创新。尽管古典程序和现代程序之间存在种种差异，前面的章节中已经指出不时出现的司法整合带来了更深层次的相似性。[14]无论起点本身的抽象性或具体性，大法官们如果希望将新和旧整合到对大量案件的解决都具有重要指导意义的一套学说中，就必须提出和回应同样根本的问题：这些激动人心的宪法修辞在每天都会出现的有待司法判决的实际解决中意味着什么？哪些陈旧的原理是应当抛弃的？哪些又是应当从根本上进行再概念化的？而哪些在经历了对于美国政府性质的再定义之后还能留存下来？

都是难以回答的问题。我的观点是，它们都是组织良好的二元民主制必须认真考虑的问题。否则，通过美国人民的宪法成就去控制普通统治者的努力会随着日常政治的回归而灰飞烟灭。

三种怀疑论

本章对于一套可靠的高级立法制度所承担的四种关键的功能予以区分。首先，当一项维新运动的日程允诺获得美国人民深刻、广泛和决定性支持的时候，高级立法制度必须能够给出可靠的示意。其次，它必须鼓励运动的领导人用绝大多数民众支持的语言去阐述其基本的主张。再次，它必须提供一个动员了的深思熟虑的时间段，在此期间，民众对于这些动议的支持会不断经受考验。最后，法院必须将这

---

〔14〕 参见第四章，第94~103页；第五章，第113~130页；第六章，第140~162页。

些难得的宪法政治的成功转换成融贯的原则，它们在未来无限的岁月
291　里能够控制日常政治——直到人民本身已经再次动员起来重新定义美
国政府的组织意涵。

　　和这四项功能相对应的是功能紊乱的可能性。国会乃至修宪大会
可能提出正式的宪法修正案，而总统也会说服国会制定维新式法律，
这些立法根本没有获得对于宪法示意来说不可或缺的那种深刻、广泛
和决定性的支持。运动的领导者可能根本就没有能够设想出能够穿透
性地向更为广泛的民众传达其性质的动议。再往后，3/4 的州议会可
能批准宪法修正案，或者最高法院在维新式动议没能获得所需的动员
了的人民支持时，宣告了第二轮维新式立法的合宪性。甚至于再往
后，最高法院可能由于未能在法典化阶段发展出原理性的表述而最终
背叛人民所认可的组织原则。

　　这些一直存在的可能性将引发对于那些关注始于费城的二元制规
划命运的深层疑虑。我认为，这些疑虑如果在恰当的范畴之内是非常
健康的。他们有助于给美国人民，尤其是那些发现自己处于高级立法
过程的关节点上的美国人民留下这样的印象，他们应当以最严肃的态
度对待要做出的决定。尤其对于美国宪法的命运掌握在作为法官、议
员和人民的手中这一点无可回避。如果我们自己竟然滥用了高级立法
的传统，那么宪法作为动员了的公民意志的最高表达的观点就土崩瓦
解了。毕竟，美利坚共和国和罗马共和国一样不是永世长存的。当美
国人民对宪政的根本理想和愿景的背叛如此彻底，以至于现有制度不
过是对此前传递出来的公共意涵的反讽的时候，美利坚共和国也就走
到了尽头。

　　当然，和很多焦虑一样，它也可能是担心过了头。当我们回想华
盛顿主持制宪会议，或者重建时期国会要求批准第 14 修正案，或者
罗斯福总统寻求对其 1937 年提出的填充法院的建议的支持的时候，

我们是否可以肯定地说，这些代表真正是在为动员起来的公民说话，从而值得我们赋予我们人民的那种尊重？

这取决于"真正的"意涵是什么。这并非意味着，倘若一窥支持新宪法解决方案的美国人的最隐秘内心，将反映出他们的心灵已经完全摆脱了自私自利，他们的心智充满了"公民权利和共同体永恒利益"的关注。与此相反，对获胜了的宪法运动的精确描述需要更丰富的调色板——既要把握华盛顿的领导者的徒劳的野心，也要把握那些追随者不时地开小差，他们沉溺在给小孩子换尿布和挣奶粉钱这样的日常事务中。如果我们可以去经历或者向他人揭示我们动机的纯粹性，那么我们根本就不需要高级立法这一复杂的法律仪式。只需展现我们动机的纯洁性，然后继续我们的公共事务就可以了。正是因为我们是心理上复杂的存在，此类"真诚的"关于纯洁性的主张看来不过是确立我们关于私人公民身份主张的幼稚方式。既然说易行难，人性又如此复杂，那么，政治领导人永远都不能通过说他们代表了那些少见的运动中的人民的主张而获得宪法的声誉，人民在这些运动中锤炼出关于美国未来的非常深思熟虑的判断。相应地，如果他们要如此主张，就必须赢得这一资格——让自己受制于一系列特别严格的公共事业试验之中，他们提出的那些高级立法的动议将经过示意、慎思明辨和法典化等阶段。

如果一项运动无法经受这些严格的测试，那么他的所谓为人民代言的主张就被否决了，这不仅是因为一些怀疑论者指出的动机不纯，残存着无知和淡漠，而且因为在现实世界里的公民们并不总是那么纯粹。他们需要一套公开程序，将那些阴影部分隔离掉，这标志着尽管存在世俗世界带来的分散心意，他们也有意将其人格的政治方面投入到那些具有特别意义的事情中去。在回应怀疑论的质疑时，二元论并不否认，在美国的重大的高级立法胜利的时刻，围绕着政治舞台中心，甚至都存在着无知、淡漠和自私。人类的模糊性和复杂性不仅没有损害高级立法的核心，反而使得高级立法程序成为一种宝贵的293 资源。

来自家庭制度方面的比较分析有助于澄清这一观点。假如我们生活在一个婚姻法律制度闻所未闻的地方，在这样的世界里，夫妻们就其一起生活的决定将痛苦不堪。而且会设计出无数精致的机制来示意它们赋予其关系的具体意涵。但是，这种关于沟通的持续努力将随着婚姻法的出现而得到极大程度的提高，借助于婚姻法夫妻双方都会意识到如果他们后来的行为背叛了最初的爱和情感的表达，他们将承担很大的代价。这一耗费巨大的仪式的意义主要不是作为爱与恨的短暂显示，从而吸引或者推开他人对于持续关系的加入，而是要提供象征性制度。其中，心理复杂的人们可以赋予这种互动的形式特别的意义，从而它就构成了和个人日常生活的普通关系所不同的特殊的共同体。

宪法二元论在公共领域中提供了类似的象征制度。经由提供一种高级立法制度，美国宪法不仅成功地构建了华盛顿的政府体系，还构建了更多东西。它构成了一套具有政治意涵的系统，让所有美国人都能够辨认出那些不常有的时刻。他们意图以私人公民的面目出现，这些时刻和那些他们满足于将自己看成私人公民的无数的常规时期不同，在这些常规时期，政治生活不过是他们追求幸福的不懈努力过程中的诸多分心事之一。

并不是每一次试图奠定我们主张私人公民身份的努力都注定会以普布利乌斯式的成功而结束。我们必须预料到，大多数公民还是会带着自由民主社会中日常生活中的淡漠、无知和自私去看待大部分复兴政治的努力。然而，不时地，一些可能的普布利乌斯式人物会拨动民众的心弦。正在兴起的运动可能被越来越多的人认真对待，即使他们发现运动传递出来的信息让他们深所厌恶。运动成功地渗透到政治意识中，激发了评估其最后的重要性的普遍努力：它是一种即时的观念，还是具有持久的重要性？逐渐地，这种半心半意所关注的高级立法仪式具有了一种深刻的重要性，正是通过这些仪式，美国人检验其同胞进行全国性的复兴和重塑的严肃性。当置于这种考验的时候，绝大多数运动都没有能够产生那种深刻的、决定性的支持，这一支持是他们能够用我们人民的特别语调合乎宪法地发言所必需的。

　　不过在一定意义上，这并不是问题的关键。如果高级立法轻而易举就能获得成功，我们就贬低了成百上千万美国人卓越的集体成就，尽管在民主自由社会里存在大量分心之事，他们依然成功地以严肃负责的态度参与到自治行动中来，它可以和以往历史上取得的最突出的宪法成就相提并论。

第十一章
为什么是二元民主制？

民主：死亡和再生

295   民主。18 世纪的时候，这个词唤起的是希腊城邦国家的形象。民主在一个熟人共同体中是可能的，所有公民都可以直接参与公共事务。只有在这样的情形下，人民才可能进行有意义的统治（*demos-kra-tos*）。帝国的范畴本身就意味着帝制政府——君主制、官僚制、贵族制及其无穷无尽的变化形式。尽管这些政府都不是民主制的，但它们强而有力。它们所占有的大量资源和更加集权的政治结构是它们凌驾于那些松散病态的城邦为了自己而可能组织起来的邦联之上的原因。后者只有招架之功，而无还手之力。除了古怪的瑞士是位于山区的公国，民主一度在现代社会成为过时之物。

在过去的两个世纪，历史已经拯救了这个词语，不仅如此，还把它变成了陈词滥调。当今之世，只有那些最落后的国家才不会用民主这个具有保护色彩的词语来点缀其合法性；还有些国家不惮累赘地使用人民民主的说法。这一转变是在根本的重新概念化之后发生的：雅典城邦的形象已经远离了民主思想和实践的中心。

美国宪法在这次转型中扮演了关键角色。普布利乌斯拒绝将城邦作为现代社会里人民政府的模板，并且提供了二元民主制作为替代。随着社会的发展，美国人运用他们的联邦主义遗产沿着日益民主的路线不断重塑自身，将日益多元的男男女女囊括到公民身份之中。这一持久的寻求自治的努力说服了全世界，民主不再只是乌托邦的幻想。在华盛顿，一些政治家们为 2.5 亿美国人发声是有意义的。

我没有任何去漂白这一成就的黑暗面的愿望：宪法对政治自由的保护的欢呼总是伴随着它和奴隶制以及霸权共生的无尽的嘲弄。尽管如此，在现代民主制下，美国经验还有一些特别之处，而这是我们不应该放弃的。我的目标就是重新发掘这些独特之处，通过将二元民主制和其他理论上的替代性方案相区分，通过追溯它在三种宪政体制下的发展，通过探究它在美国持续的控制常规和宪法政治的模式。我们已经从不同的角度对二元民主制进行了充分的研究从而可以直面最后的问题：二元民主制的传统值得美国的持久支持吗？

我的答案：既肯定，又否定。肯定是因为，二元主义的传统足够合理，美国人应该将它作为一套对于我们的政治实践施加合法限制的系统。否定是由于它还没有好到让我们可以躺在它的成就上呼呼大睡的地步。如果我们继续复兴美利坚共和国的基石，那么我所表达过的宪法叙述对于下一代人将失去信誉——他们出于善良的理由，将对二元制"成就"中的黑暗一面的印象日益深刻。实际上，我的总结以这种方式结尾，就是去追问在二元民主制的根本理念中是否欠缺了什么，以至于美国人要暂停下来回望一下。考虑到所有这些因素，我们可以把此前两个世纪的二元主义实践看成持续建构更为合理的宪政民主制的序曲，这一追求甚至超过了二元主义理想的最大外延？

不要因为最后问题的乌托邦色彩而被蒙蔽了双眼，从而看不到本书的反乌托邦色彩。我们一直在寻找现有宪法的精神，而不是一部更出色的宪法。最终的问题不是我们的宪法是否满足了最高的道德标准，世界历史上没有任何宪法曾经接近过这一标准，而是它是否足够良好，从而值得怀有尊敬的和良心上的支持。就其历史成就的道德性质而言"足够好"，就其提供了解决现有争议的合理公平的办法而言"足够好"；就其将未来开放给允诺进一步政治成长的民众政府而言"足够好"。如果现有传统在上述各个方面都足够良好，那么比起毁掉它，我们在其基础上进一步推进它，将取得更大进步。而这在我看来就提供了足够良好的理由去接受它有关合法性的主张。

这是一种开放的、可以争辩的主张，它取决于大量的事实，而我也不会假装对此视而不见。尽管如此，我还是要将自己限定在聚焦于突出的政治特征的单一主题上，它实际上一直存在于这些章节段落之中：私人公民。我将用这样一种方式探究二元主义的传统已经赋予私人公民的美国特征以生命和实质。在我看来，这一关联将为你对美国宪法良心上的支持提供唯一的、最佳的理由。

我的主张有三个部分。首先，提出对于私人公民身份和二元主义民主制之关联的宽泛的概念性阐述。其次，提出应当支持保存我们从历史上继承下来的二元主义传统。最后，考虑私人公民身份自身的主张：为什么延续和重塑这方面的美国身份认同很重要？

在对良心支持二元制予以肯定性认可之后，我将转向二元制的黑暗一面，它对我们的进步构成挑战。我们的回应是要避免我们未来的孩子们会因此而认为整个制度都是毫无价值的。

追溯私人公民

怎样才是对我有益的？怎样才是对这个国家有益的？私人公民对

这两个问题都会认真对待。他并不会像公共公民那样强调，只有第二个问题具有"真正的"重要性。他也不会像那些彻底的自私主义者那样，认为除了追求个人利益之外根本不存在什么公共善好。[1]

更进一步，她意识到她的两个主要问题会引发相互冲突的答案：对我来说好的事情未必对国家好，反之亦然。当然，这类冲突也不会经常发生。对自我利益的追求也许有利于公共利益，但是私人公民并不会从定义上假定这一判断为真。查尔斯·威尔逊之所以在历史上赢得了声名，是因为他著名的论断，"对通用汽车有利的事情就是对这个国家有利的。"似乎这两种利益会分离倒是难以想象的事情。对私人公民来说，这两种利益的冲突往往是可以想见的事情。

公民身份的努力

这就导向了下一个根本问题：我们如何辨识那些公共利益和私人利益已经彼此分离的情形。我们只能通过一种特殊的努力，那就是私人公民的努力辨析。

为了定义它的特征，我将它和彻底的自私主义者[2]对公共议程上的问题的回应方式加以比较。自私者并不是通过考虑它的物质利益来决定"什么是对我有利的事情"这一问题。他对利益的理解远比这丰富得多，扩展到对精神和结社理想的追求。只要这些利益和美国的利益是不同的，常常就存在冲突的可能。然而作为私人公民，我也承认这些伟大的利益可能是和国家利益相冲突的：尽管下列行为对个人是不利的，但可能对于公共利益确是有益处的，比如，我的同事冒着下岗的风险；我所在的教会没有能够享受税收减免；用我的所得税去为那些甚至将教皇视作敌基督的人提供社会保障。

---

〔1〕 进一步的阐释，参见第九章，第 232 ~ 235 页。
〔2〕 参见第九章，第 233 ~ 234 页对彻底自私主义者的进一步评论。

如此这般，这些私人公民如何能够超越彻底的自私主义？首先也是最重要的，她承认其他的美国人对于个人利益会有完全不同的理解，但他们仍然是非常体面而有尊严的美国人。这使得私人利益和公共利益之间的区分变得尤其令人不安和痛苦。例如，假设把你信奉的宗教尊为国教让你开心，但是你仍然得出结论，这样做没有尊重"公民权利和共同体的永久利益"。除了对于宽容的特别需求之外，公民身份还常常要求你去考虑你们国家辽阔的幅员，以及对生活在大陆另一边的美国人的利益赋予你的邻居同样分量的考量。作为公民，我们都是平等的，没有任何宗教、种族或者教派可以为了其他的宗教、种族和教派而被无情地牺牲掉。然后就有了国家安全问题，以及许多其他国家发现美国梦对它们的根本利益是一种威胁。其他的视角，如道德的、宗教的、个人的，都将国家安全作为它们的背景。但是私人公民必须认真对待这一问题，如其不然，谁会这样做呢？

毫无疑问，还存在公民身份视角的其他方面。但是就其关键点而言，我所讨论的已经足够充分：要成为私人公民则必须付出努力，而且是精神方面的努力。如果你从来都没有时间独自或者和其他公民一起去思考公共利益，那么你就不是私人公民。即使是在投入一定的时间和努力之后，你也不要期待无需努力就可以和你的同胞们达成共识。公民身份的视角广阔，足以容纳大量充满激情的冲突。而这些就要求更多的工作，从而淬炼出对我们面临的重大问题的解决方案。就当前目的而言，我们作为私人公民的努力已经足以将我们的辩论推向下一阶段。

私人公民的表达需求

显而易见，美国公民并不是在所有时候都对工作投入同样的精力。这点其实是高级立法双轨制的基石。当我们作为公民工作勤奋而高效的时候，高级立法就为深思熟虑提供了框架。当我们工作散漫而无效率的时候,我们可以依靠常规立法。正如我所设想的那样,如果这些制度性的体系运作良好,那么他们对于现代政治存在的根本事实就会予以回应:大量民众对政治生活的参与是变量,而非常量。

实际上,双轨制最好被看成更为广泛的多轨制度的一个例证。一旦私人公民共同体以公共的深思熟虑方式面对他们的问题时,他们会设计出三轨或者多轨的制度,每一轨都瞄准了公民参与的不同层面:最低的一轨处理那些无需大量公民的深思熟虑的行为就可以解决的问题;再往上的一轨处理对深思熟虑要求更多些的行为;一直往上直到最高的那一轨,其中,一般公民已经投入了大量的时间和精力在深思熟虑的行为中。

当然,增加了轨道数量会提高制度的复杂性。双轨制"只是"要求扮演维护者角色的最高法院去消除那些和高级立法原则相冲突的低级轨道中的法律。而多轨制度可能需要更多层次的复审。作为法律统一维护者的机构必须审查低轨道的立法是否和那些中级轨道的立法兼容;中级轨道的立法也要经受审查,以确定其是否和高级轨道的立法相兼容。整件事情看起来就和卢比·戈德堡(Rube Goldberg)发明的机器非常相似。尽管如此,我认为,现代美国宪法还是最好被看成包含了三条而不是两条根本的轨道,在常规的国会立法下面还有第三条轨道——由现代官僚机构制定出来的成千上万的行政规章。大量现代行政法都在挣扎,其中在更高的两条轨道上宣布的法治原则被用来约束官僚体系所制定出来的规则。[3]

这里还不是把我的双轨分析拓展到现代行政国家三轨现实的地方。我在此提及这一问题是因为它对描述本书中不断出现的两个根本

[3]　参见 Richard Steward, "The Reformation of American Administrative Law", 88 *Harv. L. Rev.* 1667 (1975)。除了国家层面的这三轨体制之外,在州层面还有一套立法的轨道。

问题的相对重要性是有益的：私人公民身份和双轨制立法，而前者是更为根本性的。从私人公民共同体的角度出发，这两轨都没有什么特别的。双轨要强于单轨，但是它并没有向私人公民提供他们所有的用以标识他们对不同层次的立法赋予不同的民主价值所需的表达性资源。尽管复杂性的成本是实质性的，不过就公民参与的深度和广度进行多于两个层面的区分仍然是有意义的。

传统的主张

我们已经从私人公民的视角来看待双轨制立法的根本问题：考虑到她对于政府伟业的持续卷入，难道支持一个多轨道的努力不是更有意义吗？其中，她和其同胞中的决定性的大多数人一起淬炼出深思熟虑的判断的情形和其他那些她未能努力和富有效率地对公共利益予以思考的情形得以区分开来。

我们的下一步是把这个问题从天堂拉到地面。最后的问题并不是美国人应当从良心上支持二元民主制的抽象观念，而是美国人是否应当支持经过两个世纪的历史实践之后传到我们手上的这一具体的二元民主制。抽象的观念是完美无缺的，但它的历史实现可能是惨不忍睹的。为什么美国人认为这一具体的二元制宪法足够良好，值得良心上的支持呢？

谨慎的回答可能需要由我们多层级的事业所建议的更宽泛的探索入手：二元制在历史中是否运作良好？二元制下推动改革的内在资源何在？而且，我将假定迄今的讨论会让人得出如下结论：未来不是毫无希望的，而且经由一定努力，我们可以运用这些传统素材去建设一个有尊严的二元民主制（本章的第二部分将以更为慎重的态度回到这个问题）。在审慎乐观的前提下，我将继续探究私人公民身份和双轨

301

民主制之间的联系，但是这一次探究采取了如下方式，它指向了美国人民为其自身构建的具体的二元制的实践。

我提出两个观点，它们都指出了私人公民复杂特征的不同面向。第一个特征要求公民将传统看作是他以私人公民身份而表现出的积极参与的重要资源。第二个观点则要求他标示出他保护那些私人公民身份所表现出更为消极时刻中的价值。在每种情形中，我都试图说服我假设的谈话对象，接受历史传统的底线，而不是把历史传统看作根本不值得有思想的美国人去追求的对象从而对其加以抛弃是最符合她的利益。

辩证观点

不无悖论的是，从我们的革命传统中得出了我的第一个观点。正如我们所看到的那样，[4]无论哪种形式的美国传统都不会把为了社会变革而采取的暴力行动看成一种荣光，尽管实际上存在比通常所承认的情形要严重得多的暴力和深刻得多的变革。美国传统所关注的是政治复兴的理念，也就是美国公民通过动员他们自身就其作为一个国家的未来进行持续的政治上的审慎思考的新开始。

这对于美国人民来说是一个伟大的尝试吧？当他们成功了的时候，它就显得更加伟大，尽管不一定是完美的成功，它以让争辩各方都有机会发言对峙，而不是盲目地相互鞭笞的方式来获得成功；努力采取以失败者都会不得不承认的方式去赢得动员了的大多数人的支持，将使胜利者获得以人民的名义发言的权力。

这样的成功并不会经常发生。宪法政治学误射目标是常有的情形，但是我们去尊重它所取得的典范性的成就也是有道理的。我们将常规的法规和我们所继承下来的宪法原则加以权衡，我们的制度通常

302

---

〔4〕 参见第七章和第八章。

采取常规政治学为视角。让我们从它是什么的角度来看待它，这是我们对于生活在一个自由社会当中所必须付出的代价，这个代价值得我们去偿付，但是这并不是最优秀的美国人在他们有关公民身份的共同事业中能做的最有效率的事情。通过赋予日常政治学适当的称呼，我们是在尊崇我们人民主权的革命传统，拒绝将它和日常民主生活混为一谈。

这不仅是对过往的尊重的问题。在坚持成功的宪法政治学范式的时候，我们强调现在和未来的可能性：和我们的先辈同样重要的是，我们发现自己也可能置于以我们人民的名义说话的境地之中——只要我们让这种语言保持活力。但是，如果我们忘记了宪法政治和普通政治之间的区别，消灭了围绕着这些区别而生成的机制实践，当我们希望以人民的名义发声时，我们还拥有因此而必需的那些语言和实践吗？

如果用下面的方式来回答这一问题将是幼稚的，即当这种为人民发声的精神鼓舞着我们的时候，我们可以创造出关于人民主权的新语言。历史上的，甚至革命史上的事情并非如此。无论费城制宪会议如何富有创造性，它的二元主义话语的构建并非出于纯粹的想象或者虚构的洞察。它在为人民发声的时候吸收了当时流行的观念和实践，而这些很多都是从上个世纪的英国革命者那里继承下来的。[5] 建国者的天才很大一部分在于他们以极具智慧的方式将这些观念和实践整合成新的宪法模式，从而在重新定义人民主权的时候向美国同胞承诺对其予以重塑。联邦党人运用的语言回荡着当下的语汇和实践，成功地避

303

---

〔5〕 参见 Frank Michelman, "Foreword: Traces of Self-Government", 100 *Harv. L. Rev.* 4, 36～55 (1986); J. G. A. Pocock, *The Machiavellian Moment: Florentine Political Thought and the Atlantic Republican Tradition* pt. 3 (1975); Gordon Wood, *The Creation of the American Republic* (1969); 以及第七章和第八章。

免了很多"成功的"革命者的悲剧，他们的语言和本土的政府传统失去了所有的联系，和他们所要代言的人民之间产生了疏离。

借助对已有观念和实践的充满技巧的再组合，从而深化和复活民主的意义，这一能力十分珍贵，而且它不是建国一代人的专利。19 世纪的共和党人借助对 18 世纪模式的重构再现了他们对于联邦的追求。同样，20 世纪的民主党人在面临纳粹和共产主义的挑战时，坚持了民主福利国家的理想。对传统观念的创造性再组合，这一民主复兴的突出实践在下个世纪还会继续吗？有一件事情是明确的：如果在日常政治中，美国人民摧毁那些对于未来以人民的名义发声的二元主义建构所需的材料，那么这一传统就走向终结。如果让我们的高级立法传统陷入到集体无意识的深渊中，人民主权的观念就变得无足轻重，或者让人担忧，或者二者兼具。如果我们的制度接受了总统的主张，他已经就国家事务的细节方面都从人民那里获得了"民意的授权"，那么人民主权的观念就变得无足轻重了。[6]如果我们让那些野心家利用了民意激情爆发的时刻僭称这一时期的主张已经被认可为高级法的原则，而这些宪法动议根本就没有经过制度性的慎思明辨和选举制度的持续考验，那么人民主权的观念就变得让人担忧。

这一双重的危险使得我对最高法院的处理是在充分信息的条件下进行的，我将最高法院看作二元主义宪法的主要的尽管不是唯一的维护者。在宣布那些和具有深厚历史传统的宪法方案相冲突的新近立法无效的时候，最高法院开始，而不是终结了民众的辩论。它向私人公民发出警告，在权力的大厦中，发生了非常之事。那些自称代表的人正在试图以一种美国历史上很少有的政治运动成功地让人信服的方式立法；再一次地，这个运动已经到了决定他们这一代人是否用重构作

304

---

〔6〕　比如说，我注意到布什号称他获得了人民的"授权"，将资本所得税从 28% 降低到 18%。

为私人公民的集体身份所需的政治努力做出回应的时候了。通过再次表达人民在过去得出的那些结论的方式，最高法院号召现在的公民回想镜子中反射出来的人民在过去判决中显示的形象。如果我们不喜欢看到的镜中的形象，那么我们仍然有权做一些事情，动员作为私人公民的激情来修改宪法。在进行这种重构我们自身努力的时候，常常会有把镜子打碎的冲动，希望将来的美国人和以往的美国人不要有任何相似之处。不过，显然这种全面革命是一种致命的幻觉？我们最好用这个镜子来帮助我们找出什么是值得留下的？什么是需要革命性的变革的？

这是我为将历史上的宪法作我们这代人进行民主的自我定义的出发点辩护的第一个主张的关键。要去挽救一个被高度滥用的观念，最高法院对于过去历史的运用最好要辩证地理解。它关于宪法的历史意义的解释性主题[7]迫使当前的政治运动必须超越日常政治修辞那些琐碎的争论，需要更为精确地解释他们发现了宪法的主题还欠缺什么，并用宪法语言提出他们的反题，确保反题具有现实的承诺，如果予以接受，它们就具有从长远上影响其宪法理想的作用。当最高法院关于宪法主题的表述激发了陈述反题的政治努力时，这一深化了的对话让美国人民可以拥有比他们本来拥有的自我意识更加明确的方式去思考关于未来的各种可能性。如果要和过去告别，那么是多彻底的告别？什么形式的告别？

借助对历史主题和拟议的反题特征的戏剧化呈现，最高法院和各个政治分支之间的制度化对话就使得关于下一阶段的发展指引共和国的过去和将来的原则的综合之慎思明辨和民众选择成为可能。正题、反题、合题，每个世代的对话行为反过来又为下一代人和美国宪法未

---

〔7〕 参见第四章，第101~102页；第五章，第129~130页；第六章，第140~162页。

来的持久互动提供了新的历史主题。[*]

当然，就过去和现在展开的关于未来的对话而言，最高法院并不是组织这一对话的唯一的制度化机制。譬如在欧洲，深具历史根源的重塑的努力是由高度组织化的政党和精英式的官僚群体的组织更为紧密的辩证性挑战中的意识形态争论所推动的。但是美国人真的认为这些替代性方案是更好的选择吗，还是说有其他更好的选择？当然，倘若我们因为寄希望于在政治的荒原中更好的选择会突然冒出来，就消灭我们所拥有的用于集体反思的资源，这一做法将是不成熟的。

个人自由和宪法历史之间的讨价还价

我的第一个观点采取的是私人公民的视角。可能这一视角现在并非处于你的意识的最前沿，不过也无需把你当前的消极状态作为人类条件的固定模式。可能会出现这样的时刻，你期望以更积极的方式参与公共生活，而且在此期间，你会充分认识到要去捍卫二元主义的语言和实践，它们使得积极公民的慎思明辨的参与成为富有意义的可能。

我的第二个观点相应的更多地着墨于她如其所是的作为私人公民的表现，而不是她可能的样子。当然，我们不能仅仅因为她对于政治的淡漠而去评判她。当然，她作为公民表现出来的消极性不值得称道，但是她的生活有很多有价值的方面。如她所解释的那样，正是这些价值和兴趣相应地让她分心，从而不至于一门心思放在作为整体的

---

[*]　正题、反题、合题：即使我是在较弱的意义上引用这些辩证法的语词，我也犯了个错误。它们的意义染上了过多的日耳曼色彩，已经无法去勾勒出客观的历史。为了避免任何错误，我拒绝社会是朝向既定的历史轨迹前行，只要我们对于辩证法足够聪明和渊博，就可以知道历史的道路是这样一整套的观念。我运用这些不令人满意的德国主义的观点，不过是要激发对于拒绝 19 世纪追求历史必然性科学的宪法后果的反思。一旦意识到我们不是更巨大的命运的玩偶，美国公民要寻找出我们应当朝向何方就变得更为重要，而不是变得无关紧要——如果我们不共同进行审慎思考，那么历史就不会呈现出它的意义。我们的选择，实际上就像普布利乌斯所描述的那样"建立一个基于审慎考虑和选择的政府，还是……取决于偶然和武力的政府"。*Federalist* No. 1，第 33 页（A. Hamilton）（C. Rossiter ed. 1961）。

国家的公共善好问题上。她的工作、家庭、朋友、宗教、文化，所有
306 这些编织成一个整体，拼接成美国社区生活的突出面貌。

　　生活经验的无限丰富性本身就是美国的光荣与伟大的表现；如果
每个人都把国家的公民身份置于第一位，那么就不可能实现这种多姿
多彩的多元性。我们与其把公民身份参与政治的这种变动性看作对人
的脆弱性的妥协，还不如实事求是地面对它：它是我们为自由，为探
索人类精神的深度和广度的自由，为生活在由现代世界开启的意义的
无穷无尽的框架中自由生活而免于来自华盛顿的政治干扰所付出的代
价的一部分。

　　从这个角度来看，美国历史中宪法创造的最伟大时刻从来都不能
被看成完全是祝福。甚至于成功地让我们不再对于私人事务那么执著
的伟大时刻带来的同样不都是祝福。难怪我们的绝大多数，如果说
（不是所有的）*伟大的宪政转折点总是伴随着可怕的战争或者经济灾
难。当时代或者良心要求我们这么做的时候，我们作为公民富有效率
地工作是大好事。但是去探索不同的世界意义具有同样的重要性，也
许开始的时候只是和屈指可数的几个亲密伙伴，或者几千志同道合
者；这些意义的世界让我们超越了地域的界限，去寻求和远隔千山万
水的人们在宗教和文化上的联合。如果我们过于固执于宪法政治或者
私人公民身份，那么这些不同的价值就会受到威胁。

　　简而言之，日常政治不是美国历史的循环可以预期的一部分。即使
我们有能力打破这一循环，也不愿意这么做。如果我们彼此之间一直在
争论美国的未来，那么我们将会失掉过多的价值。一个国家的未来由于
民众的政治淡漠而处于危险的时候，更多的行动未必总是好的。

　　这一反思的道路开启了通向我的第二个观点的入口。考虑到各项

_____

　　* 例如，民权运动——也是宪法政治中晚近以来最引人注目的成就——诞生时，美国
经济就处于尤其繁荣的阶段。

事务对于公民的时间和精力的要求，每个私人公民都让他的同胞们在过度投身于公共的深思熟虑之前保持审慎不是合理的事情吗？只有绝大多数公民都认为我们的高级立法有些方面的确出了问题，迫使其他人也积极参与到集体复兴和重塑的艰难事业的做法才是合宜的。 307

当然，这也恰恰就是二元主义的回溯式宪法的效果。只要它运作良好，我们的私人公民就可以获得他所追求的这些合理的保障。他不会因为这些选举上来的政客们认为可以便宜地损及根本传统的方式来利用日常政治中的冷漠、无知和自私，从而头脑发热采取特别的行动。既然最高法院（还有其他宪法监督机构）都会抵制经由如此便宜的方式实现高级法的革命，选举产生的政客们就会利用他们的选举优势，而不是进行此类根本挑战。只有当革命性改良的运动在我国实质性兴起的时候，选举产生的政客们才会通过公开挑战传统原则来示意宪法运动的到来。[8]

这时，我们的私人公民将面临困难的抉择。现在他已经知道：如果他仍然消极处之，自甘边缘，那么他的社会情境的根本方面将在没有他的严肃参与的情形下发生革命性的变化。当然，私人公民收到这一信号也不会神奇地消解掉他将遭遇的那种两难困境。如果他们开始积极参与政治，将失去大量的其他价值。不过，二元主义者并不期望"解决"这一困局。他只是提供宪法资源，这样我们就可以在尽量保持对它的敏感的情形下和两难困境共处。至少双轨制的宪法试图说服我们的私人公民，号召他们的积极参与并不是因为选举优势等普通理由，而是因为大量的其他私人公民认为，进行严肃的集体合作的时机已经成熟。除此之外，你还能要求什么呢？

---

〔8〕　参见第九章，第240～251页；第十章，第272～280页。

如果你愿意，[9] 可以用同意的语言来回答：在投票选举日常政治中的政客时，私人公民并不把他们的同意理解成根本原则的改变；如果要寻求这样的改变，就要通知所有的公民，而且赋予他们持续思考这一转型性建议的机会；否则，选举产生的政客就不能认为，他们已经赢得了人民同意他们关于美丽新世界的轻佻之词。

最后的问题

现在可以转向我们观点的第三个阶段。第一个阶段是抽象的，它解释了为什么二元民主制随着私人公民在政治参与方面的与时变化而满足他们的表达需求。第二阶段更为具体些，它探究了二元民主制下美国的具体传统为私人公民在积极和消极两个阶段的实践提供资源的方式。第三阶段面临最后的问题：作为终生的事业，私人公民站得住脚吗，私人公民有何益处？

民主理论的反思

如此众多的现代民主理论让我们的关注都偏离了这个问题，这是耻辱。分心的原因众多而各异。一方面，私人公民受到来自于那些过于热忱的公民的持久敌视，他们因为私人公民当中普遍存在的冷漠、无知、自私和眼光短浅而大摇其头，满怀鄙视。从他们的高度俯瞰，公民美德的残酷经济学导致美国人的自治参与看起来像糟糕而又病态的事情。最好是将公民参与保持在这一纯粹象征的层面上，巩固受教育的精英们的权威，因为他们知道如何认真对待政府的事务。[10] 或许

---

〔9〕 我本人从来都没有被同意的原则所迷惑，至少当这一原则被用来作为政治生活基础的时候是这样。参见我的 *Social Justice in the Liberal State* 336~342 (1980)。就当下的目的而言，我乐意将我的保留放在一旁，如果这有利于让二元论在我的同胞们心中变得更加合理。

〔10〕 比如，参见 Anthony Kronman, *Living in the Law*, 第 1 章 (1992)。

对于精英来说，正确的答案是对于民主政治金盆洗手，蜷缩在大学里思考政治的明智与否。[11]

　　贵族式的鄙视可能会逐渐消解成彻底的恐惧。20 世纪的大众动员的历史并不那么光彩。想想布尔什维克、纳粹，有此类教训在，我们最不愿意去做的事情就是鼓动私人公民，因为民众参与只会堕落到歇斯底里和官僚暴政的变态结合。这一观点的最深刻的代言人就是约瑟夫·熊彼特。震惊于纳粹主义和布尔什维主义的挑战，他的《资本主义、社会主义与民主》[12]对自由而公平的选举再三致意。但是，熊彼特对选举功能的理解将赞成民主制和私人公民身份的允诺区分开来。 309
对他来说，民主选举制是一头臭名昭著、喜怒无常的怪兽，这就够了。因为这样一来，那些"局内人"可能在一次、两次或三次选举中打败"局外人"。但是他们垄断权力的努力最终是徒劳无功的，只要反对一方的候选人能够通过他们的微笑亲民或者是选举广告的远见成功说服选民他们智力超群、高瞻远瞩。尽管选举中常有随机的意料之外的事情，精英们的地位并不是稳固的，但这已经足以破坏政治小圈子中永久的既得利益者的专制野心。[13]出于可以理解的原因，熊彼特主义者对于这样的结果已然满足。

　　和欧洲一样，美国的政治科学中对民众的恐惧随处可见。尽管如此，比较而言，美国政治科学的主流看来完全是乐观主义的。当代学

　　〔11〕　施特劳斯派的学者宣告了这一趋势，参见马丁·代尔蒙德第 8 章，第 224～227 页中的讨论。

　　〔12〕　参见 Joseph Schumpeter，*Capitalism*，*Socialism and Democracy*，第 21～22 章。

　　〔13〕　熊彼特在这里是很谨慎的，他强调了经常性的选举对于保障言论自由的作用：

　　至少原则上，如果每个人都有权成为候选人，竞争政治领导人的职位，那么这意味着即使不是在所有情况下，至少也是在大多数情形下存在着相当程度的对有问题的自由讨论……民主和自由的这种联系并不是绝对紧密而是可以被分离。但是从智识的角度出发，毫无疑问它是非常重要的。与此同时，它和那种关系的联系一直是存在的。

　　Joseph Schumpeter，前注 12，第 271～272 页。关于熊彼特精神的当代论证，参见 William Riker，*Liberalism against Populism*（1982）。

者一直强调美国人民具有以建设性的方式进行集体行动的能力，只是他们没有赋予民众以令人困惑的方式展现其公民身份的做法以崇高的位置。相反地，学术上的关注出现了多元主义的转向，聚焦于美国人民将其自身理解成利益集团成员的广泛性上，这些利益集团主要是根据经济的、伦理的和宗教的区别而进行划分。根据这种多元主义的观点，民主政治主要就是不同的利益集团之间讨价还价的过程。政治议程上的每一议题都以不同强度涉及了不同集团的利益。政客们就是掮客，设计出的结果反映了利益集团所施压力的动态平衡。至少像美国这样的地方，《谁在统治？》[14] 这一问题的答案是没有人在所有时间一直都是统治者。既然不同的利益集团把他们稀缺的政治资源投资在不同的问题上，就没有哪一个单独的集团能够独步天下。

多元主义的分析有时堕落成纯粹的自我辩解。这时，它主动招致了一种严厉的批评：寻找被压制的利益。这就涉及辨识那些由于结构性的原因或其他原因而难以在多元主义的市集上找到合适位置的集团。[15] 黑人还有其他的穷人群体是这些集团中最为突出的，随着时间的进展他们扩大到包括一些更为分散的诸如环保主义者和消费主义者一类的利益。随着这些弱势群体的数量和类型日益凸显，美国的多元310 主义也开始变得不那么一团和气了。

同样重要的是，这一批评性的诊断本身就暗含着药方。难道我们不需要采取措施改变我们的政治结构，以容纳所有的集团，让它们在大致平等的前提下公开竞争吗？我将这一理想称之为完美的多元主

---

〔14〕 参见 Robert Dahl, *Who Governs? Democracy and Power in an American City*（1961）；Robert Dahl, *Polyarchy: Participation and Opposition*（1971）；在达尔的著作中，一个怀疑性的主题日渐明朗。例见 Robert Dahl, "On Removing Certain Impediments to Democracy in the United States", 92 *Pol. Sci. Q.* 1（1977）；Robert Dahl, *Dilemmas of Pluralist Democracy*（1982）。

〔15〕 这一类型下的一本优秀论著，参见 John Gaventra, *Power and Powerlessness: Quiescence and Rebellion in an Appalachian Valley*（1980）。

义,对不同层面的听众,从草根性的组织直到美国最高法院都有相当的吸引力。[16]

我的回答是既肯定又否定。当然,利益集团在日常政治中扮演重要角色;考虑到这一事实,我赞同,各个利益集团能够调动的组织资源的极大不均衡是需要关切的问题;我们应该采取制度上的创造性步骤去校正这些不均衡。但这也有危险,校正组织上的不均衡的做法会侵蚀更为根本的二元主义的诉求。更为重要的是,这些改革往往让我们忘记了我们不只是某一种族、宗教、阶级、地域和行业的成员,更是美利坚合众国的公民,我们关切所有美国人的权利和作为整体的社群的永久利益。这恰恰是我们的宪法结构意图鼓励美国人推进的目标。我们不应满足于完美的多元主义。和麦迪逊一样,我们的宪法游戏是分而治之:成千上万的利益集团蓬勃成长,它们将相互抵消,而私人公民无论其多么沮丧都会将焦点集中在公共利益之上。过多地强调校正不同利益集团之间的不均衡带来这样的印象,对党派利益的狭隘追求,而不是整体的善好才是"真正"重要的。

它还威胁到宪法政治的未来发展。当目标集中于现有利益集团之间的"公平性"时,只会强化日常政治下的现存制度,从而使得现存制度抵制*改革,使得此后尽心政治重塑的民众运动难以形成。无论是完美的多元主义还是其他类型的多元主义,都无视这些民众运动的重要性,再一次地,这是因为她无视不同于狭隘的集团联合的私人公民身份所具有的根本重要性。

311

---

〔16〕 参见第五章,第127~129页,更加详细的讨论见"Beyond Carolene Products",98 *Harv. L. Rev.* 713 (1985)。

* 请注意,我的措辞是"抵制过于强大"。转型性的运动不能期望它为人民发言的主张能够轻易地为人民所接受。参见第十章,第285~288页。和宪法设计的诸多问题一样,这个问题的关键也是如何维持适当的平衡,如果对于利益集团有特别的偏向,这种平衡就会被打破。

无论如何，二元论对多元主义的批评更有力地适用于政治学中最近的潮流——视野更为狭隘的公共选择学派。[17] 这一经济学的流派着眼于个人，而不是群体，而且试图描述这样一种行将出现的政治，其中的参与者只关注个人利益。再一次地，我并不想否认这一观点的重要性，否则将会否认美国成百上千万的彻底的自私主义者的存在，他们认为任何对公共利益的追求都是浪费时间。不过，当"公共选择"的视角把这一部分当成政治的全部的时候，问题就来了。彻底的自私主义是美国政治问题的核心内容，但不是这一问题宪法解决的关键。

私人公民？

也就是说，只要美国人回应私人公民身份的召唤是合理的，是这样吗？我们为什么不彻底抛弃这一事业？

肯定性的回答需要在两个方面加以辩护。一方面，我们必须解释为什么不加入那些自私主义者，他们嘲笑那些尽管不无疑惑仍然不断追问自己，什么才是对这个国家有益的善良公民？另一方面，我们必须回应那些具有公共精神的人，他们认为私人公民是一些让人无法忍受的败类：他们迷离的目光、浅薄的追求和三心二意的公共参与。

我们就从第二个方面开始吧。三个方面的原因让我们在决定投身于复兴公民身份的理想，让它在参与程度方面可以和古希腊相媲美的问题上三思而后行。首先和工作有关。希腊人不怎么喜欢工作，并认

---

[17] 《公共选择》杂志经常会展现这一群体的代表性研究成果。这一学术群体智识上的领袖人物包括詹姆斯·布坎南、加里·贝克、戈登·塔洛克和乔治·斯蒂格勒。比如说，参见 Gary Becker, "A Theory of Competition Among Pressure Groups for Political Influence", 98 Q. J. Econ. 371 (1983); Geoffrey Brennan & James Buchanan, The Power to Tax: Analytical Foundations of a Fiscal Constitution (1980); James Buchanan& Gordon Tullock, The Calculus of Consent (1962); James Buchanan, Robert Tollison, & Gordon Tullock, Toward a Theory of the Rent-Seeking Society (1980); George Stigler, The Citizen and the State: Essays on Regulation (1975)。对自私自利在政治中的限度的经济学分析，参见 Joseph Kalt & Mark Zupan, "Capture and Ideology in the Economic Theory of Politics", 74 Am. Econ. Rev. 279 (1984)。

为工作是奴隶、女人还有外国人的事情，或者说是公民之外的人的事情。公民们热衷于交谈、斗狠、运动，至于工作则是越少越好。现在的美国人在对工作的热爱方面并不突出，但是我们看到了工作所具有的价值。工作有尊严，这从两个不同的方面改变了我们对待公民身份的态度。其一，所有参加工作的人，无论在工厂、在农场、在办公室、在家中，他们都配得上公民的称号；其二，公民身份通常带来的负担最好不要如此沉重，以至于使得美国人无法投入第二天的全天工作。

这一点意义深远，以至于合理化了私人公民身份最突出的特征，即它是一件宽松的袍子，美国人可以随时从日常生活中扮演的各种不同角色中抽身出来穿上它，这是一个事实。与希腊人第二个方面的差异使得这一观点更为深刻。这就是基督教的遗产，基督教强调和公共论坛不同的精神实践的最高价值。这一内在转向为那些不从传统宗教寻求灵感的人们（我就是其中一员）所重新理解，但并没有被抛弃。[18]对现代派和宗教信徒而言，赋予公民身份这样具有公共性的概念以过高的价值是一种无法容忍的浅薄。不无悖论的是，这恰恰意味着，一个相对不那么苛刻的公民身份的概念恰恰得以最好地实现了我们对于自身的最高期望。我们只有沿着二元主义的思路设计私人公民身份，才能最好地为那些超越了世俗国家的终极关怀问题保留精神空间。

最后还有现代的自由观念问题。我们每个人都有权决定在不被老大哥约束和监视的情形下如何自由地生活。形容这一理想，宽容这个词可能太弱了。生活选择的多元性是一种正面的善好，标志着人类自由的无限幸福，同时意味着任何个人或者具体的群体都不可能掌握所

〔18〕 一个敏锐的讨论，参见 Charles Taylor, *Sources of the Self* (1989)。

有的价值。但是，再一次地，这会导向公民责任的审慎观点。公民责任必须是形形色色的人们都有能力承担的，没有重大理由的情形下对公民课加责任是对自由的不尊重。

劳动的尊严、价值的内向性、自由的价值等都不是微不足道之事，它们都会带领我们沿着二元主义的道路走向私人公民，而不是带领我们走向希腊式德行的艰难的上坡路。当然，我们当中的一些人会选择对于公共服务的全身心的投入，但是私人公民的基石必须置于一个相对较低的层面上。

正如我们已经看到的那样，甚至于这一层面对于彻底的自私主义者来说已经显得过于高蹈。我们对他们说些什么呢？

313　　　三件事情。第一点是长期的自利。也许现在看起来政治是让人分心的副业。但是，我亲爱的私人主义者，不妨思考一下，政治可能是潜伏着的，某一天突然就会把你攫住。在日后也许你会求助于其他人对于公共利益采取更为宽泛的视野以保护你不受公共权力的打扰，倘如此，嘲笑公民身份的概念本身还是符合你个人利益的做法吗？

第二点借助社会契约论的隐喻将赤裸裸的自利予以道德化。沿着约翰·罗尔斯[19]的原创性著作展现的道路，我们从原初状态的视角出发，在原初状态下，你的社会视野不会因为知晓了自己的具体优长而被扭曲。一旦将自己置于无知之幕，你就会签订课加私人公民责任的社会契约吗？至少有两个理由支持肯定的回答。第一个理由是工具性地看待私人公民的普遍实践：你愿意接受这些义务，因为你认为它们有助于保护你不至于受到严重的不利后果的影响。不妨设想一下替代性的选择：在没有任何理由认为你会是精英集团的成员的情况下，你愿意在无知之幕中将自己的命运托付给一个更为精英主义的群体

[19]　John Rawls, *A Theory of Justice* (1971).

吗？你愿意在根本不知道自己的利益将被损害的情形下，将自己托付给纯粹自利的政治吗？第二个理由更为根本：当策略优劣问题已经在视野中模糊的时候，[20] 运用无知之幕将其作为澄清根本的自我利益的概念性工具。既然你已经这么做，它岂不是很清楚地表明了一点：你有根本的利益和你的公民同胞们参与到这一自治的持久事业中——至少当这些义务已经由于对工作、内在精神和自由的相互竞争的主张所约束的时候是如此？

最后一点不需要你采取罗尔斯推荐的这种从人类的具体困境中予以抽象的做法来处理这个问题。你无需假设存在着无知之幕，借助它你才能知道原来你陷入了一个不会消失的问题。

很简单，是这样的：你并非这星球上的唯一个体；你和其他人分享着时间和空间。各色人等，千差万别。我们如何面对这一根本事实？你可以通过武力和欺诈来压迫他们，也可以试图通过将大家联合起来的最好方式来处理这一问题。难道后一种方式里面不是包含着一些人类的尊严吗？号召你自己，号召你的同胞把你们的社会生活组织得更为合理难道不是高贵的事情吗？如果我们不像野蛮人那样生活在一起，在晚上彼此嘟囔着擦身而过，显而易见，至少这是我们亏欠彼此的一份责任？

毕竟，政治秩序的建构并不是完全不可能的。我们这样的居住在美丽的北美新世界的人民已经为政治的意义而奋斗了相当长的时间。当然，他们不时地也会因为其他事情而分心，从而偏离了这一奋斗的轨道，而且他们的伟大成就也为非正义所玷污。

下述想法，我们必须牢记于心，美利坚共和国并没有走到尽头。至少目前还没有。无疑我们最好是为新的开始努力奋斗，而不是转身

314

---

[20]　这是约翰·罗尔斯（John Rawls）建议的路径，参见 "Kantian Constructivism in Moral Theory", 77 *J. Phil.* 515（1980）。

参加到公民身份之死的私人狂欢中？

崭新的开始

只对私人公民身份抱以个人忠诚是不够的。除非亿万美国人能够同时投身于此，否则美国的自治经验就无法持久。

这一朴素的观念足以引发急迫的再评估。一位耶鲁法学教授看到了美国宪政成就的光明面，并号召他的美国同胞们活出私人公民的梦想，这是很好的事情。问题在于，这种传统的理想是否适合向美国的芸芸众生推荐，他们并没有在耶鲁拿高工资教宪法。

尤其是那些对宪法的第一反应是疑虑的人来说，更是如此：黑人无法忘记这些启蒙时代的绅士们建构了 19 世纪最邪恶的奴隶制；印第安人和西班牙裔的后代无法忘记以"命运昭昭"的名义对他们祖先的屠杀；工人们怀疑像麦迪逊这样的贵族对于他们究竟有何益处。还有女性同胞，哈建国之父们！

315 当我希望这些人加入我的行列，共同讲述一个始于建国之父们的美国宪法成就的故事时，我所求甚多。如果这是我们作为私人公民所共同享有的故事，毋宁这样的故事不存在对我们倒更好些？正视比尔德还有后来的进步学派所确立的颠扑不破的事实现在正当其时：美国宪政史上的"重大时刻"由于充满着欺骗与邪恶而大打折扣。与其说它们解决了问题，不如说它们是问题本身。除了我们的粉饰和矫情，美国宪政史并无任何特殊之处。美国人，尤其是进步主义的美国人应该继承进步学派所高贵地开启的这一拆穿谎言的事业。只有粉碎宪法的过去，我们才能直面美国历史中的压迫，并寻找建设美好未来的勇气。

难道新联邦主义不是一个错误吗？难道不正是它让我们无视于我们过去的两次明显的失败吗——寡头政治、对社会不正义的包庇？让我们逐一来对它们加以讨论。

超越建国者之外

建国者们建立了寡头制。当他们为人民发声的时候，只是赢得了那些动员了的白人的同意。

这当然千真万确，而且这是我为什么主张对于职业叙事进行彻底重构的原因所在。这些叙事是现代法官解释美国宪法的指引。通过忽略或者使得 20 世纪最高立法的成就变得微不足道，这一被广泛接受的叙事使得我们的宪法史呈现出寡头制的面貌。当 19 世纪的共和党人被当作对联邦党人的计划增加了 3 条正式修正案，而不是以明智的人民的名义对联邦进行重构的时候，这一寡头制的偏见进一步深化。最后的结果是，它强化这一印象，建国时期的寡头们仍然从坟墓中统治着我们。对此，我们束手无策，根本没有获得那些不仅在时间上离我们更为接近，在民主气质上也更为契合的同胞们的任何帮助。

当然，如果我们宪法的这种白种男性的寡头制从建国时期以来就没有发生过根本改变，那么我们就必须面对这一事实的黑暗意涵。没有重建时期共和党人和新政时期民主党人的宪法政治，我们现代的宪政根本就无法存在。19 世纪还有 20 世纪的人民的代言人都拒绝依照无所不能的寡头制的建国之父们关于宪法修正案的规则来行事。当现代法律人装作事情是另外一副样子时，他们是在拥抱虚拟的情形。其实，相比于尽量按事情的真相来叙述，他们围绕这一虚构打转反而使得他们的整个宪法事业变得更没有合法性。

316

并不是说这一事实会使论证更为容易，但它至少使得我们可以对今天的黑人和美国女性做出合理的回答：为什么那些根本就没有去征求像她这样的人意见却认为自己可以为人民发言的政治家前辈们值得她的尊重。毕竟，现在她可以通过投票选举日常政客。这些政客们比起那些寡头们不是更有资格代她发言吗？

我的答案是：前辈政治家们提供了宪法的语言和机构，借助它们，后代女性和黑人获得了充分的公民身份。无论是妇女运动还是民权运动，当它们在 20 世纪大获全胜的时候，它们都没有试图去抛弃我们国家的高级立法的遗产。相反，她们利用这一传统所具有的包容力，最终使得美国人在经过两个世纪的奋斗之后得以形成这样的制度，社会的每位成年公民都至少被赋予了形式上的政治平等权。

并不是说我们人民已经达到了相当的民主高度，而只是因为我们不再限制黑人和女性的投票权。啊，问题不在于我们是否生活在乌托邦之中。问题在于我们要深化追求民主的方式是通过完善还是摧毁我们在过去两个世纪以来骈手砥足建立起来的二元论的观念来加以实现。

我们在高级立法刚好提供了确认所有美国人共同享有的公民身份的当口，却要抛弃这一传统，这是很奇怪的事情。考虑到我们宪法传统中所有自我批评的资源，那些因为种族、性别或者阶层而在我们的历史上被疏离的人的利益难道会经由谴责建国时期和重建时期的实践而得到最好的保障吗？难道号召美国人用这些语言去改革他们共同生活的基础，并开创新的未来不是更合理的做法吗？

不义的遗产

无论你的答案是什么，不要把它和对另外一个相关然而不同问题的回答相混淆。这一问题关注的不是政治过程，而是社会后果。它所抱怨的不是黑人、女性还有其他很多人以往都被排除在了宪法政治之外，而是他们现在仍然为过去几个世纪中的无权力而受苦。从这个观点来看，二元主义对过去的优先性的坚持可以被看作对包庇社会不正义的邪恶辩护。

不妨考虑一下：甚至于在这些受压迫的社会群体在投票中赢得了日常政治的胜利之后，二元主义者仍然坚持在他们将社会正义观写入我们高级立法之外，还有很多事情要做。在议会制之下，上升的联合力量可以立即着手社会改革，在我们的制度下，如果他们的社会改革触及传统宪法价值的核心，就会遭受到法院以及其他作为宪法维护者的机构的抵制，即使没有高级立法所具有的这些繁冗的程序和复杂的要求，建设一个更为公平的社会不是已经足够艰巨了吗？

这种批评的力量取决于社会正义观。一些人否认下述前提，美国依然为种族问题、性别问题、贫困问题所深深困扰。更多的人否认，这种不正义的遗产可以经由政府对社会生活更多、更好的干涉而获得有效的矫正。在他们看来，能动政府带来更多的恶，而不是更多的善：毁灭了珍贵的个人价值，而在实现真正的社会正义方面乏善可陈。对于那些对此类机智回应印象深刻的人来说，只要指出这些批评是误会就可以把它们打发了，而不需要费什么口舌。

在我看来，这一批评倒是最接近问题的关键。十年前，我的著作《自由国度的社会正义》[21]阐述了我反对今天美国社会中普遍存在的财富分配的极大不公的原因。在过去的十几年里，我并没有被甚嚣尘上的新保守主义者说服去改变我的主意，他们将积极国家描述成当代社会生活中不正义的最重要的根源。根本就不存在所谓的看不见的手引导美国上下起伏。如果美国人要为自己建构更公正的生活，就应当承认：根本就不存在积极参与日常政治和积极政府的替代物。

我对第二种批评的意见不在于其前提，而在于其制度性结论。在我看来，认为可以像英国议会民主制那样在一次选举的胜利之后制定大量的法律就可以把社会正义带到美国来，这种认识是轻率而肤浅的。我认为，二元民主制就其天性来说更为合理。具有持久性的进步需要广泛的公民动员，在此过程中改革者必须面对他的同胞的质疑，而且需要赢得大多数，如果说不是全部美国公民的同意，认为需要以

〔21〕 Bruce Ackerman, *Social Justice in the Liberal State* (1980).

正义的名义进行根本的改变。

我不会低估完成这一工作所需的工作量。自从 1920 年以来，美国的社会正义运动从来没有像今天这么分裂过。劳工运动、和平运动、黑人运动、民族运动、女性主义者、环保主义者，他们不是联合起来共同斗争，而是彼此攻讦，焦虑怀疑。他们能够在共同的基础上一起奋斗这一观念本身对绝大多数人来说是徒劳的幻象。但这是一个我们可以没有它也照样过的幻象吗？

对这个问题没有一劳永逸的答案。我试图重申宪法传统中的革命性允诺，而不是去保证它的实现，这取决于很多因素，超出了我们的预测和控制能力。

不过它也取决于我们自身。我们彼此伸出手来，超越阶级、种姓和种族的界限，共同努力为我们共同的生活奠定更加公正的基础，当然我们也可能对彼此漠不关心。我们也可能在寻找私人公民的工作意义的人群中占有一席之地，我们也有可能留给我们的孩子这样的历史，过去的宪法成就益发遥远，日常政治分散精力益发现实，关于普通公民身份日常实践的号召益发空洞。

319　　我所知道的是这样的：美国人在过去已经回应了这一号召，而且共同努力，成功构建了比他们所出生时更为包容、更为公正的社会。所以我们没有任何理由说，历史已经终结。

超越二元民主制

我写作本书是在日常政治时期：最好是基于未来的需要和过去的允诺而利用这一时期进行反思。

我认为我们需要新的权利法案，它远远超越了在建国之后不久批准的前 10 条宪法修正案的内容。这部新修正案是建立在重建时期、新政还有民权运动成就的基础上，赋予每一位美国人生命、自由和追求幸福的权利以新的实质内容。

它将是这样一部法案：通过赋予每位美国人在学校、工作、工作场所和公共生活中的平等机会以保障美国历史的包容精神。它将是这样的一部法案：确保每一位美国人免于失业、残障、疾病和年老的困扰。

它将是这样的一部法案：在一个和 18 世纪完全不同的官僚社会中，强化建国者们对个人自由的关切。我们必须面对这一事实，压倒性多数的罪犯是经由"辩诉交易"而被判决有罪投入狱中的，"辩诉交易"使得检察官绕过了建国者认为是权利法案核心的陪审团审判。我们必须在一个高度集中的大众传媒和国家管制无所不在的时代里保护传统的表达自由。我们必须划分出新的隐私和自治领域来保护个人免于技术官僚的监控。

这里不是讨论细节的地方。关键在于把这些围绕着日常政治的形形色色的进步运动和事业整合起来，寻找共同的平台：一部现代权利法案，它可以把所有美国人联合起来，复兴我们国家对于个人自由的承诺。如果我们在这个问题上取得成功，我敢保证，从一个世代的民众的讨论和辩护中兴起的这一具体的实质性的权利法案将和任何人在这一事件之前所设想的蓝图迥然不同。[22]

因此，就当前的目的来说，我将讨论一个问题，就是测试你对二元民主制的忠诚的程序问题，而不是实质问题。毫无疑问，这个问题对于在本书写作的时候是一个有远见的问题，可以被用来和现有的宪法情境作一对比。当联邦党人主导的第一届国会和民众对《权利法案》的呼吁关系热络的时候，它并没有试图利用宪法政治去巩固这一

320

---

〔22〕　关于我自己的进路，参见 Bruce Ackerman，前注 21，第 3 部分。Ackerman，前注 16。

法案免于后来的修改。直到今天仍然有可能对第一修正案加以修改，正如最近布什总统提议的反对焚烧国旗的修正案所引发的纷扰所表明的那样。假如兴起了一个运动，支持 21 世纪新的《权利法案》。在寻求超越 18 世纪《权利法案》的过程中，我们人民是否应当严肃地重新考虑建国者没有巩固基本权利免于宪法修正案的改变的做法？

很多现代宪法采取了这一步骤。在希特勒失败之后，德国人民做出的对系列基本自由的承诺使得此后世代多数人改变它们的企图都成为违宪。宪法宣告它对人类基本尊严的保障是不可修改的。[23] 既然我们在一些方面（假设）超越了建国者，我们为什么不朝着这个方面努力呢？为什么不使得我们的新《权利法案》成为不可修改的呢？难道说希特勒在美国崛起的可能性比在德国就低很多吗？

并不是说 2000 年时候关于巩固现代《权利法案》的决定就足以保障 2050 年时的美国人能够享有这些自由。宪法的历史充满了富有说服力的警告，不要对那些限制未来时代重塑人民意志的规则抱有过多的信心。尽管如此，巩固《权利法案》将使得纳粹式的胜利的概率大大降低。他将成为对未来时代的人民的一个提醒，在历史上存在这样一个时刻，美国人民庄严承诺这个国家将绝对保护基本权利。也许这一对于基本权利的再次承诺会回响在未来无数世代的集体记忆中？还有就是，假如说尽管存在这种记忆，纳粹运动仍然兴起了，现代《权利法案》的绝对性是否鼓励法院还有剩下的人都以极大的决心站稳立场反对希特勒式的运动，并给人民更多的时间来重新考虑他们对于如此可怕的暴政的支持。

当然，支持德国式的绝对权利保障取决于很多事情，最重要的就是赢得了深刻和决定性的民众支持的新《权利法案》的内容。众所周

---

[23] 参见第一章，第 15～16 页。

知，号召新《权利法案》的群众运动所产生的宪法解决方案可能比我们在传统《权利法案》中所看到的更为糟糕，而不是更为完善。甚至于今天的美国人能够在他们的品格中发现道德的进步——大胆的语汇——新的宪法解决方案可能看来仍然不够精确，所以无法保证绝对的权利保障。尽管如此，德国的例子意味着这种保障可以用作一些有意义的方面：美国人是否也要经历一次大屠杀，才能像德国人那样庄严宣布，存在一些个人权利，甚至于大多数公民，无论他们受到怎样的动员和深思熟虑，都不能合法地加以剥夺。

我自己也为成为这个承担起这一责任的时代中的一员而自豪，最终通过我们宪法来巩固这些不可剥夺的权利而实现了《独立宣言》的允诺。与此同时，这一思想实验也揭示了我们离这一运动有多远。当今的民权分子所努力的并非在自信地建造通往其他运动的桥梁。如果说他们做了什么，那就是他们正在努力奋斗以维护过去时代美国人所获得的自由和权利，而不是重塑和深化这个国家对不可剥夺的权利的追求。在我们能够期望新的宪法解决方案沿着我刚才描述的前景行进之前，还需要一代人的努力，即使到那时候，谁知道美国人想追求什么？

无论如何，预言未来不是我的专长。我对乌托邦也没有任何兴趣。我的目标是把握现存历史事业的精神，并说服你，这种精神体现在二元主义对人民的强调中，而非其他相互竞争的关于美国政府的理论中。

无论这一事业的最终限度是什么，它都拥有巨大的力量。就现代精神而言，两股西方的传统正在争霸，这一事业为这一斗争所提出的自我定义这一持续存在的问题提供了宪法解决方案。第一种传统可以称之为希腊城邦的辉煌，坚持政治参与的生活作为人类最高贵的典范意义。第二种传统称之为基督教对世俗社会主张的疑虑，坚持认为灵魂得救是私人问题，并坚持认为国家的强制性权威代表了对最高人类 322

价值的最大威胁。当面临在西方思想和实践中存在的这一持续的争取上风的斗争的时候，美国宪法并没有以另一部分为代价而让一部分人取得一场轻而易举的胜利。它建议用这一冲突来为创造性的综合提供能量。

作为美国人，我们既不是绝对的公共公民，也不是完全的私人。美国宪法是由这样一些私人公民组成的，他们拥有的语言和程序使得具有高度自我意识的民主自治成为可能。和所有的语言一样，它可以成就大善，也可以作恶多端。

亲爱的朋友们，这取决于你的选择。

致　谢

　　整个 1980 年代，我的精力都在写作《我们人民》之上。回首往事，我充分意识到，很多朋友和我分享了他们的智慧。这十年里，我先后任职于哥伦比亚大学和耶鲁大学。我很幸运，一直以来这两所大学里很多朋友对我的理解和支持是如此重要。供职于哥伦比亚大学的有：文思·布拉西（Vince Blasi）、迈尔·丹·科恩（Meir Dan-Cohen）、乔治·弗莱彻（George Fletcher）、埃里克·方纳（Eric Foner）、查尔斯·拉莫尔（Charles Larmore）、亨利·莫纳汉（Henry Monaghan）、苏巴·纳拉斯汉（Subha Narasimhan）、汤姆·波吉（Tom Pogge）和安德列耶兹·拉帕津斯基（Andrzej Rapaczynski）。供职于耶鲁大学的有：阿希尔·阿玛（Akhil Amar）、波·伯特（Bo Burt）、圭多·卡拉布雷西（Guido Cala-bresi）、米尔伊安·达玛斯卡（Mirjan Damaska）、欧文·费斯（Owen Fiss）、保罗·卡恩（Paul Kahn）、托尼·克罗曼（Tony Kronman）、杰里·马肖（Jerry Mashaw）、大卫·梅休（David Mayhew）和罗杰斯·史密斯（Rogers Smith）。我和伦理和法哲学协会的朋友在讨论中获益良多。尽管空间更为遥远一些，吉姆·费什金（Jim Fishkin）和卡斯·桑斯坦（Cass Sunstein）对本书的草稿提出了卓有见地的评论。

　　一些机构也提供了帮助。耶鲁法学院院长圭多·卡拉布雷西（Guido Calabresi），还有哥伦比亚大学法学院的各位院长——阿尔·罗森塔尔（Al Rosenthal）、本诺·施密特（Benno Schmidt）、芭芭拉·布莱克（Barbara Black）——都不遗余力地给予支持。最重要的是，他们鼓励我设计一些不那么正统的课程来检验本书所阐释的主题。哥伦比亚大学和耶鲁大学学生们的怀疑主义还有热情都在本书最后呈现出的结果中留下了他们的印记。而且这两所大学的法学院都非常慷慨地准许我学术休假，古根海姆基金会则提供了 1985～1986 年的研究基金。

　　这些年里，每个早上我都用来读书和写作，一直如此，从无间断。如果不是行政助理们的长期协助，也不会有我的成就。他们是伊冯娜·坦尼（Yvonne Tenney）、玛丽·努涅斯（Mary Nuñez）、特蕾莎·赛里罗（Theresa Cerillo），以及琼·帕克特（Joan Paquette）。如果没有他们对于大量日常的学术事务的得力处理，我根本就不可能写出这本书。尤其感谢耶鲁图书馆的吉恩·科克利（Gene Coakley），她对我还有耶鲁法学院各位教授的研究所提供的协助是无价的。此外，还要感谢安德鲁·科佩尔（Andrew Coppel），1990 年夏天，他帮助我处理了第二至五章的注释。

　　最后，还要感谢我的妻子苏珊。二十五年来，她是我最好的朋友。她对我智识上的影响在这本书中，比之前的著作更为明显。简而言之，如果没有和她的持续讨论，我根本就不会想到本书所提到的那些核心思想。

　　第一、四、六章的部分章节来自于我的论文，"Constitutional Politics/Constitutional Law", 99 *Yale Law Journal* 453（1989）；第七、九章的部分内容源自 "The Storrs Lectures: Discovering the Constitution", 93 *Yale Law Journal* 1013（1984）。就那些未经改动直接收入本文的内容而言，

得到了《耶鲁法律评论》和弗雷德·罗思曼公司（Fred B. Rothman & Co.）的许可。

另外，福里斯特·麦克唐纳（Forrest McDonald）的《我们人民：宪法的经济起源》乃一佳作。我考虑过，用同样的名字再出一本书是否会带来不必要的困扰。我的结论是，这个名字是独特的，它内容足够丰富，足以让不同时代的不同作家在不同的副题下加以运用。

索 引

（条目后的数字为原书页码，见本书边码）

Articles of Confederation, 邦联条例, 41, 42, 46, 93, 105, 167~168, 173, 178, 328n4, 343nn5, 6

Bailyn, Bernard, 伯纳德, 贝林, 25, 212, 219; *Ideological Origins of the American Revolution*, 《美国革命的意识形态起源》, 219

Balanced budget, 平衡预算, 86, 112

Bank of the United States, 美国银行, 75, 78, 331n13

Beard, Charles, 比尔德, 查尔斯, 7, 212~213; *An Economic Interpretation of the Constitution of the United States*, 《美国宪法的经济解释》, 201~202, 203, 206, 207, 210, 219~221, 222, 223, 224, 227, 228, 315, 347nn3, 4, 348n5, 349n19, 350n42, 351n48

Bell, Daniel, 贝尔, 丹尼尔, 24

Berger, Raoul, 伯格, 拉乌尔, 39, 91, 92, 94, 157, 334n21

Bickel, Alexander, 比克尔, 亚历山大, 7, 9, 11, 18, 139, 261~262, 326n23

Bill of Rights: and dualist democracy, 权利法案: 和二元民主制, 12, 13, 16n; modernization of, 16n, 现代

化, 319~322; in early republic, 在早期共和国, 40, 81, 90, 141, 151, 152, 156, 157, 161, 320; in middle republic, 在中期共和国, 92, 118; as specific prohibitions, 作为具体禁止, 122~127

Birth control, 节制生育, 152, 153, 156. See also *Griswold v. Connecticut*, 另见格里丝沃尔德诉康涅狄格案

Black, Charles: "Some Thoughts on the Veto,", 布莱克, 查尔斯: "关于否决权的思考", 330n13

Black, Justice Hugo, 大法官布莱克, 雨果, 90, 91, 92, 93, 94, 157, 159, 336n23

Bolshevism, 布尔什维克主义, 202, 308

Bork, Robert, 博克, 罗伯特, 38, 39, 51, 52, 56

Bowers v. Hardwick, 鲍尔斯诉哈德威克案, 159n

Boyd v. United States, 伯伊德诉美国案, 155

Brandeis, Louis, 布兰代斯, 路易丝, 143, 343n61

Brennan, Justice William J., Jr., 大法官布伦南, 威廉, 39

Brezhnev, Leonid, 勃日涅夫, 利奥尼

134, 135, 140, 143, 350n30; and Supreme Court，和最高法院，40，43，77，87，89，107 ~ 108，113，284; and activist government，和能动政府，42，103 ~ 107，113，116，122，123，125，126，130，140，141，146，147，148，149，152，155，227; and presidential leadership，和总统领导制，46，51，52，110，132; relation with Founding，和建国时期的关系，61，62，119 ~ 129，227，228; and Reconstruction，和重建时期，66，158; and repudiation of laissez-faire，和对自由放任的放弃，100，101，102，118，121，124，125，126，127; rethinking the，重新思考，103 ~ 104; and constitutional transformation，和宪法，119，151，154，155，157，158，159，162，175n，211，262，268，269，284，319，342n42; constitutional legitimacy of，宪法合法性，120，145，337n1; and egalitarianism，和平均主义，130; and public education，和公共教育，148; and the People，和人民，195. See also Democrats: New Deal; Depression, Great，另见民主党人：新政；大

萧条

New Left，新左，111，112，113

New Right，新右，112，113

New York v. Miln，纽约州诉米尔恩案，76

Nineteenth Amendment，第19修正案，145

Ninth Amendment，第9修正案，123，156

Nixon, Richard，尼克松，理查德，38，109，111，112

Nozick, Richard，诺齐克，理查德，11，29

Oregon v. Mitchell，俄勒冈诉米切尔案，91

Parker, Richard，帕克，理查德，9

Peckam, Justice Rufus W.，大法官佩卡姆，鲁夫斯，65

Perry, Michael，佩里，麦克，139

Planned Parenthood，节制生育，138，153

Plessy v. Ferguson，普莱西诉弗格森案，143，144，145，146 ~ 148，149，150，152

Pocock, John，波科克，约翰，27 ~ 29，31，33，212; The Machiavellian Moment，《马基雅维利时刻》，25，

28